U0142466

犯罪防制系列

保全概論

楊士隆、何明洲、傅美惠/著

作者序

　　近年來隨著工商之發達與社會之繁榮進步，民眾維護私人財產與安全之需求日益增加；加上晚近治安事故頻傳，傳統警力受限於人力、物力，民間保全業乃興起，成為犯罪防治重要之一環。在此新興之維護治安行業中其內涵、管理範疇、專業性為何？因文獻匱乏，有待進一步引介；此外，強化保全人員對各類型犯罪之認識與防範，亦為保全業之重點工作，而保全人員須熟悉相關職場安全管理、調查與相關法令，亦屬進入此行不可缺乏之知識，有待專書介紹。

　　本書之撰寫章節區分為六篇，第一篇為保全業緒論，包括保全業之歷史沿革與發展；當代保全業之意涵、興起、任務與功能以及現代保全業之發展三章。第二篇介紹保全業之設立、經營與管理，包括保全業現況、經營、管理、評鑑勤務及教育訓練等，分別由傅美惠及何明洲負責編寫。

　　第三篇為安全威脅與防治，針對竊盜、強盜、搶奪、性侵害、聚眾、恐怖主義活動與防爆事件之犯罪特性及其防治及職場暴行等議題予以探討，本篇由楊士隆及何明洲等撰寫。第四篇為職場安全管理與犯罪預防，探討環境設計與安全防護，錄影監視系統與犯罪防制及工商場所之安全管理措施。第五篇為保全調查實務、保全業法及相關法規，由傅美惠負責編寫。第六篇為保全業與社會治安維護特別議題，探討是否開放保全人員使用槍枝、及警察機關與保全業建構治安聯防體系之研究，由傅美惠及何明洲負責撰寫。

　　本書之編寫結合犯罪學、法律學學者與犯罪偵查實務專家，希冀能涵蓋保全業之全貌，並對提升保全業之專業與學術發展有所助益。作者除要感謝研究人員如詹德恩博士、李宗憲博士等之提供研究協助（第十一章及第十四章）外，前國立中正大學校長羅仁權及中央警察大學前校長蔡德輝之鼓勵與現任校

長吳志揚博士之提供優良學術研究環境，特別感激。最後，本書雖經多次校勘，掛漏謬誤之處仍在所難免，尚祈先進不吝賜教。

楊士隆、何明洲、傅美惠
2012年5月1日
謹誌於國立中正大學犯罪防治研究所
國立中正大學犯罪研究中心

contents 目　錄

作者序

附　錄

第一篇

保全業緒論

第一章　保全業之歷史沿革與發展

自從人類社會形成以來，人們為避免恐懼與害怕，即透過各種方式，包括武裝自己、形成群體等來因應。學者Reith（1975: 13-15）指出，此類追求安全之發展大致經歷以下四階段：

一、個人或小社區團體集合起來以尋求集體安全、食物之取得或滿足其他個人之需求。

二、人類發現法律與規範之需求。在歷史傳統中，人們相信通過善法（good laws）係有其必要；統治者之軍隊可以執行這些法律。

三、人類不可避免的發現某些社區或將無法遵循法律規定，即便有最好的法律，人們亦可能因欺瞞而顯得缺乏效能，同時，假如法律不被遵循的話，統治者與政府將顯得無能。

四、強迫人們守法的方法被發現與制定，有時有效，但經常是無效的。也因此許多社區因無法有效執法，在大自然與惡意攻擊下而走向衰敗。

Reith（1940: 105）之基本論點為，在統治者的軍隊和人民之間沒有警察機制（police mechanism）之存在，則文明將衰退。沒有警察機制來執行法律，國家將逐漸走向無政府狀態。而當此種狀態發生時，軍隊被召喚加以介入執行法律，以回復社會秩序。但這僅是暫時的解決問題，因軍隊之介入經常是脫離法律規範，如同火上加油。

在早期之政權仰賴統治者及其軍隊去統治與保護人民。中世紀之人們則在公立執法部門欠缺效能之情況下，開始實驗組織公立執法單位與民間保全之各種形式組織。直到十九世紀期間，公立部門始正式分離。從此觀之，民間保全之發展與政府執法部門息息相關。在警察人員之接受下，民間組織與個人開始尋求進一步保護人民生命與財產發展之機會。

根據Hess及Wrobleski（1996: 3-15）之引介，保全之沿革與發展，以英美為例，經歷古代時期（Ancient Times）、中世紀時期（Middle Ages）、十八世紀（Eighteenth Century）時期及十九世紀——英美之發展，加上二十世紀當代及近年台灣地區保全業之發展，分述如下：

第一節　古代時期

從歷史來看，人類在早期即運用許多物理拘束措施以維護安全，尤其對於統治者或特定的個人其安全需求程度更高。Healy（1968）指出，在瑞士即大約有三百處的湖泊居住遺址，具有多重的防護功能。但人類史上規劃最完整的安全防護系統應屬中國的長城。長城係在秦王政時期所建造，總共花費了十五年，以及動員50萬的勞工始完成，其主要目的係在防衛中國避免蒙古的入侵，它的長度大約是紐約到墨西哥的距離，相當宏偉。

第二節　中世紀時期

在中世紀封建時期，貴族提供食物與安全給農工，農工則負責保衛國王與貴族。在盎格魯薩克遜時期，十家區或「十人會制度」（tithings system）的制度被引進，以及每十戶聚集在一起彼此協助以維護法治與社會秩序。此制度後來演變成十家連保制（frankpledge），在國王的命令下負責維護社會治安。

另外一個安全與執法演進的重要里程碑係西敏寺規章（Staute of Westminster）的簽署，其係由愛德華國王在1285年所訂定。此規章將英國刑事司法與逮捕的實務予以法制化。此項規章影響了刑事司法與逮捕長達數世紀之久。在此規章下，一般的民眾大量的投入刑事司法治安維護工作，尤其對於現行犯均可加以逮捕（Hall, 1952: 166）。

西敏寺規章建立了三項實務措施：

一、守望員與監護人員（the watch and ward）：其補充了正規警力，讓守望人員在城市提供夜間巡邏服務，這是城市與鄉鎮警衛措施的第一個差異點。守望員守護在城鎮圍牆的每一個大門，從日出到夕陽西下，他們被賦予在夜間逮捕陌生人的權利，並且將這些犯罪嫌疑人在隔天早上送交治安官，這些守望員必須按表服勤，拒絕者會被釘在木樁上。

二、巡呼制度（hue and cry）：對於拒絕守望員逮捕的罪犯，守望員可以大聲呼叫，要求所有的市民共同追捕罪犯。

三、武裝巡迴裁判員制度（assize of arms）：為了執行前項任務，西敏寺規章要求十五到六十歲的男性居民，必須在其住處備有一項武器以確保安全與

和平。

　　西敏寺規章係1066年威廉王爵攻占英國，諾曼王朝至1829年大都會英國警察法時期唯一的法律規章。西敏寺規章係第一個終結正規英國警察體系的規章，其賦予兼職的治安官，以及個人服務社區逮捕的權力。Critchley（1967）指出，警察防治犯罪之效果藉由日夜的守望獲得確保，同時藉由守望員與民眾的協助積極逮捕犯罪嫌疑人而使得治安無虞。

　　然而，「民眾逐漸感覺治安是一件苦差事，開始厭煩排斥，便自行僱用專人替自己工作，這可算是歐美保全業的最早起源。在美國也有同樣情形，因為美國獨立革命以前是英國殖民地，所以當初地方治安維護，多採用英國本土治安方式。1700年，費城設置巡夜人，規定所有男性公民應輪流擔任，其後不願擔任者仍僱人代巡，最後演變成所有巡夜人都是出錢僱來，但是這些僱來的人表現不盡理想，常遭致批評。」（邱豐光，2004：17）

　　此外，隨著宗教力量的提升，教區（parish）成為鄉間區域地方政府的組織。教區每一年指派一位擔任治安官（constable）負責執法，此項制度從中世紀時期一直持續到十八世紀。

第三節　十八世紀

　　在工業革命以後持續的社會經濟轉變，使得以居家為單位的企業轉化成設置在大城市的大型工廠，人口聚集，此刻人們安全保護的需求日益殷切。但是在此巨大改變時期，防護犯罪的努力卻做得很少，而此時期，政治的紛亂如暴雨的產生，使得治安的狀況吃緊，甚至召喚軍隊來弭平暴動。學者South（1987）詳述十八世紀官方組織控制的式微，當官方組織控制沒落，代之而起的也就是私人警衛的興盛。在此情況下，富商開始付費聘請私人保鑣，並且組織協會保護自己的生命財產安全。

第四節　十九世紀

　　在十九世紀初葉，由於執法的功能不彰，所以需要保全以補充警力，許多

大企業僱用了許多人員充任他們的警衛工作。例如：鐵路公司僱用保全人員維持秩序；同樣地，許多公司行號亦有類似的作法。大部分而言，撫平動亂的集體責任多由治安官以及武裝的協會所擔負，一直到皮爾爵士（Sir Robert Peel）之倡議興革才有所改變。

Peel爵士致力於倫敦警政系統的興革，其強調盎格魯薩克遜之個別社會秩序維護責任，並且指出倫敦的社區必須有一位由社區指派及付費的平民擔任警察人員。倫敦大都會警察的建立，其首要目標即為預防犯罪，但是這種對犯罪預防的特別強調並沒有持續很久。警察機關多數為犯罪偵查以及逮捕罪犯的時間所占滿，犯罪預防的措施即慢慢式微。也因此，以保全人員來協助犯罪預防工作的作為乃持續存在。

在美國，亦引進了英國的執法系統，而特別強調集體責任。但1848年在美國西部發現了金礦，大量的人口聚集以遂其淘金的慾望，整個社會治安陷入混亂狀況，除正規警力外，民間的企業為維護自身的安全，乃組織保全民力並且僱用私人擔任犯罪偵查人員，以嚇阻犯罪。在1850年，美國運通（American Express）公司成立，負責運輸物資之工作，而私人保全的聘任也應運而生。

類似的，鐵路運輸隨著經濟的發展而日益興盛，但卻也飽受印地安人以及其他匪徒的攻擊，為此，鐵路保全人員乃應運而生，這對於私人保全的發展有卓越的貢獻，1912年成立了美國鐵路協會，其主要工作在於協調安全相關問題。

其次，Allan Pinkerton對於美國鐵路警衛以及保全的發展也扮演重要角色。Pinkerton組織了全美最大的保全企業（全國偵查機構），其特別強調：我們不眠不休，張大眼睛來追捕綁匪，建構鐵路系統的安全。目前，Pinkerton公司仍然存在，僱用了3-4萬的保全人力，協助運動設施調查、企業竊盜保險調查等工作。

第五節　二十世紀當代保全業之發展

隨著警察執法之缺乏效能，民間保全持續發展。除了簽約形式的保全企業持續發展外，大企業本身亦建立自己的保全服務系統。

例如，美國之Wackenhut保全企業，在1993年間，營業額達6億6千萬美

元，員工人數4萬5千餘名，並在世界各國建立據點，成立分公司。當然，保全企業隨著社會需求持續擴張，2000年，美國在保全企業工作之人員已達180餘萬人，如同學者Mangan及Shanahan（1990）述及「民間保全對於維護大多數美國人之人身安全與財產已扮演舉足輕重之角色」。The Hallcrest Report II（Cunningham et al., 1990）曾提出二十世紀保全之發展：

一、民間保全之就業人口將持續增加。

二、每年保全將成長8%，或為正規執法人員之一倍。

三、民間保全之就業率係全國之兩倍。

相對的，近年國內保全業之相關公司逐漸增加，許多建設公司、企業集團與外商保全業合作，營業項目亦逐漸多樣化，且保全相關教育訓練與培訓機構逐步設立，自93年起，吳鳳、開南、銘傳等大學相繼成立或籌設保全（安全）管理學系，為培養未來保全（安全）管理人才而努力，警察大學亦於95年8月成立安全管理研究中心，致力於研究所層次的課程發展，期能提升國內安全管理理論與實務的質量（郭志裕，2004；王曉明，2006），其未來之發展將具潛力，在伴隨工商業發展下，有甚大成長空間。

第六節　中國古代保全業之歷史沿革與發展

中國古代即有地方士紳或官宦人家僱用私人保鏢護院保護個人及家族安全情事，並有以營利為目的之鏢局出現（王化榛，2004：37）。根據邱豐光（2004：16）之引介，明末松江紳士陳繼儒在一篇〈布稅議〉文章中說明，松江府一隅所產之棉布，不但數量極大，種類也不少，可歸納為「小布」（又名扣布或中機）、「大布」（又名標布）與「稀布」（又名「闊布」）等三種。其中以「大布」最為暢銷，而從事標布之貿易商就稱為「標商」或「標客」，布行則稱為「標行」。就在此種標布、標商蓬勃發展之背景下，產生了早期的保標工作，「保標」這個名詞也就逐漸得名。

保標活動起初是保護標布或其他商品，後來服務範圍逐漸擴大。清代小說家蒲松齡在其所著的《磨難曲》書中記載，因山西太原有土賊作亂，所以應考舉人要僱用「標槍」護送，這裡的「標槍」則是指練有武術之武師。

明朝萬曆44年（1616年），松江府一帶百姓，因為名畫家董其昌之家僕為

非作歹而群起攻擊董宅，董氏家僕聞聲僱用「打行」在家防護。保標者為了護送布商，必須常常行走松江府，可能受「打行」之影響逐漸成立組織。由此推斷，「標局」或「標行」之出現，應是在「保標」之後，亦即我國類似保全公司之民間安全警衛，是源於十七世紀上葉。

第七節　台灣保全業之發展

　　至於台灣地區保全業之發展則短短不到三十年。根據國立台北大學許春金等（2000：41；許春金、侯崇文，2002）之引介，台灣地區保全源於「民國67年，由中興保全公司創辦人林燈先生等人集資成立公司，將日本警備業之私人警衛系統引進台灣。原擬和日本警備業同名，但因值戒嚴、戡亂時期，台灣警備總司令部為最高治安機關，名稱易為混淆敏感，乃以『台灣安全保障股份有限公司』向經濟部申請設立。但名稱過於龐大籠統未獲核准，旋經改稱為『中興產業安全保障股份有限公司』，惟經濟部對『保障』二字，認為範圍空泛欠妥，後來改為『中興產業保全股份有限公司』，仍以名稱過於冗長，最後定名『中興保全股份有限公司』，經核准後，成為台灣第一家保全公司，正式對外營業。爾後又有多家公司陸陸續續成立，均以保全公司名義向經濟部申請設立」。

　　80年在內政部警政署刑事警察局之努力下，送立法院三讀通過保全業法，於12月30日經總統以華總(一)義字第6903號令公布實施，為台灣地區保全業之發展奠下良好基礎。迄至100年12月底，台灣保全業已登記營業之保全公司共有630餘家，從業人員總計有7萬餘人，公司用戶及住宅用戶普及率已有顯著增加，未來在良好經濟發展與國民所得提高之衝擊下，將有更大之發展空間。

第二章 當代保全業之意涵、興起、任務與功能

第一節 保全之意涵

　　保全，一般國外用語係指私人警衛（private security）或私人警察（private policing）之意涵。就保全或安全（security）之文字意涵觀之，其「乃幫助防阻損失，意指必須建立一穩定、相對可預測的環境，以使人們或團體可追求原有目的，而不會遭破壞或傷害，並且免於恐懼」（高永昆等，2001：138）。學者Dingle（1993: 75）則另指出，保全係指「確保人身安全，預防未經授權之物質、設備、設施及文件之侵入，及保護掠奪、破壞與偷竊之物理防範措施」。無論如何，保全之意涵仍因不同之作者思維而有迥異之呈現。茲列舉如下：

一、Kennedy, Daniel B. (1995: 101)

　　保全（private security）係指「保障民眾財物避免損失、傷害並減損價值之個人及組織之各項安全維護措施」。

二、美國刑事司法標準與目標之全國諮詢委員會有關民間保全工作小組報告之定義

　　保全係指包括自僱之個人及民間投資之經濟體及組織，提供安全相關服務給特殊之顧客，並予收費，以維護個人或組織之運作，確保民眾之個人安全、私人財產或具有各項風險之個人。

三、Hess, Karen M. & Wrobleski, Henry M. (1996: 29)

　　保全係一營利取向之企業，其主要提供個人、設備及／或程序，以預防因人員之錯誤、緊急事件、災難或犯罪行為造成之損失。

　　另國內學者專家郭志裕（1998）認為保全業係專為特定個人、組織或公司從事犯罪預防、災害預防或損失填補之個人、組織或公司，均非國家之執法單位或人員。保全業為一種以營利為目的，專門從事提供人員或器材之安全維護

服務之組織，其目的在防止人為之疏失錯誤、應付緊急狀況、排除災害和一切犯罪舉動。

第二節　當代保全業之興起

根據蔡允棟（2002）之引介，安全對於大多數人重要性自不待言，誠如心理學家馬斯洛之人格理論主張，為了達成自我實現與成功，我們必先實現人類五大基本需求，依序為生理、安全、被接納、自尊、自我實現，安全即為其中之第二層基本需求。保障個人生命財產之安全，本為國家之基本責任。由於政治、社會及經濟等結構之急劇轉型，傳統運用強制命令等手段以獲取治安維護上民眾順服之方式，已因民主和人權意識之高漲、依法行政與程序正義之要求、以及國家有關治安之財政預算與人力支援嚴重不足，原有警察力量事實上難以獨立有效達成確保社會安和之目標。民眾乃轉以私人力量成就個人安全需求，保全業即為此趨勢下之產物。私人保全業興起之相關理論主要包括：集體安全模式理論（McDowall and Loftin, 1983）、大眾化私人財產理論（Shering and Stenning, 1983）、警察真空理論（李湧清，1991：62）及社會控制手段理論等（引自許春金，2001：45-48；許瑞山，2004：166）。分述如下：

壹　集體安全模式理論

集體安全模式理論（collective security model theory）係由美國犯罪學學者McDowall及Loftin（1983）所提出，其認為「應從社會控制（social control）之角度來探討自力救濟行為（self-help）。在工商業社會由於異質性擴大，集體力量於是減弱，社會秩序不易維持。當政府努力維持社會秩序，人們覺得政府已控制犯罪，違法者也受到處罰，因此人們尋求自力救濟、自我防衛之意願則不高；反之，當政府無法遏止日趨嚴重之犯罪問題時，社會安全體系受到威脅，人們感到不安，此時，人們放棄制度化之管道，尋求各種個人之方式以保護自己」（引自許春金，2000：6）。社區巡守隊為其選項之一種，在美國社區巡守隊最初大部分由人們自組而成，如紐約市著名之「護衛天使」（Guardian Angel），即是一種由當地居民自組巡守團體對地下鐵、地下街道安

全加以巡守,在紐約市之Bronx區域,鑑於社會治安日趨惡化,其因此成立巡守組織來保護民眾安全(Pileggi-Nicholas, 1980: 14; 朱錦榮,2004)。實證研究發現,「當官方之社會控制力量不彰,人們追求制度化以外之自力救濟管道所做之努力,與警察是否能有效控制犯罪具有互補關係。社會秩序失調,人們尋求自我保護之動機於是增強,反之,當人們相信警察具有打擊犯罪、保護私人財產能力時,尋求自我保護之動機便會轉弱」(許春金,2001:45-46;侯崇文,1993:50)。

貳 大眾化私人財產理論

詮釋保全業興起之另一個理論為大眾化私人財產理論(mass private property theory),其中以加拿大社會學學者Shearing及Stenning[1](1981; 1983)所倡議之較具系統性與完整。

根據許春金(2001:47-48)之撰述,Shearing及Stenning指出,在北美洲,私人財產與公共空間之互動,在1950年代以後更加頻繁。大眾的活動許多是在私人所擁有之大型建築物中進行,例如購物中心、工廠、辦公區域、便利超商、旅館、餐廳、娛樂中心、校園、金融機構等。又如迪斯奈樂園,雖是屬於私人財產,但卻吸引成千上萬的人前來,成為現代社會主要特色之一。而其園內秩序及意外事故防止等,非借助私人保全力量協助不可。

Shearing與Stenning指出,有足夠的證據顯示,大眾化私人財產的數量於1950年代後正快速成長,尤其,城中區域者郊區的財產,逐漸被少數幾個人或企業所控制。而這些私人所控制的財產,已成為大眾生活中的一部分,許多民眾租房子、購物、吃飯、休閒或娛樂,都須找上這些私人所擁有的財產。

Shearing及Stenning(1983: 496)進一步發現,擁有財產的人,對其財產有支配的權力,而私有防衛力量產生的原因有二:第一,公設警察無法保護民眾的安全。傳統警力只及於街道或公共場所,除非特殊的情況,例如有人從事違法行為或者民眾遭到犯罪的侵害,警察不能隨便進出私人場所。第二,私人財產的所有人較不喜歡公設警察干涉他們的事,而喜歡用自己的方式處理自己的

1　Shering, Clifford D. and Stenning, Philip C. "Private Security: Implication for Social Control." Social Problem. Vol. 30, No. 5, June, 1983, p.496.

問題。因此，許多大廈、公寓、大型辦公大樓、工商業中心自行僱用安全警衛人員，保護私人財產。他們也自訂規章，處理衝突事件，尋求私人的正義，而保全則在此境況下逐漸興起。

　　簡言之，民眾為避免財產損失，即採用非政府的力量，維護本身的生命及財產安全，此種以民間力量代替傳統警察的作法，隨著近代資本行業的興起，而迅速發展。美國商業部（1997）曾列舉出十八個國家為發展中的市場，台灣為其中之一。此類國家的共通特色之一，即為保全業擴張的可能性（Nalla, 1997）。台灣第一家保全公司為「中興保全」，係由國產實業集團於民國67年所創立，兩年後新光集團復設立「台灣綜合保全公司」，後更名為新光保全，為台灣第二家保全業者。三十餘年來，此兩家保全公司執台灣保全業之牛耳，日後隨著經濟發展與保全觀念的建立，其他保全公司如雨後春筍般冒出（蔡允棟，2002）。據主管機關統計，至民國100年12月底，全國已登記營業的保全公司共計630餘家，從業人員總計約有7萬餘人。從保全市場普及率觀察，目前台灣地區公司用戶普及率8%，住宅用戶普及率3%，且歐美保全人數多為正規警力之一倍以上，因此整體保全市場仍有相當成長空間。

參　警察真空理論

　　根據郭志裕（2004：98）援引李湧清[2]（1991）之撰述，警察真空理論（the theory of vacum of police）認為「在你需要警察的時候，警察永遠不會在你身邊（There is never a cop around when need one）。由於警察不能有效地維持公共安全、提供私人的安全保障，保全公司乃應運而生。而警察之所以難以維護公共安全，是因資源的限制。類似的解釋是私人企業為了維護其自身利益，例如防止順手牽羊的顧客（大型超級市場）、預防劫機（航空公司），而委託私人保全從事安全維護，從而給予保全公司發展的空間。這種解釋雖然不強調警察無法提供有效的安全保障，但暗示保全公司比公設警察更能有效維護安全。」（P. 98）

2　李湧清，私人警衛及其相關問題之思考，警學叢刊，22卷2期，1991年12月，62頁。

肆　社會控制手段理論

郭志裕（2004：98）進一步指出，社會控制手段理論（the theory of instrumental social control）亦為保全業興起之相關理論之一，「該理論認為，社會對某些特定狀況所定的規範，須透過法定程序的檢定，而被社會一般大眾所普遍認同；其特定之限制與組織的目標須有法理的相關性與必須性。美國社會學家美爾頓Merton, R. K. 在其〈社會結構與迷亂〉一文中提出這樣的結論：『當一個社會中所存在的共同目標（goal）與實現目標的手段（means）間產生矛盾，將會造成行為規範與制度的薄弱，所以人們如果拒絕遵循此一規範，則將造成各種偏差行為，這便是社會解組（social disorganization）的開端。』因此，私人保全或公設警察工作的執行，在為了社會安寧秩序維護的目標之下，以合理及必須的手段在民主社會中發展，成為社會控制手段之方式。

事實上，各國政府基於財政經濟上或事實需求的考量，皆同意私人保全的確是社會控制的一環。惟對於私人保全在商業經營項目或政府管理方面，因各國國情、社會發展現狀的不同或有差異。

私人保全最主要是預防犯罪，是透過人員和保全器材，提供定點守望、巡邏、門禁管制及防盜防火、防災等保護措施。服務對象包括銀行、觀光飯店、公司行號、政府機關和社區都有。另由於恐怖主義盛行，人身保全最近也大行其道。私人保全主要工作乃在預防損失（loss prevention）和風險管理（risk management），透過風險的預期、認知和評估，產生某些作為，企圖消除風險或減少潛在的損失就是預防功能最大的發揮。此工作遠比事件發生後再介入來得重要，防微杜漸，事先預防重於事後治療就是重點所在。」

無論如何，私人警衛（保全）之興起與成長，除前述之理論詮釋外，無外乎以下相關因素，包括職場犯罪之增加、犯罪被害恐懼感之增加、政府財務之危機、治安防衛力不足，及民眾與企業覺知運用更有效之保全產品與服務以強化安全等（Cunningham, Strauchs and Metel, 1990; Nemeth, 2000）。在經濟因素之推波助瀾下，使得保全不僅興起，且持續成長，在整體防治犯罪之體系中，日漸扮演重要之角色。

第三節 保全業之目的與任務

美國Hess及Wrobleski（1996: 30）教授指出，「私人保全係一種利潤導向的事業，專業的提供人員、器材或秩序維護，以預防因人為之疏忽（或錯誤）、緊急情況、災難或犯罪行為所造成的損失。」其目的主要有下列六項：

一、公平而且一致性地執行有關一般安全、門禁和財產管制及職員安全之政策與程序。

二、提供一個可以吸引人員與保障其不受外在壓力剝削之工作場域環境。

三、預防公司資產或科技未經授權與同意之外洩。

四、保護並維護公司的資產。

五、處理威脅員工或公司福祉的現場突發事件。

六、報告危害公司安全之情況或造成公司潛在危機之狀況。

保全人員主要之功能則在藉(一)蒐集資訊，(二)控制門禁與維持私人財產之秩序，以及(三)保障人員和財物免於犯罪與災難，以期減少損失。

此外，學者Jaap de Waard（1996: 229）則指出，保全因業務逐漸擴大，故其任務（活動範疇）亦至少包括以下各項（以荷蘭為例）：

一、保護並監督可移動或不可移動之財產，對財產予以防護並在公共運輸財務上予以監督。

二、現金及財物之運送。

三、保護個人人身安全。

四、中央車站之管理與維護。

五、室內／商店之安全管理、偵查與進出管制。

六、重要節日之出勤。

七、受刑人之戒護。

八、鑰匙（key）之保管。

九、商場之停車安全管理。

十、公寓道路之監管。

十一、訊息、搬運、接待及大廳接待之服務。

十二、搜索危險物資（如機場）。

十三、交通安全管制。

十四、處理警報及警報系統。

十五、檢查出入之物品。

第四節　保全業與治安維護

保全業之發展顯然與其具有治安維護之功能密切相關，根據王至誠（2004：50-52）之撰述，「社會大眾對保全服務由初期的不信任、不接受，經過同業們多年來的努力，現今已普遍的對保全業認同甚至依賴，可見保全業實質上對治安維護工作，具有重大且正面之積極意義。

以系統保全而言，系統保全是利用電子感應器材裝置在防護標的內，形成防護系統，再利用各種傳輸方式將器材感應訊號傳回保全公司管制中心，由管制人員判定後指揮機動巡邏人員前往處理，並通報110警方派線上巡邏人員處理。由於電子器材的不斷更新與管理制度的改善，另附帶防火、遠端監控、緊急醫療等服務，保全防護力發揮作用，裝設系統保全的客戶被竊比例逐年下降。

而就公寓大廈、集合住宅的駐衛保全而言，在警政署堅持納入保全業加以規範下，公寓大廈的安全維護已能真正落實。近年來，公寓大廈更不像已往是藏污納垢、治安的死角。另愈來愈多的公、民營單位及個人，委託保全人員維護安全及秩序，工廠、市場、大賣場、百貨公司、政府機關等隨處可見保全人員，顯見保全業已擔負起許多維護社會治安的工作。

在運送保全方面，金融單位、農漁會鈔券改由保全業負責，分擔了行員與部分警察一定的風險。可惜因保全人員的本身防護力不足，無法面對火力強大的匪徒做有效的防衛，使得運送市場成為保全業目前經營風險最大的項目之一。

同樣的，在人身護衛部分，也因保全人員本身防護力不足，使市場受到侷限，除少數財團旗下保全公司有派人保護業主外，大都為臨時性、短暫的防衛服務。」

賴啟忠（2004：26-28）則表示，駐衛保全、系統保全、運鈔保全等方面均具有許多治安維護之功能，但在實務上，目前保全人員薪資低，削價競

爭，加上素質不高，同時缺乏專業防禦性武器，故在治安維護功能方面仍顯不足，有待檢討相關法令全面提升。

陳靜慧（2006）為瞭解當前我國保全業者實務運作對於治安維護之成效為何，以高雄市地區為問卷施測範圍，針對警察機關、一般民眾、保全人員各發出600份問卷進行保全業者維護治安功能、角色之評估，其研究發現約六成多警察人員同意保全業專業能力，五成多同意保全人員可分擔警務情況，即使七成多警員同意保全業預防犯罪類型，但對於整體分擔業務方面則仍有所限，除了建議業者仍須加強人員專業教育訓練，提升專業能力之外，亦推測係因當前法令規定使然，因警察業務內容繁雜而保全業法明文規定的保全業經營內容有限，如同Crawford及Lister（2004）的研究建議，警方予以保全業者較弱課責性及警政、監督範圍係所有提供安全服務者之必需者，以降低警方與保全業間的矛盾。

一般民眾近九成比例皆同意保全業存在因素，但卻於保全業實務運作同意程度，對於保全人員處理意外事件、提供有效安全諮詢及規劃能力的專業能力上；對於保全員預防防火防災意外事件、大樓汽機車竊盜、現金運送安全及門禁出入方面，下降至僅有七成民眾同意。

工作地點或是自家住宅的保全客戶，不論有無發生突發意外事件或是犯罪事件，其續投意願仍高達九成五，亦表示保全業維護治安功能與角色上，仍是大受保全客戶所認同；而民眾無購買保全服務的主要原因皆以「缺乏經費」及此項研究所無臚列的「其他因素」為主要原因，顯示民眾考慮是否投保時，經費是主要原因之一。

另外，保全人員則九成以上皆同意其對於保全業存在因素及運作現況，但對於專業能力的規劃能力項目、工作性質的人際溝通，下降至八成的保全員持有同意看法，係保全人員亦認為需強化自身專業能力以提升專業形象；而現金運送安全的預防類型僅七成多保全員持有同意態度，大致乃因多起現金運送事件起因於保全員監守自盜，故建議警察機關查核保全人員任用資格，業者亦需嚴格篩選現今運鈔保全人員資格，以提升保全人員對保全業的認同感。

第五節　警察機關與保全業治安聯防體系建立

保全業興起，有些業者各自為政，同時與警政關係形同陌路，甚至有些業者和警察機關從不聯絡，不但兩者之間勤務無法聯防，更談不上支援，以至於錯失很多破案契機。何明洲（2006）研究台北市政府警察局北投、內湖、松山、萬華、信義、大安、士林、中正一、中正二、中山、大同、南港、文山一、文山二等14個分局93個派出所暨台北市保全商業同業公會所屬六十七個會員，進行有效問卷派出所所長84份、保全公司131份。經調查後發現：

一、對轄內保全駐點營業主管或營業相關保全主管姓名不瞭解和非常不瞭解占53%；同樣對轄區派出所所長或分局偵查隊長姓名不瞭解和非常不瞭解占48.8%。

二、所長對轄內保全派駐地點、巡邏路線、錄影監視設施不瞭解和非常不瞭解占75%；同樣有將轄內保全派駐地點、巡邏路線、錄影監視設施提供給當地警察派出所僅占11.5%。

三、緊急聯絡電話有互相建構，派出所只有48.8%，保全公司則有72.5%。

四、曾接受過當地保全業者邀請，替他們解說新興財產犯罪手法的所長僅占9.5%；同樣保全公司曾邀請也只占9.2%。

五、所長對保全業者現有防盜、防竊新型設備，尤其是系統保全能瞭解和非常瞭解占35.7%，不瞭解和非常不瞭解占64.3%；而保全駐點營業主管或幹部曾參訪過分局或派出所只有3.1%。

六、曾提供情資給派出所6%，保全主管及幹部調查也不到四成。

七、轄內駐衛勤務（大廈、社區保全），警勤區同仁偶而聯繫占59.5%，經常聯繫才占36.9%。

八、遇有治安情資或事故要通報，認為通報警察局勤務指揮中心或110占49.6%最高，其次是分局業務承辦人32.8%，可見110是較熟悉管道。

由上述調查資料顯示，警察機關與保全業治安聯防體系相當薄弱，有待雙方積極去推動，甚至修法來推動。

另外在如何推動保全業協助治安共同建構治安聯防系統方面發現：

一、運用民間保全設備及人力資源建立「治安聯防系統」，更能營造全民安全生活空間，警察派出所所長100%及保全駐點營業主管或公司幹部99.3%一

致認同,可見結合保全力量是事在必行。

二、提供保全巡迴服務車輛巡邏路線、駐衛保全服務據點、錄影監視器材設置地點有助警察規劃整體治安勤務,警察派出所所長94%及保全駐點營業主管或公司幹部98.5%認同,可見警察勤務與保全勤務必須有互動關係。

三、邀請轄區保全業者參加治安會議提供最新治安訊息,有助保全業犯罪預防,警察派出所所長非常同意及同意共占94%、保全幹部96.9%,可見此項工作必須積極推動。

四、警察機關與轄內保全業者建立協調聯繫管道熱絡非常不同意及不同意共占15.3%,非常同意及同意占84.7%,這一點和警察派出所所長調查結果非常同意及同意占44.1%有落差,但可知悉的是保全公司發生狀況終究必須靠警察處理,因此相對保全業聯絡較熱絡。

五、較業者各自聯繫協調會有較好效果,保全駐點營業主管或公司幹部非常同意及同意占94.7%,所長非常同意及同意占92.9%,可見大家對公會推動較具信心。

六、從警察高層及保全業者負責人定期召開會報方式,由上而下來推動較能發揮功效,非常同意及同意警察及保全分別為92.8%和89.3%,可見高層才是決定一切。

七、目前警察機關與保全業者最大問題在於協調聯繫機制不夠完善,致喪失一些破案契機,認同者兩者均達九成五,的確目前聯繫制度有嚴重問題存在。

由上觀之,建立管道,熱絡聯繫,中心聯線,信息互通,正是警察機關和私人保全如何建構良好治安成敗所在,且是兩蒙其利的最高表現,因此當今保全業與警察機關治安聯防體系如何有效強化,的確是重要課題。

第三章　當代保全業之發展

第一節　保全業朝向專業化之發展

　　目前保全業與其他行業相同，在競爭之壓力下，逐步朝向專業化之發展。根據Axt（2002）之見解，在保全業為民眾接受為一門專業（profession）前，以下四項問題必須加以澄清與因應，包括保全業必須提升專業資格之標準；為學術界所接受及進行相關研究；安全主管須發展行銷商業相關技巧，以贏得企業之敬重；最後安全主管須能整合資訊，並獲企業主之認可。Axt之觀點分述如下：

一、專業資格之標準（qualification criteria）

　　保全業是否具備足夠之專業資格標準，為朝向專業化發展重要之一環。例如，以美國工業安全協會核發之「防護專業認證」（certified protection professional，簡稱CPP），即具相當之專業水準，但某些專業領域亦已主動就提升該專業領域水準而奮力不懈，訂定甚高之標準。惟無論如何，訂定專業資格標準為建立專業之第一步，必備為保全業者所重視。

二、學術之支持與研究（academy acceptance and studies）

　　王曉明（2006：15～）指出，安全管理（Security Management）在911事件後成為一門備受矚目之學科，安全管理之研究在國內外蓬勃發展。國內對安全及保全管理之教學、研究，也在911之後有了大幅度的興革。從實務面來看，主管國內保全業務之警政署刑事警察局，在警察大學、中正大學、台北大學等校之通力合作下，於2004年9月在台灣大學舉行中華民國第一屆國際保全學術研討會，來自美、日、韓等國之學者與國內學者、專家齊聚一堂，共研保全業之管理與發展；從學術面觀之，自2004年起，吳鳳、開南、銘傳等大學相繼成立或籌設保全（或安全）管理學系，為培養未來的保全（或安全）管理人才而努力，警察大學亦於2006年8月成立安全管理研究中心，致力於研究所層次之課程發展，期能提升國內安全管理理論與實務之質量。

　　美國許多大學紛紛在原有的刑事司法（Criminal Justice）教育之基礎上

教授安全管理課程，有的大學甚至成立研究所，致力於安全理論與實踐之研究，例如位於全美第四大城休士頓市中心之休士頓大學城中校區（University of Houston-Downtown，簡稱 UHD），於2004年1月開始招收安全管理碩士班（Master of Security Management，簡稱 MSM）之學生。

　　保全領域是否已走到學術領域，為朝向專業化之重要指標。目前各大專院校雖然部分開設安全管理相關課程，但大多偏重犯罪學研究領域，即使在美國亦僅有八所學校提供四年之大學教育及五所大學提供碩士學程。但整體而言，保全業仍待大學學術研究部門之支持，如同英國李斯特大學教授Martin Gill所言，唯有當擁有研究分析能力之大學教授與擬訂安全管理政策之實務工作同仁尊重彼此之角色並攜手合作時，朝向專業之進步（progress）始可能達成。

三、發展商業相關技巧，獲企業主之尊重（business skills and corporation respect）

　　最近一項美國產業安全協會之調查顯示，超過一半（57%）之安全主管（security manager）來自於軍事及警界，因此較未能發展出有效經營技巧及投資策略。而研究亦顯示，安全主管面臨之首要挑戰主要為吃緊之預算及方案之效能，倘未能吸取商場之經驗與技術，安全主管將無法獲取企業主之尊重。事實上，在傳統上安全主管常被視為「企業之警察」（corporate cops），而與企業經營之需求無關。但在此情況下，保全被視為一負擔（資金外流），而安全主管則不被企業同等重視。

四、須能整合資訊與獲取高階主管之認可（get message across and senior manager's recognition）

　　安全主管除必須被董事會視為一項專業外，還必須具有整合資訊之能力，並獲高階主管之認可。而安全主管須充分的提供企業各階層各項有意義之服務，同時最重要的，必須與企業之需求與目標有直接之連結。

　　因此，安全主管必須學習呈現嶄新的安全管理規劃，致力於減少企業之損失，並且降低成本，展現效能。如此，在獲得高階主管與民眾之認可下，始可成為一真正的專業行業。

　　總之，保全業朝向專業化發展乃無可抵擋之趨勢，而此亦為其生存與發展之重要關鍵，預期在未來競爭下，將可逐步走向半刑事司法機關之規模，並且

隨著經濟發展及政府之釋放管轄區域而發展。

第二節　保全業證照制度之建立

如同前述，專業證照制度之建立係免除批評與責難，及提升服務品質與水準之不可或缺作為。因此，隨著保全行業之擴展，各國亦逐步建立證照制度，茲分別扼要介紹美、日等先進國家之證照制度如下：

壹　美國保全業證照制度

美國各州之證照制度亦展現其多樣化之特色，但以「美國產業安全協會」（The American Society for Industrial Security，簡稱ASIS）於1977年提供專業之認證較具專業性。其授予保全人員之專業認證許可，稱為防護專業認證（certified protection professional，簡稱CPP）。

關於美國產業安全協會，係美國最大的專業安全教育組織，在全世界有超過30,000個會員加入。ASIS期望能增進和充實教育計畫與內容，以促進有效的安全管理專業知能。

目前該組織在全世界超過200個分支機構提供服務，這些地方機構積極提供專題討論會，特別是當地專業議題上，提供一些特殊節慶的地方活動，且超過30個常設的委員會對該協會的課程提出建議和監督。

在教育計畫方面，美國產業安全協會一年提供超過30個的教育計畫。這些計畫中從一般的到特殊的皆有，同時也有以五天為基礎的安全管理的教育計畫之課程。且該組織提供了大規模且具有綜合性的教育計畫，在世界各地超過15,000位的參與者和超過600家的公司行號中，且每年都會針對各方面的安全管理問題舉辦研討會或討論會，並邀請所有註冊會員參加。

根據美國產業安全協會提供之資料，防護專業認證（CPP）對於具有一定品性、專業安全管理水準表現之保全人員提供特別的認可，同時亦鼓勵保全人員藉由不斷的持續性教育以更新其專業證照。在參與CPP測驗前，保全人員首先須具有以下之教育與工作經驗條件（Hess and Wrobleski, 1996: 45）：

學歷	保全經驗	負責之經驗
無	10年	7年
專科	8年	6年
大學	7年	5年
碩士	6年	4年
博士	5年	3年

除前述基本教育與工作經驗外，參與考試之保全人員須嚴格遵守CPP之專業責任倫理，並由通過CPP考試之一員所推薦，始能進一步參加筆試。

CPP之考試包括涵蓋安全七大主題之200個多重選擇題，其配分包括安全管理（38%）、調查（15%）、法律問題（7%）、個人安全（9%）、物體安全（19%）、敏感機密之保護（6%），以及突發緊急事故管理（6%），參與測驗必須達八十分始通過考試。在遵守CPP專業責任倫理之情況下，CPP每隔三年須再行認證（王曉明，2004：160）。

根據ASIS之調查顯示，超過53%之公司較願意僱用通過CPP之保全人員。而資料更進一步顯示，美國安全主管之年薪為58,590至85,852美元，而具有CPP認證之安全主管，則在待遇福利上明顯高於未具有CPP之安全主管21%。同時，為使保全專業更進一步提升，ASIS另提供兩項證照供測驗：調查人員專業證照（professional certified investigator，簡稱PCI）以及物理安全專業（physical security professional，簡稱PSP）。

貳　日本保全業證照制度

日本保全業一向重視專業之發展，故除強調檢定考試以授與合格證書外，另透過嚴格之教育訓練措施以提升其保全專業。根據郭志裕（1994）、陳維耿（2004）及許瑞山（2004：167-168）等之引介，日本之證照制度如下：

日本保全人員主要係透過「檢定考試」以取得資格。公安委員會為求正確地實施保全業務，可依國家公安委員會規則之規定，對於保全人員及想當保全人員之人，舉行關於保全業方面之知識及能力之檢定考試。國家公安委員會於1972年7月1日發布國家公安委員會規則第五號「保全人員檢定規則」，依保全業務之類別舉行檢定考試，可分為四類：(一)機場保全業務；(二)交通指揮保全業務；(三)核燃料物搬運保全業務；(四)貴重物品運送保全業務。

檢定有分一級檢定和二級檢定，而具二級檢定及格並從事保全業務滿一年者可再檢定一級，檢定之實施係都道府縣公安委員會認為有必要時，於考試前三個月公告，接受申請，經檢定合格者均可取得合格證書。

除檢定考試外，如欲瞭解保全業務或想從事保全業務，也可至指定講習之地點接受有關機關之專業指導講習，此種講習是由公安委員會認定之財團法人辦理，有關機場安檢保全業務由財團法人機場保安事業中心辦理一級和二級之課程講習，另外交通指揮、核燃料搬運、貴重物品運送之保全業務則由財團法人全國保全協會辦理一級和二級之課程講習。而參加講習人員依據「保全員檢定規則」可免參加檢定。

總之，現代保全業之朝向專業化與證照制度之建立，為確保其生存與發展之不二法則，蓋專家紛紛指出，當前保全業良莠不齊、人員素質堪慮、教育訓練不足、工時長、薪資低……，實難提供優良之保全服務品質（許瑞山，2004），亟待建立專業證照並落實教育訓練，並透過評鑑（施桑白，2004）以強化體質，做好保障民眾生命財產安全之工作。

第三節　保全業之展望

壹　台灣保全業之現況與困境（高永昆[1]，2003）

高永昆（2003：103）指出，「民國67年台灣成立第一家，也是目前規模最大之保全公司，由國人林燈等人集資，將日本警備業之私人警備系統引進國內，其後陸續成立十餘家保全公司後，72年前行政院院長孫運璿指示前內政部部長林洋港先生研擬管理法規，以加強保全業之輔導及管理。內政部警政署即由刑事警察局派員赴日本考察，並參考日本警備業法及審酌我國社會經濟環境，蒐集各國立法例，研擬保全業法草案，於77年6月25日層送立法院審議，前後歷經三年，立法院於80年12月12日三讀通過，並經總統於80年12月30日華總(一)義字第6903號令公布施行。十一個月後公布施行細則，開始重新受理申

---

[1]　高永昆，保全業經營管理及未來展望，保全人員訓練計畫講習教材，內政部警政署刑事警察局編印，2003年8月，103頁。

請保全公司許可。由於台灣治安質與量日益惡化，國民所得不斷提升，民眾之高度犯罪被害之恐懼等，導致民眾對保全服務需求日益增加，因而保全公司家數迅速成長，目前已有約630餘家，並於台北市、高雄市、台中市、桃園縣、台北縣、高雄縣、台南市、新竹市、台中縣、基隆市分別成立保全商業同業公會，並已成立中華保全協會，並積極籌組全國保全商業同業公會聯合會。早期之高齡保全人員大都為退役官兵，但年輕保全人員則為高中畢業或肆業，且服過兵役者。台灣之保全公司以從事駐衛保全業務為主，占九成，其中專營或兼營系統保全、現金運送或人身保全者不到10%。以營業額而言，因缺乏統計資料，一般抽樣調查均認為系統保全約占60～70%、駐衛保全約占30～40%、現金運送約2%，但此乃因數十家樣本中均包括專業經營系統保全，且規模為第一和第二兩家上市保全公司，以致這種抽樣偏差造成嚴重之抽樣誤差，因此個人估計駐衛保全之營業額約占60%、系統保全約占40%。以營業額之年成長率而言，整體保全服務為14%，其中現金運送34%、駐衛保全28%、人身保全15%、系統保全8%。然而整體市場需求雖成長良好，但因新加入之保全公司太多，並以低價為主要競爭手段，因而須壓低人員薪資，導致人事流動率太高、人員素質良莠不齊、召募訓練發生困難，徵才不易，其結果自然使保全服務水準低落，消費者因而不滿，故再繼續殺價或更換保全公司之惡性循環，遂使許多保全業之經營陷入困境。」

貳 保全業未來之產業趨勢（王振生[2]，2003）

王振生（2003：12～）論及保全業之未來趨勢時引述"*The Rule of Three*"（《企業競爭優勢──三強鼎立之市場新局面》）一書，認為「只要政府不過度干涉，允許自由競爭，一般產業通常只能存有三家產品線完整和規模龐大之企業，其餘則為專業廠商或利基廠商之小公司。由於系統保全之固定成本是主要生產因素，因而產業較容易發生集中現象，只容許少數幾家大公司存活，因而，誰將是台灣第三大系統保全公司，便成為各中小業者力爭之目標。至於駐衛保全市場，因屬勞力密集之行業且固定成本支出不多，無明顯之規模經濟

2　王振生，保全業經營管理及未來展望，保全人員訓練計畫講習教材（現場補發），內政部警政署刑事警察局編印，2003年8月，12頁以下。

效益存在，故駐衛保全產業內雖然仍會出現淘汰現象，但不會出現重大之淘汰，因此，駐衛保全產業不易發生集中於三家大公司之現象。展望未來之大環境，在面對全球化之競爭之下，較大型公司將繼續追求市場占有率，以維持現有之規模經濟利益。而較小型公司將可選擇成為市場或特定服務（例如服務類型、地區別、行業別）之專業廠商、或選擇整合購併。」所以未來台灣保全市場生態仍是中興、新光保全公司這二隻大鯨魚帶著一群小蝦米的情形。

参 保全業未來之發展方向（王振生[3]，2003）

對於保全業之未來發展，王振生（2003：12～）指出，「台灣保全業發展逾三十年，從政府或警察人員立場，從社會大眾看法或從業人員本身，都朝正面與肯定角度看待保全業未來發展及須努力之方向：

一、建立會員評鑑制度：建立評鑑制度，強化市場公信力。

二、建立完整之培訓制度：建構一套周詳完整之培訓計畫，按部就班培養人才，才是企業長久生存之道。

三、建立證照制度：將保全員嚴格分類，依職能區分，建立合理之證照制度，唯有提高服務品質，才能創造利基。

由於保全市場競爭過於激烈，提升人員素質、避免惡性競爭、建立良好法治都有待大家繼續努力，每家公司面對未來發展勢必採取更快速行動，全力追求績效，才能在全球競爭中存活。因此，保全業者如何提升自我之競爭優勢，在未來全球化的市場中占有一席之地，科技將扮演決定性之因素。「科技決定人類一切之發展」，未來科技不再只是作為一種工具，而是進化到成為文明進程之指標。安全產業具備高科技產業之高技術密集及衍生之高資本密集之特性，保全產業對於科技之依存程度隨著防治犯罪技術之精進與犯罪行為之複雜化而日益提高，以往恃之禦盜之保全系統若不能隨著現代科技之進程與時俱進，轉瞬間便只能充作電子科系之學生作業而已。

運用於安全產業之高科技通常是直接或間接來自於國防科技，像是近年來國人較熟悉之GPS衛星定位系統、紅外線夜視儀等。這些高科技未必都直接

3　王振生，保全業經營管理及未來展望，保全人員訓練計畫講習教材（現場補發），內政部警政署刑事警察局編印，2003年8月，12頁以下。

應用在保全用戶之安全防護上；例如GPS衛星定位系統被用來掌控勤務車輛之分布，或運鈔車運鈔路線，提供指揮調度之依據，同時具有稽核勤務車輛執勤狀況及忠誠危機之先期預警功能。紅外線夜視儀則提供夜間勤務人員良好之夜間視野，便於搜尋隱匿在暗處之犯罪活動，適時遏止危機。其他諸如合成纖維製成之防彈裝備，取代硬質材料及鋼板，大幅降低執勤人員與防彈車輛之重量負擔，便於保全人員輕靈活動，迅速抵達事故現場。在完成各項科技導入之同時，消費者所享受到之安全服務，其實已經凌駕於僅以人員為主之警衛服務之上，安全等級自然隨科技之應用程度而相對提高。

安全產業中有關防治犯罪與災害預防已經深入一般人之生活，從保全系統、警衛服務、運鈔戒護、汽車防盜、設備監控、消防預警、影像監視等項目，無一不在人們所處之環境中默默發揮作用。持續不斷之研究與發展是保全業永續經營之命脈所繫，隨著科技不斷進步，如果沒有一個強而有力之研究發展計畫，足以對付高科技之竊盜犯，保全公司將很容易被淘汰。所以科研中心之存在，事實上還是為了提供客戶堅若盤石之安全保障。若從經營之層面來看，公司為擴大業績、永續營運下去，就必須不斷有新的服務、令顧客滿意之附加價值出現，而系統保全之優勢既立基於科技，所有服務構想就有賴積極之研究發展來加以落實了。」

肆 未來發展與如何因應全球化競爭（高永昆[4]，2003）

高永昆（2003：117～）論及如何因應全球化之競爭指出，加入WTO後，台灣與大陸勢必開放保全市場，將使本土保全業者面對全球整合之國外大保全公司之競爭，以及兩岸間相互到對岸投資與競爭；而由於兩岸政府對保全業務之管制開放時間表不一樣，且兩岸保全市場之環境與業者技術之純熟度亦不相同，因而所造成之衝擊自然大不相同。

由於中國八、九成是公安局之市場，可能在未來市場會產生微妙之變化，但這一年來變化還不大，因為中國在政策上還是會先開放給原來既有之物業公司來經營。市場需求越大，預估市場競爭也會越多、挑戰越多。

4　高永昆，保全業經營管理及未來展望，保全人員訓練計畫講習教材，內政部警政署刑事警察局編印，2003年8月，117頁以下。

　　首先，在運作思維與台灣人是完全不一樣，例如：台灣男生大都服過兵役，熟悉軍事之基本動作，在中國因採募兵制，許多男生從來都沒有接觸到軍事訓練，因此在教育訓練上，就得花費較長之時間來訓練。其次，因為城鄉差異大，從鄉下來之人對於企業間之基本應對，也是完全沒有經驗。舉例來說，在台灣找個員工，訓練兩三天就可以上任，但是在中國，職前訓練不只教育員工專業上之知識，對於應對進退禮節及服從⋯等，也都必須從頭開始教起。而且，許多員工來自各省份，除了要供吃、住外，還要集中住宿管理訓練。由於中國各省文化差異大，口音也不同，所以在中國經營企業有可能遇到台灣碰不到及無法想像之事情。

　　因為大陸早已是市場經濟，企業本身需有一定之財力及實力，在北京、上海這種大城市投資，因為前五百大之國外企業主要集中在那裡，所以不只是要跟當地保安業競爭，也要跟國外保全公司競爭。台資保全公司，如果沒有品牌知名度、沒有好之人才與管理制度，在中國難以生存。所以，前往大陸發展，要先經營自有之品牌，加上豐富之管理知識，才容易生存，如果沒做好準備，會傷到自己之根基。唯有品質跟人才兼具之後，才能扎根台灣，放眼大陸。

　　在競爭方面，台灣之優勢在於有很好之服務業概念，由於保全業是典型之服務業，不是傳統公安局保安公司之經營模式。用服務及滿足客戶需求之角度建立市場，這就是競爭優勢。所以先把跟大陸企業競爭之優勢找到，把服務做好，建立自己之品牌，才有優勢去競爭，這也是大陸保安業者目前無法做到的。

　　但是台灣保全公司到中國發展，如果勞、社保不保或退休金不提撥等作法，在中國很容易被點名或遭到投訴，因為大陸很注重此一基本原則，而且台商算外資，只要發生類似狀況，在中國特別顯眼，公司就很難繼續營運。中國保安市場雖然大，透過市場機制，能不能競爭，才是重點，所以如何獲得合約、如何把人才訓練好，這都是很大的學問。

　　如果台灣保全業者要去大陸投資，要先做好以下幾點：第一、銀彈（資金、知識等等）要有充分準備。因為在中國主要城市投資之企業，通常都是有競爭實力或有人脈之企業，如果沒有足夠之資金與管理知識，面對市場競爭，很容易被淘汰。第二、要花時間投入。第三、要從新學起。例如，台灣通常把最優秀之幹部派遣到中國，這是最失敗之因素之一，因為優秀之台籍幹部習慣沿用台灣成功之運作模式，人都會有「習慣制約」，將這套成功模式運

用到中國，卻往往是最失敗之做法。未來台灣保全業者要有人才、技術、資金、人脈及時間之投入，才能在競爭激烈之中國市場有立足之地。

由於保安業在中國屬於敏感行業，常會與公安部之決策配合，通常稱為「政策配合」。中國現階段還是屬於比較「人治」的情況，所以在公安部一聲命令之下，企業只能配合。例如2010年上海世博會，公安局要求保安公司派出人手支援，企業通常只能配合，但公安局也會釋出一些合約機會給企業當作回饋。類似之情況在台灣不會出現，主要原因是企業會透過市場機制來競爭，比較沒有「人治」之情形出現。

台灣之保全市場對外資幾無任何限制，但尚未核准陸資正式來台投資，事實上大陸業者之技術、效率與知名度目前尚不足以和台灣之保全業者競爭，因此國內保全業者所唯一須擔心者乃是國外大保全公司之入侵，台灣加入WTO後，更激勵這些國際大公司加速搶占台灣之保全市場。例如：97年4月剛成立台灣塞科利達保全公司（瑞典外資，其總公司設在瑞典斯德哥爾摩）。

展望未來，大保全業者將繼續追求市場占有率，以維持規模經濟利益；而小保全業者如在全球化之誘惑下，盲目追求營業額，將不具規模而使公司陷入危機；卡在中間之業者，將兩邊不討好而陷入困境。」

PIMS（行銷策略對利潤之影響）研究發現，利潤率與市場占有率成正比，對大中型企業而言，係屬正確，但對於區隔市場之利基業者，反而成反比關係，亦即欲提升市場占有率，須犧牲利潤才能換取。

面對全球化競爭，小保全業者可選擇歇業關門、或成為市場或特定服務（例如服務類型、地區別、行業別）之專業廠商、或合併、或被購併，即將大幅修正之保全業法，將對保全公司建立更高之門檻與固定成本，而使小公司更難存活，因此合併或被購併之可能性大增。至於兩大公司，其市場占有率接近40%，過於龐大，因而其決策之效率與績效之改善，可能趨緩甚至惡化，而予未來之第三大公司有可趁之機，以平均值而言，第二大、第三大的規模為第一大、第二大之60%。

由於保全市場競爭過於激烈，每家公司都必須全力追求績效，採取更快速行動，才能在全球競爭中存活，因而員工必須不斷提高生產力，卻無法得到相對之報酬，要不是因台灣失業率仍正逐步升高中，否則不滿之員工將不可能對顧客提供親切之服務，雖然顧客因而得到價格下跌之好處，但亦將嘗到服務水準下降之後果，最後公司必須不斷之降價削價競爭，否則顧客終將流失或被其他保全公司以更低之價格搶走，其結果各保全公司利潤之下降或甚至虧損，便

難以避免，這種惡性循環或許是缺乏門檻保障之保全業，所將面對之宿命。

伍　兩岸保安（全）協會交流互訪，有助於岸保安（全）產業未來之穩定發展

　　目前大陸保安協會與中華保全協會之合作方式，從2010年開始與中國保安協會正式訪問，主要以人員間互相訪問為主。2013年預計舉辦兩岸四地（台、中、港、澳）保安協會研討會，透過此類活動及研討會進行產、官、學界交流互訪。未來兩岸各地將透過協會為窗口，進行保安企業合作。未來兩岸協會預定推動各項計畫，促進產業升級與發展。

　　以往兩岸保全產業發展以來，鮮少有相互交流參訪之經驗，直到2010年12月26日，中華保全協會才正式向對岸開起交流之門；2011年6月8日，中國大陸保安產業亦派17名全國省市保安協會代表參與台灣「2011保全產業高峰論壇」，會中熱烈邀請中華保全協會再度至對岸參訪，兩岸保全產業交流正式展開。中華保全協會受中國大陸保安協會之邀，在中華保全協會理事長湯永郎帶領台灣保全業32家公司董事長、總經理，於10月18日至23日，為期六天，到北京參加於10月19日至21日所舉辦之「2011中國國際保安裝備技術應用產品博覽會暨保安裝備技術論壇」，期間並參訪北京、曲阜、濟南、天津等地區之保安總公司。此次中華保全協會應邀至北京，除參加「2011中國國際保安裝備技術應用展」，了解保全產業在科技層面之創新與突破；拜會各地保安總公司之外，中國大陸保安協會與中華保全協會更召開「海峽兩岸保安（全）協會交流會」主要探討內容為，中國大陸保安條例中保安證照之認證及第一屆「海峽兩岸暨香港、澳門保安（全）研討會」之相關籌備事宜，以及規劃2012年中國大陸保安協會至台灣之參訪計畫，展開了兩岸保全產業之長期交流，為兩岸保全產業長期之交流互動奠定了良好之基礎。

　　中國大陸保安條例為中國大陸之保安產業帶來相當完善之規劃與保障，條例中明訂，從事保安產業之相關人員，不得有任何前科（台灣則會視刑責與情況而定，適度開放），並且也要求欲取得證照之保安產業從業人員，須接受為期三個月之職前訓練，之後接受考核認證，通過即可頒發證照。而此次中華保全協會為爭取台灣保全產業至對岸發展之機會，希望能讓台灣保全人員在台灣本地接受職前訓練，再前往對岸參加證照考核，用最有效率之方式進行認證，以降低證照過程中資源與時間之浪費。該項提議雖尚未定案，但相關配套

措施，中華保全協會仍在積極爭取與規劃中。

台灣之中華保全協會原為「亞洲保全聯盟會議」發起人之一，但早期因政治歷史因素，中華保全協會在中國大陸保安協會加入後，旋即退出該組織。現今因時空背景早以更迭，兩岸政策在多項制度上都已開放交流，中國大陸多數產業也隨著世界自由經濟之趨勢逐漸轉型。現今中華保全協會希望能重返該聯盟，此次北京參訪後卻發現，該組織早已名存實亡，會務始終停滯不前。目前兩岸已達成共識，欲將該組織重整，並計畫2013年召開第一屆「海峽兩岸暨香港、澳門保安（全）研討會」，目前尚在籌備階段，若步上正軌，此後將每兩年召開會議，並從2013年開始，希望能夠邀請其他亞洲國家如印尼、新加坡、泰國、日本及菲律賓等國家加入，擴大保全產業發展之藍圖，也期盼凝聚亞洲各地之保全產業之團結力。

此外，兩岸亦針對保全業爭議多年之代表性議題，發表不同之看法與經驗，如運鈔車保全員配戴槍枝之必要性，一般保全員若沒有受過正統之專業訓練，無法熟悉槍枝操作之靈敏度與槍法之準確度，更無法判斷正確之用槍時機，在槍枝之使用上容易造成嚴重之意外傷害，也容易發生傷及無辜民眾之事件，所以槍枝之使用，反而會帶來更高之危險性。此議題在台灣亦頗具爭議性，中華保全協會對保全人員配戴槍枝之看法仍持保留態度。

兩岸交流會中，更比較了兩岸制度上之差異，中國大陸保安是一個新興之產業，保安公司之高層人員，多數由公安機關高層人員兼任，屬於半官方性質之產業，在政府一元化之統一政策下，發展得十分迅速，如中國大陸保安條例中證照制之規定與撫卹制度（保全人員因工作傷亡，可由國家賠償撫卹）等政策，都是台灣保全產業現今所缺乏之保障；但因中國大陸保安協會起步較晚，相對於台灣保全業多年之產業發展而言，中國大陸保安業之經驗累積較為不足，也缺乏官方人員以外之專業經理人，未來兩岸保全產業可更加緊密交流，中國大陸保安協會可參考中華保全協會歷年發展之實務經驗。反之，中華保全協會亦可效法中國大陸保安協會之制度層面，各取所需，將更有利於兩岸保全產業之穩定發展。

此次北京行參訪科技展、中國大陸各地保安產業等相關行程，受益良多；且兩岸在交流會上，更加確立了保全產業未來發展之動向，以及雙方合作交流之模式。未來在「海峽兩岸暨香港、澳門保安（全）研討會」正式運作下，藉由各個國家之交流與經驗分享，國際間能共同致力於保全產業未來之穩定發展，並期盼兩岸間延續不斷之交流，再次開啟保全產業之宏遠商機。

第二篇

保全業之設立、
經營與管理

第四章　保全業之設立

第一節　設　立

壹　申請保全業經營許可，應具備資料

一、申請書

格式請參閱本章附件一。

二、營業計畫書

須載明下列事項：

(一)公司名稱：須檢附向經濟部申請之公司設立登記預查名稱申請表（申請人須為將來設立登記時之發起人）影本。

(二)營業處所：須檢附房屋租賃契約影本（該房屋所有權若為籌設後之公司所有，請附所有權狀影本）、房屋使用執照影本、營業處所照片圖說及向轄區建設機關（工務局或建設局）申請可得登記為營業處所之證明或函文。

(三)負責人：須檢附負責人（含董事、監察人、經理人）未觸犯公司法第30條各款特定犯罪前科之切結書、身分證影本及相關年籍資料名冊。

(四)所營事業：須依實際經營之業務項目申請，並填載保全業法第4條規定之相關條文內容。

(五)營業設備：

1. 自動通報紀錄情況管制系統設備之照片圖說，並須檢附下列資料：

    (1) 購買該項設備之發票影本。

    (2) 該項設備之傳（受）訊系統、不斷電系統、容錯系統等之照片圖說及功能說明資料。

2. 巡迴服務車：申請保全業許可者，須檢附下列資料（一式兩份，一份報送警政署審查，一份置於轄區警察局備查）：

    (1) 須檢附行車執照影本，該車輛所有權若非屬籌設中之公司所有，

須加附於公司設立後所有權移轉予公司所有之讓渡書。

(2) 具結書（具結書內容應具明本公司所使用之運鈔車如改裝、維護不良或未具防彈測試證明之實質標準，致損害客戶權益者，應負一切法律上之責任）。

(3) 巡迴服務車包括汽、機車等機動車輛，汽車並應具有通訊設備。保全業應至少各具一部汽車、機車之巡迴服務車。

(4) 巡迴服務車驗審規定如下：

① 巡迴服務車規格之照片、圖說及行車執照影本是否與巡迴服務車實體相符。

② 車身或其他明顯處，須有醒目之○○保全之樣，字體為標楷體（每字長寬各二十公分以上）。

③ 車身顏色不得與警用巡邏車相同，並不得裝設警示燈及警鳴器。

④ 經交通監理機關檢驗合格，並處於堪用狀態。

⑤ 通訊設備須處於堪用狀態。

3. 經營「關於現金或其他貴重物品運送之安全維護」業務者，應有特殊安全裝置之運鈔車，申請該項保全業務須檢附下列資料（一式兩份，一份報送警政署審查，一份置於轄區警察局備查）：

(1) 運鈔車規格之照片圖說。

(2) 防彈測試證明（防彈材質須具有點38、90手槍或與美國司法部國家司法協會所定防彈測試標準達NIJ0108.01ⅢA級同等級以上之防彈功能證明及保固期限證明）。

(3) 自動報警系統規格之照片、功能圖說。

(4) 防盜、防搶裝置規格之照片、功能圖說。

(5) 交通監理機關核發之行車執照影本。該車輛如非屬籌設中之公司所有，須加附於公司設立登記後所有權移轉予公司所有之讓渡書，且須於開業前移轉為公司所有。

(6) 切結書（切結書內容應載明本公司所使用之運鈔車，如因改裝、維護不良或未具防彈測試證明之實質標準，致損害客戶權益者，應負一切法律上之責任）。

(六)資本總額：須檢附實收之資本額新台幣4,000萬元之會計師簽證及存款證明影本，並切結「絕無違反公司法第9條第1項虛設資本額之情事，

否則願受法律嚴屬制裁」等語；另每置一家分公司，實收之最低資本額應增加新台幣2,000萬元（以上均限於一個月內之證明）。

(七)執行保全作業方式：須分別依所申請之經營業務載明系統保全、駐衛保全、現金或其他貴重物品運送保全、人身保全等安全維護作業方式，以及執行保全業務時發現強盜、竊盜、火災及其他與治安有關之事故時，立即通報當地警察機關之方式。

(八)投保責任保險金額及保險單條款：須檢附向財政部核准之保險公司投保責任險之保險單影本。

(九)保全人員服裝圖說及其裝備種類規格：須檢附冬、夏季服裝樣式、顏色照片圖說（須真人著裝拍照，並避免與軍警人員之服裝相同或類似），另裝備種類規格應列冊敘明（含數量及用途等）及檢附照片圖說。

(十)保全人員訓練計畫：訓練計畫須列明：

1. 職前專業訓練一週以上學科、術科之訓練課目表。保全人員職前專業訓練課程內容及時數：依規定訓練時間須一週以上，訓練時數至少須滿四十小時，每天不得逾八小時。但基本及專業教育至少須集中訓練二日，其中每日訓練時數至少須滿八小時。

　　(1) 基本教育：至少有四小時須由警政署列冊之種子教官擔任，同一科目不得逾二小時。
　　　　①危機處理。
　　　　②刑事法概要。
　　　　③犯罪預防與民力運用。
　　　　④犯罪偵查。
　　　　⑤防盜防搶實務。
　　　　⑥保全業理論。
　　　　⑦救災防護訓練。
　　　　⑧保全業法及其施行細則等相關法令。
　　　　⑨保全業經營、管理及未來展望。
　　　　⑩保全執勤之原則與應注意事項。
　　　　⑪交通指揮、疏導及交通事故之協助處理。
　　　　⑫擒拿、綜合應用拳技或防身術。

　　(2) 專業教育：依保全人員所從事之保全業務而區分，並得以現地實

習方式為之；其中駐衛及運鈔保全人員應特別加強「觀察及臨場應變能力訓練」，人身保全人員應特別加強「擒拿、綜合應用拳技或防身術」，系統保全人員應特別加強「電子器材設備操作之專業技術訓練」。

2. 現職保全人員每個月施予四小時以上之在職訓練課目表。保全人員在職訓練課程內容及時數：依規定訓練時間每月須四小時，基本與專業教育各二小時，同一科目不得逾二小時。

3. 訓練之教材、器材、設備等訓練設施。

(十一)保全契約書：依所申請之營業項目，分別檢附系統保全、駐衛保全、運送保全、人身保全等契約書（系統及駐衛保全服務契約書，須依「系統、駐衛保全服務定型化契約範本」訂定）。

貳 申請保全業經營許可，應注意事項

一、申請之資料如為影本，須加蓋「與正本相符」字樣及公司負責人私章。

二、公司名稱須加上「保全」字樣，如「○○保全股份有限公司」。

三、營業處所須為固定專用之營業處所，限制不得與其他公司混同使用（並應附切結書）。

四、所營事業依保全業法第4條規定。

五、自動通報紀錄情況管制系統設備，須具下列硬體設備（未營業或尚無客戶前，得裝設於公司受測）：

(一)客戶端

1. 合於客戶需求之盜警、火警、緊急按鈴等感應裝置。

2. 傳訊主機，接受感應並發出警報，立即將訊號傳至保全業之受訊系統。

3. 設定及解除保全系統之機具設備。

(二)保全業端

1. 監控中心應置受訊系統，接受客戶端傳送之訊號，並發出狀況訊號；有電腦連線者，得設聯合監控中心監控。

2. 不斷電系統。

3. 容錯系統。

六、運鈔車之自動報警系統及防盜、防搶裝置，須具備下列之配備：

(一)自動報警系統部分

1. 遙控（手動）語音或聲光警報器。

2. 行動電話車裝台、VHF高頻率無線電設備、中繼式無線電車裝台，或其他經測試合於運鈔車使用，並經保全業中央主管機關認可之行動通訊設備。

(二)防盜、防搶裝置部分

1. 固定之保險箱。

2. 所有車門於發生緊急事故時，由內部控制開啟，不能直接由外部開啟之控制系統。

3. 自動停駛系統，或經測試合於運鈔車使用，並經中央主管機關認可之車輛定位系統。

七、若有使用防彈衣（盔）、防彈盾牌，須檢附列冊送管區派出所登記備查之證明。

八、若有使用警棍，須檢附轄區警察局（分局）之備查證明（一般木質棍棒，免備查）。

九、投保責任保險之保險金額至少為：

(一)每一個人身體傷亡，新台幣100萬元。

(二)每一事故身體傷亡，新台幣500萬元。

(三)每一事故財產損失，新台幣200萬元。

(四)保險期間內累計，新台幣1,000萬元。

十、保全契約書應載明下列事項：

(一)保全服務標的物。

(二)保全服務種類。

(三)保全服務期間。

(四)保全服務作業。

(五)保全義務（係指執行保全作業對客戶之義務）。

(六)投保責任保險內容（須載明責任保險金額或於契約書內檢附責任保險單影本）。

(七)對於保全服務項目，未能善盡保全義務或洩漏應保守之秘密，致客戶遭受損害之賠償。

(八)保全費用。

十一、若屬外國人籌設之保全公司，須檢附經濟部投資審議委員會許可之函文影本。

參 警察機關勘察（審查）作業程序

一、保全業者備妥相關資料寄送（或持送）內政部警政署（台北市忠孝東路一段七號）。

二、內政部警政署（以下簡稱警政署）收受文件後，即將文件轉由刑事警察局業務單位（偵查科：聯絡電話：02-27672830）負責辦理。

三、刑事警察局受理文件後，檢視相關資料，即依保全業者籌設之公司所在地所屬區域，以警政署函交轄區警察局（或由警察局再交轄區警察分局）派員赴籌設中之公司所在地勘察並審查相關資料。

四、轄區警察局（或警察分局）派員赴籌設中之公司所在地勘察並審查相關資料，若保全業者相關之資料或設備，未符合保全業法等相關法令規定，則促請保全業者於改善後，逕向所轄警察局（或警察分局）辦理複勘或複審。

五、轄區警察局（或警察分局）於初勘及初審程序完成後，由各縣市警察局（業務單位：刑警隊）簽報函文層報警政署。

六、警政署之審查流程：

　　(一)保全業者未符合規定部分：以函文通知保全業者於改善後，向所屬縣市警察局（須派員現場勘察部分）或警政署（僅須書面審查部分）申請複勘（審）。各縣市警察局於完成複勘作業後，則依前開初勘程序，層報函文至警政署。

　　(二)保全業者符合規定部分：簽辦內政部函稿陳報內政部，內政部部長核定後，即行文保全業者，完成許可作業。

第二節 經費（資本額）

　　保全業應實收之最低資本額，由中央主管機關定之（參照保全業法第7條）；經營保全業應實收之最低資本額為新台幣4,000萬元。保全業設置一家

分公司，其實收之最低資本額應增加新台幣2,000萬元（參照保全業法施行細則第3條）。

　　有關保全業法施行細則第3條規定所涉相關資本總額查核疑義一節，業經經濟部商業司90年4月24日經（90）商一字第09002075480號函釋略以：依經濟部82年10月29日經（82）商226273號令修正發布之「有限公司及股份有限公司最低資本額標準」第2條規定，實收之最低資本額，在有限公司為新台幣50萬元整，在股份有限公司為新台幣100萬元整。但目的事業主管機關有較高標準之規定者，從其規定；至於公司申辦設立登記或增資發行股變更登記時，資本額查核係依前揭第5條規定，由會計師出具查核報告書及相關附件報請主管機關查核該股東股款繳納情形，股款如有動用，應列表說明其用途；必要時主管機關得要求加附動用憑證影本。

　　為防範並杜絕保全公司申設資本額挪借弊端，保全業中央主管機關內政部警政署已請各警察局加強督導檢查轄內保全公司股東股款繳納或動用情形，股款如有動用，應列表說明其用途，並得要求其檢附動用憑證影本，每半年定期將資本總額檢查情形，詳填「各警察局檢查轄區保全股份有限公司紀錄表」檢查項目四及檢查結果報核；至於檢查結果不符者，現行保全業法雖無處罰規定；惟如有違反公司法、商業登記法或其他法律規定等之相關事證，仍應將查處之情形函知各該主管機關依法處理，並要求各保全公司限期改善，施以複檢，並續將查處及複查情形報核；如該公司另有偽造、行使私文書或明知為不實之事項，而登載於其業務上做成之文書（如公司會計師查核報告書或動用憑證等），足以生損害於公眾或他人者等不法情事，依涉案情節不同，可能觸犯公司法或刑法偽造文書罪章之相關規定，亦應併依法查處，警政署亦於每半年定期督導各警察局保全業務時，不預警抽查保全公司之資本額股東股款繳納或動用情形。

　　查現行保全業法對違反應實收最低資本額新台幣4,000萬元規定者，並無明文處罰規定，警政署刻正檢討修正保全業法相關法令；保全業法修正已增訂違反實收最低資本額之罰則。另有關「實收之最低資本額」部分，應如何規範，方為合理妥適，本來是否視業務性質做不同區分，例如運鈔及系統保全業務維持應實收最低資本額新台幣4,000萬元，其他屬於人力派遣之駐衛及人身保全業務調降應實收最低資本額新台幣2,000萬元，俟保全業法修正通過後，再召集各公會、相關單位或公司代表等共同研商訂定，以資規範。（內政部警政署90年5月11日警署刑偵字第101293號函參照）

保全分公司於業務檢查時，應不應提供資本額會計師簽證？

有關保全業資本總額查核疑義一節，前經經濟部商業司91年2月20日經商字第0910202189-0號函釋略以：「分公司應有獨立之財務會計，至其人事及辦公設備、營業設備等應否獨立，並非所問，至巡迴服務車未辦理變更登記為分公司所有一節，公司法亦無相關規定。」合先敘明。

保全業法第7條規定「保全業應實收之最低資本額」，為保全業許可營業之條件及營業須遵守之義務；次查分公司為受本公司管轄之分支機構，並不具有獨立之法人人格，不能為權利義務之主體，並無獨立之財產，迭經經濟部釋示在案，並經最高法院著有判例（參照最高法院66年台上字第3470號判例），另有關資本總額查核疑義一節，復經經濟部商業司90年4月24日經商一字第09002075480號函釋略以：「依經濟部發布之『有限公司及股份有限公司最低資本額標準』第2條規定，實收之最低資本額，在有限公司為新台幣50萬元整；在股份有限公司為新台幣100萬元整。但目的事業主管機關有較高標準之規定者，從其規定；至於公司申辦設立登記或增資發行股變更登記時，資本額查核係依前揭第5條規定，由會計師出具查核報告書及相關附件報請主管機關查核該股東股款繳納情形，股款如有動用，應列表說明其用途；必要時主管機關得要求加附動用憑證影本。」

本案依法許可設立登記之保全分公司，依前揭規定為受本公司管轄之分支機構，並不具有獨立之法人人格，不能為權利義務之主體，並無獨立之財產，故保全分公司應實收之最低資本額新台幣2,000萬元，得併計於總公司應實收之最低資本額中，即總公司應實收之最低資本額扣除本身應實收之最低資本額新台幣4,000萬元後，每增加一家分公司，應實收之最低資本額須再增加新台幣2,000萬元，計新台幣6,000萬元以上，以此類推，如保全總公司應實收之最低資本總額，扣除本身應實收之最低資本額新台幣4,000萬元後，其餘額已逾應實收之最低資本額新台幣2,000萬元，即未違反保全業法及公司法之相關規定，於業務檢查時，得免提供分公司之資本額之會計師簽證（內政部警政署92年6月19日警署刑偵字第0920081144號函參照）。

第三節　人員組織

壹　人　員

　　保全業攸關社會治安與民眾生命、財產權益至鉅，為確保保全業之服務品質與保全人員之素質而設，保全業所僱用之保全人員如未送審或經審查不合格而仍僱用，極易有監守自盜或侵害客戶權益等不法情事發生，民眾權益之確保為保全業者所應遵守之營業義務，為避免保全公司僱用不合格之保全人員，進而侵害民眾權益，各警察局已協助保全公司過濾僱用人員是否有前科紀錄。按保全業法第10條規定：「保全業應置保全人員，執行保全業務，並於僱用前檢附名冊，送請當地主管機關審查合格後僱用之。必要時，得先行僱用之。但應立即報請當地主管機關查核。」同法施行細則第6條規定：「本法第十條所稱必要時，指保全業非先行僱用保全人員，即無法營運；保全業應於僱用後二日內，報請當地主管機關查核，當地主管機關並應於五日內核復。」第10條之1規定：「有下列情形之一者，不得擔任保全人員。但其情形發生於本法中華民國92年1月22日修正施行前且已擔任保全人員者，不在此限：一、未滿二十歲或逾六十五歲。二、曾犯組織犯罪防制條例、肅清煙毒條例、麻醉藥品管理條例、毒品危害防制條例、槍砲彈藥刀械管制條例、貪污治罪條例、兒童及少年性交易防制條例、人口販運防制法、洗錢防制法之罪，或刑法之妨害性自主罪章、妨害風化罪章、第二百七十一條至第二百七十五條、第二百七十七條第二項及第二百七十八條之罪、妨害自由罪章、竊盜罪章、搶奪強盜及海盜罪章、侵占罪章、詐欺背信及重利罪章、恐嚇及擄人勒贖罪章、贓物罪章之罪，經判決有罪，受刑之宣告。但受緩刑宣告，或其刑經易科罰金、易服社會勞動、易服勞役、受罰金宣告執行完畢，或判決無罪確定者，不在此限。三、因故意犯前款以外之罪，受有期徒刑逾六個月以上刑之宣告確定，尚未執行或執行未畢或執行完畢未滿五年。四、曾受保安處分之裁判確定，尚未執行或執行未畢。五、曾依檢肅流氓條例認定為流氓或裁定交付感訓。但經撤銷流氓認定、裁定不付感訓處分確定者，不在此限。」暨同條第2項規定：「保全業知悉所屬保全人員，有前項各款情形之一者，應即予解職。」暨同法第16條第1項第3款規定：「保全業有下列情事之一者，主管機關得處新臺幣十萬元以上五十萬元以下罰鍰：三、違反第十條規定，對僱用之保全人員不送審查、經

審查不合格而仍僱用或未送查核。」

　　另基於保全業對於社會治安之特殊考量，保全公司之內勤人員若有涉及客戶之基本資料或勤務安排，而須在安全顧慮上特別加以考量者，應亦屬「保全人員」，應屬保全業法第10條之1須加審查之保全人員（警政署82年12月10日（82）警署刑偵字第84199號函釋參照）。為符合法治國原則中之法明確性原則，保全業法修正草案第3條第3款已明訂：「本法所稱保全人員。指執行安全維護業務，並經審查合格且依法領有講習合格證書之內外勤人員。」

　　保全業之從業人員有技術人員、保全人員、營業人員、事務人員四大部分，其中「保全人員」須依保全業法第10條之1規定，須由保全業地方主管機關（警察局）審查資格外，並無其他限制[1]；至於其他三類人員，則由各公司自行召募。另公司之管理人員，如負責人（含董事、監察人、經理人）須未觸犯公司法第30條各款規定[2]。但保全業法修正條文第18條增訂保全業之董事、監察人或經理人之消極資格條件，其資格條件與保全人員同。

貳　組　織

　　經營保全業須經內政部許可，並經依法設立經營保全業務之股份有限公司（保全業法第3條參照）。其組織結構必須依據良好之管理原則如[3]：

一、責任指派

　　組織內必須有人負責應完成之任務，而管理之功能便在於清楚地定義應完成之任務，以及指派特定人員去完成它們。

1　郭志裕，保全業之理論與實務，台北正信，1998年，2版，2-9頁。

2　公司法第30條（經理人之消極資格）規定：「有下列情事之一者，不得充經理人，其已充任者，當然解任：一、曾犯組織犯罪防制條例規定之罪，經有罪判決確定，服刑期滿尚未逾五年者。二、曾犯詐欺、背信、侵占罪經受有期徒刑一年以上宣告，服刑期滿尚未逾二年者。三、曾服公務虧空公款，經判決確定，服刑期滿尚未逾二年者。四、受破產之宣告，尚未復權者。五、使用票據經拒絕往來尚未期滿者。六、無行為能力或限制行為能力者。」

3　高永昆，保全業經營管理及未來展望，保全人員訓練計畫講習教材，內政部警政署刑事警察局編印，2003年8月，103-118頁。

二、職　權

要完成所指派之任務，個人須有足夠之職權去執行完成任務所需之各種功能，如權力集中於一人，則將無法迅速反映市場需求之改變，故應授予與所指派責任相當，並能清楚辨認之職權。

三、管制幅度

個人所能直接督導之人數有其限制，而可有效督導之屬下數目多寡，視個人與所指派責任之複雜性而定，以保全公司而言，約五至十二人，職位愈高，則有效督導之人就愈少。

四、統一指揮

每一人只能有一上司，使員工能清楚的瞭解其命令指揮體系，不可越級指揮或報告，除非在例外狀況，如處理緊急事件、公司門戶開放政策等。

五、功能協調

組織內每一功能均須互補與支援其他功能，確保各種功能共同運作與協調合作朝向公司目的、目標而努力，乃是管理者之責任。

組織結構一般可分成直線、功能、直線與幕僚三種，但目前均綜合運用，其主要考慮之規則是：(一)盡可能減少管理階層；(二)公司除正式組織外尚有非正式組織之存在，固然兩者愈接近，則公司愈容易運作，但不應為此而重組組織；(三)保全公司之組織雖很類似軍隊，但因缺乏軍隊之單一目的和凝聚力，因此另應考慮人性因素。

第四節　督　導

依警政署91年11月12日警署刑偵字第0910141892號函頒修正「各警察機關辦理保全業務獎懲規定」督考重點，分述如下：

一、針對保全公司之營運狀況、服務對象、通訊裝備、安全裝備、保全人員僱用、素行調查及訓練工作、保全人員著用服裝等，應深入瞭解，並主動指導。

二、警勤區佐警、派出所主管、刑責區偵查佐、偵查隊隊長、分局長及警察局

（刑警〔大〕隊），於保全業管理上應明確劃分權責，落實檢查、監督事項。

三、各級警察機關應就下列事項，除定期督導、檢查並納入平時檢查工作範圍，自警勤區起，對轄內保全業應建立檔案，逐級陳報，時保常新；另對保全公司營運狀況、服務客戶對象、類別、內部人員異動，有無從事非法或與經營項目不符情形等，均應一一註記，列冊管理，確實掌握：

(一)保全營業設備（含傳、受訊系統、不斷電系統、容錯系統等，如經營現金或其他貴重物品運送之安全維護業務，則應含運鈔車之特殊安全裝置設備）。

(二)僱用之保全人員有無依規定送審，有無不良素行或審查不合格仍僱用者。

(三)有無依規定辦理保全業責任保險。

(四)受任辦理保全業務有無訂立書面契約。

(五)有無善盡監督義務，防範所僱用保全人員侵害委任人權益行為。

(六)是否確實依保全人員訓練計畫規定，實施職前、在職專業訓練（職前一週以上，在職人員每月四小時以上）。

(七)保全人員服裝穿著式樣有無避免與軍警人員服裝相同或類似。

(八)有無未經許可或已經撤銷而仍經營保全業務者。

四、各單位應與轄內保全公司建立聯繫管道，平時保持密切聯繫，俾突發事故能有效依法處理。

五、對各轄區內經營保全業違反保全業法者，嚴格依保全業法處分或依相關法令函請主管機關處理。

六、對未經申請許可經營保全業務之公司、行號，應依有關法律規定，從嚴取締查處。

第五節　違規處理

　　保全業主管機關訂頒之「違反保全業法事件裁罰基準表」（附錄六），係單純為補充或引導下級機關（警察局）裁量權行使而訂定之裁量基準，其性質上係為保全業主管機關（內政部警政署）為協助下級機關（各警察局）行使裁

量權而訂頒之「裁量性」內部行政規則（參照行政程序法第159條第2項第2款規定），純係上級機關對下級機關，依其權限或職權為規範機關內部秩序及運作，所為非直接對外發生法規範效力之一般、抽象之規定（參照行政程序法第159條第1項規定）。故「違反保全業法事件裁罰基準表」具有「裁量性」行政規則之性質，可由保全業主管機關（內政部警政署）本於職權自行訂定，無須立法者之授權，然而亦不得違背立法者授權裁量之意旨，倘與立法目的有所衝突時，將為違法之裁量基準，故行政機關在訂定裁量基準時，應同時考量到立法目的及行政目的。

　　保全業主管機關在訂定裁罰基準時，應係著重於處罰目的之達成，統一不同個案間之裁量差異，增進個案決定之效率及節省行政成本。故保全業之主管機關就違反保全業法事件者，得視違規情節[4]（即審酌個案具體情節，如行為人主觀惡性及有無悔改心意、及該公司歷年之業務執行狀況、設備、契約等情形，及其所造成之危害或損害程度等相關因素綜合考量），依客觀、合理之認定，訂定合目的性之裁罰標準，並可避免保全業地方主管機關（各警察局）於個案裁決時因恣意而產生不公平之結果[5]。

4　「違反保全業法事件裁罰基準表」附註列有裁罰應注意事項：一、保全業法處罰規定條文所列「罰鍰與限期改善」部分，其「罰鍰」之額度與「限期」之長短，由裁罰機關審酌個案具體情節（如該公司歷年之業務執行狀況、設備、契約等情形，及其所造成之危害或損害程度等），參酌前揭裁罰基準，經合目的性、合比例性及合義務性之裁量決定，秉於權責依法裁處。二、裁罰機關於裁罰時仍應遵守「平等」、「比例」、「行政自我約束」、「禁止恣意」、「禁止不當連結」等一般法律原則；並踐行行政程序法所定之法定程序，如：應給予處分相對人陳述意見之機會等。三、本基準表係就一般情況而言，如有其他特殊情況（如：故意或過失之輕重、影響社會治安或侵害委任人權益之程度等），亦得視情節加重或減輕，並請詳加敘明理由，惟故意純屬行為人內在主觀之「知」與「欲」，而過失則屬客觀注意義務之違反，須衡酌各種外在客觀情狀加以綜合判斷。四、裁罰機關所裁處之罰鍰或停止營業仍不得逾越各法條所定之上下限，第五次之後均以最高罰處罰。五、第一次違反者依本基準表處以罰鍰，第二次（含以上）違反者，須經限期改善，而逾期不改善或再次違反者，得依本基準表處以停止營業，惟停止營業係屬對行為人極為不利之一種管制罰，從權利保障以觀，科處行為人管制罰時，應考量有無違反憲法比例原則、不利處分對於行為人之行為及權利所生影響、違反行政義務所造成公共利益之危害或損害、應受責難之程度等，以符合法律精神與要求。

5　此乃參考司法院大法官釋字第423號解釋意旨之說法，其與司法院大法官釋字第512號解釋意旨之最大差別在於，前者交通工具排放空氣污染物之處罰案件，須考量之因素較多且較複雜，因

　　現行保全實務之作法，各警察局發現有具體違法事實，經合目的性、合比例性及合義務性之裁量決定，參酌內政部92年6月6日台內警字第0920078181號令修正公告之「違反保全業法事件裁罰基準表」逕行裁罰，前揭裁罰基準係保全業中央主管機關（內政部）就保全業法裁罰事宜所訂定之裁量基準，其罰鍰之額度並未逾越法律明訂得裁罰之上限，復寓有避免各警察機關於相同事件恣意為不同裁罰之功能，基於憲法平等原則，於相同之違法情形，非有正當理由，行政機關不得恣意為不同之差別待遇，以求公平與合理，俾符合憲法「平等原則」及「法律保留」之精神。

此行政機關在行使裁量權時，應將多數之因素納入考量，始符合立法授權裁量之目的；而後者交通違規行為較為單純，在符合其他立法目的之情形下，考量「促使行為人自動繳納、避免將來強制執行困擾及節省行政成本」之目的，裁罰標準中僅以到案與否為準據。惟此論證方式，僅以「到案時間及到案與否」作為唯一裁量準據，未免過度輕忽交通違規事件之複雜性，且無視於立法授權裁罰之多種考量因素，違反「充分衡量原則」（至於違反此原則者，究構成違法或不當，因此原則其內涵及界限尚不夠明確，不宜任意引用），受到論者許多質疑，認為此二號解釋應無本質上之差異，對於性質相同之案件而做出完全不同之解釋結果，而無實質、合理可令人信服之理由，顯有悖於平等原則之要求。另後者復將本係行政秩序罰之性質與行政強制執行混淆，忽略立法授權裁量之主要目的，以致做出行政秩序罰之裁量完全以行政強制執行之目的為考量之不當判斷。參閱洪家殷，〈論裁罰標準表之性質及目的——高雄高等行政法院90年度簡字第3840號判決評釋〉，34頁。

附件一

申　請　書

受文者：內政部警政署

主　旨：本人依保全業法等相關規定，申請籌設「○○保全股份有限公司」（「○○保全股份有限公司『○○分公司』」），謹檢附營業計畫書一份，請准予核發保全業之經營許可。

申請人：○○○（加蓋私章）

聯絡人：○○○（無則免填）

公司名稱：○○保全股份有限公司

公司地址：

聯絡電話：（○○）○○○○○○○○

中　　華　　民　　國　　　　年　　　　月　　　　日

第五章　保全業之經營、管理與評鑑

第一節　保全業經營項目

80年12月30日公布之保全業法，為保全業之法令依據。依保全業法第3條：「本法所稱之保全業，係指依本法許可，並經依法設立經營保全業務之股份有限公司」。依保全業法第4條規定，保全業得經營下列業務範圍：

一、關於辦公處所、營業處所、廠場、倉庫、演藝場所、競賽場所、住居處所、展示及閱覽場所、停車場等防盜、防火、防災之安全防護。

二、關於現金或其他貴重物品運送之安全維護。

三、關於人身之安全維護。

四、其他經中央主管機關核定之保全業務。

目前經內政部82年7月6日台（82）內警字第8285396號函核定之業務有二：

(一)提供有關防盜、防火、防災等安全系統之諮詢顧問業務。

(二)防盜、防火、防災等有關設備器具之系統規劃、設計、保養、修理、安裝（赴客戶現場作業）。

第二節　保全業經營項目分類[1]

對於保全業經營項目分類，王振生（2003：4～）指出，「國內保全業通常將保全服務區分成下列幾類：

一、警報處理（alarm response）服務──系統保全

即系統保全或電子保全服務，保全業之第一大類，又稱機械保全，係由

1　王振生，保全業經營管理及未來展望，保全人員訓練計畫講習教材（現場補發），內政部警政署刑事警察局編印，2003年8月，4頁以下。

管制中心警報系統（central station alarm systems），所欲保護房屋內之偵測器、主機、密碼盤、刷卡機以及通訊線路（一般電話、專線電話、無線電、大哥大、網路）等組成，也就是利用各式保全設備，諸如門防、防盜鈴、警戒系統等器材，二十四小時提供保全服務，只要有人觸及警戒線，入侵訊息馬上傳至保全公司之管制中心，保全公司再通知巡邏人員或與警局連線，或視情況派遣機動保全人員到場處理。保全業法規定，有盜警訊號應立即通報警方，但因誤報率過高，基層員警疲於處理，故均由管制中心先行判斷警報之真實性後再報警，92年1月22日修正通過之保全業法第4條之1已明訂「保全業執行業務時，發現強盜、竊盜、火災或其他與治安有關之事故，應立即通報當地警察機關處理」暨同法第17條第1項第1款罰則規定。

二、駐衛服務（guard service）──駐衛保全

其主要之工作是門禁及車輛管制與執行客戶或公司規定，指引或護送人員至建築物內之目的地，扮演接待人員或資訊來源，或主要和安全（safety）有關之工作，通常以派駐固定崗哨方式執行保全服務。警察雖有執法之公權力，但須以公共利益為主，不能為私人企業執行其規定，而駐衛保全人員係以私人利益為主，可依客戶或業主之要求監督與控制其財產與貨品。

駐警保全之區域性很強，但因大小差距甚遠，以至於市場規模與價格相當混亂，加上許多公司、大樓、工廠之駐衛警多以自聘方式，而部分公營機構、銀行、電廠等亦有警政單位負責，因此市場規模很難估算。而駐衛服務所面臨之問題，除了市場被割據得七零八落外，因駐警保全為高勞力密集之業務，因此人事成本壓力亦不小。

三、巡邏（patrol）服務

由一人或多人，以車輛或步行，定期檢視各個房屋。檢視方法係於外面用目視詳查，或進入房屋建築物內澈底檢查。巡邏服務方式不利之處在於侵入者知曉兩次巡邏中間有段空檔可避開保全巡邏人員。

四、人身護衛（bodyguard）服務──人身保全

乃由保全人員隨行護衛客戶。提供人身護衛服務之保全人員須具備耐心與注意細節之能力，且會使用武器與徒手搏鬥，並應瞭解客戶所至各地之風俗習慣。

五、裝甲運送（armed delivery）服務──運送保全

以裝甲防彈防搶車輛運送現金、有價票券、高價貨品等，專差運送（courier）亦提供同樣之服務，但不使用裝甲車輛。

六、顧問（consulting）服務

提供諮詢之內容主要為：保全人力之數量與如何配置使用、保全政策程序之方向與內容、保全硬體之可行方案、保全訓練等。除了這些與保全管理或工程有關者外，亦有專門提供電腦保全、人身保護之顧問服務者。美國、法國、瑞典等之保全公司尚有提供顧問服務及調查服務，國內業者對於這兩項服務則較少提供，調查服務依國內法令屬徵信業務，其他服務如測謊檢查、心理壓力評估、毒品測試以及其他和損失防阻相關之協助，均非屬國內保全業者之業務。

七、其他服務

如表演、競賽或抗爭場合之群眾控制服務，以及其他國內業者未經營之各種保全服務（日本：核燃廢料運送；英國：運送人犯；英、美：監獄管理等）。

第三節　保全業經營管理[2]

對於保全業之經營管理，高永昆（2003：103-105）指出，近年來保全業之發展，已朝向更專業、更企業導向、更激烈競爭之趨勢，能存活之保全公司，需要經理人員能使用各種可能之方法或管理技能，增加公司之利潤而仍然繼續提供高品質多元性之服務，電腦科技之大量應用、顧客變得更精明、損害賠償訴訟威脅之增加等，均使得保全公司必須更熟悉專注於應用科技現代管理觀念及技巧。

2　高永昆，保全業經營管理及未來展望，保全人員訓練計畫講習教材，內政部警政署刑事警察局編印，2003年8月，103-105頁。

壹 保全公司之基本企業功能

一、管 理

公司之成敗當與其管理品質有關，管理之任務在於結合管理之各項功能：規劃、組織、指揮和控制，並訂定公司之經營策略、目標和建立公司之各種標準。

二、行 政

每一保全服務，均有必須處理之例行行政事務，如報告之撰寫打字與歸檔、回覆信函、接聽電話、接洽購買制服裝備等，尤其須遵守保全業法、勞動基準法、勞工安全衛生法等重要相關法令所規定之公司內部行政作業，其執行是否有效果，常影響公司之生存。

三、業 務

要維持生存，公司需要不斷之開發新業務，有賴經由市場定位、促銷、接觸客戶、談判契約等之業務銷售和行銷功能，來增加新業務。

四、會 計

保全公司與一般公司一樣有收入和費用，由於駐衛保全之毛利微薄，系統保全之固定成本費用鉅大，故成本須謹慎估算與控制，應收帳款應適時催收，員工薪資應如期支付，而管制公司是否有利潤之責任，主要依賴會計功能。

五、人 事

保全管理之本質應是人員導向，人事之功能包括徵募男女保全人員（包括面談），以及執行公司有關甄選（包括依保全業法第10條之1規定之前科資料查核）、證照、核薪、福利、生涯發展、考核、獎懲、免職和慰留等作業，教育訓練原亦應包括在內，但由於保全公司須特別重視訓練，故另單獨抽出列為基本功能之一。

六、作 業

作業功能乃將公司之政策、規定、標準，轉變成步驟程序，駐衛保全服務應先考量客戶之需求，發展保全人員編組之企劃書，並依企劃書之崗哨安

排，指派保全人員進駐，以及監督駐衛保全服務契約之履行，因此駐衛保全公司之作業功能包括訂定各項計畫、排班、調派、撰寫崗哨守則，以及審核駐衛人員報告等。系統保全服務則應包括保全系統設計、施工、維修、警報監控與處理、巡邏等。

七、後　勤

依保全業法第14條規定，保全人員於執行保全業務時，應穿著定式服裝（制服），並隨身攜帶身分證明文件及通訊、安全防護裝備，如手電筒、無線電、電擊棒、三節棍、木棍等，後勤功能乃採購這些制服、裝備及服務車輛等，並依公司規定發放或列管，這些資產之管理是否有人負責，將重大影響保全管理之成本效益。

八、訓　練

訓練原屬人事功能，但由於保全業法之規定，保全公司專業化經營之趨勢，以及保全人員之流動率過高，致使訓練之需求與重要性大增，故訓練功能成為保全公司之基本功能之一。

本項功能有人認為宜歸屬作業部門，亦有人認為宜歸屬人事單位，或由研展部負責，但事實上它是每一幹部之責任，其內容包括一週以上之職前專業訓練、每月四個小時以上之在職訓練和持續之保全專業教育。

九、督　導

此功能係公司各階層都須共同承擔之責任，一般而言，日常現場之督導係由作業部門負責，然而各部門各層級之管理者，均應多少涉及經由督導以控制保全人員之服務品質。

貳　保全公司之經營管理

各保全公司均自相同之勞動市場徵募保全人員，然而各家保全服務之品質懸殊，其原因便在於保全公司是否應用完善之管理原則，即問題不在於駐衛人員之素質不佳，品質不好之保全公司實際上是管理不善所致。

管理有四項基本功能或程序，且須互相整合，管理理論上通常認為以邏輯順序而言，管理程序應為規劃、組織、指揮、控制，但實務上通常採取行動導向，因此管理程序應為控制、規劃、組織、指揮。

一、控　制

　　由建立目的、政策和標準，以引導公司和集中成員之活動。每一成員均應瞭解公司之經營理念、發展方向與公司可接受之價值觀，瞭解共同目的將可增強公司內部之凝聚力量，對經營成功極為重要。

二、規　劃

　　發展策略以達成公司目的，包括建立由公司目的引導出之特定目標。規劃需要有清楚之遠（願）景以及集中於公司未來將如何（而非目前係如何）之能力。

三、組　織

　　確認達成規劃之目的和目標所需之人力與資源。公司之組織結構決定了公司之作業環境，作業環境如能增進人員成長與責任，員工之表現將較佳。

四、指　揮

　　分派和協調特定目標以及必要之監督，以確保達成目標。在重要問題上，管理者必須提供明確和最後之決定，每日之決定應使適當之幕僚階層均能遵循，然而如某一決定應由管理者制定，則應快速和果斷地做決定，特別有效。

第四節　執行保全業務標準作業程序

　　為有效指導運送保全強化其管理機制，避免運鈔車遭搶或監守自盜之不法情事發生，警政署於96年1月4日及1月23日，邀集國內各運送保全業者及學者專家召開「運送保全遭搶及監守自盜防制研商會」及「執行運送保全業務標準作業指導規範研商會」，會中決議各項指導原則，以精進彼此之管理作為，在保全業法修正通過前，以「行政指導」及「行政資訊提供」方式實施，警政署並於96年2月8日警署刑偵字第0960001021號函頒「執行運送保全業務標準作業指導」指導規範要求各運送保全業者遵守，且函請金融機構主管機關配合辦理，輔導各運送保全業者強化管理，已積極展現主管機關整頓及強化保全業之決心。

　　未來保全業法修正草案將增訂執行各項保全業務之標準作業程序及配合增訂罰則，以資規範。目前僅函頒「執行運送保全業務標準作業指導」，其他人身、駐衛系統等三類保全業務尚未訂頒。

　　警政署於96年2月8日警署刑偵字第0960001021號函頒「執行運送保全業務標準作業指導」，其規範重點如下：

壹　指導目的

　　為於「執行保全業務作業標準」訂定前，有效指導運送保全業強化其管理機制，避免監守自盜及遭搶之情事發生，特訂定相關指導內容，以輔導運送保全業精進其各項管理作為。

貳　負責指導機關

　　一、中央：內政部警政署刑事警察局。
　　二、地方：各直轄市、縣（市）警察局及其所轄警察分局。

參　指導內容

一、運送保全人員考核及教育

　　(一)每年至少實施一次財務及信用狀況徵查。
　　(二)每半年至少實施一次交友及家庭狀況之訪查。
　　(三)每半年至少實施一次工作表現評核。
　　(四)每天出勤前應實施勤前教育，並檢查應勤裝備。

二、行控中心

　　(一)運送保全業之行控中心設備，應包含與行控中心連線之車輛衛星定位系統，必須可達監控之目的，並設置於其營業處所。
　　(二)行控中心應配置足夠之專責監控人員；線上執勤之運鈔車超過三十部時，應配置二名以上專責監控人員；線上執勤之運鈔車超過一百部時，應配置四名以上專責監控人員；線上執勤之運鈔車超過二百部

時，應配置六名以上專責監控人員。

(三)應建立定時抽查呼叫及回報定點之機制。

(四)若運鈔車執勤時超出運送區域範圍，行控中心電腦應自動顯示警示訊號，監控人員發現異常應立即電話聯繫確認狀況。倘仍無法確認應立即派員至運鈔車現場查明原因。

三、運鈔車輛

(一)應保持各項裝備及設施處於堪用狀態，並定期檢修。

(二)勤務中應使各項系統及裝置處於準備啟動或運作狀態。

四、風險控管

(一)每輛運鈔車之護送標的價值以新台幣八千萬元以下為原則。

(二)運送現金必須置放於運鈔車內之保管箱。

(三)隨車執勤之運送保全員人數以三人以上為原則。

(四)運鈔車鑰匙、車內保管箱鑰匙及保管箱密碼，應由運送保全人員分別保管，互相注意監督。

五、防制外力侵犯

(一)脫離運鈔車防護時，應迅速進入目的地建築物之庇護中。

(二)執行運送勤務之保全人員，應配備電擊棒、防暴網、三節警棍或防彈衣盔等防護裝備。

(三)執勤時一名運送保全人員看管運鈔車，並監看四周變化，一名以上之運送保全人員護送標的物。

第五節　保全業評鑑

壹　背　景

由於保全業體質良莠不齊，財務健全、正派經營者有之；財務虧空、削價競爭、結合黑道從事暴力討債者，亦復不少，因此，民眾對於如何選擇優良保全公司，顯得無所適從。有鑑於此，警政署為鑑別保全業良莠，實施保全業總體檢，以健全保全業之體質，俾提供民眾選擇優良保全公司之參考，並配合行

政院92年7月7日強化社會治安第19次專案會議裁示事項，特積極規劃辦理保全業評鑑。

貳　依　據

　　按保全業法規定，保全業係屬許可行業，須經中央主管機關（內政部）許可後，始得申請公司設立登記並經營保全業務；惟在保全實務上，保全業者基於成本考量，及現行保全業法未有「證照制度」等措施以資配合，故教育訓練多流於形式，或虛應故事應付檢查，率皆未能落實現行法令規定之保全人員職前與在職訓練。加以運鈔車搶案頻傳，行政院乃於92年7月7日強化社會治安第19次專案會議中裁示：「保全業之良窳，與治安息息相關，如何健全管理，發揮協助治安維護效能，必須標本兼治。治本方面，應進行研修保全業法……；治標方面，應輔導保全業者強化教育訓練，由政府主動規劃訓練課程提供給業者，並協助派遣教官授課施訓，完成後實施抽查測試，……，請內政部會後即開始進行，並在下次治安會議提出報告。」

參　方　式

一、全國依保全商業同業公會所在地區分成五區，即台北市、新北市、桃園縣、台中市及高雄市等五區，鄰近縣市分別由各該區公會所在地之警察局負責，並委由台北大學（配合台北市政府警察局）、中央警察大學（配合新北市、桃園縣政府警察局）、東海大學（配合台中市警察局）、中正大學及吳鳳科技大學（配合高雄市警察局）等大學教授實地訪評，各受評公司所在地之警察局須派員為必要之協助。

二、各該區分別成立初評委員會，依據各轄區警察機關調查提供之書面資料，辦理初評，初評再細分成實地訪評與書面審查，實地訪評由該區配合之大學與轄區警察局派員至受評公司進行實地評核，書面審查則另由初評委員會辦理初審，初評委員會成員含括各分區警察局業管副局長、刑警大隊業管副大隊長、會計師、消基會、消保會及2位學者計7人籌組。

三、初評分數之計算，以實地訪評核分占60%與委員會書面評鑑核分占40%為計算標準，並將計算成績函報內政部（業務單位為刑事警察局）賡續辦理保全業評鑑複評作業。

四、內政部成立複評委員會，辦理各分區初評達80分以上之保全公司之複評作業，並將經複評為優良之保全公司公告，提供民眾參考。

肆 辦理期程

一、邀集產、官、學各界共同研訂「內政部辦理保全業評鑑實施要點及保全業評鑑指標」

為建立客觀合理之評鑑基準，以供審查，爰委請新北市保全商業同業公會整合各公會及公司之意見所提出之保全業評鑑指標版本，復參酌93年5月27日召開研議保全業評鑑、保全人員訓練計畫檢討會、教材整編、研擬「系統及駐衛保全服務定型化契約應記載及不得記載事項」等相關事宜會議決議及專家學者之意見，由業務單位先行研擬並提出「內政部辦理保全業評鑑作業要點及保全業評鑑指標」，並邀集專家、學者、保全業者、各保全公會及相關警察局等產、官、學共同研議。

二、訂頒「內政部辦理保全業評鑑實施要點」

內政部（警政署）93年11月2日內授警字第0930077829號函頒「內政部辦理保全業評鑑實施要點」及「評鑑指標考評表」，請各直轄市、縣、市政府（警察局）、台北市、高雄市、新北市、桃園縣、台中市保全商業同業公會、台北大學、中央警察大學、東海大學、中正大學及吳鳳科技大學等相關機關學校，配合實施。該「實施要點」將評鑑指標分成內部管控與客戶保護二個大項指標，並區分各項指標之權數分配，訂定細項指標如下。另為獎勵積極協助辦理公益事務及緝捕盜賊，並訂定加分之獎勵指標。

(一)內部管控：分成三個中項指標：1.人員管理考核、福利與教育訓練；2.公司財務狀況；3.公司經營管理。

(二)客戶保護：分成四個中項指標：1.應有處所、設備、人員服制裝備情形；2.狀況通報與處置；3.契約、申訴、理賠與保險；4.防盜、防搶、防災之具體措施。

(三)獎勵指標：有積極配合主管機關辦理保全業務或協助辦理公益事務或緝捕盜賊之事實，經評鑑委員會審查屬實者，以一件1分為原則，得於10分範圍內酌予加分。

三、訂頒「內政部辦理保全業評鑑作業手冊」

為使各警察機關及北中南五所大學師生能密切配合辦理保全業評鑑，並期有公平且一致性之作法，以落實保全業之評鑑，警政署訂頒「內政部辦理保全業評鑑作業手冊」，並轉知各警察局及五所大學配合辦理，該評鑑作業手冊包括「內政部辦理保全業評鑑實施要點」、「內政部辦理保全業評鑑作業流程圖」、「內政部辦理保全業評鑑評分表」、「內政部警政署辦理保全業評鑑補充說明」、「評鑑構面暨細項指標說明」、「受評鑑公司應提供評鑑人員攜回文件一覽表」、「切結書格式」、「各校配合辦理保全業評鑑初評名冊」、「全國保全公司家數統計表」、「經費概算表（各項費用支出明細標準）」，該評鑑作業手冊內容完整詳實。

四、成立督導編組加強督導

為使保全業評鑑，客觀公正，圓滿完成，警政署及負責各分區評鑑之警察局應成立督導編組，加強督導，編組如下：

(一)警政署由刑事警察局成立督導組，負責督導各分區辦理評鑑事宜。

(二)台北市政府警察局、新北市政府警察局、桃園縣政府警察局、台中市警察局及高雄市政府警察局，應成立各該分區評鑑督導組，督導各該分區辦理評鑑事宜。

五、保全業評鑑說明會及示範觀摩會

為利保全業評鑑之順遂進行及進度管控，保全業評鑑各區成立初評委員會及實地訪評，必須於93年年底完成，為使警察機關辦理保全業評鑑有一致性之作法，及落實對保全業之評鑑，邀集各直轄市、縣、市政府（警察局）、承辦人員及台北大學、中央警察大學、東海大學、中正大學及吳鳳科技大學等相關機關學校，於93年11月5日辦理全國統一之保全業評鑑說明會及示範觀摩會，另東海大學及中正大學路途遙遠，教授、研究生散居中、南部各地，為免長途勞頓，由警政署業務單位多次派員與東海大學、中正大學負責評鑑之教授及研究生說明保全業評鑑應配合辦理及注意事項。此外，警政署業務單位復派員多次參與台北市、新北市、高雄市政府警察局、桃園縣及台中市警察局辦理之說明會。

六、分區辦理保全業評鑑初評

（一）由五所大專院校教授及研究生前往受檢公司之實地評鑑

警政署規劃初評作業及複評作業，初評作業由公會所在地之警察局負責，並分別邀請台北大學、中央警察大學、東海大學、中正大學及吳鳳科技大學指派學者實施初評之實地評鑑，由各校教授率領研究生前往參加評鑑之保全公司實施實地評核。

（二）由公會所在地之五個警察局實施初評之書面審查

再由各分區初評委員會（成員計有：專家、學者、社會公正人士計5人「內含專家學者3人【會計師1名】，消保會、消基會代表2人」，警察局代表2人「內含公會所在地警察局業務副局長為當然委員」，共7人），實施書面審查。初評分數之計算，以實地訪評核分占60%與委員會書面評鑑核分占40%為計算標準。

（三）初評成績

93年評鑑時全國保全公司（含分公司）總數為489家，保全從業人員總數約為37,000餘人，參與評鑑者，計有309家，切結放棄及無法通知者，計有180家，初評分數達80分以上者，計有140家，占全國總家數比例為28.26%；70分至79分者，計有80家，占全國總家數比例為16.35%；69分以下者89家，占全國總家數比例為18.2%（參加初評家數計有309家、未參加初評家數計有180家）。

保全業評鑑（初評）成果一覽表

	80分以上	70分以上	69分以下	小計	優良比率
台北市分區	48	19	24	91	53%
新北市分區	13	15	14	42	30%
桃園縣分區	8	8	6	22	36%
台中市分區	29	12	29	70	41%
高雄市分區	42	26	16	84	50%
小　計	140	80	89	309	45%

參加初評家數：309家（80分以上計有140家、70分以上計有80家、69分以下計有89家）。
未參加初評家數：180家。

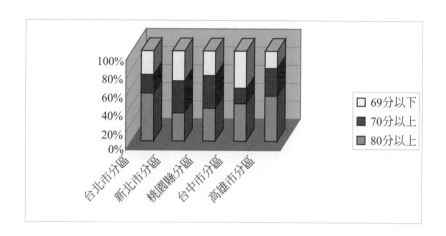

七、內政部成立複評委員會辦理複評

複評委員會係依據「內政部辦理保全業評鑑實施要點」籌組，其成員如下：專家、學者、社會公正人士計14人（內含學者、專家8人、法官、檢察官各1人，行政院消費者保護委員會、中華民國消費者文教基金會代表各1人，內政部法規委員會、內政部訴願審議委員會各1人），警政署代表5人（內含業務副署長為當然委員），計19人，主任委員1名由委員互推產生。

（一）召開程序委員會

於94年6月16日召開保全業評鑑複評程序委員會，依照複評委員會第一次程序委員會會議結論，除主任委員外，其餘以2名委員為一組，共分為九組，平均分配初評達80分以上之受評對象，並將委員所提出之相關疑點，另案函請權責機關司法院及法務部函示。

（二）召開第二次複評會議並決定複評進行期程

另於94年12月30日召開第2次委員會，並於該會議決議複評進行期間為95年1月9日至13日為期一週統一評核，及小幅修訂評鑑指標。

（三）評鑑成績於內政部網站公告

1. 初評成績達80分以上者共計140家（其中台北市分區有48家、新北市分區有13家、桃園縣分區有8家、台中市分區有29家及高雄市分區有42

家），經複評委員評核後，仍達80分以上者計有124家（台北市分區計有10家、桃園縣分區1家、台中市分區1家、高雄市分區4家，共計16家未達80分），其比例占參加初評家數為40.12%，未達80分以上者計有16家。

2. 為達內政部辦理本次評鑑之目的，在內政部網站上公布，94年評鑑優良保全公司124家（複評成績達80分以上者），並以附記方式標示期限為兩年及取銷機制；另依照第2次委員會會議臨時動議決議，為鼓勵未經評定為優良保全公司參加此次之評鑑作業，亦一併發函鼓勵其配合行政機關之政策，並勇於接受主管機關檢驗之精神。

保全業評鑑（複評）成果一覽表

	80分以上 （初評成績）	80分以上 （複評成績）	79分以下 （複評成績）	優良比率	備註
台北市分區	48	38	10	79%	
新北市分區	13	13	0	100%	
桃園縣分區	8	7	1	87.5%	
台中市分區	29	28	1	96.55%	
高雄市分區	32	28	4	87.5%	
小計	140	124	16	88.57%	

參加複評家數：140家（台北市分區有48家、新北市分區有13家、桃園縣分區有8家、台中市分區有29家及高雄市分區有32家）。

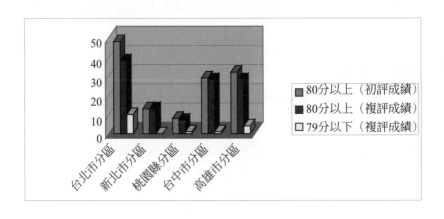

（四）修訂內政部辦理保全業評鑑實施要點

內政部所函頒之前揭要點，經複評委員會決議申復期限應參酌訴願法之規定延長為30日及增列取銷經評定為優良保全公司之退場機制條件，經與複評委員討論於該要點第12點增列：經評定為優良保全公司者，如有下列情形之一，中央主管機關得逕行公告取銷其資格：

1. 違反保全業相關法令規定，經中央或地方主管機關裁罰或予以裁罰，年度罰鍰總金額達新台幣50萬元以上者或累計總金額達新台幣80萬元者。
2. 其他重大事由，致影響保全業形象者。

（五）召開評鑑成績申復會議

1. 有關保全業評鑑成績，於95年3月2日在內政部網站公布，依規定未受評鑑為優良之保全公司得於評鑑結果公布之日起30日內，向內政部提出申復，內政部共計受理6家保全公司提出申復，分別為鼎欣保全股份有限公司、僑樂保全股份有限公司、三井保全股份有限公司、中興保全台北分公司、中興保全台東分公司及中興保全澎湖分公司，其中中興保全股份有限公司之三家分公司均於初評階段即未通過，餘三家保全公司則於複評階段遭淘汰。

2. 經業務單位先行審閱前揭6家保全公司提出申復理由及評鑑所列缺失資料，並將相關初複評資料彙整提報申復會議審查，會中經出席委員決議，已通過初評而在複評遭淘汰之三家保全公司，得以進入申復之實質審查，另三家（均為中興保全分公司）則維持初評結果。並由主席當場抽出六位委員，分為三組進行申復案件實質審查，審查結果三家保全公司仍然未能達80分以上，最後經出席委員之全體決議維持原評鑑結果。

第六章　保全之勤務

第一節　駐衛勤務

一、勤務意義

　　駐衛勤務可謂保全機構勤務人員最多勤務，大多以固定崗哨或留駐管理站室方式行之。若係社區或工廠駐衛除了固定崗哨外，同時負有巡守任務，其最主要目的在於防範犯罪發生（圖6-1）。

圖6-1　駐衛勤務

二、客戶對象

　　(一)公營單位：中油公司、工研院、中央研究院等。

　　(二)金融機構、郵局：公民營銀行、各地農會、各地郵局等。

　　(三)學校：各級公私立學校。

　　(四)證券投顧：證券、票券、投顧公司等。

　　(五)醫院：市立醫院、私立醫院等。

　　(六)科技工業：民生家電、電腦資訊、生物科技、積體電路等。

　　(七)輕重工業：染織工業、鋼鐵工業、造紙工業、電機電纜、化學工業、

食品工業等。

(八)其他：百貨公司、物流中心、汽車業、營造業、運輸倉儲、住宅社區、傳播業、中小企業等。

三、服務內容

(一)人員管理。

(二)車輛管理。

(三)文書傳達。

(四)緊急事件處理。

(五)公共設施安全管理。

(六)臨時警衛服務。

四、勤務基本要求

（一）服裝儀容

1. 頭髮、鬍鬚、指甲經常梳理（修剪），保持整潔。
2. 服裝整潔。
3. 姿態要端正，精神要振作。

（二）一般禮節

1. 不論客戶詢問或民眾會客，應起立致意，適時微笑，主動招呼，懇切問候。
2. 注意禮貌，說話誠懇，傾聽對方說明，並適時說聲「你好」、「請」、「謝謝」、「對不起」或「需要我幫忙嗎」。
3. 行、坐、站立，舉止莊重，於室內行動輕緩，保持寧靜。
4. 介紹認識，先尊後卑，行禮握手，應注目示敬。

（三）電話禮貌

1. 電話鈴響，應即接聽，拿起聽筒後，先報單位、姓名，以免發生錯誤。
2. 電話交談，注意禮貌，態度誠懇，長話短說。
3. 使用電話時，避免撥錯號碼，當打錯電話時，應即表示歉意。
4. 接通電話，對方應答後，即應報明自己職稱、姓名、何事。

5. 指定「接聽人」在的時候，應婉轉應答，並即告知接聽人迅速接聽。

6. 指定「接聽人」不在的時候，應委婉轉告。

7. 將電話轉交別人接聽時，應徵得對方同意，並概略告知接聽人。

8. 通話中心須離開電話時，應向對方說明原因、致歉。

9. 接聽責難、質問或批評電話時，應做扼要而適當的解釋，並向對方表示歉意和感謝。

10.結束通話時，說聲「謝謝」或「再見」，並讓對方先行掛斷電話。

（四）從容應對

接獲客戶危急電話，應保持冷靜沈著，不可慌張失措，必須從容不迫，對案情做正確瞭解與判斷，並詳細記錄案情內容與發生經過，並即通報轄區警察機關處理。

（五）保持聯繫

執勤遇困難或有危險狀況，應保持鎮定，不可慌張失措，設法排除危機，若能力不及，應伺機將求救訊息傳達出去，由警察或同僚協助解圍，記得應在自身安全之下，才能做出反擊動作。

五、崗哨守則訂定

崗哨守則至少包括下列資訊（高永昆、李永然、劉智園，1999：158-160）：

(一)目的陳述與機密標示。

(二)大樓與住戶的一般資料。

(三)各種緊急電話（如警方、消防、救護、醫院、水電、瓦斯、電信公司等）。

(四)管理人員（管理委員會主委、委員或客戶承辦人員）、工程、保全、清潔、電梯、消防設備、土木包工、水電行的非營業時間電話。

(五)大樓與其運作之圖說，包括最新的樓面計畫與平面圖，保全、消防設施系統與設備、監看系統與設備等之操作、控制或關閉，如有照片或圖形則更好。

(六)檢討門禁管制、侵入者處理、住戶進入、各種流程（如文書、訴願、通知）服務處理、鑰匙和設備管制、物品搬運、護送、巡邏、逮捕及

其他政策程序。

(七)處理緊急狀況之特別指令,如火災、火警、爆炸、炸彈恐嚇、工作場合暴力(毆打或其他恐嚇行為)、異常行為(如吸毒)、急救、停電、電梯故障、自然災害、漏水、毒性化學與有害物質事件、罷工、勞工滋事、示威、暴動、騷動、飛行器碰撞、挾持人質、圍堵、攻擊或其他犯罪行為。

(八)保全各級幹部名單,其值班時間、特定職責,並應依不同班次、星期幾、假日、營業時間及其他特定時間分別說明。

(九)公共關係指令,包括如何處理敵意或不滿之狀況、電話與無線電溝通技巧,以及如何進行談話與寫報告。

(十)倫理規範以及標準行為,明訂會受懲戒的特定行為,如曠職、遲到、服裝不整、口出穢言、中傷毀謗、性或其他方式之騷擾、不當行為、工作時睡覺或打盹、抗命、洩漏機密資訊、偽造記錄報告、未經許可使用公司財物、不當收受禮物、未遵守保全與安全規定與規則等。

第二節　巡邏勤務

一、巡邏意義

巡邏(patrol)係指劃分巡邏區(線),由服勤人員循指定區(線)巡視,以查察可疑徵候或不法,防止危害,同時能在最短時間內發現事故,迅速處理,使災害降到最低。(圖6-2)

二、適用客戶對象

(一)不適於系統防護者。

(二)不適於固定駐衛防護者。

(三)區域性或整體性建築。

(四)範圍死角較多者。

(五)區域性連鎖店。

(六)外圍防護性較差者。

圖6-2　巡邏勤務(引自刑事雙月刊,2005:5)

三、實施方式

(一)每日簽巡固定處所，針對標的物進行查察任務。

(二)提供固定時段供客戶調度，針對標的物實施巡邏查察任務。

(三)巡邏車輛停放，不得妨礙交通。

(四)停車查察，車上（側）應留守一人負責保護車輛安全及通訊聯絡警戒。

(五)對標的物以目視，由近而遠、由左而右、由上而下，反覆不斷實施觀察，尤應注意人、車、事、物可疑徵候。

四、可疑徵候之判斷

（一）可疑人物

1. 駐足某個地方對標的物觀望，一遇路過的人即閃避者。

2. 一見保全人員或警察即轉身閃開或急速通過者。

3. 夜間於建築物、金融機構、工廠、倉庫等處所徘徊，行跡可疑者。

4. 偷窺他人屋內陳設或爬牆偷看牆內狀況，似有所圖者。

5. 同夥間攜帶無線對講機，手提袋內裝似金屬工具，行跡詭異者。

6. 無故徘徊於金融機構、超商等場所，行跡可疑者。

7. 徘徊於他人住宅周圍、竊窺門窗及戶內動靜，或企圖剪斷電燈、電話、防盜警鈴線路者。

8. 身上染有血跡或有打撲傷、衣著不整、神色倉皇者。

9. 連續或經常出入金融機構，徘徊提、存款櫃台附近，故意找人攀談，或偷窺他人填寫款條，行跡詭異者。

10. 在金融機構附近停車，車不熄火，狀似候人者。

（二）可疑車輛

1. 故意將車牌漆黑或將車牌向上彎曲。

2. 用T型把手啟動引擎者。

3. 機車用所謂萬能鑰匙（有別正統鑰匙）啟動或用接線方式啟動。

4. 乘坐（人）裝載（物）顯有可疑之車輛。

5. 在標的物四周環繞搖窗窺視者。

6. 尾隨運鈔車者。

（三）處　置

1. 發現可疑人物或車輛均應做記錄並向公司報告。
2. 發現犯罪事證明確現行犯，能力所及逮捕之，能力不及，應即通報警察機關趕赴現場逮捕。

第三節　機動勤務

一、勤務意義

運用機械（系統）監視或警衛監視方式反應狀況，透過所建立指揮管制系統，採取立即勤務因應部署，做到立即、快速、彈性反應措施，以發揮保全系統整體功能，達成保全任務（圖6-3）。

圖6-3　機動勤務

二、勤務組織

(一)狀況反應：狀況資訊獲取，包括機械（系統）警衛監視、駐衛監視、運送警衛反應。

(二)指揮管制體系：由指揮管制系統、資料處理系統及通信聯絡系統，構成完整之指揮管制體系：

1. 指揮管制中心系統：由總公司、地方分公司分別成立勤務指揮管制中心，構成兩級指揮管制中心系統。

2. 資料處理系統：以電腦、傳真為主體，建立自動化資料處理系統，以

支援指揮管制中心系統的作業，使中心作業更為快速、精確。

3. 通信聯絡系統：以有線電話及無線電話為骨幹的通信系統，以支援指揮管制中心系統和資料處理系統的作業。

(三)部署方式：

1. 責任區內機動待機。
2. 鄰近責任區待機支援。
3. 聯勤區機動支援。

三、勤務方式

由機械（系統）警報訊號或駐衛、運送警衛報告，管制中心接到警報訊號或警衛報告，應立即派遣責任區內機動待機保全員，及聯勤區機動支援人員，或鄰區待機支援人員迅速趕到現場，確認事態真相，或視狀況需要，立即報警支援。並視狀況需要，通報客戶聯絡人，及公司有關輪值人員或主管，以產生最有效的立即快速彈性反應措施。其功能非僅在現場逮捕現行犯，且為防止事態擴大所必須。如犯罪人已逃逸，則應盡速封鎖現場，防止現場被破壞，等待警察到場勘察採證。

第四節　運送勤務

保全業主要提供四大服務：系統保全（又稱機械保全）、駐衛保全、運送保全及人身保全。其中駐衛保全因警衛對象範圍固定且區域較小，勤務工作內容較為單純，應變比較容易，較不易產生重大保全事故。但運鈔業務則因標的物明顯，監管不易，屢屢傳出保全人員監守自盜或運鈔車搶案情事，已經嚴重影響保全公司聲譽。因此運送勤務首重人員挑選，作者認為品德應列為首要考量，其次是反應機智，再其次是壯碩身體，最後更重要的是加強服勤訓練及嚴格執勤管理，如此才能使災害減少到最低點。下列勤務運送守則係參酌國內保全公司現送手冊加上作者實務經驗彙整如下（圖6-4）：

圖6-4　運送勤務

一、勤前裝備檢查

(一)防彈衣。

(二)防彈盔。

(三)警笛。

(四)識別證。

(五)腰皮帶。

(六)甩棍。

(七)手機。

(八)電擊棒。

(九)手機無線電。

(十)鑰匙盒（金庫鑰匙、車鑰匙、斷電遙控鑰匙）。

(十一)無線通訊密語手冊。

二、勤前車輛檢查

(一)車裝台及手機無線電應於出發前測試，且最好有一段測試距離，較能
　　測出性能。

(二)檢查車下是否有被歹徒裝置汽車追蹤器。

(三)檢查汽油、機油、齒輪油及煞車油是否足夠，及有無滲漏現象。

(四)檢查煞車、線路、車燈、閃光燈、後視鏡、防盜警報器、喇叭、雨刷

及一切隨車裝備工具等，是否良好正常堪用。

(五)檢查車上滅火器是否完好及有否過期。

(六)檢查車上所有儀表是否正常運作。

(七)警報安全系統測試。

三、出勤聯絡

(一)管制中心應有當日運送車輛作業指揮聯絡人名冊。

(二)車輛出發前無線電測試、乘員、呼號、時間的確認。

(三)特殊勤務行前聯絡與報告轉知事項。

(四)臨時勤務密語的編排使用與注意事項、協調聯絡。

(五)勤務必須橫跨當地指揮台時，其聯絡、協調支援事項。

(六)確認聯絡通訊方式與方法（含客戶）。

(七)聯絡報告時機：

　　1.每班車輛出勤時（何時離開、前往何處、預計抵達時間）。

　　2.到達預定目的地報告停留時間。

　　3.途中因故必須停車時報告原因何在、停留時間。

　　4.定點報告。

　　5.發生異常狀況時：

　　　　(1) 應沈著冷靜，切忌慌亂，把握處置要領。

　　　　(2) 依何時、何處、何人、何事、為何、如何等六何原則報告狀況。

　　6.發生交通事故或車輛故障時：

　　　　(1) 報告事故現狀及故障情形。

　　　　(2) 報告是否需要替代車輛及再行運送之可能性。

四、掌握道路狀況

(一)瞭解主要道路暢通狀況。

(二)熟悉迂迴道路通阻狀況。

(三)熟悉下列沿途情治單位位置：

　　1.警察單位。

　　2.憲兵單位。

　　3.消防單位。

五、客戶點交基本原則

（一）受領時

1. 出示身分證件。
2. 查閱有關憑證記載事項：
   (1) 收件單位。
   (2) 護送品袋型或袋號。
   (3) 件數。
   (4) 託送日期。
   (5) 託送單位作業人員之印鑑。
3. 確認收件單位之件數及容器有無毀損。
4. 查閱容器上鎖及標封狀況有無異常。
5. 校對單據憑證上之數字與護送之件數是否相符。
6. 確認無異常時，蓋印或簽名受領。
7. 確認有異常時，通知客戶負責人更正後始受領。
8. 經受領後，護送責任即開始。

（二）送交時

1. 憑收件人之身分證明、服務證、識別證等，確認其身分。
2. 送交時確認護送品件數及收件單位是否相符。
3. 校對簽收憑證上之數字與送交件數是否相符。
4. 取得收件人之對收件件數之確認。
5. 確認收件人之印鑑與契約約定是否相符。
6. 上述各項確認無誤後，送交手續及責任即告完成。

（三）同時送交又受領時

應先辦送交手續，後辦受領手續。

六、裝卸運送品時警戒注意事項

(一)到達客戶處所停車時，應先確認四周有無可疑之人、車。
(二)確認四周安全無虞後，車長及隨護警衛再行下車。

(三)下車後再確認四周確實安全時，始行開啟金庫門鎖，著手卸取護送品。

七、運行途中警戒注意事項

(一)經由指定或規劃之路線運行。

(二)欲經由預備迂迴路線運行時，應先以無線電通報或其他方式報告管制中心。

(三)原則上於到達收件銀行（公司）前不得停車。

(四)出發前及運行途中就要注意監視尾隨之車輛。

(五)歹徒可能以假車禍方式作案，因此應注意故意接近車輛，嚴密警戒。

(六)確認接近之車輛有搶劫意圖時，現送車輛應盡力設法迴避或駛入附近情治單位駐地。

(七)現送車輛迴避困難時，應即啟動緊急警報裝置並運用無線電通報管制中心，同時撥打110或附近憲警單位電話或行人緊急救援。

(八)遇憲、警治安人員指示停車時，應注意辨識確認其真實身分，並密切注意其動作及四周之動靜。

(九)發現有可疑車輛尾隨，在市區人、車來往較多路段，可暫時停靠路旁觀察，可疑狀況排除後再運行。

八、退勤記錄

(一)檢查隨身及車上裝備有無遺失或故障。

(二)登記相關表冊。

第五節　人身保全勤務

　　基本上以市場上所掛牌核准保全公司中，有關人身保全營業項目，均以良性之商業性、國際影歌星演唱會（圖6-5）、股東大會、宗教活動、開幕剪綵等活動居多；基於業展需求，甚至開庭司法訴訟案件之保護亦屬之。惟對政治性、債務糾紛或黑道背景糾葛者就予以婉拒；但仍有少數特定保全公司，緣因該公司負責人之具有特殊背景與關係或許予以承接。下列執勤方式，引介國內新光保全有多年經驗所訂定內容。

圖6-5　人身保全勤務

一、勤務守則

(一)人身保全目的　確保護衛對象及家居成員在契約服務之範圍及時間內之安全與安寧，並以萬全為目的。

(二)工作精神　專業、信實、機智、忠誠，並以保密為最高之要求。

(三)服勤要求　儀態端莊、勇敢威武、敏捷靈活、表達清晰、吃苦耐勞、應變處置、化解危害於無形。

(四)服裝（西裝或便服依客戶要求）、裝備（三節棍、無線電、電擊棒、強力手電筒、哨子、防彈公事包，行動電話）。

(五)交通工具　租用或護衛對象車輛搭用，須特別注意車況及保養。

(六)熟悉任務　勤前教育，必要時場地現勘或護衛對象之見面（並提交人員照片與簡介）。

(七)注意歹徒、與會人員、工人送貨、接近護衛對象造成危害驚擾，應訂定執勤計畫及應變處置步驟據以執行。

(八)護衛執行應隨時接受指揮調度，遇狀況應隨時報告。

(九)牢記對方聯絡窗口，保持隨時協調聯繫。

(十)任務中注意身分不可凸顯，裝備使用避免遺失曝光，任務結束裝備繳回歸建。

(十一)執勤前後對任務之對象身分與內容應予保密，不可洩漏。

二、勤務執行要領

（一）瞭解狀況

1. 從客我雙方之互訪，建立雙方之互信與執行之依據。
2. 事前規劃與安全檢查是不可缺少之一環。
3. 為增進安全需要，必須提供適切之安全建議及規劃措施。
4. 可否為良性之人身保全是必要之確定。
5. 裝備之檢驗是否足以應變此次之任務。
6. 對象如須蒞臨現場，事先得知須現勘企劃，瞭解外形、樓層、電梯、進出口、貴賓室、車位、避難所。
7. 對象參加大型聚會，如參加人員複雜，必須事先做好進出管制與檢查、公眾監視之執行，並預勘脫離路線及預置搭乘之車輛。

（二）執勤中

1. 注意周圍可疑人、車及危險物品、爆裂物品或其他異常狀況。
2. 除正當防衛執勤人員，得拒絕違反刑法及其他法律行為。
3. 不得執行契約所載以外服務。
4. 注意事先調查各項情資，對危害、驚擾之狀況妥為掌握。
5. 護衛對象到達前澈底檢查周邊環境，過濾一切可疑人、事、物及攜帶之物品。
6. 隨時貼近護衛對象，防止行進間之滑倒踏空；執勤中應對隨時接近對象之不明人士、物品加以隔離警戒，必要時適當排除，絕不收不明郵包、贈品，以防暗藏爆裂物。
7. 異常狀況時應先報告，來不及時先立即採取斷然措施，事後迅速聯絡報告或請求支援，必要時報警協助處理或不惜犧牲加以反制。
8. 當確定是危害狀況時，應將保護對象迅速脫離為最高指導原則（緊急脫離路線到達安全處所）。
9. 車隊行進間應注意安全與交通規則，車隊運行要發揮團隊精神，防止插隊利用製造假車禍行危害之實。
10. 群眾聚集時應先行安全隔離，以防滋擾及維護秩序，注意事前疏離（導）撲滅於初動。

11.住家與辦公室之間行進路線先期勘查，排除不利危害因素，必要時與
　　治安情治單位建立協助窗口。

12.對象倘遭脅迫、恐嚇、勒索等危急狀況之防範，應協助報警處置。

13.女性護衛對象宜提供女性特勤護衛做貼心之服務。

第六節　交通指揮勤務

　　交通指揮為疏導或管制車輛及行人的行進、停止，通常為駐衛勤務於上下
班時間（圖6-6），為維持大樓住戶或公司行號員工車輛進出之順暢，所採取
之管制措施，惟指揮管制時間不宜過久，以免招怨引起糾紛。交通指揮以手
勢指揮為主，必要時以口哨、反光警棒或手旗等工具輔助。手勢指揮要領如下
（呂育生，1997：58-59）：

一、指揮時精神旺盛、姿態端莊、手勢明確、哨音響亮，是指揮勤務的先決條
　　件，缺一即足以減弱指揮功能。

二、交通指揮要盡量選擇適當固定地點，不可隨便走動，尤不可妨礙車輛通
　　行。

三、車輛進出通行時間管制應得宜，對攔停路過行人時間不宜過長，且應禮貌
　　相對。

圖6-6　交通指揮勤務

四、指揮車輛停止之手勢，不可急促或突然，避免車輛緊急煞車，導致追撞。

五、指揮手勢必須自然靈活，重複指揮手勢切忌過快，宜快慢有度，俾駕駛人一目了然。

六、基本手勢以交通警察之指揮手勢，五指併攏，下體一律採用立正姿勢：

(一)全部來車停止：右臂向上直舉，手掌心向前，並目視四方來車。

(二)前方來車停止：右臂向前平伸，小臂向上直舉，手掌心向前，並注視前方來車。

(三)左方來車停止：左上臂向左平伸，小臂向上直舉，手掌心向左，並注視左方來車。

(四)右方來車停止：右上臂向右平伸，小臂向上直舉，手掌心向右，並注意右方來車。

(五)前後來車停止、左右來車通行：兩臂左右平伸，手掌心向前，並注視左右來車。

(六)左方來車速行：

　1.指揮左右來車通行。

　2.目視左方來車。

　3.左小臂向頸後平屈作招車狀（掌心向下）。

(七)右方來車速行：

　1.指揮左右來車通行。

　2.目視右方來車。

　3.右小臂向胸前平屈做招車狀（右掌心向內，離胸前約十公分）。

(八)左方來車左轉彎：

　1.指揮右方來車停止。

　2.目視左方來車。

　3.左小臂向胸前平屈做招車狀。

(九)右方來車轉彎：

　1.指揮左方來車停止。

　2.目視右方來車。

　3.右小臂向頸後平屈做招車狀。

在夜間指揮交通時，應持用指揮棒，並配合前項手勢做適切之運用。

七、警笛之使用：

    (一)一短聲：指揮前進或出發。

    (二)二短聲：指揮後退。

    (三)一長聲：指揮停止。

    (四)三短聲：制止車輛、行人。

第七章　保全教育訓練

在「警力有限，民力無窮」之今日，導引保全業之民間力量，投入協助政府維護治安之工作，是政府未來無法阻擋之趨勢。

日本之經驗告訴我們，保全業與警察之關係，幾乎就是一軍與二軍之「友軍」關係般，所以警察之身影幾乎無處不在。日本近年來，與地方自治體和警察機關共同協力開始在各地進行之保全業「創造期待中之安全與安心」活動已廣泛進行，保全業對地區治安之貢獻使得保全業對整體社會之付出漸漸受到矚目。

在目前之犯罪情勢下，期待保全業分擔打擊犯罪任務以構築強有力之社會，以扮演正面性之犯罪預防角色，另外對於保全業之需求給予合宜之對應，冀望其正確地實施保全業務之同時，謀求保全業健全發展之實施對策，以期作為確保國民身心安全之產業，而進一步振興保全業之發展是有必要[1]。

近年來，隨著台灣國民所得逐年提高，經濟活動之蓬勃發展，卻帶來社會治安之惡化，民眾尋求外力之自保意識日增，故對民間保全服務業之需求逐漸升高，願意付費購買安全，尋求生命、財產之保障。也因為民眾對個人安全之需求劇增，保全業市場呈現爆炸性之成長，更由於其服務內容之專業性及特殊性，進而賦予保全業協助警察機關維護治安之任務，扮演起類似「警察副手」重要角色，這是政府、保全業者、消費者三方都樂觀其成之發展結果[2]。

結合保全業共維治安，由警察與保全業共築治安體系，是未來治安發展之重要方向，保全業肩負保護人民生命財產安全之重責大任，應有一定品質，必須建立保全業服務專業化之優良形象，提升保全人員執勤能力，增進保全業服務品質。在此前提下，保全人員之教育與訓練是健全保全業體質刻不容緩之當務之急[3]。

1　陳維耿，保全業管理法制之研究，中央警察大學警政研究所碩士論文，2004年6月，66-67頁。

2　陳維耿，保全業管理法制之研究，前揭註1論文，1頁。

3　許春金主持，私人企業尋求保全保護決定因素之探討，前揭註3文，21-22頁；郭志裕，保全人員教育與訓練之研究，警學叢刊，25卷1期，1994年9月，25頁。

第一節 保全人員教育訓練之依據與現況

壹 法令依據

我國目前保全人員之教育與訓練之法令依據,為保全業法第10條之2規定:「保全業僱用保全人員應施予一週以上之職前專業訓練;對現職保全人員每個月應施予四小時以上之在職訓練。」及同法施行細則第8條規定:「本法第十條之二規定之職前專業訓練及在職訓練,其課程內容應包括法令常識、執行技巧、防盜、防搶、防火、防災等狀況處置之學科及術科訓練。」

貳 現 況

按保全業法規定,保全業係屬許可行業,須經中央主管機關(內政部)許可後,始得申請公司設立登記並經營保全業務。保全業體質無法健全及保全人員素質無法提升,係肇因保全實務上,保全業者基於成本考量,加以現行保全業法未有「證照(講習)制度」等措施以資配合,故教育訓練多流於形式,或虛應故事應付檢查,大都未落實保全人員之職前與在職訓練,以致保全人員之整體素質良莠不齊,及部分體質不佳之保全公司(樓管公司轉型者居多),僱用短期、低素質之員工,到處低價搶標,或為求暴利結合黑道幫派不法分子,從事特種行業之圍事,動輒暴力脅迫恐嚇,嚴重危及正派經營之保全公司之生存,迫使有制度之大公司不得不轉而另成立低成本之子公司與之競爭,有「劣幣驅逐良幣」之虞。此外,鑑於之前保全業執行運鈔保全業務,屢次發生運鈔車現款遭搶(竊)或保全人員監守自盜之情形,其中半數以上,係公司內部管理發生問題,且運鈔車設備及內部管理紀律亟待加強及改善,故為強化保全業執行該項業務之內部管理,以保障客戶之權益,及維護保全業之聲譽,急待警察機關研擬具體有效之防範對策。

第二節　外國保全人員教育訓練介述

壹　日　本

由於日本與我國之地緣關係，加上歷史之互動，中日雙方工商業發展與社會變遷，在在皆有連帶互動關係。日本保全業更是國內保全業者師法或合作之對象。而且，我國保全業法繼受日本「警備業法」，且日本國情、法律制度、政治社會結構、文化背景等與我們相近，故有特別加以介紹之必要，本「他山之石，可以攻錯」之思想，瞭解日本保全業之教育訓練應有助於我國保全業教育訓練發展與規劃[4]。其教育訓練內容如下：

保全業之教育是以保全人員教育為基本，其目的乃在提升保全人員之工作能力，正確地執行保全業務。依據日本保全業法施行規則可分為「基本教育」及「業務教育」兩大項。新進之保全人員除經過檢定考試合格者外，必須接受基本教育十五小時，其內容包括五大項：一、保全業務實施基本原則；二、保全人員素質提升課程；三、有關適當實施保全業務之法令；四、事故發生時與警察機關聯絡之方法；五、防護用具之使用須知。業務教育則依保全人員所從事保全業務而分，新進人員必須依日本保全業法第2條之保全業務，接受十五小時之業務教育。

現職保全人員之在職教育也分為「基本教育」及「業務教育」兩種，實施日期為半年一次（每年4月1日至9月30日，10月1日至隔年3月31日兩期），教育內容包含三項：一、警察業務基本原則；二、有關適當實施保全業務之法令；三、事故發生如何與警察機關聯絡。半年一次，至少三小時。而業務教育則依保全人員所從事保全業務而分，現職保全人員每半年至少五小時。

保全人員之教育，依日本保全業法規定，保全業者應對各營業所擬定保全人員指導及教育計畫。實施此計畫之人為「保全指導教育負責人」，公安委員會對這批人員必須實施講習，然後核發資格證書。

日本為了貫徹並維持保全人員之專業化程度，不僅經由教育訓練方式落實，更進一步透過保全業知能檢定考試授予合格證明，以求正確地實施保全業務，另一層意義相當程度給予保全人員專業之肯定。當然在日本，保全人員教

4　郭志裕，保全人員教育與訓練之研究，前揭註3文，30頁。

育訓練之落實，可從保全人員服務專業化之表現得到驗證[5]。

另日本在2005年（平成17年7月26日法律第87號）修正警備業法，最新修正幅度雖然不小，但焦點集中在「警備人員之知識與能力的提升」，乃透過「警備業者專門指導教育體制之整備」以及「警備人員檢定之普及」以確保警備人員應備之知識與能力，其中證照、講習或訓練部分：警備業法於第四章「教育」設有「教育及指導監督」與「檢定」兩個專節的規定。保全業者，對於所屬之保全人員，能妥適實施保業務，除依本章規定外，另應依內閣府令規定施以教育，並輔以必要之指導及監督（警備業法第21條第2項）。此外，保全業者，對於選任之保全人員指導教育負責人，應依國家公安委員會規則規定之個別期間，接受公安委員會依國家公安委員會規則規定辦理保全人員指導及教育相關講習（警備業法第22條第8項）。公安委員會，為使保全業務妥適執行，得依各類別，對保全人員或將擔任保全之人員，實施知識及能力之相關檢定。前項之檢定，對於保全人員或將擔任保全之人員，是否具備各類別保全業務之相關知識及能力，得舉行學科測驗及實作測驗鑑定之。前項情形，曾參加國家公安委員會登錄之講習會（以下簡稱「講習會」）並修畢課程者，得依國家公安委員會規則規定，免除前項學科測驗或實作測驗之全部或一部。公安委員會，對於第1項檢定合格者，應交付各類別保全業務及格證書（警備業法第23條第1至4項）[6]。

貳　美　國

美國為聯邦國家，各州法律均不相同，五十個州中只有二十八個州制定法令以管理私人保全業，各州對保全業管理之形成及程度各不相同，並無典型或標準法例可依循。其中俄亥俄州法規最為嚴格，規定保全業者須領有執照，而保全人員必須經過登記及批准，申請者必須通過筆試，且其資格必須為美國公民，年滿二十一歲，有兩年相關工作經驗，而且執照及登記每年更換一次，其

5　陳維耿，保全業管理法制之研究，前揭註1論文，101-109頁。

6　日本在2005年新修正的警備業法，全文可參考范國勇，我國保全法及其法律關係之研究，吳鳳技術學院產學合作專案研究，2006年，177頁以下。

他尚須保險證明[7]。所以在美國，欲成為一名合格之保全人員，有多數州規定申請人必須參加筆試；當然有更進一步，除筆試外尚須參加口試者。另如紐約州即規定：筆試內容為刑法、刑事訴訟法、警察學術、警衛及偵查技術報告寫作、業務督導以及有關法令等[8]，足見美國多數州對於保全人員取得證照要求之高。

　　美國私人安全警衛多數之地方政府都有實施證照制度，唯有領有執照之合格保全人員，保全業者才願意僱用，因此保全人員在取得執照前都有經過訓練，執照也都有效期約束，才能保證從業人員隨時再吸收新知和保持一定水準。這種以證照帶動教育訓練是美國保全教育訓練一大特色[9]。

參　荷　蘭

　　荷蘭於1936年及1938年對保全業之管理曾兩度立法，其主要目的係在控制政治團體之活動，荷蘭司法部對保全業每年發照一次，其過程係經由地方警察局根據無犯罪紀錄、充足之財力、技術能力、保全契約等情形加以審查，審查合格始發照。不論保全公司或是保全人員，均須領有執照始得執業[10]。

肆　韓　國

　　韓國保全人員教育訓練是依照1976年12月1日公布之大韓民國保全警備業法實施。依該法第15條規定：「保全警備業者為了保全警備業務之健全發展和保全人員之教育訓練應設立保全警備協會。」該協會之業務依法有：一、關於保全警備業務之研究發展事宜；二、關於保全警備人員之教育及訓練事宜；三、關於保全警備人員之福利事宜；四、關於保全警備所需管理事宜；五、關

7　郭志裕，保全業之理論與實務，台北正信，1998年，2版，5-34頁。

8　侯超明，我國保全業之研究──現況問題之解決與發展趨勢之探討，中央警察大學警政研究所碩士論文，1998年6月，94頁。

9　郭志裕，保全人員教育與訓練之研究，前揭註3文，31-32頁；陳維耿，保全業管理法制之研究，前揭註1論文，101-109頁。

10　郭志裕，保全業之理論與實務，前揭註3書，5-37頁。

於損害賠償基準之研究發展及當事人之間發生損害事宜；六、關於保全警備業務之健全營運及培育事宜。

韓國之保全人員教育訓練可分為新任教育和在職教育兩類。新任教育期間為十日，主要科目有精神教育、法律課程、警察技術等課程。因此，具有警察或士官資歷則可免新任教育。此教育是對新任保全人員實施之職前教育，由保全警備協會實施，如有必要時，可委託警察教育機關實施。在職教育則是保全警備協會對所屬警備人員平常業務之修補教育，每月四小時以上，並要訂定教育計畫實施[11]。

第三節 目前保全人員教育訓練之規劃

壹 保全人員訓練計畫之規劃源起

依保全業法規定，保全業係屬許可行業，須經中央主管機關（內政部）許可後，始得申請公司設立登記並經營保全業務。惟保全實務上，保全業者基於成本考量，加以現行保全業法未有「證照制度」等措施以資配合，故教育訓練多流於形式，或虛應故事應付檢查，大都未落實保全人員之職前與在職訓練，以致保全人員之整體素質良莠不齊，保全業之體質無法健全發展，加以邇來運鈔車搶案頻傳。

有鑑於保全業之保全人員及負責人前科素行比率偏高、低價搶標形成劣幣驅逐良幣、運鈔車現款遭搶（竊）或監守自盜不法情事頻傳、管理規範較鬆及保全人員訓練不足等種種缺失，行政院乃於92年7月7日強化社會治安第19次專案會議中指示：「保全業之良窳，與治安息息相關，如何健全管理，發揮協助治安維護效能，必須標本兼治。治本方面，應進行研修保全業法，通盤檢討保全人員人事管理制度、教育訓練機制及是否開放執勤配槍等問題；治標方面，應輔導保全業者強化教育訓練，由政府主動規劃訓練課程提供給業者，並協助派遣教官授課施訓，完成後實施抽查測試，評鑑優劣等級對外公布。」警政署旋即研提相關方案，積極辦理。

---

11 李潤根，韓國私警備發展方案調查研究，韓國東國大學博士論文，1989年，70頁。

貳 保全人員訓練計畫之規劃重點

內政部警政署乃參酌內政部營建署「公寓大廈管理服務人培訓講習計畫」（其法律依據為公寓大廈管理條例第47條及公寓大廈管理服務人管理辦法），及行政院環境保護署辦理之各項專業證照訓練（廢水處理專責人員訓練、空氣污染防治專責人員訓練、廢棄物清除處理機構專業技術人員講習訓練等）之經驗與參考日本保全業法（警備業法）第11條之2「保全員指導教育責任人」暨日本保全業法施行細則第26條規定「保全人員教育分為『基本教育』與『業務教育』」之作法規劃「保全人員訓練計畫」，並於92年8月19日起陸續辦理「保全人員講習訓練計畫種子教官研習會講習」。

內政部警政署規劃「保全人員講習計畫」之目的有：

一、執行保全業務之人員，除須具備一般法律常識外，亦應深入瞭解保全業法及其施行細則，並熟稔系統、駐衛、運送及人身等安全維護作業方式，以及執行保全業務時發現強盜、竊盜、火災及其他與治安有關之事故時，立即通報當地警察機關之方式，以利遂行所賦工作。

二、導引保全業之民間力量，強化協助政府維護治安之功能，建立保全業服務專業化之優良形象，提升保全人員執勤能力，增進保全業服務品質。其辦理方式如下（至於其他講習課程內容、時數與師資等細節性事項，詳如計畫內容）：

(一)保全人員之教育課程分基本與專業教育兩種。

(二)師資由警政署列冊之「種子」教官或「指定」教官及各公會、公司遴聘之「專業」教官擔任。

(三)種子教官由各警察局（以現職保全業務各級相關承辦人員為主）推派適當人員參訓（有公會之縣、市須與公會共同推薦），保全公司及公會之參訓人員，除須具有大專以上學歷或五年以上之保全工作經驗且須具有相當表達能力，並不得有保全業法第10條之1各款情形。

(四)由種子、指定或專業教官於各公司、公會或適當地點實施教育訓練。各公司於每月20日前將次月參加職前或在職訓練之保全人員訓練計畫書（含日期、時間、課程名稱、授課時數、授課人員及參訓人員）報請當地警察局備查。

(五)各公司之職前或在職訓練得自行舉辦，或由公會或其他機關（構）、學校或團體辦理，或由數公司聯合辦理，但由公會或其他機關

（構）、學校或團體辦理者，應於事前報請當地警察局備查；各辦理訓練之單位，應於每月20日前將次月參加職前或在職訓練之名冊報請警政署備查。

(六)保全人員於本計畫函頒實施後曾受前揭職前訓練，轉任其他公司任職者，得免職前訓練。但每個月仍應依規定施予四小時以上之在職訓練。

(七)由警政署及各警察局成立訓練督導小組，以利遂行訓練督導及輔導、服務等相關事宜。警政署訓練督導小組成員由警政署業務相關人員組成，各警察局訓練督導小組成員由各警察局局長指定後，陳報警政署備查。警察局訓練督導小組成員，其人數得視轄區保全公司多寡，由各該警察局局長自行決定。

(八)各公司之職前或在職訓練，由各保全公司或訓練單位自行登錄「保全人員訓練護照」。保全人員訓練護照由實際授課之種子、指定或專業教官與保全公司或訓練單位共同認證簽章，各公司應將保全人員之訓練護照、訓練計畫書、簽到（退）記錄、參訓人員名冊、訓練過程之照片或錄影帶等資料整理成卷，妥善保管，由訓練督導小組隨時或定期配合業務督考抽檢。

(九)各公司之保全人員如在其他具公信力之機關（構）、學校或團體修習，或參加與訓練計畫所訂相關課程或有助於提升專業執勤能力之學科或術科訓練課程或演講，並取得相關證明或有比照公務人員終身學習護照簽章者，得折抵在職訓練時數。

參 保全人員訓練計畫之實施情形

有關強化教育訓練部分，警政署已擬具「保全人員訓練計畫」，於92年9月26日函頒各警察機關，同年10月1日全面實施。為儲備充裕之種子教官，以利保全人員訓練計畫之實施，警政署陸續配合台北市、新北市、桃園縣、台中市、高雄市五個保全商業同業公會辦理「保全人員訓練計畫種子教官研習會」講習，將有助於全面提升保全人員之專業執勤能力，增進保全業之服務品質。

由警政署及各警察局成立之「訓練督導小組」，配合年度業務督考，加強實地抽檢全國各縣市保全公司在職及職前訓練之實施情形，其中部分較具規模

之保全公司教育訓練非常落實；但有部分樓管轉型之保全公司，對教育訓練多持觀望敷衍之心態，虛應故事應付檢查，大都未落實保全人員之職前與在職訓練。

肆　保全人員訓練計畫之檢討修正

　　保全人員訓練計畫自92年10月1日全面實施後，業已有效提升保全人員素質，惟迭經各公會及業者反映原訂計畫仍有部分缺失，尚待檢討改進，已召開會議評估訓練計畫執行成效，並據以檢討修正相關計畫；另為配合「保全人員訓練計畫」之實施，警政署編印「保全人員訓練計畫種子教官研習會講習教材」，惟當初編印匆促，遺漏在所難免，迭經各公會及業者反映，期盼警政署重新召集專家、學者、公會及業者共同研訂內容更完整、更切合業者需要之教材，供業者參考。92年9月26日函頒教育計畫實施以來仍發現許多缺失：

　　一、原訓練計畫肆、講習課程內容及時數(一)基本教育課程內容及作（編）者檢討整併為：(一)刑事法概要；(二)犯罪偵查、預防與民力運用；(三)防盜防搶實務；(四)救災防護訓練；(五)保全業法及其施行細則等相關法令；(六)保全執勤之原則與應注意事項；(七)交通指揮、疏導及交通事故之協助處理等七大項，列為所有保全人員必修課程內容後93年6月修正訓練計畫，課程內容增加「危機處理」、「保全業理論」、「保全業經營、管理及未來展望」及「擒拿綜合應用拳技或防身術」，並將「犯罪偵查預防與民力運用」拆成「犯罪偵查」、「犯罪預防與民力運用」等二科目，共計十二個科目。有部分業者及公會代表建議刪除原計畫中與基層（第一線）執勤保全人員較無直接關係之「危機處理」、「保全業理論」及「保全業經營、管理及未來展望」等課程，由警政署通知或指定原訓練計畫教材之作（編）者重新修正，將來測驗題庫由必修科目中各科教材之作（編）者統一命題。

　　二、由各公會及業者依業務類別自行研發編印適合業者需要之教材，必要時，由警政署召集專家學者成立委員會審查，審查通過者列為選修課程內容，供業者參考，印製經費由業者負責。

　　三、整編後之教材（含必修及選修課程內容）除印製成書外，儘量以接近成本價印製，供業者參考。

　　四、教育訓練可否以線上學習方式部分，依法保全人員之職前訓練應為一週（七日），警政署於訂定訓練計畫時，已參考日本保全業法施行細則第26條

規定：「新進保全人員除經過檢定考試合格者外，必須接受基本教育十五小時」之作法，並體恤業者經營之現狀，其中五日得以現地實習方式為之，僅集中訓練二日，十六小時，此為訓練時數之最低底線，且集中訓練尚有線上學習無法取代之特定效果，故應集中訓練之二日，十六小時，不得以任何線上學習方式替代；至於其餘五日如於現地實習方式為之者，得施以線上學習，以提升學習之效能，警政署樂見其成。未來保全人員之在職教育訓練是否參考日本作法集中半年或按季實施，警政署已錄案研辦。

五、原計畫每月將次月之訓練計畫書報核時間，仍維持於每月20日前；至於如有異動，得隨時補報，將於計畫中統一律定。

六、保全業法未有營業範圍之限制規定，保全公司之營業範圍散在各地，甚至偏遠地區，保全業越區營業情形嚴重，越區營業保全公司之教育訓練，應在越區地實施，由越區地之轄區警察局負責督導，保全業者應於每月20日前，將次月之越區執勤保全人員之訓練計畫書連同查核資料，報請越區地之轄區警察局核備。

七、於92年11月1日以前任職之保全人員，如於到職時業已在本公司或他公司完成職前訓練，曾經當地主管機關查核確認且有翔實訓練資料可稽者，得免職前訓練；另保全人員於「保全人員訓練計畫」函頒實施後曾受前揭職前訓練，轉任其他公司任職者，得免職前訓練，但每個月仍應依規定施予四小時以上之在職訓練（參照警政署92年9月26日警署刑偵字第0920127907號函頒修正「保全人員訓練計畫」參、三、4規定）。

八、為有效管制保全人員訓練護照，各保全業對所僱用之保全人員應有完整之職前及在職訓練記錄資料可稽，保全業者並得將保全人員之訓練護照集中保管，至員工離職時發還。

九、為避免業者或團體有「藉訓練之名，行營利之實」等變相營利之情事，造成業者及保全人員之負擔，故現階段保全人員教育訓練仍由各公司自行舉辦，或由數公司聯合辦理為宜。

十、保全人員教育訓練紀錄應保存多久？保全業法施行細則第12條「保全業僱用保全人員應施予一週以上之職前專業訓練；對現職保全人員每個月應施予四小時以上之在職訓練。」之規定（本條條文已移置於現行保全業法第10條之2），雖未明定訓練紀錄之保存期限，惟因目前各市、縣（市）警察局依規定每半年派員至轄內保全業者實施檢查，而警政署則每年實施督考乙次，故為配合警政署及各市、縣（市）警察局檢查保全公司業務情形之需要，訓練紀錄

之保存期限宜保存二年以上（內政部88年8月31日台(88)內警字第8871826號函參照）。

十一、人力派遣公司派遣之保全員，是否須受教育訓練？依保全業法第10條之2規定：「保全業僱用保全人員應施予一週以上之職前專業訓練；對於現職保全人員每個月應施予四小時以上之在職訓練」，目前雖有保全公司基於人力成本考量，與人力派遣公司簽訂派遣契約，由人力派遣公司負責派遣人力至保全公司，節省保全公司徵才之成本，然派遣至保全公司之人員，仍應依保全業法第10條之1規定，送請地方主管機關審查前科素行，並應依第10條之2規定，施予教育訓練，方成為合格保全員（內政部警政署95年6月9日警署刑偵字第0950076239號函參照）。

十二、金融機構自聘警衛人員，應否適用保全人員訓練計畫？查警政署92年9月26日警署刑偵字第0920127907號函頒之「保全人員訓練計畫」中規定訓練對象為保全人員，至金融機構或信用合作社所自聘擔任警衛工作之人員，非屬於保全業法中所定義之保全人員，故不受「保全人員訓練計畫」之規範，倘金融機構或信用合作社之自聘警衛人員能比照「保全人員訓練計畫」之課程受訓，勢必有助於提升警衛人員之素質與專業執勤能力，並增強警衛人員之自我防衛能力（內政部刑事警察局95年11月3日刑偵字第0950161600號函參照）。

十三、僱用保全人員若未施予職前訓練，業者是否會受罰？又此專業訓練應包括哪些內容？依保全業法第10條之2規定：「保全業僱用保全人員應施予一週以上之職前專業訓練；對現職保全人員每個月應施予四小時以上之在職訓練」暨同法第16條第1項第4款規定：「違反第十條之二規定，對僱用之保全人員未依規定施予職前專業訓練或在職訓練者。」主管機關得處新台幣十萬元以上五十萬元以下；另專業訓練應包括哪些內容？依保全業法施行細則第8條規定：「本法第十條之二規定之職前專業訓練及在職訓練，其課程內容應包括法令常識、執行技巧、防盜、防搶、防火、防災等狀況處置之學科及術科訓練。」（內政部警政署92年3月28日警署刑偵字第0920044171號函參照）。

第四節　未來保全人員證照制度之規劃[12]

壹　目前尚無保全人員證照制度或檢定考試之規定

　　我國目前執行保全業務之保全人員之任用，規定於保全業法第10條及第10條之1，條文內容皆無保全人員須具備證照或經過檢定考試始得執業之明文規定。由此可知，我國針對保全業者僱用保全人員之管理查核機制上，非有證照制度或檢定考試之要件，方能擔任保全人員之規定，所以只要符合保全業法第10條及第10條之1之從業資格，即得充當保全人員。

貳　專業化證照制度潮流沛然莫之能禦

　　社會愈進步，分工愈細密，專業分工即是如此孕育而生。保全業和國民生命、財產安全之確保有重要關係[13]，所以，保全人員「專業化」表現才能深獲客戶之肯定，這樣對於業績提升及市場擴充，具有正面之價值；再者，市場之脈動深深影響保全業潮流之方向，因此保全人員專業證照化制度也因應催生，形成一股沛然莫之能禦之潮流。然界定專業與否，證照制度之實施或是專業考試之檢定等等制度建立，絕對是不二法門，因此，在保全業市場如果拒走保全人員專業化路線，遲早一定會被淘汰。其次，適當之教育訓練內涵能讓保全從業人員提升執勤能力，並透過考試加以檢定而授與證書或執照，而非淪於形式和應付；檢定考試之肯定也能讓優秀人才有據以晉升之機會，待遇也可同時調升，這不失為一舉兩得之好辦法。先進國家如美、日、英都有此制度可供借鏡。

　　近來保全人員發生操守及職務上等等層出不窮之問題，在在凸顯現行保全人員訓練之不足[14]、專業貧乏，因此，圖藉講習證照制度強化保全人員之專業。而證照制度可依據從業人員之服務性質而分類實施，每種人員有基本專

12　陳維耿，保全業管理法制之研究，前揭註1論文，110-115頁。

13　郭志裕，保全業之回顧與展望，正信出版社，1998年10月，155頁。

14　保全業者基於成本考量，加以現行保全業法未有「講習制度」等措施以資配合，故教育訓練多流於形式，或虛應故事應付檢查，致未落實保全人員之職前與在職訓練。

業技能才能取得執照，擁有執照才能擔任職務，其實施有助於主管機關之管理，另外對取得消費者之信任也大有幫助。故而，台灣保全業若要實施保全人員證照制度，保全人員或準保全人員如何檢定其執勤能力，考試是不可避免，必須通過測驗以取得證照成為合格之專業保全人員。

參　講習證照制度法制化之研擬

　　隨著社會環境快速變遷及民眾自我安全意識提升，國內保全業正蓬勃發展，為保障民眾權益與兼顧保全業之健全發展，自80年12月30日「保全業法」公布施行迄今近逾二十載，目前依法設立之保全公司，已達630餘家，其間僅因為配合行政程序法之施行，而有小幅度之修正[15]，惟對於現況良莠不齊之保全業，仍難以有效規範。故為因應保全業經營現況及未來發展趨勢，落實輔導與管理，以健全保全業體質，促進其健全發展及永續經營，進而保障民眾生命財產權益，發揮結合民力共同維護治安之效能，警政署刑事警察局已研擬保全業法修正草案，其中第19條有關未來規劃實施保全人員證照制度之原則及要點，分述如下[16]：

一、證照透過講習訓練方式取得

　　由於保全人員執行業務之首要目標，係維護客戶之生命財產安全，而民眾及業者自是期待保全人員能有較優之品行，尤其近年來民眾對治安及自身安全之警覺性提高，如僱請來保護其安全之人員為不肖之徒，客戶反成為受侵害者，故為防範其侵害委任人權益，防止監守自盜情事，爰修正保全業從業人員消極資格條件，以求從治本面提升保全人員之素質。其中積極資格條件部分，規劃實施「保全人員講習制度」，使從業人員須經講習並取得合格證書後，始得執行保全業務。簡而言之，保全公司之保全人員，應參加中央主管機

15　92年1月22日總統令修正公布。

16　保全業法（第二階段修正）修正草案，業92年10月30日以台內警字第0920078070號函報行政院
　　審議。惟行政院認為欠缺詳細具體之檢討分析報告，為求周延妥適，故擬併新興亟待解決之問
　　題一併檢討分析，再重新擬具修正案報行政院審議。其中保全業法修正草案第19條明定「保全
　　人員講習制度規劃」之母法依據，再授權另訂法規命令「保全人員講習及合格證書之核發、換
　　發、補發辦法」，以資規範。

關辦理之講習訓練，並經測驗合格領有講習合格證書者，始得擔任。即為確立保全人員之從業積極資格，使保全人員接受職前講習訓練，並經測驗合格領有講習合格證書，始具有擔任保全人員之積極資格。

二、講習訓練分類實施

駐衛、系統、運送及人身保全人員應分別由領有駐衛、系統、運送及人身講習合格證書者擔任。其中領有駐衛、運送或人身保全講習合格證書之一者，得依其類別分別擔任駐衛、運送或人身保全業務，但系統保全人員必須領有系統保全講習合格證書者方得擔任。前項講習合格證書應與證照職類相符。

三、證照之有效期限與換證方式

保全人員講習合格證書有效期限為五年，並應於效期屆滿前六個月內，檢附原講習合格證書、在職證明及相關文件，換發之；保全人員講習之方式、課程內容及合格證書之核發、換發、補發及其他應遵行事項，由中央主管機關定之。

四、年齡及學歷限制

要求保全人員受訓之年齡限制於二十歲以上六十五歲以下；另外，要求最低學歷限制，保全人員必須至少國中以上畢業之資格。

五、訓練講習實施及核證單位

保全人員之講習訓練建議經參加主管機關或中央主管機關委託承辦之機構、團體或學校辦理之保全人員講習，並經測驗合格者，統一由中央主管機關依規定核發講習合格證書，另外現職保全人員則由各保全公司代為收領。

六、訓練經費

保全人員講習所需經費全額由參加講習人員自行負擔，惟現行保全人員建議由雇主負擔部分金額。

肆　保全人員講習證照制度面臨之問題

一、保全人員講習證照制度之辦理講習單位及場地等成本問題，以及認證機構或單位

警政機關對保全業非常重視，保全業可補警力之不足，並共同分擔警察維護治安之責任。而保全人員證照制度實施後，專業化之表現，一定可再減輕警察不少負擔。對現行保全人員如何分階段實施證照講習？是否可委由具公信力之公司或單位配合辦理訓練？經費部分究由政府或以基金方式補貼？方能健全並貫徹證照制度之實施，值得深思。有業者建議證照制度得委由各保全公會辦理講習，可把訓練成本壓低，減低業者負擔，並由具有公信力之認證機構或單位做核證工作。

二、講習之對象

講習證照取得對象原則上是對現職保全人員及欲從事保全業務之人，但是，一些具有特殊專才身分者，例如軍警退職而初任保全人員可否免除講習課程，直接參加考試取證？因為目前保全人員有許多係軍警退職人員，其均已受過嚴格訓練，是類人員似可透過自行研讀直接參加測驗合格（免經講習課程）以取得證照，方屬合理。另外想從事保全業務者於取得合格證書後，才發生不符合一般任用規定之事實，又該如何處理？

三、師資訓練及來源

在有限之時間內要對七萬多名保全人員實施講習，集中講習有其困難性，因此為了逐步落實保全人員證照制度，警政署刑事警察局目前辦理多梯次強化保全業教育訓練課目，並擬具「保全人員訓練計畫」，於92年8月份起，在該局六樓禮堂舉行「保全人員訓練計畫種子教官研習會講習」，由各縣市警察局（以現職保全業務各級相關承辦人員為主）推派適當人員參訓（有公會之縣、市須與公會共同推薦），保全公司及公會之參訓人員，除須具有大專以上學歷或五年以上之保全工作經驗且須具有相當程度之表達能力，並不得有保全業法第10條之1各款情形，並於會後辦理考試測驗。藉訓練種子教官方式，做到間接全面講習。

四、講習訓練經費

刑事警察局有關講習訓練經費修法部分，規劃保全人員講習所需經費全額由參加講習人員自行負擔。惟現行保全人員多建議由雇主負擔部分金額，此點頗有爭議。警政署舉辦「保全人員訓練計畫種子教官研習會講習」三天訓練費用，因人數較多（100至200人），場地免費，平均每人650至850元左右，師資陣容堅強，頗受好評，業者及公會紛紛建議警政署續辦類似講習，以儲備充裕之種子教官，以利保全人員教育訓練之實施。如委由其他單位辦理，參考其他相關法令規定，參加講習人員必須繳交費用，以每小時計，原則不超過350元，若一單元課程以二十一小時為基準，計需7,350元，在本業多為二度就業之退休人員或為失業人員或為初次就業之保全人員，究竟有多少人會為如此微薄之待遇，再花費如此高額費用受訓，值得商榷，而且講習後之測驗是否及格尚是未知數。

如證照制度實施，無論由業者或保全員自行負擔，勢必增加業者及其從業人員之成本，而且實施程序上恐會有頗多爭議，不易克服。92、93年警政署刑事警察局舉辦多次有關保全業之相關會議，在討論到證照制度之規劃時，常有保全業者表示非常樂見證照制度之實施。惟在商言商，業者代表真正在意的是證照講習費用由誰負擔及場地或考訓流程等技術問題，而有建議由中央主管機關提供講義或題庫，類似考駕照方式，得由保全人員自行研讀參測，合格即可取得合法證照等建言。

五、其　他

全面實施證照制度之必要性遭受質疑！有業者表示「證照制度」之建立，雖在便於管理及提升人員素質與服務品質，立意甚佳，但此應就行業之專業技術層面考量，如會計師及律師等，而保全服務項目最大宗且人數最多之駐衛保全人員僅是執行層面，考量到實際需要及成本之故，渠等接受在職訓練即可應付工作所需，況且目前保全業需求人員甚殷，加上待遇普遍不高，而工作又非常辛勞，以致人員流動性大，且極多數是一年簽約一次，隔年去留都是未知數[17]。因此任何一家保全公司對於續留客戶難有十分把握，一旦重新議約，

17　因為現場業主本身（如管理委員會成員每年改選）內部變數甚大，部分更換保全公司原因並非

　　服務品質之好壞，而是管理委員會換人所致；另有部分機關、學校之駐衛保全人員服務形象良

新簽約業主要求人員即刻進場執行安全維護等工作,且必須是僱用有合格證書之人員,這時候人力來源或調遣,恐怕有一員難求、緩不濟急情況發生,且易形成惡性競爭,同業間彼此攻訐,造成保全業經營將更為困難,加以現行已有規定僱用人員必須先行通過查核後始可任用,資格及安全均已經過嚴格過濾,如有證照制度做事前嚴格把關,更有助於提升整體保全人員之素質,與健全保全業之體質。

第五節　結論與建議

壹　結　論

　　保全文化等於有紀律之文化,有紀律的文化等於有紀律之員工,以有紀律之思考,來執行有紀律之行動。國以才立,政以才治,業以才興,故「企業興盛,人才為本」,「人才培養,教育為本」,人是多麼難以掌握之變數,保全業已往由於管理機制鬆散,或保全人員缺乏敬業精神,許多不可思議之運鈔車現款遭搶(竊)或保全人員監守自盜案件接連發生,然而,「意外雖出於一時之疏忽,但疏忽卻源自習慣[18]」,保全業以提供「顧客安全維護服務」為設立目的,而安全服務之提供則以系統、駐衛、運送、人身保全為主。這一切服務之提供是以「人」為主,因此人員之篩選、訓練、管理、考核為保全業經營管理之核心。

　　教育訓練工作是件難事,難就難在它只有起點,沒有終點;教育訓練工作是件苦事,苦就苦在它須日復一日、年復一年的去做;然而教育訓練又是一件必須要做好之大事[19]。「教育訓練是保全人員最大之福利」,在健全保全業

好,然因機關、學校每年招標,由低價保全業者得標,機關、學校堅持由此一保全人員繼續留任,故其每年受僱於不同之保全公司,完全與服務品質無關。

18　證嚴法師「靜思語」。

19　何慶生,保全業與安全管理,警政署刑事警察局舉辦「保全人員訓練計畫種子教官研習會講習」上課時提到這些精采觀念。

整體變革中最重要之關鍵是「人才」之開發[20]，以及現有保全人力資源「質」之提升。「人」是保全業最珍貴之資產，「人」更是保全業健全發展之原動力。

　　長久以來，保全人員工時長、薪資低，保全公司以企業主之立場，基於營運成本之考量，自然以營利為優先，增加員工工作時數，加薪有現實上的困難，教育訓練更流於形式。是故，唯有從制度面之改變，建立保全人員證照制度，由國家提供保全人員之訓練課程、或者由國家認證機構舉辦訓練；甚至國家辦理保全人員甄選、考試，提升保全人員社會地位，才有可能建立合理之薪資結構和工作時數[21]。

貳　建　議

　　證照制度之相關理論基礎，論者一般認為除了「動機理論」與「激勵理論」外，尚有「需求理論」、「公平理論」、「工作特性論」、「期望理論」、「目標設定理論」及「認知評價理論激勵理論」[22]。保全業證照制度之

20　石滋宜，世紀變革，中國生產力中心出版，1996年5月，176-178頁。

21　陳亭月，保全人員工作壓力與生活適應之研究，中正大學犯罪防治研究所碩士論文，2003年8月，97頁。

22　有關證照制度之相關理論基礎文獻之詳細敘述，請參考林文律，校長職務與校長職前教育、導入階段與在職進修，教育資料與研究，29期，1999年7月，1-10頁；林家興，輔導員證照制度有待商榷，輔導與諮商，93期，2003年4月，2-3頁；康自立、何君毅，德、日等國實施技術職業證照制度的作法，就業與訓練雙月刊，9期，1998年2月，80-100頁；康龍魁，追求另一張技職文憑——淺談我國技術職業證照制度的作法，就業與訓練雙月刊，17期，1995年6月，1-20頁；張德銳，從中美兩國教師證照制度之比較談如何提升我國教師素質，台北市立師範學院學報，31期，2000年4月，1-15頁；楊振昇，析論推動中小學校長證照制度之省思與前瞻，教育研究月刊，90期，2001年10月，47-56頁；蕭錫錡，培育健全之基層技術人員——從技術士證照的特質談職業教育應有之理念，技術與職業教育雙月刊，17期，1995年8月，15-32頁；吳松齡，企管研究所在校生與畢業生參與專業人才證照驗證行為之研究，大葉大學事業經營研究所碩士論文，2000年；潘慧玲，美國初中教師證照制度之研究，台灣師範大學教育研究所碩士論文，1994年6月；曾文政，國民小學校長證照制度，台北師範學院國民教育研究所碩士論文，2002年6月。

建立、推動與實施，可以確保保全業專業水準，提升服務之品質。目前尚未實施保全人員證照制度，茲對將來實施保全業證照制度提出一些建議：

一、透過修法，取得保全人員證照制度之法律授權依據

目前保全人員之職前及在職教育訓練，雖有保全業法第10條之2之規定，另保全業法施行細則第8條復規定，職前專業訓練及在職訓練之課程內容應包括法令常識、執行技巧、防盜、防搶、防火、防災等狀況處置之學科及術科訓練。惟尚無法令規定擔任保全人員必須取得證照，所以現階段推動保全人員證照制度，缺乏法源依據。面對時代之變遷，保全業專業服務之要求與日俱僧，證照制度之建立實施便是落實專業化之最佳代言，所以，應該及早檢討修正保全業法，促成保全業證照制度之全面實施。

二、保全業證照制度宜由保全業中央主管機關統籌規劃，較具公信力，並可兼顧消費者之權益保護

我國對於保全業之管理，應以「嚴格管理」為主，「互助合作」為輔。警政署將借助各公會之力量，共同推動保全人員教育訓練及相關證照、評鑑制度之實施，並以公正、公開與民主之程序建構相關法制。此外，警政機關對保全業合理之需求，將適時給予合宜之對應，冀望其能正確地執行保全業務之同時，更能謀求保全業之健全發展，以確保國民生命財產安全。保全人員證照制度應由保全業中央主管機關統籌規劃，可以避免及減少各地區之歧見，也可以避免多重標準之現象。宜由保全業中央主管機關主導統籌規劃，讓業者、公會及消費者代表有多元參與、提供意見之機會，較具公信力。惟暫不宜由保全業者或公會自行規劃，其代表保全業者各自之立場與利益，顯較少顧及消費者之權益保護，另若由保全業中央主管機關主導規劃，將使得保全人員證照具有全國通用之效力，持有證照者可以至全國各地之保全業執業，更能彰顯出證照之專業地位。

三、定期（每年）成立委員會評選適任之機關（構）、學校或團體辦理保全人員之教育訓練

保全業法應規劃有完整「證照」制度配套措施，並定期（每年）成立委員會評選適任之機關（構）、學校或團體辦理保全人員之教育訓練。被評選出來之機關（構）、學校或團體，必須是具有公信力之單位，辦理證照制度以及證

照之核發，大家最擔心的就是公信力之問題，設置一個大家都能認同之機構來辦理，可以減少大家之疑慮，對於保全業證照制度之推動，會更加順暢。

四、保全人員證照制度宜分類分級

保全服務項目種類繁多，其擔負之安全任務內容各異，因此，所應具備之專業要求程度也有所不同。因此現職保全人員或欲從事保全人員者，可依所欲擔任之保全業務別，分別取證，如此一來，不但講習課程可達分工專業化，更不會浪費講習資源；而欲取證者更可依其興趣或合適之工作類別參加是類講習。保全業務分成駐衛、人身、運送及系統四大類，保全人員應視其所執行業務之類別，而分別施予不同之講習或訓練；另保全業法宜明訂保全人員講習之方式及課程內容，保全人員講習合格證書之核發、換發、補發及其他應遵行事項，由中央主管機關定之，並於保全業法明訂保全人員講習合格證書廢止規定。

五、定期換發保全業證照制度

證照之有效年限及更新必須擔負著維持專業水準之責任，確保讓有能力繼續擔負保全人員工作者，能夠繼續取得證照，也讓不適合執業者，不再具有擔任保全人員之資格。為確保保全人員五年後之繼續執勤之專業能力，及提升對客戶之服務品質，須於保全業法明訂保全人員講習合格證書有效期限之規定，以規範保全人員於五年期滿後，須檢附原講習合格證書、在職證明及相關文件，換發之規定。

六、現職保全人員以接納與迎接未來之心態來面對

保全業主及現職保全人員面對證照制度時，建議以接納與迎接未來之心態來面對，並且視為自我肯定之方式之一；再者，社會專業化之要求程度日漸提高，保全業自不能排除在這股洪流之外，建議保全人員應勇敢並努力充實自我之專業知能，以迎接證照制度之來臨。

七、學習與訓練並進以培養真正有解決問題能力之保全人員

訓練與學習二者有別，訓練是由外而內，強調改善、重短期，以施教者為中心，被動學習，學習與工作分立，以個人為中心；而學習是由內而外，強調突破、重長期，以學習者為中心，主動自發學習，學習與工作結合，兼顧個人

與組織發展[23]。而今透過制式之教育訓練所培育出之保全人員，恐已無法符合社會需求。因此，唯有持續的學習才能以較為廣泛、多元之學習資源與管道來培養出真正有解決問題能力之保全人員[24]。學習取代訓練是未來必然之趨勢，才不會再發生有保全人員為客戶忠心服務，而爬牆開門摔死之悲慘案例。保全人員之職前專業訓練仍宜採制式教育訓練方式實施，但在職訓練只要各公司之保全人員在其他具公信力之機關（構）、學校或團體修習或參加與訓練計畫所訂相關課程或有助於提升專業執勤能力之學科或術科訓練課程或演講，並取得相關證明或有比照公務人員終身學習護照簽章者，得折抵在職訓練時數[25]。

八、保全人員積極參與及力行實踐

在保全人員受訓過程中，保全人員個人必須積極地參與，並在受訓後加以力行實踐，本著「有投入才會深入，有付出才會傑出」之信念，樂意且長期持續地運用有效之學習方法，才是確保保全人員教育訓練高成效之不二法門，保全人員也才能經由教育訓練獲致最佳之學習效果[26]。

參　對案──保全業法第19條修正草案

為強化保全人員素質，促進消費民眾權益之維護，保全業法修正草案第19條業已規劃「保全人員證照制度」，使保全人員接受職前講習訓練，並經測驗合格領有講習合格證書，始具有擔任保全人員之積極資格。

23　游玉梅，訓練部門的再造工程，人事行政，26期6卷，1997年，42頁。

24　翁萃芳，台灣地區警察人員學習認知及在職教育訓練學習成效之阻礙因素，警學叢刊，34卷5期，2004年3月，202頁。

25　明訂於警政署規劃之「保全人員教育訓練計畫」肆、參。

26　翁萃芳，台灣地區警察人員學習認知及在職教育訓練學習成效之阻礙因素，前揭註23文，224頁。

保全業法修正草案條文對照表

修正條文	說　明
第十九條　具備下列資格者，始得擔任保全人員： 一、年滿二十歲在臺灣地區設有戶籍之國民。 二、經參加保全人員講習至少三十二小時，講習合格且通過測驗，領有中央主管機關核發之保全人員講習合格證書。 前項第二款參加講習人員，中央主管機關得收取講習費用；保全人員講習合格證書有效期限為五年，應於效期屆滿前六個月內，檢附原講習合格證書、在職證明、訓練時數及相關文件，申請換發；未依限換發者，逾期失其效力。 前項證書之換發，以現職保全人員為限。 第一項及第二項保全人員講習之方式、課程內容、測驗科目及合格證書之核發、換發、補發及其他應遵行事項之辦法，由中央主管機關定之。	一、本條新增。 二、第一項明定保全人員之積極資格。 三、因考量居心不良之外國人士，可能假借工作名義，實際執行情報蒐集或分化滲透之實，將造成國家安全上極大隱憂，且一旦居心叵測之外籍人士深入社區，形成之危害，無法想像，故不可不慎，基此，不宜開放外籍人士，僅限定在臺灣地區設有戶籍之國民，始得擔任。 四、證照之取得係擔任保全人員所需資格條件，宜由當事人自行負擔，故參考營造業法第四十三條第二項，中央主管機關得收取講習費用；為確保保全人員五年後之繼續執勤之專業能力，及提升對客戶之服務品質，第二項明定有關保全人員講習合格證書有效期限之規定，以規範保全人員於五年期滿後，須檢附原保全人員講習合格證書、在職證明、訓練時數及相關文件，申請換發之。 五、保全人員應視其所執行業務之類別，而分別施予不同之講習或訓練，第四項明定保全人員講習之方式、課程內容、測驗科目及合格證書之分級核發、換發、補發及其他應遵行事項，由中央主管機關定之。其中，關於保全人員講習合格證書廢止規定，明定於第三十四條。

第三篇

安全威脅與防制

第八章 竊盜犯罪

第一節 竊盜類型

竊盜行竊的方法，花樣繁多，類型迥異，有順手牽羊、有穿牆鑿壁者，不一而定，因此，竊盜犯罪類型並無固定的分類，有以竊得財物分類，如珠寶竊盜、書畫竊盜、電子零件竊盜；有以犯罪手法分類，如我國刑案統計分類；有以場所分類，如日本刑案統計，日本以場所分類雖然分得非常細，但項目清楚易記，並容易統計，因此本書援引日本以場所為竊盜分類方式，將竊盜犯罪歸納分為侵入竊盜、詐欺竊盜、機會竊盜、扒竊、汽機車竊盜、其他特殊竊盜等六種類型[1]，以及依據《台閩刑案統計》書內之竊盜犯罪手法分類方式，分別介紹說明其內容，俾供讀者參考（楊士隆、何明洲，2004：16-17）。

壹 侵入竊盜

一、闖空門竊盜

侵入無人在家之住宅屋內竊取財物。

(一)算計夜間一般人之就寢時間帶而犯案，此時縱正巧住所無人在家，因其犯案時間上有共通點，仍亦屬「潛入竊盜」之分類。

(二)因長期間不在而犯案時間不明時，著眼於不在之處，亦認為此犯罪手法。

二、潛入竊盜

於夜間人家等就寢時侵入住宅內竊取財物，俗稱「跑黑頭」。若為夜間一般人之就寢時間帶，縱其家人在就寢前，或不在中，仍為此犯罪手法。但於其家人不在中仍被害之情形，則著眼於不在，應為「闖空門竊盜」。

1　刑事警察中高層主管講習班，日本警視廳講義，內政部警政署刑事警察局，87年6月。

三、趁隙竊盜

趁人家在午睡、用餐之空隙，侵入有人在家之住屋內竊取財物。

(一)包含人家在庭院有事之情形等之犯行。

(二)人家在鄰居處聊天，或在附近購物等不在之情形，則為「闖空門竊盜」。

(三)竊取置於玄關處或廚房口之物品者為「玄關竊盜」，又於開店中之店鋪內為竊盜者，則為「店鋪竊盜」。

(四)相當於住宅之店鋪，於開閉店之作業中者，亦為此犯罪手法。

四、旅館竊盜

侵入旅館、飯店等之建築物內竊取財物。

(一)「旅館、飯店等」包含汽車旅館、營業中之民間旅館。

(二)係指不問白天、夜晚，侵入旅館、飯店等之建築物內為犯行。

(三)住宿客竊取其他住宿客財物之情形，則為「客室竊盜」。

(四)侵入旅館內之帳房、客室內，破壞保險庫，亦為此犯罪手法。

五、破壞保險箱竊盜

侵入事務所內破壞保險箱（除手提保險箱外）而竊取財物。

(一)所謂「保險箱」，係指具耐火性、防盜性、堅固性者，包含具備此條件之耐火倉庫。

(二)原則上不包含無鎖上之情形，但以破壞保險箱竊盜之目的侵入，而剛好是無鎖上之情形，則仍為「破壞保險箱竊盜」。

(三)非將保險箱搬至他處破壞，而是使用配鑰匙打開者，亦為此犯罪手法。

(四)侵入一般住宅，縱為符合前述要件之破壞保險箱竊盜，亦非此犯罪手法。

六、政府機關竊盜

侵入政府機關之建築物內竊取財物。

(一)係指不問白天或夜晚，侵入政府機關之建築物內竊取財物。

(二)侵入國營公司、衛生所、公立體育館之辦公室竊取財物，亦為此犯罪手法。

七、學校竊盜

侵入學校等之建築物內竊取財物。

(一)「學校等」包含各種學校等。

(二)係指不問白天或夜晚，侵入學校內竊取財物。

(三)雖使用學校之名稱，但僅為住宅之部分當教室之小規模補習班，則為「闖空門竊盜」、「潛入竊盜」等。

八、醫院竊盜

侵入醫院、診療所之建築物內竊取財物。

(一)係指不問白天或夜晚，侵入醫院、診療所之建築物內竊取財物。此類手法大多利用加護病房家屬探病時間潛入家屬休息室行竊。

(二)侵入醫院等家人使用之房間內者，為「闖空門竊盜」、「潛入竊盜」、「趁隙竊盜」之分類。然僅侵入醫院內者為此犯罪手法。

九、加油站竊盜

侵入加油站之建築物內竊取財物。

(一)於開店中之犯行，則為「店鋪竊盜」。

(二)包含與加油站同一型態之瓦斯站。

(三)僅闖入鄰接之倉庫竊取財物者，則為「倉庫竊盜」。

十、辦公室竊盜

侵入公司、合夥等之辦公室內竊取財物。

(一)不包含將住宅及店鋪之一部分作為辦公室之情形。

(二)係指不問白天或夜晚，侵入辦公室內竊取財物。

(三)侵入農（漁）業公會者，非「政府機關竊盜」，而屬此犯罪手法。

(四)侵入車站辦公室者，亦屬此犯罪手法。

十一、攤位竊盜

於假日或夜間，侵入無人居住之店鋪、攤位等竊取財物。

(一)開店中之犯行為「店鋪竊盜」等。

(二)「店鋪、攤位等」包含酒吧、飲食店、電動玩具店、市場、百貨公司、超級市場等。

十二、工廠竊盜

侵入工廠等竊取財物。

(一)「工廠等」包含作業所,但不包含將住宅之一部分當作業所者。

(二)係指不問白天或夜晚,侵入工廠等為犯行。

(三)僅侵入工廠之辦公室者,則為辦公室竊盜。

十三、更衣室竊盜

侵入政府機關、公司之更衣室內竊取財物。

(一)「政府機關、公司等」包含學校、銀行、醫院、工廠、高爾夫球場等。

(二)所謂更衣室,係指具備一間室內之型態者。

(三)不包含其內部職員、從業員之犯行。於此情形則為「工作場所竊盜」、「受僱人竊盜」。

十四、倉庫竊盜

侵入倉庫內竊取財物。

(一)所謂「倉庫」,係指主要以鐵板、鋼筋水泥、砂石等建造之堅固倉庫。

(二)「倉庫等」包含地窖。

(三)包含縱為預鑄式之建築,然外表上具備倉庫之型態者。

十五、小房屋竊盜

侵入臨時性之小房屋內竊取財物。另侵入學校、醫院等所附屬之置物小屋內者,並非「學校竊盜」、「醫院竊盜」,而為此犯罪手法。

十六、其　他

除以上所列者外之侵入竊盜。

(一)侵入無人居住之神社、寺院內等,竊取寶物、香油錢以外之財物,或侵入空屋、空別墅、展示屋等竊取財物,為此犯罪手法。

(二)其他屬於此犯罪手法者,有「發電所竊盜」、「營區竊盜」、「特種營業場所竊盜」、「碾米場竊盜」等。

貳　詐欺竊盜

一、職權竊盜

詐稱警察、電力公司職員之身分，佯裝搜查、檢查，而趁隙竊取財物。

(一)包含藉口檢查電表，或假借其他檢查之名進入屋內，趁隙竊取財物之「檢查竊盜」。

(二)現職人員為此犯行者，亦為此犯罪手法。

二、喪慶竊盜

於結婚或葬儀禮堂等，佯裝賀客、弔客，而趁隙竊取財物。

(一)「結婚、葬儀禮堂等」包含各種祝賀會場、靈堂等場所。

(二)「賀客、弔客等」包含在現場幫忙之相關人。

(三)此犯罪手法之特徵為混雜在結婚典禮、葬禮中，故於平日佯裝賀客、弔客而竊取財物者，則為「客人竊盜」、「訪問竊盜」。

三、誘出竊盜

找藉口使人外出或令其不在，而竊取財物。

(一)所謂「找藉口」，係指假裝於店鋪中病倒須送醫救治，或假傳電話、留言等令其不在，而竊取財物之方法。

(二)包含由共犯中之一人將人家叫出談話中，其他共犯則潛入竊取財物，或將被害人帶出後，於途中找藉口折返，俾侵入人家外出中之住宅。

(三)於被害人住宅外之犯行，亦為此犯罪手法。

四、借用竊盜

以借用廁所、電話為理由侵入屋內，趁隙竊取財物。包含於店鋪中假裝急病，推說「請讓我在房間休息一下」等，卻進入內部竊取財物。

五、謁見竊盜

偽裝身分或從業員等，於謁見中趁隙竊取財物。

(一)於偽裝身分而受僱之情形，則不問期間長短，皆為此犯罪手法。

(二)未偽裝身分者縱於謁見中趁隙竊取財物，亦不包含於此犯罪手法。

六、購物竊盜

偽裝顧客於店鋪中使用詭計,趁隙竊取財物。

(一)所謂「使用詭計」,係指故意需要零錢而支付價金,致店員等疏於注意,或向店員任意訂貨,使其遠離攤位之方法。

(二)由共犯中之一人向店員搭訕中,其他人則趁隙竊取商品,亦為此犯罪手法。

(三)「順手牽羊」則為未與店員交談而假裝在物色商品,卻運用技巧竊取商品。但「購物竊盜」則為與店員交談而使用詭計,趁店員等未注意時竊取營業所得或商品。

(四)包含假裝換錢而來訪,卻趁隙竊取營業所得或商品。

七、訪問竊盜

找藉口訪問,卻趁隙竊取財物。

(一)佯裝訪問販賣而造訪,趁被害人有事離開時,潛入屋內竊取財物,即為此犯罪手法。

(二)於其訪問地偶然人不在之情形,則屬「闖空門竊盜」之分類。

(三)包含藉口巡視宴客、修繕等而造訪之「巡視竊盜」。

八、其 他

除以上所列者外之詐欺竊盜。

(一)找藉口使人拿出財物,卻趁隙調換為其他物品而竊取之「調換竊盜」,亦為此犯罪手法。但屬於「購物竊盜」者則不包含之。

(二)包含賣春婦女將客人誘入旅館、飯店,卻趁隙竊取財物之情形。

(三)使用磁性石投入電動玩具之投幣口,竊取小鋼珠者,為竊盜類之「其他」。

參 機會竊盜

一、客人竊盜

訪問友人家,卻趁隙竊取財物。所謂「友人」,係指親戚、朋友等,亦即被害人已知犯人身分。

二、假寐者竊盜

於公園或車站等竊取假寐者、爛醉者之財物。

(一)於列車、電車之犯行，則分別為「扒手竊盜」、「攜帶品竊盜」。

(二)包含佯裝照顧爛醉者等，趁機竊取財物之「照顧竊盜」。

三、脫衣場竊盜

於公眾浴場、海水浴場等之更衣室，竊取浴客之財物。

(一)不包含僅對工廠、旅館等之特定人可入浴之浴場。

(二)包含竊取於三溫暖等浴客之財物。

(三)包含竊取於游泳池、高爾夫球場之更衣室。

(四)竊取櫃檯之財物者亦為此犯罪手法。

四、店鋪竊盜

快速竊取店內之商品、營業所得等。

(一)與「順手牽羊竊盜」之不同，為順手牽羊竊盜乃於有店員之地方佯裝
選購商品，卻運用技巧竊取商品。而「店鋪竊盜」則為趁店員不在之
空隙快速竊取店內之商品等；或店員雖在商店，然犯人從屋外快速跑
入商店竊取店內之商品、營業所得等而逃走。

(二)於店鋪內所為之竊盜，除該當於「順手牽羊竊盜」、「逐出竊盜」、
「購物竊盜」等類型之犯罪手法者外，皆為此犯罪手法。

(三)包含竊取開店中飲食店等之營業所得。

五、攜帶品竊盜

於會客室、電車中，趁隙竊取乘客之攜帶品。

(一)包含在百貨公司、商店、競技場、醫院等多數公眾得出入場所之犯
行。

(二)從放置於座椅等之攜帶品中摸取錢包者，則為「扒手竊盜」。

六、順手牽羊竊盜

假裝為顧客物色商品，卻趁隙竊取商品。

(一)假裝為顧客進入百貨公司、商店等物色商品，卻趁隙運用技巧竊取商
品。

(二)所謂技巧，除使用特殊技術外，亦包含不使店員知道而快速隱藏物

品。

(三)使用與店員交談等詭計者，原則上為「購物竊盜」之分類。

七、其 他

除以上所列者外之非侵入趁隙行竊。竊取裝載於嬰兒車內之物品者、從停車中之汽車油箱或加油站之地下儲油庫竊取汽油，或於火災等之災害混雜中趁隙竊取財物之「混雜竊盜」，竊取放置於政府機關、學校、醫院等走廊下物品之「走廊竊盜」，皆屬此犯罪手法。

肆 扒手竊盜

扒手竊盜

於混雜之場所追隨或接近別人身邊竊取其貼身財物，或從其攜帶之皮包中竊取財物。

(一)竊取攜帶中皮包財物之人，使用利器切割口袋、皮包、繩子等之竊盜為「切割竊盜」。不使用利器而用手指由口袋等拉取等，則為此犯罪手法。

(二)於醫院之電梯、會客室、公園座椅等，從靠近之西裝口袋、攜帶品中摸取錢包之情形，亦為此犯罪手法。

伍 汽、機車竊盜

一、汽車竊盜

(一)所謂「汽車」，係指規定於道路交通法之汽車中，除自動二輪車外者。

(二)以竊取財物為目的而侵入屋內，為搬運財物或為逃脫用而竊取汽車除外（但我國亦列屬汽車竊盜）。

(三)同時竊取有價值之裝載貨物者，則為「車上竊盜」。

二、機車竊盜

(一)所謂「機車」，係指自動二輪車（包含附有跨斗之二輪車）。

(二)以竊取財物為目的而侵入屋內，為逃脫用而竊取機車者除外（但我國亦列屬機車失竊）。

(三)同時竊取有價值之裝載貨物者，則為「車上竊盜」。

三、重型機械竊盜

竊取挖土機、堆高機、起重機、吊車有自動車輪，可以在道路上行駛，我國列入一般竊盜統計。

四、腳踏車竊盜

(一)所謂「腳踏車」，係指用腳踩踏之車（我國列入一般竊盜統計）。

(二)以竊取財物為目的而侵入屋內，為逃脫用而竊取腳踏車者亦同。

(三)同時竊取有價值之裝載貨物者，則為「車上竊盜」。

五、其　他

除以上所列者外之交通工具竊盜（我國列入一般竊盜統計）。

(一)竊取遊戲用小型汽車、小型機車者，為此犯罪手法。

(二)包含竊取舟或筏之「舟、筏竊盜」。

陸　其他特殊竊盜

一、金融卡竊盜

利用違法取得之金融卡，從現金自動取款機竊取現金。違法使用借來之卡片竊取現金者，亦為此犯罪手法。

二、窗口竊盜

於銀行、郵局等之窗口快速竊取存款、付款等。

(一)包含處理電影院、賽車場、賽馬場等現金之窗口。

(二)包含竊取接近窗口之出納股等桌上的現金等。

三、途中竊盜

竊取正為現金輸送中之銀行員、郵局職員，或正赴銀行、郵局存錢之人，或正從銀行、郵局領錢出來於歸途中之人的財物。

(一)「現金等」包含匯票、支票等。

(二)「銀行、郵局等」包含信用金庫、農會等。

(三)此犯罪手法與「途中強盜」相同，乃實際上知道現金輸送之事實，或去銀行領錢，而於歸途中之事實後，始竊取其財物。

四、客室竊盜

於旅館、飯店等住宿或休息，而竊取住宿客等之財物。

(一)包含女服務生、經理等竊取住宿客或主人財物之情形。

(二)住宿客竊取旅館、飯店等之室內擺設、棉袍、座墊或走廊之物品者，亦為此犯罪手法。

(三)若從外部侵入者，則為「旅館竊盜」。

五、貨物竊盜

竊取車站、貨運站等所保管，或貨車等所運送之貨物。

(一)包含運送用貨車等之駕駛人、助手等竊取所運送貨物之情形。

(二)工人等受僱人竊取堆積於倉庫之貨物者，亦為此犯罪手法，而非「受僱人竊盜」。

六、電話機竊盜

竊取電話機或其中之現金。不問晝夜，以設置於公眾得自由出入場所之公眾電話為對象。

七、自動販賣機竊盜

竊取自動販賣機或其中之現金、物品。

(一)不問晝夜，以設置於公眾得自由出入場所之自動販賣機為對象。

(二)「自動販賣機」包含自動遊戲機、自動洗車機、自動換錢機、自動碾米機、汽車停放計時器等。

八、受僱人竊盜

受僱人竊取雇主等之財物。

(一)「受僱人」係指受僱於商店、飲食店、一般家庭之人。

(二)不問其是否通勤或住進雇主家。

(三)通勤之受僱人回自宅後又再侵入者，則為「潛入竊盜」等之犯罪手法。

(四)偽裝身分受僱之情形，則屬「謁見竊盜」之分類。

九、工作場所竊盜

政府機關、公司等之職員從自己之工作場所竊取財物。

(一)包含工廠之從業員等。

(二)於工作場所內竊取同事之財物者，亦為此犯罪手法。

(三)回家後再出門侵入，則為「政府機關竊盜」、「辦公室竊盜」等犯罪手法。但犯人保管辦公室等之鑰匙，於職務上當然得進入之情形，則非侵入竊盜，而為此犯罪手法。

(四)於將商店、住宅之一部分當辦公室等地方工作者之犯行，則為「受僱人竊盜」。

(五)清潔公司之工人或木匠、泥瓦匠等從事暫時性之大樓清掃、辦公室之改建等工作時，在現場竊取財物之情形，亦為此犯罪手法。

十、同居竊盜

竊取同居人之財物。

(一)所謂「同居者」，係指同居於宿舍等之人。

(二)包含醫院之同病房患者，不具僱傭關係者。

十一、寶物竊盜

竊取神社、寺廟、博物館等之寶物。

(一)所謂「寶物」，係指國寶、準國寶、社寶、寺寶等，包含有價值之美術品、骨董。

(二)包含從百貨公司展示場竊取之物。

(三)不包含在宅中之寶物。

十二、槍砲、火藥竊盜

竊取槍砲或火藥類。

(一)所謂「槍砲」，係指規定於槍砲刀械類等管制內者。

(二)所謂「火藥類」，係指規定於火藥類管制內者。

十三、動物竊盜

竊取正在飼養中之動物。

(一)包含侵入竊取動物。

(二)包含飼養中之魚貝類。

十四、香油錢竊盜

竊取神社、寺廟等之香油錢、捐款。

(一)包含竊取教會、祠堂之香油錢、捐款。

(二)包含侵入寺廟而竊取香油錢之情形。

十五、零件竊盜

竊取裝備於汽車、船舶上之零件、附屬品。

(一)「汽車、船舶等」包含飛機、汽車、電車、機車、腳踏車。

(二)所謂「附屬品」，係指零件以外之物，而裝備於汽車、輪船者。

(三)發動機、化油器、里程表、初次駕駛者標誌、汽車用音響等為附屬品。

(四)竊取雖為附屬品但尚未安裝者，則為「車上竊盜」，或為「船上竊盜」。

(五)從油箱竊取汽油，則為竊盜之「其他」類。

(六)備胎不問是否安裝，皆為此犯罪手法。

十六、色情竊盜

竊取婦女之內衣褲。

(一)僅侵入竊取婦女之內衣褲者，為此犯罪手法，然不包含店鋪之商品。

(二)在曬衣場、庭院等竊取婦女內衣褲以外之物者，則為特殊物竊盜之「其他」類。

十七、室內竊盜

從屋外竊取置於室內之財物。空手或用棍棒、鐵線從屋外竊取置於室內之衣類等。

十八、船上竊盜

竊取船上之貨物等。

(一)包含侵入船內之客房竊取財物者。

(二)侵入有人居住之船內者，並非「闖空門竊盜」、「潛入竊盜」、「趁

　隙竊盜」，而應為此犯罪手法。

(三)在渡船內等相當於扒手竊盜或攜帶品竊盜之犯罪手法，則分別為「扒手竊盜」、「攜帶品竊盜」之分類。

十九、車上竊盜

竊取汽車上裝載之貨物。

(一)竊取裝載於列車、電車等貨運車之貨物者，為「貨物竊盜」，而非此犯罪手法。

(二)運送用貨車等之駕駛人、助手、運貨工人等，竊取運送中貨物之情形，則為「貨物竊盜」，而非此犯罪手法。

(三)以竊取貨物為目的，而連車輛亦竊取者，應為此犯罪手法。

(四)竊取嬰兒車內之物品者，則為非侵入竊盜之趁隙竊盜類中的「其他」。

(五)竊取汽車內未安裝之附屬品者，並非「零件竊盜」，而為此犯罪手法。

(六)包含竊取置於機車上之安全帽等。

(七)所謂「貨物等」包含車內之財物。

二十、材料放置場竊盜

竊取多量放置於材料放置場之材料。

(一)「材料放置場」包含堆積鐵材、木材之路旁、空地等。

(二)所謂「材料」，係指鐵材、木材、砂石等。

二十一、施工場所竊盜

竊取放置於施工場所之施工材料、工具等。

(一)所謂「施工場所」，係指建築工地、道路工地等，不以侵入為必要。

(二)縱為工地之臨時小屋、臨時辦公室，若侵入為有門戶上鎖設備之建築物者，則應為「小房屋竊盜」、「辦公室竊盜」等。若臨時小屋等為無門戶設備者，則因無從認定為侵入，故應為「施工場所竊盜」。

(三)包含從工地工人所脫下衣物竊取財物之情形。

(四)竊取工地所架設之電線者，則為特殊竊盜之「其他」分類。

(五)從工地之材料放置場竊取多量之材料者，則應為「材料放置場竊盜」。

二十二、花園竊盜

竊取花園內之樹木、盆栽、庭石、石燈籠等。

(一)此犯罪手法乃竊取在花園內之樹木、盆栽、庭石、石燈籠等，並非花
園內之一切物品。

(二)所謂「花園」包含公園。

二十三、田野竊盜

竊取田地、山林之農作物等。

(一)竊取於田地栽種中之樹苗者，亦為此犯罪手法。

(二)竊取於山林等栽培中之香菇、松菇等可簡單採取者，亦為此犯罪手
法。

二十四、農田馬達竊盜

竊取農漁牧灌溉用馬達。

柒 台灣地區竊盜犯罪手法分類

一、侵入竊盜

(一)非暴力侵入：包括：1.越牆；2.從鄰屋爬入；3.由鐵窗窗戶氣窗冷氣孔
爬入；4.由支架、鐵架爬入；5.由通常進出樓梯進入；6.藉木柱翻越；
7.利用繩索、鐵鉤進入；8.由防火安全梯進入；9.由電桿排水管空調口
進入；10.由陽台侵入；11.闖空門；12.開鎖進入；13.預先潛藏；14.竹
竿取；15.由屋頂侵入（未破壞）；16.竊取電磁紀錄。

(二)暴力侵入：包括：1.破壞門鎖（把手）；2.破壞門板、紗門；3.撬開
鐵門；4.破壞窗戶、玻璃；5.破壞鐵柵、欄柵；6.破壞壁板、牆壁；
7.門上鑽（撬）孔；8.破壞屋頂、天花板；9.掘洞；10.破壞保全系統；
11.竊取電磁紀錄。

二、非侵入竊盜

(一)扒竊：包括：1.共犯掩護扒竊；2.衣物掩竊；3.割物行竊；4.跟蹤扒
竊；5.趁擁擠時扒竊；6.上下車行竊；7.故意碰撞扒竊；8.教唆扒竊。

(二)內竊：包括：1.同屋行竊；2.監守自盜；3.親屬竊盜；4.傭役（侍者行

竊）。

三、保險櫃、自動提款機竊盜

(一)撬開機櫃。

(二)整個機櫃搬走。

(三)折斷（壓）機櫃。

(四)用乙炔切割。

(五)機櫃鑽孔。

(六)鋸開（斷）機櫃。

(七)試開機櫃（含逼供取號）。

(八)炸藥炸開。

(九)竊取或竊記密碼。

四、汽機車竊盜（含機車）

(一)破壞（撬開）車鎖。

(二)自備萬能匙。

(三)接通電路。

(四)撬開車門窗。

(五)趁車主鑰匙未取下。

(六)打破車玻璃。

(七)破壞車門把手。

(八)以車拖車（拖吊故障車）。

(九)偽稱試車。

(十)租車（藉機配鎖）。

(十一)竊取未熄火車輛。

(十二)與修理工人勾結。

(十三)代客泊車（藉機配鎖）。

(十四)車及貨物一併開走。

第二節　竊盜犯慣用破壞手法及犯罪工具

一、管鉗把手

管鉗把手（圖8-1）一般使用於破壞喇叭鎖較多，因為它可調整夾住任何圓形物品，所以許多竊犯用來夾住喇叭鎖，用力旋轉，即可使喇叭鎖內珠子破壞，達到開啟目的。另外它也可以用來夾住任何鎖心外露之鎖具。

圖8-1　管鉗把手

二、鐵撬、鐵鎚

鐵撬（圖8-2）的材質一般都是鋼製品，常見板模工用來撬開板模使用，而竊犯用於撬開門板、門鎖橫栓，它的力道強勁，能輕易撬開門縫、門板，破壞力相當大，此外也有歹徒使用鑿子（圖8-3）破壞門鎖情形。另外在實務上處理保險櫃竊案，幾乎所有的保險櫃都是被歹徒以鐵撬撬開來的（圖8-4）。而辦公室之抽屜鎖也幾乎都是以撬子敲開來的（圖8-5）。

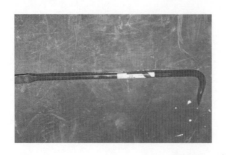

圖8-2　鐵撬

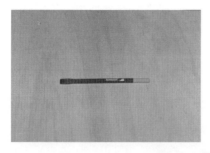
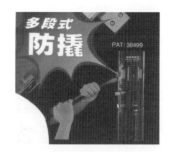

圖8-3 鑿子

圖8-4 保險櫃被撬開情形

圖8-5 抽屜鎖被撬開情形

　　歹徒的目標僅求儘速得手，所以以鐵撬撬開保險櫃的方法最快；而行竊時間如在夜晚，竊犯為了怕聲響過大，往往將保險櫃移至地上，下面再墊以沙發之海棉墊，如此就不會產生聲響被人發現。另外鐵撬工具並不只限於鐵撬，有許多竊犯以大型螺絲起子（圖8-6）用來撬開抽屜、門鎖，也有竊犯使用大型螺絲起子破壞汽車門鎖（圖8-7）。抽屜鎖不管是單一抽屜鎖，或是串聯式抽屜鎖，其防盜效果都很脆弱，許多公家機關遭竊，或是辦公室遭竊，幾乎都是抽屜鎖被強行撬開（圖8-8），也有許多住家大門、保險庫大門同樣被輕而易舉的撬開。以鐵撬撬開各種鎖或門鎖幾乎是最常見之手法，也是實務上處理竊盜案碰到最多的，因為竊犯不分新手、老手，只要攜帶一支小型鐵撬或螺絲起子，就可破壞各種鎖具，例如許多青少年撬開自動販賣機、路邊停車設備等竊取零錢。而鐵撬若以手拿，必須花費很大的力氣，所以有許多竊犯以鐵鎚

（圖8-9）來破壞門鎖，其破壞手法五花八門（圖8-10、圖8-11、圖8-12）。

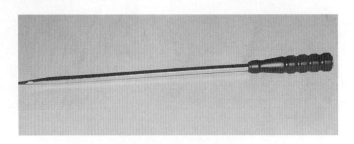

圖8-6　大型螺絲起子

圖8-7　以螺絲起子破壞車門鎖

圖8-8　抽屜被撬開情形

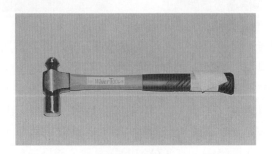

圖8-9　鐵鎚

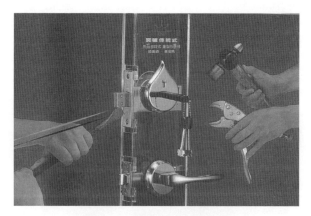

圖8-10　門鎖各種破壞手法

圖8-11　門栓被撬開破壞

圖8-12　門鎖被破壞情形

三、充電式電鑽

　　一般而言，會使用此種工具之竊賊，對鎖的結構都是非常瞭解。此種工具對鎖的破壞力相當強，從警方查獲竊取公用電話零錢箱、路邊停車收費器等竊案，可發現竊犯均使用此種工具。公用電話零錢箱用的鎖是屬於半圓鎖（又稱D型鎖），此種鎖若以開鎖工具並不好開。另外現在許多竊取朋馳車之竊犯，也是使用充電式電鑽，於朋馳車後行李箱鑽孔，開啟車門，再接通電源竊取得手。實務上許多竊犯以該工具鑽開門鎖、門板或鑽開多個孔狀後，再以鑿子鑿

開（近來多處提款機、保險庫均被此法破壞行竊得手），所以當警方於路檢盤查車輛，發現攜帶充電式電鑽（圖8-13）者，或其他相關工具（圖8-14），就必須多加注意。

圖8-13　充電式電鑽

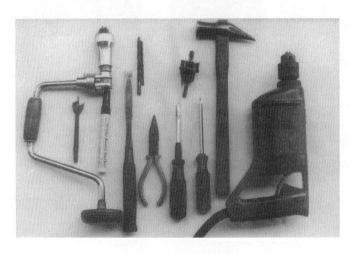

圖8-14　行竊相關工具

四、鯉魚鉗

鯉魚鉗（圖8-15）一般用於夾住喇叭鎖，亦屬強行破壞，或將鎖蓋退開，再以一支橫桿轉動連桿就可達到開啟的目的，或是直接夾住喇叭鎖用力扭轉，亦可達到開啟效果。防制鯉魚鉗比較有效的方法，就是裝鎖時盡可能將鎖心部位後縮，讓鯉魚鉗無法夾到，如此才能達到防制效果。

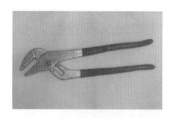

圖8-15　鯉魚鉗

五、鋼　剪

　　鋼剪（圖8-16）幾乎是一般竊犯必備之工具，因為現代家庭幾乎家家都裝有鐵窗，所以竊犯每次行竊都會攜帶鋼剪，用以剪斷鐵窗鐵條，再破壞窗戶侵入行竊。

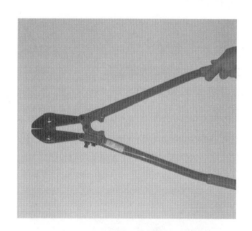

圖8-16　鋼剪

六、水泥鑽孔機、振動機

　　現在有愈來愈多的竊犯使用這種裝備，原本這項工具是使用來裝分離式冷氣鑽牆壁孔用，以及鑿穿牆壁、水泥牆使用的，由於它力道強，速度快，所以竊犯拿來用於行竊用途，唯一的缺點就是鑽牆壁產生的聲響很大。在實務上有許多金融機構、銀行於休假期間，被鑿穿牆壁穿牆而入，就是使用這

種工具。另外有許多住宅緊鄰隔壁有正在施工之房屋,也經常會被以這種工具穿牆進入行竊,因為其產生之聲響,使一般人認為正在施工,而不以為意(圖8-17)。

圖8-17　水泥鑽孔機

七、電話卡或其他軟質卡片

　　一般住宅大門除門鎖為比較堅固之三段鎖或其他門鎖外,其餘房間門鎖幾乎都使用比較方便之喇叭鎖,而喇叭鎖只是使用上較為方便,其防盜效果並不是很好。一般喇叭鎖上鎖,用手無法轉動鎖頭,但是喇叭鎖的鎖舌幾乎都是軟的,只要有一硬物插到鎖舌,便能使鎖舌後縮,達到開啟的目的。使用此法亦要看門縫之間隙,若間隙很大,則可用電話卡很快打開門鎖,若是門縫間隙過小,竊犯都會使用長度較長之軟質卡片加以深入鎖舌部位,此法一般都用來插喇叭鎖或其他鎖具之鎖舌,使鎖舌後縮而達到開啟的目的(圖8-18)。

圖8-18　以電話卡插喇叭鎖鎖舌

八、燒焊工具

燒焊工具（圖8-19）可分為大型和小型等不同工具，一般小型燒焊工具用來對著玻璃窗之玻璃燒，而使玻璃碎裂，再打一小型洞，用來推開窗戶橫匣，而打開窗戶。而大型燒焊工具則是鐵工廠用來燒焊鋼材使用的，現代家庭大門幾乎都使用鋼鐵材質，窗戶部分則加裝鐵窗，若是以鐵撬來行竊，可能會產生巨大聲響，容易被人發現，而燒焊工具則不會產生巨大聲響，且燒焊工具能切割的鐵材厚度又大，所以是許多竊犯非常喜歡使用之工具。惟燒焊用的氧氣、乙炔鋼瓶於購買時均有登記，所以竊犯要取得燒焊工具時，都會前往施工中的工地竊取，因為施工中的工地，工人於下班後很少會把燒焊鋼瓶載回，所以竊犯將它竊來當作行竊工具，行竊得手後就將鋼瓶棄置現場，使警方無法查出，而以燒焊工具來切割大門之後鈕，不僅速度快，更可將整扇大門輕鬆移走。

圖8-19　燒焊切割工具

九、油壓器材

我們都有前往修補輪胎之經驗，而修補輪胎業者都使用油壓設備（圖8-20），將整台車撐高，以利拆卸輪胎，可見一支小小油壓器，其力量有

多大。許多竊犯以油壓器材再套上組合式鋼管來頂住大門鎖具,再將油壓加壓,其所產生之推動力,足以將整扇大門逼開,把鎖具破壞,如此達到開啟大門之作用而侵入行竊(圖8-21)。另外有許多行竊汽、機車之竊犯也會使用油壓器材,將它架在汽、機車下方,然後將附有輪子之油壓器加壓,將汽、機車前輪或後輪撐高,再拖著走。

圖8-20　油壓撐高器　　　圖8-21　以千斤頂破壞鐵捲門行竊銀樓

十、鋼　鋸

現代家庭為了防竊,幾乎都加裝鐵窗或鐵門,而這些鐵製品的防護作用並非全然安全,許多竊犯每次行竊幾乎都會攜帶鋼鋸(圖8-22)用來鋸斷鐵窗,以便侵入行竊。另外鋼鋸可將保險櫃門鈕卡榫部位鋸斷,將保險櫃整扇大門卸下(圖8-23、圖8-24)。

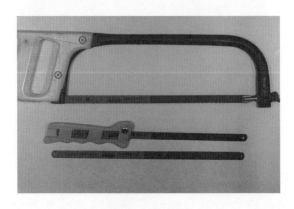

圖8-22　鋼鋸

圖8-23　門鈕被鋸斷情形

圖8-24　保險櫃門鈕被破壞

十一、玻璃切割器

　　從實務處理竊盜案上發現，有許多處所加裝保全或防盜設施，但是仍然遭竊，因為竊賊觀察行竊處所，發現住戶於玻璃或窗戶上加裝磁簧感應器或紅

外線感應器（圖8-25、圖8-26），所以當玻璃或窗戶被拉開，就會發出信號或警報，竊犯就不敢貿然打開窗戶，於是使用玻璃切割器（圖8-27），再利用吸盤，將整塊玻璃切割開拿掉，如此就不會觸動磁簧開關，也不會發出警報信號，而侵入行竊。另外有許多竊犯於行竊商家有展示櫥窗，或是遇到玻璃部分，也常會以玻璃切割器，將玻璃切割開行竊，甚至直接前往破壞保全系統（圖8-28）。

圖8-25　磁簧感應系統

圖8-26　紅外線防盜系統

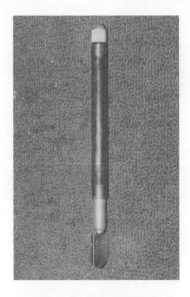

圖8-27　玻璃切割器

圖8-28　保全系統被破壞情形

十二、攀降、攀爬設備

　　現在都會區大樓林立，而每一個家庭幾乎都外出工作，有許多竊犯利用機會混入大樓，上到頂樓陽台，將攀降設備（圖8-29、圖8-30）綁於頂樓水塔或樑柱，再下降到每一層樓住戶侵入行竊，此種手法又稱為「蜘蛛人」。此外若兩棟大樓中間之間隙（防火巷）不大的話，亦有許多竊犯利用攀降或攀爬設備，來回穿梭在每一棟大樓行竊，而攀爬設備相當多，有的歹徒利用第四台或電力公司，架設電線人員使用之攀高梯，由樓上侵入行竊，也有歹徒利用吊車之升高機來侵入行竊。

圖8-29　攀降設備

圖8-30　攀爬用鋁梯

十三、灌膠開鎖

將快速乾涸化學膠質灌入鑰匙孔內瞬間凝固成複製鑰匙後行竊。

十四、無線掃描器

　　根據目前市面上各種廠牌捲門及汽車防盜搖控器資料開發、設計製造，採寬頻帶設計，頻率從200MHZ-480MHZ，解碼率高，捲門或汽車配合捲門專用微動開關感知器及汽車專用聲光感知使用，可讀取搖控器之資料密碼，並可再直接轉入燒錄，拷貝再生。發射功率可選擇短距離及長距離掃描，準確度高。已知廠牌之搖控器，可設定自動掃描，亦可設定手動方式掃描捲門與汽車搖控分區設定，掃描時間縮短，在操作掃描器時，只要對準搖控接收主機處，即可開啟被害人鐵捲門或汽車車門（圖8-31）。

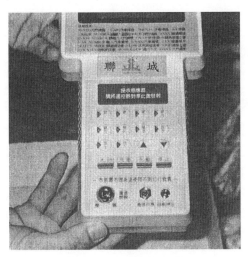

圖8-31　無線掃描器

第三節　竊盜犯罪徵候

一、標籤型徵候

　　利用白天觀察住戶動態找對講機逐樓逐戶按，若住戶無人回應則利用小張貼紙或用原子筆在對講機按鈕做記號，或在信箱做記號。隔天再按一次或就近直接進入行竊，此類手法很普遍，只要住戶稍有警覺，不難發現竊賊即將到來

（楊士隆、何明洲，2003：19-38）。

二、喜帖型徵候

專門搜刮信箱內喜帖，查閱結婚家庭地址，結婚當天用餐時間，趁結婚家庭親朋好友均到飯店用餐之際，直接到結婚家庭偷竊。

三、詐欺型徵候

偽造第四台人員修理線路或偽裝瓦斯公司人員抄錶混進去，然後伺機偷竊。

四、駐足型徵候

利用全家外出聚餐或進百貨公司、看電影之際，作案時間大多在晚上天黑後六點至九點，竊賊躲在車內或在四周觀望，待住戶熄燈外出後確定無人，再大方進入偷竊。

五、演習型徵候

大多以夜間、銀樓、珠寶業或賣場居多，竊犯故意或無意間觸動保全系統或警民連線，讓警察或保全人員抵達現場，由於夜間無法進入察看，只能在目標物周遭觀察，此時竊犯還繼續躲在屋內暗處，觀察抵達人員動作，待警察或保全人員離開時再行竊，期間若再觸動警鈴，極易使警察人員或保全人員誤判係線路問題未再前往。此類手法防制之道就是聯絡負責人到現場將電源打開搜尋一遍，讓竊賊無所遁形。

六、攀沿型徵候

此類手法專偷高樓，俗稱「蜘蛛大盜」，利用攀沿工具至樓頂陽台以倒掛方式攀沿而下，進入未裝鐵窗樓層行竊。

七、通訊器材聯絡徵候

竊盜集團行竊大多有一人把風，而其通訊聯絡大多用無線電對講機，而不用大哥大，因大哥大須撥十碼費時，有時因死角關係撥不通，而無線對講機發話靈活方便（有隱藏型）。

第四節　竊盜犯罪防範

保全業務，經營場所相當廣，如辦公處所、營業處所、工廠、倉庫、演藝場所、競賽場所、住居處所、展示及閱覽場所、停車場等均是。下列注意事項若能實施、對防竊能力提升必定有所助益（何明洲，2001：219）：

一、依據保全業法規定，保全業僱用保全人員應施予一週以上職前專業訓練；對現職保全人員每個月應施予四小時以上在職訓練。訓練目的在轉達上級指示，統一事權、增進團隊力量、瞭解員工心態，並強化員工專業知能。若保全業能重視訓練，則該公司出狀況機率減少是必然的。

二、科技新防竊器材更新及研發，對已被破解的設施，應設法補強。

三、重型機械（挖土機、堆高機）無牌照號碼，協調業者打上區域性編號，以利失竊後認領及警察查贓。

四、倉庫、倉儲、小型工廠鐵捲門甚多，應設法裝置斷電系統，使歹徒使用無線電掃描器無法開啟。

五、對所保全標的物失竊率較高地區，可採取專案防堵方式，加強勤務防範。

六、建立客戶之間良好互動關係，促請客戶共同留意可疑人、事、物。

七、運鈔路線應採亂線或隨時更改路線方向，避免歹徒摸準作案時機。

八、重視內部管理，嚴防監守自盜。

九、加強與當地警察機關配合聯繫，對所蒐集到情資提供警方緝捕。

十、加強住宅安全檢測工作，目前警察機關已發展出「住宅防竊安全檢測表」（詳附錄九），可參考運用，提供客戶參考。

第五節　案例研析

壹　提款機（ATM）竊案手法分析

刑事局偵四隊查獲以李嫌為首，專以行竊國內各縣、市金融機構、大型賣場置放之ATM內現鈔的竊盜集團，計犯下嘉義縣東石鄉農會本會ATM等八件重大竊盜案。就渠等犯案之高超手法，在此提供讀者參考。

一、慣用手法

本案為首李嫌係國內知名ATM慣竊，由於身分特殊，故早已被列為首要清查對象，但因李某事先精密規劃犯案，方得以肆無忌憚持續犯案而不被查獲。

（一）犯案前準備工作

1. 至大賣場持他人會員卡購置犯案必需使用工具，如鑽鋼機、鑽頭、鐵撬、油壓剪、鱷魚夾、攀降繩索等。作案工具絕不擺放住處，交由其他無竊盜前科共犯保管或寄放不知情人處。

2. 與共犯平日聯絡，不以家中電話或名下行動電話門號聯絡，均使用公共電話。

3. 個人使用之交通工具係以他人名義購置，平日行駛中隨時注意是否被跟蹤。

4. 購置作案時使用之交通工具，係以無竊盜前科共犯名義購置，車輛平日藏匿於隱密處所。

5. 本人及家屬名下銀行帳戶，不留大筆資金進出紀錄。

6. 隨時準備一雙新運動鞋及夜行衣置放在作案時使用之交通工具內（如作案使用過則立即燒毀或丟棄他處，以防日後辦案人員搜索查獲比對痕跡）。

7. 事先交代其他共犯，如有人不幸落網，不可供出其他真正共犯，而以謊稱一些已偷渡逃至國外之竊盜通緝犯敷衍辦案人員，並誤導偵辦方向。

（二）尋找下手目標

1. 沿途尋找目標，先初步選定多處目標，再利用營業時間進入，以假借換鈔、購物，察看室內保全系統，並預判可能侵入及逃逸之出入口。

2. 選擇平日置鈔較多地區之ATM。

3. 瞭解保全系統使用之主機型，必要時先至他處偷竊同機型主機進行研究。

4. 標的物選定基本原則：
   (1) 室內空間較大處所：能利用保全系統死角進行破壞或癱瘓之。

(2) 獨棟建築物：侵入及破壞不易被鄰人發現、鑽鋼機鑽孔時無驚擾鄰人之顧慮、把風共犯在外得清楚監視（附圖）。

(3) 有鐵皮搭建之建築物：於較隱密處剪孔作為侵入口（圖8-32），並可作為緊急逃逸出口。

(4) 較多出入口之建築物：較多選擇逃逸出口機會，以免不慎誤觸保全系統，不及退出現場，而遭發現。

圖8-32　鐵皮屋被剪口

附圖：

1.

2.

3.  4.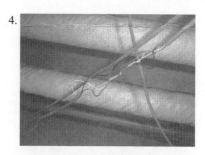

5.  6.

（三）作案分工

1. 把風者在外監視，並以無線電與共犯保持聯絡。

2. 行竊者分三階段著手行竊：

   (1) 第一階段：於較隱密處剪孔侵入，由瞭解保全系統專業知識之李嫌進行破壞、癱瘓保全系統，甚至於製作迴路回傳假訊息予保全控管中心，使其誤判狀況，拿走所有監視錄影帶（因先前現地勘察已被攝錄）。此階段完成後立即退出車上或侵入口附近，觀察是否順利，有無誤觸而發報，如無，則更換破壞工具進行第二階段。

   (2) 第二階段：重回現場，一人以預備之鑽鋼機在自動提款機上鑽孔（圖8-33），另一人則在旁提油壺將冷卻液注入鑽鋼機內潤滑及降溫，直至破壞自動提款機鎖頭，撬開提款機安全門，取出置鈔箱竊取現鈔。

   (3) 第三階段：取出置鈔箱竊取現鈔後理應立即撤出現場，惟該集團卻會將現場打掃乾淨，再以現有之物遮蔽被破壞處，現場鑽孔實體及鐵屑、置鈔箱等則包裹藏放於天花板或置放於現場原有紙箱

內，一切處理完畢，再將原癱瘓之保全系統恢復後，撤離現場。當保全公司發現異樣派保全員趕至現場時，因未發現有遭竊痕跡，卻以誤觸或未發現異樣回報控管中心，此時一干歹徒已在回家途中，興高采烈地點數現鈔。

圖8-33　自動提款機上鑽孔

二、保全機構因應作為

(一)保全員據報抵達現場後，應先檢視警鈴是否有誤觸或線路問題及四周狀況，如果看不出有明顯異樣，內部亦應查證沒有問題後才恢復勤務，過去曾發生過歹徒還躲在裡頭未被發覺情事。

(二)保全員到達現場時，對現場跡證，如指、掌紋、手套痕跡、鞋印、破壞工具之痕跡、輪胎痕跡、隔絕溫度（鋁箔紙、保力龍）等均應注意保全，並即通報警方趕赴現場處理，以期掌握有力偵查線索。

貳　系統犯罪手法分析

一、歹徒破壞手法分析

(一)下手行竊之前測試「專線斷線」、「專線回線」信號，其目的在讓保全公司誤判為專線不穩定，而事實上在進一步觀察保全公司反應是否

派員處理。

(二)當專線斷線時一般主機會自動啟動電話線送出「通信切換」信號，通知管制中心該用戶電話線路正常，若專線回復正常，則警報信號由專線傳送，否則轉由電話線送出，此時歹徒大多會破壞電話線路，阻斷輔助路線。

(三)歹徒將專線改接至另外一台保全主機上，目的是讓警報信號無法送達受信機，且讓受信機誤判專線OK。

(四)歹徒欲剪斷或改接專線（電話線），會在遠端接線盒著手，以致現場不留痕跡。

二、保全機構因應作為

(一)無論將專線剪斷或者是改接至另一台保全主機（圖8-34、圖8-35），警報信號都會由電話線路送出，因此管制中心警覺性相當重要，發現「專線斷線」且後續沒有收到「通信切換」（圖8-36）信號時應提高警覺。可多次利用專線逆控或電話逆控方式與保全主機通信，若皆無法連線，則表示出現問題。

(二)保全公司最擔心的是通信線路、電信配線箱任何人都可輕易開啟；專線及電話線隨時都可能遭受破壞，因此保全公司在產品設計時，應將線路遭受破壞的防護措施納入系統管理，只要操作員

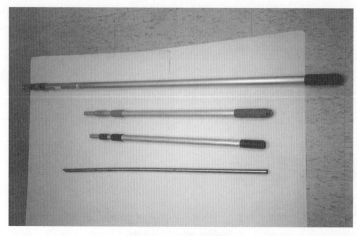

圖8-34　伸縮桿

熟悉與線路故障相關的訊號與處理流程，即可判斷線路是自然故障或者是人為故障。

(三)中繼線路可謂是保全公司命脈，保全公司應指派專人配屬查線設備維護中繼線路，且中繼站應多設，以維護通信品質。

圖8-35　連結線頭

圖8-36　開關切換器

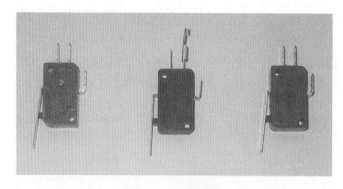

圖8-37　電阻器

(四)端末電阻未架設於端末（放主機內）（圖8-37），若保全線路遭竊賊
短路往往會偵測不知，因此若有更新主機時應改善。

(五)加強保全主機參數器及參數碼管理，才能確保通信機密及安全。

參 高級服飾店竊案手法分析

一、案情摘要

　　竊嫌這麼說：「全省80%高級服飾店都是他們這一集團所為，選擇行竊高
級服飾最主要是銷贓管道順暢，贓物層轉到小販手上，在夜市或人群聚集地
方，以低價賤售，許多識貨民眾因貪小便宜而樂於購買，現場竊得上千萬價
值衣物，幾十萬代價就賣出，不怕沒有人接手。」的確銷贓容易，造成竊盜
猖獗原因之一。這一服飾精品竊盜集團成員均是前科累累大慣竊，吳××竊
盜前科多次，杜××竊盜、贓物、偽造文書、傷害前科，緝獲時係竊、贓物
罪通緝中，陳××竊盜、偽造文書前科。渠等自84年6月起犯案，橫行全台各
地。刑事偵四隊二組88年5月份獲線後即對該集團展開全面性追擊，在長達一
個月追蹤、埋伏、守候，6月12日終在台中市五權西路先逮捕杜嫌，並循線在
彰化逮捕吳××及陳××，當場起獲掛有A、B車牌之賓士及寶馬等兩輛贓車
及作案豐田轎車乙輛，另起出茶具、茶盤（大宗）及木、王、雕等贓物及作案
工具。犯嫌坦承在兩年作案多達百件以上，作案地點達全省各地，包含台北
市、新北市、桃園縣、台中縣市、彰化縣、台南市、高雄市，竊取對象包含設
有保全系統之倉庫、店面等，遇有電動遙控電捲門，則以無線掃描器開啟，否

則利用千斤頂破壞侵入。

二、犯罪模式分析

(一)預先選定作案地區，如在台中地區作案，即在台中租屋，澈底瞭解摸索台中地區高級服飾店或批發商作息情形，以及保全人員巡邏勤務狀況，伺機下手竊取。

(二)以直接觸動或破壞保全警鈴，並看準保全人員趕到現場最快至少五分鐘時間，而且衣服體積不大，易搜刮及搬運，行竊時間可以縮短到三分鐘，足足還有兩分鐘可以從容逃逸。

(三)利用新型無線掃描器ICH-331型解碼各類鐵捲門及門鎖，這種無線掃描器原先設計功能是為了防止民眾遺失鐵捲門或汽車密碼鎖遙控器時，可以迅速掃描讀取存檔密碼，轉接燒錄器再生遙控器開啟。這種無線電掃描器採寬頻設計，頻率從200MHz-480MHz。目前台灣市面上國內、外生產販賣數百種鐵捲門、大門及汽車防盜器的密碼程式，都在這種掃描器解讀範圍，一經鎖定掃描可讀取遙控器之資料密碼，原理就好像盜拷行動電話王八機一樣，截收行動電話內、外碼。值得注意的是具傳送方式功能，掃描速度可加快，發射功率可選擇短距離及長距離掃描，四十秒內可被解碼開鎖，若利用在作案上，對治安造成相當程度威脅。

(四)購得高級贓車賓士及BMW各一部懸掛A、B車牌，即使被人記下車號，追查不易，若遇路檢，假證件齊全，不易被識破（自認臨檢人員不曾檢查引擎號碼漏洞）。

三、保全機構因應作為

(一)發現系統有異狀，應迅速派員抵達現場查明狀況，且在查證過程中應翔實。

(二)本案破案關鍵在於嫌犯88年5月8日凌晨在桃園縣蘆竹鄉壕澄公司作案時被記下車號（其中一部BMW非A、B車，登記在認識不久女友名下），經循線找到劉姓女友，供稱已一段時間未再聯絡，而只知其綽號「阿發」，而車子非渠使用，再進一步追問得知聯絡方式是一支民營易付卡行動電話，嗣經調閱過去通聯分析，獲得該集團作案成員及第二位女友電話，全面鎖定、監控、終將一干人犯緝獲。

(三)竊案物證之採集比率偏低是事實，現場查訪往往被疏忽掉，本案突破點在於現場查訪出車號線索，再經深入偵察擴大偵破整個集團。時代在進步，竊嫌犯案手法亦在進步，偵辦此類案件除了警方佈線，或從犯案模式分析找出可疑作案對象外，保全員協助警方現場查訪找出蛛絲馬跡，亦是相當重要的。

肆 監守自盜案例

一、案情摘要

91年4月26日××保全公司由陳姓保全員駕駛，張姓保全員及銀行行員隨車在嘉義地區加油站、超市及金融機構收款，該日上午十一時四十分抵達嘉義市文化路嘉義郵局停車場，由張姓保全員及行員兩人進入郵局收款，此時陳姓保全員未待他們兩人返回車上，直接駕車連按喇叭催促停車場警衛打開大門離去。案發後該家保全公司透過汽車衛星追蹤系統在嘉義市博東路萬家福大賣場東側停車場找到車子，車內已收款4,019萬元不見，陳姓保全員逃逸無蹤。

二、警方偵辦經過

(一)案發後警方立即鎖定陳姓保全員追查，陳姓保全員攜款藏匿在其女友屏東縣鹽埔鄉某汽車賓館，嗣經女友前夫黑吃黑在鹽埔鄉南華村開槍搶劫欲A走這筆款項，陳姓保全員中彈自行駕駛停放路旁貨車至九如分駐所報案，全案終真相大白，款項除了619萬元未追回外，餘全部追回。

(二)經詢結果，犯案動機係欠賭債鋌而走險。

(三)保全公司案發時提供陳嫌資料，則是出勤正常、沒有不良紀錄、同事間互動良好，最近無異樣。

三、保全機構因應作為

(一)本案係典型監守自盜案，保全員有聚賭習慣，公司無法發覺，此牽涉公司內部員工平時生活考核、清查問題，往往保全公司只注重服勤是否正常問題，少有各階層幹部去深入考核員工私生活領域一些不正常徵候存在。

(二)保全機構保全員勤務若係接觸金錢（如運鈔、收鈔），則人員篩選更

應謹慎為之，否則往往損失會相當慘重，且大大損傷公司名譽。

(三)對長期運鈔、收鈔勤務保全員若能圓滿達成任務，則公司應予定期獎勵（升遷或獎金），如此才能激勵士氣，做好此項工作。

第九章　強盜、搶奪犯罪

第一節　強盜、搶奪類型

壹　與保全機構有關搶劫

一、商業場所搶劫

最常見是搶劫超商，直接衝入收銀台旁，持刀、槍逼店員將收銀機打開，搶奪後立即逃離。另一種是至銀樓、珠寶店、鐘錶店佯裝選購鑽石、黃金或名貴手錶，趁老闆或店員不注意時，趁機將選購之財物奪走逃離；亦有更大膽直接持刀、槍洗劫。另外亦有專門針對女生經營商店，如進入女子美容院、護膚店、女裝店捆綁洗劫。

二、金融機構搶劫

歹徒均係有計畫行動，事先對地形及銀行內設施非常熟悉，才敢採取行動，選擇對象以銀行、郵局、農會、合作社等為目標。其方式有：

(一)在金融機構營業時間內搶劫，歹徒人數有一人作案的；亦有兩人持槍同時進入互相照應搶劫；亦有用爆裂物嚇阻行員追捕。渠等共同特點均是戴安全帽、口罩、戴手套犯案。

(二)結夥持槍械夜間捆綁銀行值日人員，破壞金庫或保險櫃搶劫。

三、劫車

台灣地區金融機構搶劫案件以運鈔車搶案發生最早。69年2月13日上午十時三十分，第一銀行北港分行喜美運鈔車，於斗南鎮土庫路上為歹徒劫走230萬元，是為台灣地區金融機構搶劫案件首宗。搶劫運鈔車多半是三、五人持槍於附近無人之荒僻道路上等候，俟有運鈔車經過，持槍喝令停止搶劫。由於運鈔車現多採取不定線運鈔，內神通外鬼成分不應排除，否則歹徒必須較長時間觀察跟蹤，熟悉運鈔路線，才敢選定地點下手。

貳 其他

一、徒步搶奪

　　以徒步方式在被害人後方或迎面以快步靠近突然奪取，得逞後快速逃離，受害對象大多為老弱婦孺。

二、機車搶奪

　　為搶奪案中最典型犯罪手法，無論一人或兩人，其作案方式是乘機車自背後或迎面趁對方不備之際，突然搶取快速離開。此類搶奪不論大街小巷，都市或鄉村，白天或夜晚，隨時隨地均有可能發生，尤其在都市僻巷黑暗死角更容易發生。被害對象大多以婦女居多，尤其穿著時髦，身上有背包，更是其下手目標。

三、結夥搶劫

(一)製造假車禍搶劫：故意碰撞對象車輛，下車理論，然後將被害對象控制，洗劫一空後逃離。此類型均為有計畫性、集團性作案，選擇對象為高級轎車或新車，犯案車輛為贓車，或牌照作案前臨時偷竊再懸掛上去，或乾脆不懸掛車牌作案。

(二)伺機搶劫：在夜市暗巷附近或較郊區公園或高樓大廈地下停車場電梯間，或尾隨高級轎車在其門口下車之際搶劫，歹徒人數或一人或二人或三人不等，隨身攜帶凶器，視時機成熟以強暴脅迫方式，搜刮被害人之財物（如手錶、鑽戒、項鍊、錢財）。作者民國76年服務於北市警局北投分局，當時轄區發生多件女子被搶劫財物同時遭性侵案件，其手法是先以誘騙方式，在靠近山邊道路找路過女子搭訕，佯稱其女友因爬山腳扭傷，他一人無法扶下山，請求被害女子行行好事一起至山上將其女友扶下山。被害女子不疑有詐，就隨同前往，到山上後發現是騙局，對方拿刀威脅劫財劫色，此案雖過後不久偵破，但也告訴我們眼前看不到善事，尤其是婦女同胞，若是欲隨陌生人至他處幫忙任何事情，應慎重思考，當面告知對方可請119求救。

四、侵入住宅搶劫

　　選擇對象大多較富有，或較偏僻的別墅住戶，且事先一定是經過詳細地形

勘察（探路）才敢採取行動。通常多在夜間作案，其方式有兩種，第一種是直接破壞門窗或誘騙方式進入，將屋主全家捆綁洗劫；不然就是天亮時歹徒一人押被害人至銀行提領現款，其餘歹徒繼續控制家庭成員做人質。第二種方式是所謂軟進硬出，也就是偷竊進入，當屋主發現時，改搶劫捆綁屋主全家。此類捆綁案件待屋主掙脫報案時，時間已久，歹徒已遠揚，也延誤偵查的進行，值得注意的是，像這種集團性搶劫案件，歹徒為數不少曾是慣竊，由偷變搶。

五、賭場搶劫

此類案件歹徒火力必須強大，能控制現場，才有得逞機會，且均為內神通外鬼有人點線，才能抓住搶劫時機。歹徒背景大多為重要逃犯居多，因職業性賭場其幕後操作者大多有黑道背景，若不是凶神惡煞之輩，絕不敢明目張膽行搶。

六、尾隨提款人搶劫

此類案件根據過去破獲案件，以瘖啞人居多，其作案方式是由同夥歹徒之一，先行進入銀行內觀看何者領款金額最多，然後將對象打信號給外頭準備尾隨機車未熄火之同夥，待提款人走出乘機車離開時，就沿路尾隨至巷內才下手搶劫。而提款人若是開汽車，則是尾隨至提款人停車準備將款項帶離時，即刻趨前行搶逃離。

七、迷藥搶劫

將鎮靜劑或安眠藥滲入飲料中讓異性飲用，至被害人昏睡之際，洗劫其身上財物（何明洲，2001：296-299）。

第二節　強盜、搶奪犯罪原因分析

壹　保全機構標的物被搶可能因素

一、金額明顯較多

保全機構如運鈔金額大多相當龐大，因此歹徒在知悉保全員不能佩帶槍枝下，看中有較多金額之運鈔車為下手對象，行搶時均攜有槍械或爆裂物作為攻

擊利器，且手法殘忍，有不達目的不罷休之心態。另外金融機構駐地搶劫大多選擇銀行、郵局、農會、信用合作社等每日金額進出龐大處所為目標，歹徒亦是均持械，且均蒙面或戴全罩式安全帽及口罩居多，結夥犯案，作案動作相當迅速，且均能依事先勘察路線迅速逃離現場。

二、物品較貴重

珠寶店、銀樓等商家物品均相當貴重，商家雖有保全機構保全或有警民連線設施及裝有監視設備，但歹徒明知此類場所硬體設備完善，但基於物品貴重，會不顧是否有保全存在逕行行搶，手法大多蒙面持械直接侵入店內威嚇店家，並快速擊破櫥窗玻璃，強行奪取珠寶、金飾，倉促離開。

三、專業訓練不足

運鈔或金融機構勤務，執勤人員不但警覺性要高，對防搶技巧平時隨時都要訓練或演練，如此萬一遇上歹徒攻擊搶劫，才不會手腳慌亂，不知所措。回顧過去發生運鈔車被劫、銀行被搶事件，絕大多數是被搶劫成功，甚少歹徒現場被逮；或許有人認為搶劫事件歹徒手段殘忍，保全員本身又未佩帶槍枝，在配備及攻擊能力不足情況下如何因應？話雖如此，作者認為保全機構平常若有注重訓練機制，如教導員工如何研判案發前徵候，如近日內有無可疑車輛在尾隨？進入收鈔機構監錄設備是否有被破壞？運鈔沿線路燈是否有異常不亮？逗留銀行內有無不辦事情形？有無假借換鈔暗中東張西望？諸如此類徵候平時訓練嚴謹，歹徒想要得逞則更加不易。

四、金融防搶設施不足

目前大多數銀行為私營單位，以在商言商立場，銀行為拉攏客戶，並基於便民及親近客戶關係，均採取開放式櫃台，歹徒只要腳一蹬即能跳入行搶，事件發生經過算秒即能得逞，迅速逃離，此亦造成搶劫銀行原因，若能做好一切軟、硬體防範措施，如此才能有效遏止歹徒謀財念頭。

貳 犯罪者因素

犯罪心理前章已做詳盡描述，而搶劫運鈔車或金融機構犯罪者個人因素有下列幾項（鄭文竹，1985：13-16）：

一、基於謀財動機。

二、具暴力攻擊傾向。

三、遭遇挫敗之人格違常現象。

四、具僥倖心理。

五、不良夥伴引誘。

六、偏差之價值觀。

第三節　遇劫因應作為

一、金融機構遇劫因應

(一)在自身安全的範圍下，衡量當時情況，在許可範圍內抵抗歹徒，如不能對抗歹徒，應避免和他正面衝突，同時避免成為人質。

(二)若為金融機構駐衛應設法將訊息（information）傳遞警察機關趕赴現場處理。

(三)記住歹徒特徵、疤記、身高、體型、年齡、口音、穿著等及歹徒作案工具和現場遺留物，若歹徒未戴手套作案，應注意觸摸過的地方，以利事後警方採證。

(四)留住現場目擊證人，並促請其協助回憶現場一切，包括歹徒特徵、疤記、身高、體型、年齡、口音、穿著等，並保全現場。

(五)登高遠眺或安全尾隨，強記歹徒逃離路逕、車號、車型、顏色。

(六)案發時若無法即時報警，事後應與警方合作，配合案件之偵查，盡可能提供各項資訊。

(七)立即向上級報告案發狀況，由公司協助善後。

二、駐衛犯罪情境一般性作為與不作為原則

（一）作為原則

1. 在自身安全、能力所及之下，制伏歹徒。
2. 保持鎮靜：無論是如何的危險，務必牢記此原則。
3. 盡量配合歹徒所要求的動作。
4. 委屈求全，直到確認能安然的脫險。

5. 保持機警，觀察特徵，如：口音、體型、動作等。

6. 確定能詳細描述、指認。

7. 只有在處於很危險時，才可以使用武器對抗，而且必須在第一時間能給予有效的反擊。

（二）不作為原則

1. 不要作出使對方害怕之舉動。

2. 不要與之爭吵。

3. 不要藐視、屈辱歹徒。

4. 沒有援助的狀況下，千萬不要大叫。

5. 加害人接觸過的東西不要碰觸，以供警方採證。

6. 馬上向治安機關報案。

第四節　搶劫不易偵破原因分析

一、計畫周詳

搶劫案件大多係有計畫犯案，包括標的物選擇、現場勘察、逃離路線、下手時機、作案凶器、接應位置等等；同時對保全勤務運作狀況必須瞭若指掌，找出勤務弱點伺機下手，且手法均相當殘忍並迅速得逞，因此周詳計畫是歹徒是否會得逞重要關鍵之一。

二、熟悉環境

誠如前面所言，行動前必定會勘察地形，地形瞭解後才有辦法規劃行動。熟悉地形均會以建築物或運鈔路線針對下手有利環境作為規劃重點，其次是再尋找有利逃離路線規劃，因此熟悉環境是搶劫成功與否最重要關鍵。

三、裡應外合

保全人員無可諱言在素質上有良莠不齊現象，有些保全員經不起天天看鈔票誘惑，或本身生活入不敷出，生活糜爛，鋌而走險，將訊息提供外人，勾串作案。而事後雖然懷疑某某人有可疑，但欲直接掌握到證據則相當困難。

四、動作迅速

搶劫案件不像竊盜案件現場逗留時間較長，一般搶劫案除非精神異常，或突發奇想臨時搶劫，一般現場逗留時間相當短暫，若非第一時間制伏，事後再發動偵查，有其一定偵查技術困難度。

五、蒐證不易

搶劫案件一般現場遺留證據均非常少，即使現場有遺留物亦均相當難查證，作者在某分局服務時，轄內發生銀行搶案，歹徒現場遺留印有空軍戰鬥機手提袋，事後查出這款手提袋是非常普遍日常用品，雖然有在軍方某單位固定販售，但經追查到廠商，廠商告知已有上萬件產量賣出，因此清查就遇上瓶頸，這種蒐證不易亦是造成偵破困難所在。

六、再犯率不高

往往一件刑案偵破，有時必須靠事後歹徒持續犯案才有可能偵破，而搶劫案件，尤其是金融機構搶劫金額均相當龐大，歹徒作案後大多偃旗息鼓，長期間甚至不再犯案，因此欲等待同樣手法出現相當不易，這種潛沈式犯案對警方偵辦而言，可謂相當棘手頭痛。

第五節　搶劫防範

一、人員慎選

負責運鈔或金融機構駐衛保全勤務責任最重，執勤人員除公司標準配備攜帶執勤外，必須有良好的體力、靈活應變機智及敬業態度始能勝任，除此之外，品操良好與否更是考核是否派遣重要因素。

二、GPS裝置監控

現代科技監控設施日新月異，功能均相當優異，保全機構若有運鈔或收鈔勤務，作者實務上觀察GPS裝置的確非常有必要，GPS功能不但能追蹤保全車輛運鈔動態，保全員若有危急，亦可從車內發報回傳公司控制中心獲得即時支援處理。

三、不定線運鈔

運鈔車被劫往往是運鈔路線已被歹徒觀察詳盡、摸索清楚所致，因此運鈔路線隨時更換，讓歹徒摸不著頭緒，亦是防範被劫關鍵之一。

四、加強人員訓練

不管是運鈔，或金融機構駐衛保全，或者是一般駐衛保全，平時均應加強員工訓練，尤其訓練重點在應變能力方面，並且應強調執勤本身安全性、警覺性、責任感，如此多一分訓練，即可減少一分損失。

第六節　運鈔勤務

一、駕駛途中應變作為

(一)駕駛用後視鏡，右座人員以反瞻觀察。
(二)利用車輛快慢速度來檢查是否有車輛尾隨。
(三)利用馬路紅綠燈迴轉來檢查有無跟監車輛。
(四)利用熱鬧市區暫停觀察有無車輛跟進暫停之車輛。
(五)抄跟監者車號檢查。
(六)發現有尾隨車輛，運鈔車直接開進就近派出所告知警察。

二、空車檢查

(一)可利用僻靜空曠的道路，來檢查有無跟監車輛。
(二)利用死巷地區停車觀察。
(三)利用繞巷道來檢查。
(四)查抄車牌。

三、徒步檢查

(一)跨越馬路。
(二)自然停頓、折回。
(三)行進之轉彎。
(四)計畫性進入。

(五)利用適當地點、行走方向及速度來檢查。

第七節　案例研析──銀行檔案

一、發生時間

92年5月26日中午十一時五十分。

二、發生地點

苗栗縣頭份鎮中華路××企銀頭份分行。

三、案情摘要

苗栗縣頭份鎮民鍾××頭戴鴨舌帽、口罩於上述時、地匆忙進入行內，左手並拿兩個捆在一起的保特瓶疑似爆裂物，右手持槍向服務台旁詹姓保全員大叫搶劫，我不想傷人。鍾嫌即拿槍比劃幾下後隨即跳入2號櫃檯，火速搜刮櫃內現金515,600元裝進隨身背包後，跳出櫃檯，逃離時將疑似爆裂物放在大門正中央，並拿出遙控器，揚言要引爆狀，同時警告行內人員不要追過來，之後即轉進中華路巷弄內逃逸，全部作案時間僅花一分鐘左右。

四、逮捕過程

鍾嫌逃入巷內就立即將事先穿上的兩套休閒服，準備變裝，將外層休閒服脫掉，此時被隨即英勇趕到之銀行徐姓司機以及詹姓、劉姓保全員發現。嫌犯見追捕人多勢眾，認為大勢已去，蹲下將背包以及槍放在地下，其中詹姓保全員上前將槍踢開，同時頭份分局員警亦趕至，共同將鍾嫌逮捕。

五、逮捕成功關鍵

(一)劉姓保全員係陸軍中尉退役，對手槍構造、性能瞭解甚深，當嫌犯躍出櫃檯時被他發現手槍槍柄有裂痕，且槍身不像塑鋼打造，直覺研判可能是假槍，因此大膽緝捕。

(二)銀行徐姓司機在頭份分行擔任司機十三年，因銀行平時均有防搶演練，因此有警覺性，對鍾嫌犯案過程較能篤定面對，同時同心協力和保全員合力緝捕。

六、結　語

　　本案遭搶不僅失款立即追回，也無人員受傷，保全員及司機英勇表現可圈可點，在自認判斷無議（假槍）且本身能力有辦法制伏歹徒情況下，成功完成保全任務。作者同時呼籲銀行防搶演練，除了注重防搶應變能力外，警察單位應教導行員對所謂真槍或假槍辨識能力，故銀行搶案現場逮捕是最佳機會，否則靠事後警方偵查偵破，有其相當困難度。

第十章 性侵害犯罪

　　根據台閩刑案統計，台灣地區性侵害案件平均每年約發生超過數千件。官方所記載之發生數雖不多，但值得注意的是，性侵害存有極高之犯罪黑數，許多案件由於被害者基於聲譽不願報案，因而使得性侵害案件之真實數量無法正確呈現。但值得一提的是，其強暴、脅迫本質，均對全國之婦女、少女及兒童構成巨大威脅，值得正視。

第一節　性侵害犯罪之型態

　　性侵害之型態，依動機可區分為性滿足、暴力攻擊及混合型等；依對象則可區分為下列三類型（Allison and Wrightsman, 1993; 蔡德輝、楊士隆等，2000）：

一、陌生者性侵害（stranger rape）

　　係指被害者為其所不相認識且無情感交流者，以暴力、脅迫、藥劑、催眠術或其他方法強行姦淫而言。此類性侵害案件最常使用武器（尤其是刀械）與暴力（Scully, 1990）。

二、約會與熟識者性侵害（date rape and acquaintance rape）

　　約會性侵害，係指發生於有情感交流關係之人，在特定約會或日常接觸情境中所發生的性侵害行為。加害人與被害人之間可能是初次約會的男女、偶爾或經常約會的男女、感情穩定的情侶（男女朋友）等。

　　熟識性侵害者，係指發生於有相識關係的人之間的性侵害行為，但不包括約會男女、情侶間的性侵害行為。加害人與被害人之關係可能是一般朋友、認識的鄰居、同事、同學、師長、上司、下屬、親戚、業務上認識的人士、及其他相識的不特定人士。

三、配偶性侵害（spouse rape or marital rape）

　　係指配偶之一方違反當事人之意願，而使用暴力手段，以遂其姦淫之目

的。此類配偶性侵害型態甚為普遍，但多數國家並未立法規範，英國及美國婦女權益較為先進之國家立法則已將其視為觸法之型態。

第二節　性侵害者之類型

性侵害者之種類甚為繁多，惟可依犯罪者之動機、情緒、特性及受害對象等加以分類。根據學者Cohen等（1971）之見解，性侵害之類型包括：

一、替換攻擊型（displaced-aggression rapist）

此類型性侵害者大多以妻子或女友為對象，藉著強暴並予身體之傷害，以表達憤怒。此類型並不以性滿足為訴求，攻擊行為存在羞辱、傷害本質。

二、補償型（compensatory rapist）

此類型性侵害者係以強暴滿足性慾之方式，獲取失去之自尊，重拾男性之尊嚴。

三、性侵害放射型（sex-aggression-diffusion rapist）

此類型性侵害者融合了性慾之需要與身體傷害之攻擊暴力，呈現出虐待之病態行為。

四、衝動型（impulsive rapist）

此類型性侵害者缺乏計畫，以機會呈現時之衝動反應為主。此外，心理學學者Groth（1979）在臨床觀察五百位性侵害者後，將其區分為下列三類：

(一)憤怒型（the anger rapist）：此類型性侵害者心中充滿憤怒與敵意，在沮喪、憤怒或長期之衝突累積至一定程度而無法忍受時，即可能爆發性侵害行為。此類型之性侵害者約占40%。

(二)權力型（the power rapist）：此類型性侵害者並不完全以性的滿足為其目標，相對的，從性侵害之攻擊行為中獲取支配權，減輕其不安全感與自卑感，而重拾男人之權威與自尊則為其主要目的。此類型性侵害者約占55%。

(三)虐待型（sadistic rapist）：此類型性侵害者融合了性之需求與暴力，除強暴外，並以折磨、捆綁、鞭打、燒灼、切割等方式凌虐受害者；施

虐行為可使其達到性亢奮。此類型性侵害者約占5%。

第三節　性侵害犯罪之手法與模式

性侵害犯罪之手法基本上是多樣的，非侷限於單一，部分仍視被害者之狀況而定。根據許春金等（1999：64-66）之研究，常見之性侵害犯罪手段包括暴力脅迫、引誘、言語脅迫、趁被害人熟睡、趁被害者酒醉、下藥、捆綁、製造機會、問路等。使用之武器以徒手居多（八成多），但亦有部分攜帶刀械、膠帶、繩索及棍棒等，而犯罪者常以夏季夜晚為掩護，發生於被害人自己或親戚家中最多。內政部警政署刑事警察局台閩刑案統計（民93）之資料亦顯示，強制性交亦多以徒手、暴力、藥物、恐嚇及持械等方式進行，時間則以夜晚及深夜發生於住宅最多。

此外，學者Finkelhor（1984）提出四階段之性侵害發展模式，以詮釋犯行發生之先前狀況（詳圖10-1）：

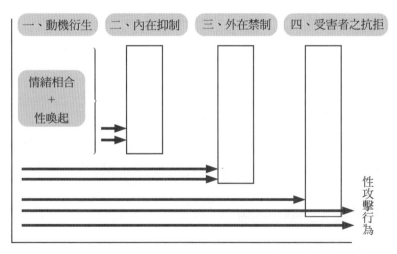

圖10-1　Finkelhor（1984）之性侵害行為四階段發展模式

一、性侵害動機之衍生

性侵害行為衍生必有其攻擊動機之緣由，一般包括性喚起及情緒相合（如與兒童性接觸）等，但亦隨個人之差異而有不同原因之出現。

二、內在抑制之解除

一旦性侵害行為被喚起，行為人並不必然即從事性侵害行為，仍受許多內在抑制所拘束（如性侵害行為是錯誤的，被捉到顏面喪失），必須解除這些抑制始進一步從事犯行。大多數之性侵害者係以扭曲思考之方式合理化其犯行，以解除內在抑制。部分性侵害者則藉由飲酒或嗑藥搪塞其犯行。

三、外在禁制之克服

內在抑制解除後，性侵害者必須建構適合犯行之情境，克服犯行之外在障礙。除部分犯行係因機會呈現而為之外，多數性侵害者製造出犯罪之有利情境，如擔任看護兒童之保母以便製造侵犯之機會，同時以兒童父母不在為藉口，搪塞其犯行。

四、征服受害者之抗拒

最後，性侵害者必須征服受害者之抗拒以遂其犯行，方法包括柔性的如給與糖果、禮物，或採用威脅、肢體的暴力，使用武力進行性侵害行為。

第四節　性侵害之迷思

所謂性侵害迷思，係指社會上普遍流傳，對性侵害事件以偏概全、似是而非之論點。依據羅燦煐（1995）之引介，性侵害相關迷思一般可區分為三大類：

一、有關受害人的刻板印象

(一)好女孩不會被性侵害。

(二)女人若奮力抵抗，男人絕無法得逞。

(三)婦女若無反抗，就不算性侵害。

(四)被性侵害的女性，一定是穿著暴露或行為不檢。

(五)女人說「不」，只是故作矜持。

(六)女性面對性侵害時，多是驚嚇過度，無法冷靜應付。

(七)性侵害受害者多是情緒不穩，歇斯底里。

二、有關加害人的刻板印象

(一)性侵害女人的男人是心理不正常的。

(二)男性因為無法控制性慾，才會性侵害女性。

(三)正常的男人不會性侵害女人。

三、有關性侵害控訴的刻板印象

(一)性侵害的目的是為性慾的滿足。

(二)大部分的約會性侵害控訴，頗令人懷疑。

(三)性侵害事件多發生在陌生人之間。

(四)性侵害案件的成立，須有武器或是暴力證據。

(五)女人會為了某些原因，謊稱受暴。

第五節　性侵害犯罪之成因

　　性侵害之成因具複雜之背景因素，包括生物、文化、個人病態心理與意外（偶發）事故等，均有可能。另有學者將性侵害犯罪之發生怪罪於被害者，茲分別說明如後（Ellis, 1979: 409-410）：

一、生物因素

　　部分之性侵害者，或由於腺體因素，其對性之需求較高，缺乏自制；另性侵害者亦具高度攻擊性，並呈現部分ADHD症候（楊士隆、鄭瑞隆，2002）。此外，或因大腦受傷或心智上之缺陷，而對女性懷有敵意，在此情況下，以原始之男性本能（性）對女性造成性侵害。

二、文化因素

　　在學者Wolfgang及Ferracuti（1967）所描述之暴力次文化（the sub-culture of violence）中成長的人，極易在同儕之鼓舞下，以征服女性之方法（如強暴），印證其為男人中的男人，而提升地位。此外，在一個具侵略性之國度環

境中（如美國），男性從小即被教導成為剛強的支配者，性侵害犯罪亦可能係此項強勢文化之副產品。

三、個人心理因素

倘個人存有高度自卑感，或年幼時曾遭欺侮與動粗或受性侵害，極可能藉強暴之手段，用以重拾男性自尊或報復。此外，個人表達溝通能力欠佳與異性相處能力薄弱等，亦可能埋下日後強暴行為的種子（黃軍義，1997）。

四、偶發因素

在犯案前酗酒、吸毒或觀賞一系列暴力色情影片或刊物之影響下，個人可能因此喪失自我控制力，而從事性侵害行為（黃軍義，1995）。

五、被害者因素

衣著暴露、言行舉止表現輕浮讓人感覺易於求歡、落單至高山溪畔等人煙稀少處、沈思等，將自己陷於被害情境中，易導引性侵害犯罪之發生。

而很明顯的，前述單一之因素解釋並無法充分詮釋複雜之性侵害犯罪成因，多因模式（multi-factorial models）則提供了另一較佳之選擇。在文獻上，以Wolf（1984）及Finkelhor（1984）之多因模式較受到注目，其主要之特色在於其模式不僅止於解釋性侵害行為的發展，同時對於犯行發生之過程亦一併述及（Fisher, 1994）（楊士隆、林健陽，2003）。

Wolf（1984）之多因模式係屬一個社會、發展、情緒、心理的模式，其特別強調性侵害者在成長過程中遭遇許多負面情境，促使其發展偏差之認知與自我形象，降低了從事偏差性行為之禁制，如害怕被發現，對受害者及社會風俗造成傷害等；同時，發展不正確人格與行為模式。根據Wolf之看法，性侵害者逐漸形成自我為中心，自我形象低落，防衛性、認知思考扭曲，迷戀於固定思考與行為，社交疏離、退縮，並且從事許多迴異性活動，包括妄想、自慰等，為未來之性侵害行為鋪路。

為詮釋前述特性，如認知扭曲、補償之心理等與未來犯行之關聯，同時瞭解性侵害行為發生之過程，Wolf依據Lane及Eamore（1978）在早期建構修訂之「青少年性侵害行為認知行為失調循環模式」，發展其性侵害行為循環周期（sexual assault cycle，詳圖10-2）。基本上，此類性侵害行為之循環周期肇始於行為人具有負面之自我形象，當情況產生時，無法因應，而以對問題加以扭曲思考，尋求欠缺恰適之方式解釋。由於自我形象低落，其期待經常無法落

實，為減少此項痛苦，只好自我隔離；也由於自我封閉的結果，只能沈溺於異性妄想，以減輕痛苦，性妄想之罪疚感，故衍生扭曲之思考，此類曲解之思考型態成為性侵害者之思考特色，並且在循環周期中周而復始發生。

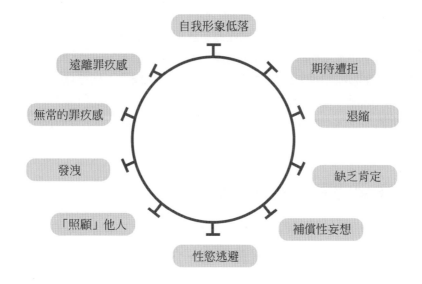

圖10-2　Wolf（1984）之性攻擊循環周期

資料來源：Wolf (1984), sexual assault cycle.

　　行為人隨而進展至計畫犯行，並設計情境以使性侵害行為發生，其亦可能誘使潛在被害者，並且找尋降低風險之情境。隨著時間之累積，其犯行將更加的嚴重，完全以滿足自己之需求為主。一旦犯下性侵害案件後，事件本身亦是一個強化的環結，一旦隨著性慾興奮之達成，其罪疚感則呈現無常的狀態。為重新建構其自我形象，性侵害者進而扭曲自己之思考，以減輕罪疚感與焦慮，作法包括合理化其行為，絕無下次犯行等。在此情況下，其因已犯行，導致進一步自我形象受損，而再度回到先前循環周期之肇始狀況，將自己陷於被害情境中，易導引性侵害案件之發生。

第六節 性侵害犯罪之預防

鑑於性侵害行為之潛在威脅存在於社會每一個角落，故採行必要措施、積極展開防治工作乃有其急迫性。基本上性侵害行為之防治涉及司法與行政各部門之專業投入與合作，但目前我國性罪犯處遇與矯治制度迄未完善，包括刑前強制鑑定治療缺乏適切評估工具、治療人員訓練嚴重不足，且缺乏相關診療設備；刑中強制診療制度未能落實，未做好釋放前準備等；刑後身心治療及輔導教育仍待改進等（楊士隆、鄭添成、陳英明，2003），因此積極之防治措施仍然困難重重。茲從一般預防、處遇與再犯預防三個面向，提出防治建議，以期減少其發生。

壹 性侵害犯罪之一般預防措施

性侵害行為之一般預防措施，可分別從性侵害者及被害者兩方面著手：

一、性侵害者之初級預防（黃軍義，1995：152-156）

(一)健全家庭組織與強化親職教育：性侵害者多來自破碎、暴力頻傳、管教失當與欠缺家庭溫暖之家庭，故健全家庭組織與強化家庭功能乃刻不容緩。

(二)建立兩性平等觀念：性侵害行為之發生亦可能導源於兩性觀念或態度之偏差，如大男人主義、傾向男性化迷思及對被害人不利之性侵害迷思，故應透過家庭、學校與社會教育加以導正。

(三)改善社會暴力風氣與價值觀：根據研究顯示，社會對暴力行為的支持態度（如是否贊成死刑、對軍備擴充的態度、對槍枝管制的態度、對以暴力手段解決問題的態度等）與所允許的暴力活動情形（如各學校容許體罰的情形、判死刑的多寡、參與打獵人數的多寡等），影響及社會性侵害案件之發生率（Baronet et al., 1988）。故積極改善社會暴力風氣，有助於減少性侵害犯罪之發生。

二、被害者之預防

(一)避免成為性侵害者合適之標的物，包括衣著暴露、予人易於求歡之印象。

(二)行為人外出時應結伴而行，避免落單至人煙稀少之地方或隨意至陌生人家中。

(三)提高警覺防衛意識，隨身攜帶瓦斯噴霧器、警鈴等，可參與自我防衛及防暴訓練，強化自身安全維護工作。

貳　性侵害犯罪之處遇

由於性侵害行為之發生涉及複雜之生理、心理與社會因素，且行為人經常抗拒改變其迥異之性變態型態，因而其矯治並非傳統刑罰機構之制裁所能奏效（Prentky, 1995），故須以處遇之觀點因應。學者Furby等人（1989）在回顧相關研究與臨床文獻後曾悲觀的指出，目前的處遇雖日趨完善，但並無法保證這些性侵害行為人出獄（院）後不再犯。美國司法部（United States Department of Justice）之研究顯示，未治療之性侵害加害人，在釋放後三年的追蹤，其累犯率約為60%，治療後則降為15-20%（周煌智，1999）。因此，我們認為對各類型性侵害行為者仍應施以妥適之矯治處遇，以減少其再犯之機率。在處遇上，作者認為應考量下列諸點：

一、由精神科醫師、專業人員診斷並援用適切之測驗，對各類性侵害行為予以妥善分類，達成個別化處遇之目標。

二、建立再犯危險評量，避免再犯（林明傑、曾姿雅，2004）。尤其對於前科總數愈多、性侵害前科數愈多、五年內再犯者、犯行多樣、被害人數愈多、被害者愈年輕、被害者性別為男性並包含陌生人時，其再犯之可能性最高（楊士隆等，2004），假釋時應特別審慎。

三、參考臨床成功之案例，依個案之不同，提供妥適之輔導與治療服務，如援用在文獻上廣受肯定之認知行為療法（cognitive behavioural Interventions）（Epps, 1996; 楊士隆，1997；楊士隆、吳芝儀等，2000）或施以藥物治療等，強化行為之控制與管理，減少再犯。

四、由於性侵害行為之發生往往與行為者成長之家庭結構和環境密切相關，故必要時宜對其進行家族治療。

五、對於再犯危險性高之性侵害慣犯，可考慮修法科以強制矯治之保安處分；倘鑑別出與過多之性趨力有關，亦可考慮應用抗男性素或雌激素治療（如醫藥界之Anti-androgeen cyproterone acetate及Tranquilizer ben-peridol）（Bancroft, 1983），或施以「打滕」以電擊之方式使其暫時喪失性能力，

並輔以心理治療，以避免再犯。

參 性侵害行為之再犯預防

　　鑑於性侵害加害者再犯之情況並不低，國內林明傑、王家駿等（2001）引述多位國外學者專家之相關研究指出，有必要加強再犯預防工作。如科羅拉多州發展出有名之「抑制模式」（containment model），其認為對較高危險的假釋犯應有較密集的觀護（如每週三至五次之面對面監督）、每三個月或半年一次到警局之測謊（polygraph testing，詢問其有無再接近高危險因子，如有無再看色情出版品、接近小學、酗酒、有無再犯等，題目由輔導治療施予測謊員擬定）及每半年或一年做一次陰莖體積變化測試儀（penis plethysmography）以瞭解其偏差之性偏好有無改善。

　　根據佛蒙特州性罪犯處遇方案所提出「性罪犯之社區監督鑽石圖」（supervision diamond，詳圖10-3），認為性罪犯之社區監督應有如菱形鑽石之四角，且缺一不可（林明傑，2001），此四個元素為觀護人之社區監督、社區之輔導治療師、案主之支持網路（如好友、工作之老闆或輔導中之其他人員）及定期測謊。

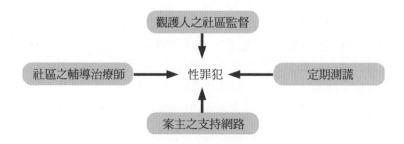

圖10-3　性罪犯之社區監督鑽石圖

資料來源：Comming & McGrath, 2000。

第十一章　聚衆、恐怖主義活動與防爆事件

第一節　聚衆事件

一、聚衆活動定義

所謂聚眾活動，指多數人為共同目的，聚集而有持布條、舉標語牌、呼口號、唱歌或其他足以表示其一定意思之行為者，如聚眾示威、抗議或靜坐均屬之。

二、非法聚衆活動處置要領

(一)適時掌握預警情資。

(二)加強危機處理應變措施以及強化駐衛人員執勤技巧。

(三)建立溝通管道。

(四)與轄區警方密切聯繫，適切處理。

(五)注意駐地硬體設備防護。

三、駐衛人員處置措施

(一)將狀況立即反應。

(二)先採取安撫措施，不要激怒群眾。

(三)若情況緊急，先將鐵柵門拉上。

(四)全力配合警方處置。

(五)在不逾越權限範圍內，做適當狀況處置。

(六)執勤時應注意安全，嚴防暴徒突襲。

四、外勞聚衆抗爭與國內聚衆活動差異

(一)外勞聚眾抗爭事件，多係小摩擦演變成大抗爭。

(二)發生時間多在夜間或假日，管理人員較鬆懈時，而非白天或外勞上班期間。

(三)僱主透過通譯人員對外勞疏導化解，仍無法達意，且效果有限。

(四)外勞因集中生活管理，故有事發生時聚集速度快，較難以機先疏處。

(五)現場外勞人數往往超過現場處理人員，故處理外勞聚眾抗爭事件，常須使用大量執勤人員以及警力介入處理。

(六)常種族意識擺第一位，易失去理性，不問是非，摻雜民族情緒抗爭，易引起媒體關注，處理不慎，易造成國際外交事件。

(七)工地抗爭現場，外勞易撿拾木棍、石塊使用，增加執勤人員危險性。

(八)外勞抗爭事件易起易消，抗爭後仍希望保有工作，故不易有長期抗爭行動。

第二節 恐怖主義活動與防處

壹 恐怖主義定義

2011年5月1日美國「海豹部隊」執行代號：「海神之矛行動」（Operation Neptune Spear）在巴基斯坦阿伯塔巴德的豪宅擊斃「蓋達組織」（Al-Qaeda，或有人譯「開打組織」）的首腦人物賓拉登（Osama Bin Laden）。賓拉登被認為是1998年美國大使館爆炸案[1]，以及2001年震驚全球，造成2,998人死亡的「911事件」幕後領導人，名列聯邦調查局十大通緝要犯。美國眾議院在2004年3月18日，更通過法案，將提供逮捕賓拉登線索的賞金從2,500萬美元增加到5,000萬美元。

「蓋達組織」是第一個恐怖主義組織（Terrorism）嗎？當然不是，早於1914年6月，一名塞爾維亞人民族主義分子刺殺了奧地利的法蘭西斯‧斐迪南大公（Archduke Francis Fredinand），引發在第一次世界大戰，即是典型的恐怖主義。

恐怖主義活動係指一連串企圖在人群中散播恐怖、驚慌與破壞的行為，該活動由個人或團體發起，經縝密設計，針對特定目標，透過暴力攻擊、恐嚇毀

1　1998年8月7日，美國駐東非坦尚尼亞首都三蘭港和肯亞首都奈洛比的大使館幾乎同時遭遇汽車炸彈襲擊的事件。這兩起攻擊行動共造成224人不幸遇難，超過4,500人受傷。

壞手段，藉以達到政治、宗教或意識型態之懲罰警告、報復教訓為目的，其規模小至暗殺綁架、大至攻擊戰爭，足以造成地區人民及國家的恐慌動盪與混亂不安。其特性為計畫性的暴力犯罪行動，時機地點、方式、難測不定，蓄意製造恐懼，脅迫對象目標接受其目的。

貳　恐怖主義特徵

研究恐怖主義的專家威金森〔Paul Wilkinson〕認為，一般研究政治暴力之學者普遍認為，恐怖主義係政治暴力特殊形式，是國家、次國家組織為達成其政治、社會性目的而所採用之武器或方法[2]。準此，恐怖主義具有下列特徵；

一、恐怖主義係預謀性，而且目的在製造極端恐懼，或恐怖之氣氛。

二、恐怖主義之目標並非暴力行動下之受害者，而係針對其背後更為廣大之群眾。

三、恐怖主義所選擇的對象係隨機及象徵性選定。

四、在正常社會之認知中，恐怖主義所採取之暴力行動皆係超過社會認知範圍，而且會引發社會憤怒。

五、恐怖主義之目的在於公開闡揚其政治主張與訴求，並企圖以恐怖暴力方式，達到影響目標之政治行為目的，迫使其讓步或接受要求。

參　恐怖主義攻擊方式

一、傳統性恐怖攻擊：例如爆炸、暗殺、武裝襲擊、綁架與劫持人質、劫機與劫持車船。

二、核子武器攻擊。

三、生物細菌攻擊。

四、化學武器攻擊。

五、網路癱瘓入侵。

2　Paul Wilkinson (1990), "Terrorist Targets and Tactics: New Risks to World Order", Conflict Studies, December 1990, p.1.

我國《反恐怖行動法草案》[3]第2條所稱恐怖行動，指個人或組織基於政治、宗教、種族、思想或其他特定之信念，意圖使公眾心生畏懼，而從事下列計畫性或組織性之行為：

一、殺人。

二、重傷害。

三、放火。

四、投放或引爆爆裂物。

五、擄人。

六、劫持供公眾或私人運輸之車、船、航空器或控制其行駛。

七、干擾、破壞電子、能源或資訊系統。

八、放逸核能或放射線。

九、投放毒物、毒氣、病原體或其他有害人體健康之物質。

該法所稱恐怖組織，指三人以上，有內部管理結構，以從事恐怖行動為宗旨之組織。所稱恐怖份子，指實行恐怖行動或參加、資助恐怖組織之人員。

肆 造成嚴重損害

世界各地的恐怖活動，對於任何國家及社會所造成的危害，遠超過任何其他形式的暴力活動，其主要原因計有：

一、因為恐怖主義組織都是進行無預警的攻擊模式，使民眾、工商企業、政府組織及武力較薄弱的執法機關，容易成為攻擊目標，不但使之長期飽受精神及心理威脅，且難有防範及自衛的能力。

二、恐怖主義組織針對「不特定對象」進行攻擊，並藉以要脅政府讓步，政府如果讓步，不僅弱化政府的公權力，也會使政府的公信力瓦解，民眾因而懷疑政府的執政能力。

三、具有敵意的他國或組織可以輕易的把恐怖活動當成「有限戰爭」的軍事戰略手段，以極小的代價，就可以讓對手國陷入恐慌，甚至癱瘓。

3　行政院曾於2003年、2007年兩次送請立法院審議，惟受立法院法案審查屆期不連續規定，本草案必須由行政院重新送請立法院審議。

四、反制恐怖活動須投注鉅額經費預算，「911事件」發生後，美國參眾兩院同意撥款400億美元，投入重建工作及打擊恐怖活動。另投入大量人力、物力整合司法部、財政部所屬幾個執法機關，成立「國土安全部」。可以推斷，反恐工作長期終將影響各國政府相關部門的正常支出。

五、恐怖活動已不再侷限於傳統武器或爆裂物所帶來的殺傷力與破壞，隨著科技的發展，恐怖分子可能取得毀滅性的核生化武器（例如日本「奧姆真理教」取得沙林毒氣），或對國家重要基礎設施（例如航管系統、電力輸送、銀行金融、醫療體系）的電腦系統進行破壞。

六、新聞媒體在民主國家的大幅報導，尤其是電視傳播，將助長及擴大恐怖分子蓄意追求的宣傳效果，社會大眾如果因此產生意識的軟弱，將使政府施政受到重大影響，難有扭轉餘地。

伍　台灣反恐現況

　　聯合國早已制定了12項全球公約，亦設立相關的反恐怖主義委員會，或工作組織透過國際合作及力量整合從事反恐工作。台灣沒有發生過真正恐怖主義的攻擊行動，所以國人對於恐怖主義攻擊的感受多來自電視媒體報導。

　　但在全球化趨勢下，可能恐怖主義組織會從台灣購買組裝武器的資訊或電子設備；也有可能透過台灣便利的交通運輸系統利用我國成為武器的轉運站；甚至使用台灣自由化的金融體系為犯罪資金進行洗錢。任何一個國家要有效執行反恐工作，必須有完善的反恐法制、透過國際合作掌握恐怖主義組織情資，以及建構完善的反恐機制。

　　我國在危機處理法制歸納起來略可區分為重大國家安全事件、實際戰爭狀態、重大災難事件、緊急危難或財政經濟重大變故、平時的安全及治安事件等五類。92年依據「行政院反恐怖行動小組設置要點」，設置「反恐怖行動小組」，進行統合工作，目前該小組已擴充成為行政院國土安全辦公室，統籌政策研擬、法制推動，以及教育宣導等，雖對反恐工作整合略見雛型，但101年隨著行政院組織再造可能組織又更迭。

　　國內至目前為止雖尚無形成恐怖組織的條件或遭受彼等攻擊立即的危險，但「不恃敵之不來，而恃吾以待之」，身為地球村之一份子，尤不能置身於世界反恐怖行動之外，自應積極配合建構相關反恐怖作為及完備法律制

度，以與世界各國建立反恐怖合作關係。我國目前相關刑事處罰及行政管制法律，對於恐怖行動雖有若干處罰及管制規定可資適用，但為強化對於反恐怖行動之法制、統一處理事權、統合全國相關情報及執法機構，對外負責與國際間之動態合作，仍有賴制定專法，設置或指定專責機構負責綜整相關業務，方能事半功倍。

第三節 防爆事件

　　爆炸物包裝或所製造外型種類繁多，不可能有標準可辨認的樣式，其最主要目的在恐嚇，因此在搜尋時，對較可疑違常物品必須產生懷疑，接著由防爆專家去判定處理。下列引述國內處理防爆事件刑事警察局偵五隊提供資料：

一、爆炸裝置的基本構造

(一)火源：指爆炸裝置賴以作用的能源。

(二)發火物：指將火源轉變為火花、火焰之物。

(三)炸藥：發生爆炸的主體。

(四)開關：控制爆炸發生條件的裝置。

二、常用的火源

(一)人力：利用人的鬆、拉、啟、壓等動作。

(二)機械能：利用彈簧的彈力等。

(三)化學能：利用化學物質的腐蝕作用、脫水作用、氧化還原作用等。

(四)電能：利用電的電熱效應、電磁效應、光電效應等。

三、防爆處置

（一）實施檢查

1. 對可能放置爆裂物之處所實施檢查要詳細。

2. 檢查時不可輕易放過任何一樣東西。

3. 特別注意可疑徵候，如有音響之物品、來源不明物品、用途不明物品、氣物品，鬆動或移位之物品、各種導線新的痕跡等。

4. 按程序檢查，由外而內、由左而右或由右而左、由上而下，動作要

快。

5. 特別注意下列場所如停車場、地下室、電梯、走道、消防栓箱、會客室、廁所、康樂室、儲藏室、櫃檯等之檢查。

（二）爆裂物簡易辨識要領

1. 外部觀察：
   (1) 可疑記號：不明的記號、指標或樹葉堆等標記。
   (2) 可疑包裝：為避免中途爆炸，常層層包紮，十分嚴密。
   (3) 滲漏現象：炸藥與油脂混合以變成可塑性，有些炸藥則含有硝化甘油，一旦和包裝紙盒接觸，就有可能產生滲漏現象。
   (4) 可疑孔洞：歹徒為本身安全，避免走火，常在爆炸裝置外表留下保險鞘或電線。
   (5) 露出天線：使用遙控裝置的爆炸物，須裝有接收天線，同時必須將天線露出。
2. 氣味辨別：火（炸）藥氣味可辨別。
3. 聲響判斷：定時炸彈仔細傾聽，可能會有鐘錶聲音。
4. 金屬探測：所有爆炸裝置均有金屬裝置，以金屬探測即有反應。

（三）安全注意事項

1. 不要接近或觸動可疑物品。
2. 不要將可疑物品浸水。
3. 儘可能不要用手拉動或撕開包裹，開放箱盒鎖或旋開管蓋。
4. 不要貿然剪斷可疑物品電線或任何繩線。
5. 不可任意翻動或傾斜可疑物品。
6. 不可用金屬器具切割或穿刺。
7. 不可吸煙點火或將可疑物放置高溫處所。
8. 不可打開收音機或發報機。
9. 不可放置於蒸汽管、輸送機、轉動的輪胎物品旁。
10. 不可將可疑物品帶到人們聚集的處所。

（四）安全處置程序

1. 發現可疑物品，立即與公司或雇主聯繫或打「一一○」報警處理。

2. 發現可疑物品，應立即疏散人員、封鎖現場，避免人員靠近。

3. 如在屋內，應將門窗打開，切斷火源、電源、水源、瓦斯等。

4. 將附近所有易燃、易爆的物品移走。

5. 利用附近可資用來吸收震波的物品，如輪胎、沙袋、棉被、毯子、枕頭等褥墊圍砌爆炸物。

（五）安全警戒

1. 在安全距離外，樹立警告標幟，建立警戒線。

2. 在警察未抵現場前先行管制交通、疏導交通。

3. 保全現場。

第十二章　職場暴行

　　近年來發生於職場之暴行（workplace violence）或稱工作場所暴行，為保全管理專業（security professional）所密切關注。根據美國職場暴力研究所（the Workplace Violence Research Institute）之研究，職場暴行係指任何攻擊職員的行動，使其工作環境充斥敵意，並對職員身體上或心理上造成負面影響。這些行動類型包括所有肢體或語言攻擊、威脅、強迫、恐嚇及各種形式的騷擾（引自Kaufer and Mattman, 2000）。隨著職場衝突之增加，此項暴行已被認為係職業傷害與死亡之第三大要因（Fox and Levin, 1994）。國內雖發生多起重大職場暴行事件，並導致嚴重傷亡，但在此方面之調查研究並不多（楊志明等，1997；焦興鎧，2000），為此本章將檢視職場暴行之現況、型態與成因，並於文後研擬對策因應，希冀引起政府與學界重視，減少事件之發生。

第一節　沿革與發展

　　職場暴行之相關文獻，以美國為例，最早可回溯至1917年發生於美國紐澳良之員警槍殺警察局長及隊長事件。一名員警因經常缺勤被暫停職務，而在情緒極端紛擾下，於舉行公聽會前夕，闖進局長室槍殺了局長。據調查，這位警員具有精神方面之疾病（mental illness）（Complete Workplace Violence Prevention Manual, 1994: 2）。

　　根據Meadows（2001: 118-122）之敘述，雖然此類事件在各職場持續發生，但相關之研究並未展開。1980年，南島公司（the Southland Corporation）進行之一項防治便利商店搶劫專案研究，始揭開序幕。但遲至1987年由衛生行政期刊所公布發表之論著，始逐漸引起重視。1993年由西北全國人壽保險公司（Northwestern National Life Insurance Company）所從事之「職場恐懼及暴行」（fear and violence in the workplace）係一項較具周延與規模之研究，主要之發現如下：

　　一、暴行及騷擾影響員工之生產力與健康。

　　二、工作壓力與職場暴行／騷擾間存有高度相關。

三、騷擾者多為同事或老闆，攻擊者多為顧客。

四、改進人際關係並強化其效能之預防方案，將可降低暴行之層次。

1990年代，由全國職業安全與衛生研究所（the National Institute for Occupational Safety and Health，簡稱NIOSH）所進行之一系列研究，進一步揭開職場暴行之內涵（Richardson, 1993）。這些研究檢視在職場暴行死亡之原因與場所，其發現職場死亡之主要因素為殺人事件，許多被害者為在零售業工作之女性員工，而導致死亡之主因為遭搶劫。此外，由人力資源管理學會（the Society of Human Resource Management）對479名人力資源經理之調查更提供重要之訊息供參考（Harrington and Gai, 1996）。研究發現，33%之經理曾經歷職場暴行，其中75%係打鬥，17%係槍擊，9%涉及刀械攻擊，6%屬性侵害行為。男性占攻擊事件之80%。超過60%之事件導致嚴重傷害，並須醫療處遇。研究並指出，推銷員（sales）、行政經理主管（executive/manager）、計程車司機（taxi driver/chauffeur）、執法人員（law enforcement）及警衛（security guard）等較易遭受嚴重攻擊。

1995年美國南加州大學危機管理研究中心（Center for Crisis Management）在國際設備管理協會（International Facility Management Association）之贊助下，進行一項較具規模之研究（Harrington and Gai, 1996: 2），對其1,500名人力資源經理及安全主管之調查發現，43%之受訪者在過去三年內經歷職場暴行。最常見之暴行型態包括恐嚇電話、炸彈威脅及員工間之爭鬥。而令人擔憂的是，64%之受訪者指出，其並未有接受防範暴行之訓練。

陸續之職場暴行顯示，並無任何之場所或職場可免於暴行之威脅（Kelleher, 1996）。而在此情況下，晚近學界與實務界紛紛投入研究以期減少事件之發生。

第二節　嚴重性與傷害

職場暴行之嚴重性從國外之相關研究可略知，根據Kaufer及Mattman（2000）彙整之文獻，職場暴行之嚴重性如下：

一、西北人壽保險公司（The Northwestern Life Insurance Company）研究指出，四分之一全職上班族曾在工作中被騷擾、恐嚇威脅或攻擊。

二、美國管理協會（The American Management Association）之調查發現，50%的公司在四年內發生過工作場所暴力，30%之職場則發生一次以上之暴行，其中25%係由現任職員所促成，9%係由以前職員所引起。

三、美國司法部門（U. S. Department of Justice）則發現，1993年有1063件工作場所殺人事件發生，43位係由先前僱用之員工所觸犯。研究預測，未來四分之一的員工會成為工作場所暴力受害者。

四、美國加州（CAL/OSHA）亦發現，職場暴行正在增加，攻擊和暴力行為成為工作時死亡的首要原因。1992-1993年職場殺人增加25%以上，其中計程車司機、安全警衛、便利商店店員、珠寶店職員、小汽車旅館櫃檯人員在所有職業中具最高死亡比率。

五、1995年職場暴行研究所則估算，每年美國商業損失超過360億美元，包括生產力降低、喪失性命、受傷、諮商、法院訴訟費用、危機管理之費用等。

此外，根據Warchol（1998）之分析，1992-1996年美國職場暴行之被害情形則有以下之發現：

一、平均每年有超過200萬之美國居民是職場暴行之被害者。

二、每一年有超過1,000次的職場殺人案件發生。

三、最常見之被害型態是簡單攻擊（assault），預估每年發生155萬件，同時每年發生51,000件性侵害案件及84,000件搶劫案件。

四、每一年有23萬警察人員在執勤中遭受非暴力的攻擊。

五、大約有40%非致命攻擊行為之被害者反映他們認識施暴者。

六、女性比男性更可能因認識對方而受到攻擊。

七、大約有12%非致命的職場暴行傷及被害者，在這些傷害行為中大約有一半需要接受醫療處遇。

八、親密關係者（現任及前任之配偶、男朋友、女朋友）占職場暴行犯罪之1%。

九、在各行業中，以零售業（retail sales）被害情形占第一位（每年約近30萬件），執法機關（law enforcement）占第二位，教職（teaching）占第三位（每年約近15萬件），醫療機構（medical）占第四位，心理衛生（mental health）占第五位，交通運輸（transportation）占第六位，私人警衛（private security）占第七位（每年約近6萬件）。

　　另外，根據楊志明等（1997：32-34）回顧美國職業安全衛生研究所（NIOSH）之調查顯示，職場暴行之傷害與日俱增（包含致命性與非致命性之襲擊事件），其中以(一)經常面對顧客；(二)現金交易；(三)計程車及運輸司機；(四)無固定工作地點；(五)監護人員；(六)單獨作業；(七)值夜人員；(八)在高犯罪區域工作；(九)保全人員等最易遭受攻擊，而國內因缺乏完整之通報系統與統計，故這些職場暴行之盛行率與詳細數字仍無法得知，亟待有關主管當局正視。

第三節　職場暴行之型態

　　學者Johnson等人（1994: 26）及Blow（1994）等曾區分職場暴行為以下四類型態：

一、強盜及其他商業犯罪（robbery and other business crime）

　　係指搶劫犯以武力對高危險行業，如各服務站、速食業餐館等員工進行掠奪傷害之行為（McMurry, 1995）。

二、家庭以及誤導之感情案件（domestic or misdirected violence）

　　係指家庭之紛爭被帶到職業而言。換言之，經常是被激怒之人至職場尋覓配偶、情人理論或報復，而導引之暴行，其亦可能傷及無辜之第三者。根據1995年對美國27州248家公司安全主管之調查，家庭暴力轉而在職場發酵占相當高之比率，而93%之受訪者指出，家庭暴力已成為公司安全之重要問題。

三、雇主導引之情境（employer-directed violence）

　　一般係指離職員工因遭受免職或不公平之懲處而引發之暴行。

四、恐怖主義與憎恨性犯罪（terrorism and hate crimes）

　　Hess及Wrobleski（1996）指出，在示威與抗議中展現之暴力行為後果可列為第五項職場暴行型態。

　　此外，美國加州職業衛生與安全部門（California Division of Occupational Health and Safety，簡稱Cal/OSHA, 1994）之職場安全準則（guideline for workplace security）後來則區分職場暴行為以下四項型態（Cited in Wilkinson, 2001: 155-156; Runyan et al., 2000: 116）：

一、第一類型

此類型職場暴行之當事人與機構組織間無任何關聯，一般其主要目的為進入職場搶劫或從事其他犯罪活動。

二、第二類型

此類型職場暴行更加複雜。當事人基本上係機構組織服務之接受者或被害者（如顧客、病人或旅客）。

三、第三類型

此類型職場暴行則涉及與機關工作有某種程度關係之當事人所發動之攻擊行為。當事人為機關目前之職員或先前之員工，其與原機關組織之雇員、監督長官或經理係熟識者。

四、第四類型

此類型職場暴行基本上屬於家庭暴力類型，其係由家庭之人際衝突波及（spillover）至職場中之暴行。其多數與被害者熟識，但並非職場中之員工或顧客。

第四節　職場暴行之成因

在職場暴行之成因分析方面，文獻顯示不同學者呈現獨特看法（Hess and Wrobleski, 1996: 631-632）。首先學者Olmos（1994: 9）指出，職場暴行增加之社會文化因素包括：

一、職場暴力反映一般之社會情況。

二、我們的國家似乎迷戀暴力。

三、我們的刑事司法體系似乎迷失了方向，並且無法有效處理犯罪問題，而警察亦公開承認無法有效率的保護我們。

四、我們不良的經濟表現製造了許多失業與財物安全問題。

五、美國人似乎偏愛槍枝，使用槍枝在觸犯暴力行為時較刀械、徒手、拳

頭等容易。

Baron（1995）則指出，以下之組織管理問題為職場暴行之重要原因：
一、無法有效處理公司存在之問題。
二、依據職務高低論功行賞。
三、員工被視為工具。
四、高階長官言行不一。
五、成功標準不一。
六、機構與員工間缺乏互信。
七、不誠實，無法直接溝通。
八、工作負荷增加，缺乏責任。
九、工作氣氛欠佳。
十、規定反覆，無法援用。
十一、獨斷之管理型態。
十二、抱怨管理不當。
十三、對於員工工作環境及安全之需求缺乏注意。

Johnson等（1994）另指出，暴力之文化、逐漸增加之經濟壓力、「有毒」（toxic）之工作環境以及缺乏責任感等，使得暴力不斷傳染開來。所謂有毒之工作環境，係指高度權威管理型態、監督尺度不一，無法預測，管理上入侵隱私，並且極端隱密等。

在個人因素方面，McClure（1999: 79-83）彙整文獻指出，諸如濫用藥物、酒癮、憂鬱症、焦慮與無法因應壓力及心理神經之違常等個人心理、情緒問題，在促成職場暴行上亦扮演重要角色。

綜合各項因素，職場暴行確有複雜之個人、組織管理與社會文化成因，在互動之影響下，為職場安全投入不可預期之變數。

第五節 暴行之徵候與暴力犯之特質

某些徵候常常是暴行之最佳預測指標，例如當事人經常收到恐嚇電話、人身騷擾及源源不斷的饋贈、情書、禮物等（Meadows, 2001: 126）。學者Baron

（1993）係研究職場暴行殺人犯之專家，其研究指出，暴力犯具有以下特徵：

一、暴力之歷史（前科）。

二、精神病之證據。

三、色情狂。

四、物質依賴。

五、憂鬱。

六、病態歸咎他人之型態。

七、神經系統功能之損傷。

八、挫折忍受力低。

九、對武器相當有興趣。

十、人格違常之證據。

十一、在暴力事件發生前大聲喊叫。

十二、莫名其妙與怪異之行為表徵。

學者Brandt及Brennan（1994: 11）之研究指出，暴力掠奪者主要之特質如下：

一、33至35歲之男性。

二、中途轉業或不滿家庭生活現況。

三、孤獨缺乏支持系統。

四、低自尊。

五、在離職率高之環境中工作。

六、在就業歷史上不穩定。

七、將自己的缺點經常投射給別人。

八、具有恐嚇同事或長官之歷史。

九、對他人抱持懷疑之態度，並感覺被迫害。

十、注意他人之違規情形並做成記錄。

十一、對武器極具興趣，也許是一收藏家或製造者。

學者Graham（1992: 83）則認為，管理者應留意濫用藥物之徵候，在面臨壓力下，衝動控制情形、暴力情節與犯罪行為之歷史、妄想及自戀之人格特質。此外，學者Johnson等（1994: 27）指出，監督長官應學習、注意員工之行為改變，包括逐漸增加之缺席率，突然與工作脫節，不規則之工作型態，愈嚴重之紀律問題，個人表現之急劇改變，莫名其妙之憤怒及無法接

受批評等。McClure（1996）另指出，這些徵候應即早辨識，俾以即時介入（intervening），避免事件至一發不可收拾之階段。

第六節　職場暴行之預防

衍生職場暴行原因甚廣，涵蓋個人、雇主、機構與整體家庭與社會環境因素等（McClure, 1999），故在預防工作上亦無萬靈丹，必須兼顧各層面因素，同時針對不同型態之職場暴行，採行必要預防與管理策略（Witkowski, 1995），並且實地操作演練，落實防治措施，始能使危害降至最低。相關之職場暴行預防措施如下（Kaufer and Mattman, 2000: 1-11; Wilkinson, 2001: 156）：

一、僱用合適之員工

在職場暴行上，如何僱用合適之員工扮演極為重要之角色（Kaufer and Mattman, 2000）。首先應對申請者之履歷表內容詳加查證（此項作法可自己查證，方可外包透過徵信社為之），以確保應徵者具備應有之資格、技術與工作經驗。其次，應透過電話之聯繫，以確認應有之正確地址與姓名，再對他寄出面試函。同樣重要的是必須對應徵者面談，同時由具經驗者給予第二次不同時間之面試，以確認其提供之資料。另可透過健康檢查，以瞭解其精神與健康情形。

另一項重要工作為檢查應徵者之前科紀錄，此項作法有助於瞭解其未來工作之適任與否與可能狀況。最後，在僱用時應對所有階層之應徵者做全面調查，非侷限於基層人員，同時不應基於成本考量僱用不適任者，蓋稍一不慎，即可能釀成悲劇，讓公司鉅額損失。

二、擬定職場防暴計畫

擬定職場防暴計畫，以供機關人員參考與執行是有必要的。學者Kaufer及Mattman（2000）指出，理想之防暴計畫發展過程一般涵蓋下列要素：

(一)形成執行委員會。

(二)評估當前形勢。

(三)確立方針及執行政策。

(四)建立秘密資訊蒐集和評估中心（熱線）。

(五)發展訓練計畫。

(六)檢視審查應試員工篩選過程錄影。

(七)檢視離職過程。

(八)準備危機應變計畫。

(九)持續測試應變計畫並予改進。

三、危機處理機制與程序之建立

雖然機構已有良好之防暴計畫與政策，惟一旦遭遇緊急事故，仍須做好危機處理工作。因此，成立危機處理小組（crisis responses team）妥善因應威脅事故的發生有其必要。此項危機處理必須確立每人回應之職責與程序，同時一旦處理機制與程序建立後，必須記錄下來，並加以測試且持續測試，以便作業程序保持流暢，不致延誤。主要之危機處理小組成員應包括（Wilkinson, 2001: 156-157）：

(一)必要的人力資源：以蒐集管理、同事以及僱用者的資料。

(二)安全人員：以處理職場安全並且適當運用執法資源。

(三)醫療團體：提供威脅者的心理評估及評估施暴者的風險，並且在傷害發生時提供必要的醫療協助。

(四)法律諮商：提供危機處理之相關法律知識，做好暴行發生後續之處理工作。

四、強化主管與員工之專業訓練

另一項職場暴行之預防措施可從強化對主管與員工之專業訓練著手，這些訓練的領域包括壓力管理、衝突的處理以及對員工酒精與藥物濫用之警覺性。

主管人員尤其必須接受以下之專業訓練：掠奪者的剖繪、員工的危險因素、問題發生的訊息與徵候、暴行的發展順序、工作場所的互動、性騷擾以及公平處理程序（Johnson, 1994: 81-82）。

五、強化風險管理措施

對於工作環境的風險評估有助於預防職場暴行，其主要的評估內容，包括過去經驗的檢視、周邊鄰里的犯罪型態、工場的經驗、特殊工作性質及工作環境的配置（layout）。某些工作可能蘊含高度的暴力危險性，必須瞭解以下各點（Wilkinson, 2001: 156）：

(一)員工晚上自己是否一個人工作？

(二)員工是否在危險的鄰里工作？

(三)是否有其他措施可減少這些風險？如結伴而行、電話查詢。

(四)員工是否有處理危機的經驗，並且知道在面臨威脅時如何處理？

此外，亦應加強工作環境的安全管理措施：

(一)除內部職員外，是否有其他的訪客或維修人員可接近職場？

(二)整棟建築物是否有足夠的光線？

(三)建築系統本身是否能允許員工安全的在夜晚工作，包括職場與停車場？

六、強化職場之人身與環境安全之管理措施

雖然職場暴行係屬於內在的事務，但強化物理環境安全措施對於整體之抗制職場暴行仍然是非常重要的。例如：倘員工因故被停止僱用，而對職場人員構成威脅時，相關之電子監控系統即可加以記載發生衝突之情境，留下證據，同時警鈴大作亦可引起其他安全人員制止，減少衝突與傷害之發生。

七、強化溝通，建立無毒（nontoxic）之工作環境

預防必須強化溝通以消除潛在的衝突情境，其中較重要者必須建立雙向的溝通，保持愉快的工作氣氛。其次，應致力於消除「有毒」（toxic）之工作環境，包括高度權威管理型態、監督尺度不一、管理上入侵他人隱私等，建構「無毒之工作環境」（nontoxic work environment）（Johnson et al., 1994），以避免衝突危險因子之衍生。

八、落實零容忍與一致性之執法政策

安全管理的專業，一般認為預防職場暴行最有效率的方法，是採行零容忍（zero tolerance）策略，一般人大致認為此項政策意味著威脅的行動立即遭致解僱，但學者Wilkinson（2001: 156）卻認為零容忍的意涵，是指來自工作上的肢體與口頭上的威脅是無法被接受的。採行必要的措施，如對威脅的員工加以諮商，有時即可舒緩問題的發生。整體而言，專家建議假使沒有辦法對這些威脅加以妥善處理，即可能破壞員工對管理的信心。其次，執法的一致性與零容忍同等重要。那麼，一般而言員工會將執法的一致性視為整體公司政策的一部分，假使執行的標準不一，即容易使員工產生犬儒主義（cynicism），並破壞

整體組織之功能與福祉。大部分的企業在這部分大都忽視，並且無法先發制人（proactive）的介入，也因此一件小事即可能醞釀成大災難，一發不可收拾。

九、工會適時介入與協助

根據焦興鎧（2000：30）之撰述，在預防職場暴行之問題上，工會組織扮演一重要之角色，尤其「在雇主對相關受僱者進行調查與懲戒訪談（investigatory and disciplinary interview）時，工會可在場協助其會員，在這種情形下，工會即有可能扮演所謂『消氣閥』（escape valve）之角色。而在團體協約之一般訴訟程序（grievance procedures）及勞動仲裁（labor arbitration）制度等，如能運用得當，亦可減少或紓緩會員導致暴力之憤怒、挫折感及沮喪情緒發生；尤其如果工會組織能與雇主共同合作，協力推展受僱者協助方案、應變小組及防止暴力計畫等，且在雇主發布絕不容忍暴力行為之書面政策時表達支持立場，更鼓勵其會員參與雇主所提供各項相關之訓練課程，則必能透過勞資合作之方式，有效降低此類不幸事件之發生頻率。」

第四篇

職場安全管理與犯罪預防

第十三章　環境設計與安全防護

　　自從犯罪預防理念逐漸受到學者、專家與實務工作者一致認可與重視，許多犯罪預防策略，如嚇阻（delerrence）、個別處遇（individual treatment）及肅清社會病源（root-cause approach）等相繼被援用，試圖降低／預防犯罪之發生。然而，甚為可惜的是，這些構想在我國並未發揮具體之成效。值得注意的是，在眾多犯罪防治專家苦思妥適預防對策之同時，由Jeffery（1971）、Newman（1972）、Poyner（1983）等人所倡議之「經由環境設計預防犯罪」（crime prevention through environmental design）策略，提供了犯罪預防之另一可行方向。此項以環境設計為主要架構之犯罪預防措施，屬都市計畫內容之社會規劃（social planning）範疇（陳明竺，1993），其主要係透過對環境（含社區、建築物等）之妥善規劃、設計與管理，強化「經由環境設計預防犯罪」之策略，正逐步廣泛的在各國犯罪預防實務上應用，為使更多學術與實務工作者瞭解其內涵，本文進一步予以探討，希冀能對我國犯罪預防工作之推展有所貢獻。

第一節　沿革與發展

　　以環境設計預防犯罪之觀點形成雖不久，惟仍可追溯至十九世紀比利時學者Quetelet及法國學者Guerry之研究，發現犯罪集中於某些地域（Brantingham and Brantingham, 1981）。而美國學者Shaw及Mckay（1969）等人在1920-1940年間對芝加哥及其他城市進行之區位研究，提出少年犯罪區域（delinquency area）之觀念，亦對於後來環境規劃、設計之興盛產生部分影響。然而，對於環境設計預防犯罪理念之促成與發展，在文獻上以Jacobs（1961）之《美國大城市的死亡與生活》（*The Death and Life of Great American Cities*）、Newman（1972）之《防衛空間》（*Defensible Space*）、Jeffery（1971）等之作品最具關鍵。

　　首先，英國新聞雜誌記者Jane Jacobs曾在《美國大城市的死亡與生活》一書中，對於當時都市之規劃與設計走向垂直化、郊區化、腐蝕社區生活傾向加

以抨擊，而為未來之「環境設計預防犯罪」理念奠立良好基礎。根據她在紐約市生活及身為一個建築新聞記者之經驗，指出當時之都市建築規劃已隨著人口之增加、工商業之發展，而逐漸揚棄傳統之社區街道平面建築型態，而改以高樓大廈代之。此項結果促使傳統之社區生活遭受嚴重侵蝕，人與人之間疏離感增加，人際隱匿性加大，人際冷漠感加深，治安死角增加，非正式社會控制減弱，因而促使犯罪更加嚴重。Jacobs指陳此種環境建築規劃、設計之不當情形，促使學者深思如何採行補救措施及未來環境設計預防犯罪規劃之努力方向。

其次，Jeffery在70年代初葉率先以《經由環境設計預防犯罪》之名稱出版該書，對環境設計在犯罪預防上之作用做了重要宣示。尤其，其在首頁即舉例「應對環境加以改善，而非人……」，清晰的描繪出其基本理念。根據Jeffery之見解，犯罪預防應慮及犯罪發生之環境及犯罪人之互動特性。而妥善之都市環境設計與規劃，可消弭人際隔閡、隱匿，增加人際互動，減少偏差與犯罪行為之發生（蔡德輝、楊士隆，2001）。環境規劃與設計之重點包括：

一、改善都會之物理環境，如髒亂、擁擠、破舊、頹廢之建築物等。

二、以環境設計強化人與人之溝通及關係維繫，減少疏離感。

當然，檢視經由環境設計預防犯罪之文獻，以當時擔任美國紐約大學住宅規劃研究所所長Oscar Newman（1972）出版之《防護空間》（*Defensible Space*）最具影響力。Newman以其研究紐約市都會建築與犯罪之心得，提出嶄新之建築設計概念「防護空間」，以期減少犯罪之發生。其指出藉著製造可防護本身之建築環境，可促使居民充分掌握控制居住區域，衍生社區責任感，進而確保居住安全，減少犯罪之侵害。Newman之「防護空間」概念，深深影響到世界各國住宅之規劃與設計，為環境設計預防犯罪之發展奠定重要根基。

值得一提的是，環境設計預防犯罪之發展亦受地理學家（geographer）研究之影響。例如Harries（1974）之《犯罪與司法地理學》（*The Geography of Crime and Justice*）、Pyle等（1974）之《犯罪空間動力》（*The Spatial Dynamics of Crime*）等之研究在環境規劃技術、方法、概念之開發上功不可沒。此外，另一波由建築師及都市規劃者之努力，亦對環境設計預防犯罪之發展造成影響。諸如Gardiner引介之「環境安全」（environmental security）概念及Rubenstein等（1980）之「建構環境」（built environment）理念均屬之。前者係指整合鄰里設計、都市發展與犯罪預防理念之都市計畫與設計過程，後者指

人類居住、工作、生活、學習、遊樂之物理建築。這些理念，尤其是建構環境告訴我們，物理環境設計規劃不當可能刺激犯罪之發生。當然，倘妥善予以設計，不僅可產生防治犯罪功用，同時亦可喚起（鼓舞）住戶採行必要行動，以遏止非法情事之發生。這些鉅著對於以研究犯罪發生時間、空間、地域、環境特感興趣之環境犯罪學產生刺激性作用，而為環境設計預防犯罪之發展開闢更為寬廣之道路。學者Brantingham及Brantingham（1981）出版《環境犯罪學》（*Environmental Criminology*）、《犯罪型態》（*Patterns in Crime*）詳述都市犯罪之型態、特性及犯罪之時空、物理環境因素，即為著名代表作。除此之外，晚近對環境設計預防犯罪之推展有巨大貢獻者，尚包括學者Poyner（1983）之「排除犯罪設計」（design against crime）及 Clarke倡議之「情境犯罪預防」（Situational Crime Prevention, Brantingham and Brantingham, 1984; Clarke, 1980; 1992）。前者根據犯罪預防原理、實驗及研究發現，詳述社區、住宅之規劃原則；後者倡議對某些獨特犯罪類型，以一種較有系統、常設的方法對犯罪環境加以管理、設計或操作，以增加犯罪之困難與風險，減少酬賞。這些發展皆對環境設計預防犯罪之發展有顯著之影響。

第二節　環境設計預防犯罪之內涵

在回顧「環境設計預防犯罪」之發展後，吾人認為或由於不同學者切入角度之差異，環境設計之內涵因而不易界定，為免遺珠之憾，本部分引述多位權威學者之見解以作為參考。

壹　Newman之環境設計預防犯罪

Newman以其對紐約市住宅犯罪情形之觀察指出，在缺乏安全防護之高樓中有許多可隨意進入之出入口，建築物缺乏適當之窗戶或空間足以觀察，監控陌生人出入情形，並且人口複雜不易管理，因而犯罪率較高。相反地，在較低之建築物發現有較低之犯罪率，其特徵包括有較少家庭使用出入門、易於辨識陌生人進出及戶外相關活動之設計等。而根據Newman之見解，高樓大廈之所以有高犯罪率之情形，與建築物缺乏「防護空間」（defensible space）

有關。在環境設計的領域內，Newman認為防護空間具有下列四項要素：領域感（territorality）、自然監控（natural surveillance）、意象（image）與周遭環境（mileu）。每個因素皆可能影響犯罪區位之特性。領域感係指土地、建築物之所有權者是否將半私有（公共）用地納入監控，加以管理之情形，以強化對三不管地域之掌握。自然監控涉及區域建築環境之設計，使土地建築所有者有較佳的監控視野，以觀察陌生人之活動，俾以在必要時採行防護措施。意象大體上乃指嘗試建立一個不為犯罪所侵害並與周遭環境密切接觸之鄰里社區，以產生正面之形象，減少犯罪之侵害。「周遭環境」乃指將社區安置於低犯罪，高度監控之區域，減少犯罪之活動。

　　這些要素不僅可增加社區居民之互動，強化關心社區安全之態度，進而促使社區發展，同時對於犯罪者而言，可減少並阻絕其侵害，降低整體之犯罪率。

貳　Wallis及Ford之環境設計預防犯罪

　　以美國政府在波特蘭商業區、康乃狄克住宅區及佛羅里達四個高級中等學校施行環境設計預防犯罪（觀念取自Oscar Newman）之示範方案為範例，Wallis及Ford（1980）編印之「經由環境設計預防犯罪操作手冊」詳述以下四項環境設計技術以預防/阻絕犯罪之發生：

一、監控（surveillance）

　　監控之目的為增加潛在犯罪人被觀察之風險，俾以辨識及逮捕。實務上採行之技術包括改善街燈亮度、使用電子監控設備、將易受攻擊之區域（地點）編配安全警衛、警察或守望相助團體等。

二、行動管制（move control）

　　係指採行必要之措施以限制潛在犯罪人順利經過某一地域，其包括Newman領域感觀念、象徵性的障礙物架設及其他硬體設備之安置等。實際上採用之技術包括減少建築物出入口數目、死巷或封閉道路之設計及設置障礙物，以防止對社區之侵入。

三、活動支持（activity support）

　　係指對各項設施加以改進，以吸引更多的居民使用該區域，擴展監控

力。實務上採行之方法包括在高犯罪區域製造活動區域，如提供展示中心等，強化活動之舉辦。

四、動機強化（motivational reinforcement）

係指強化民眾服務社區事務之意願，致力於犯罪預防工作。其措施包括警民關係之改進、市民參與警政工作等。

參 清水賢三、高野松男之環境設計預防犯罪

根據黃富源（1985）之譯介，日本學者清水賢三、高野松男曾指出，「環境設計預防犯罪涉及以工程學之方式，改變都市及街道、建築物之物理條件，藉以改善居民犯罪者之行為及社會關係，而達到防止犯罪之目的。」其在〈都市之犯罪防止〉一文中，提及環境設計之技術，倘能與其他資源，如人、社會、警察等併用，將可發揮更大之功效。就環境設計之技術而言，清水賢三及高野松男隱約的指出其大致包括：

一、隔　絕

先假定犯罪者可能前往犯罪之途徑，於其前以工程學的方法設定障礙物（人、社會、警察、法、機器、空間）以防止犯罪者之侵入或前往。

二、威　嚇

具威嚇效果性的設定障礙物，以防止犯罪者之接近前往或侵入。

三、強　化

屬於隔絕的亞型，於自身周圍建構障礙物以增強保全，防止犯罪者之前往與侵入，惟必須付出不方便與不經濟的代價。

四、迴　避

設定可能遭遇犯罪者侵襲之援護物，迂迴或退避可能潛伏犯罪者之地區。

五、誘　導

屬於迴避的亞型，設定犯罪者可能前往之途徑，事先設計引導犯罪者朝一特定方向前往侵入，以迴避犯罪者。

肆 Moffatt之環境設計預防犯罪

　　根據Moffatt（1983: 22）之析見，環境設計應包含下列七項範疇（鄧煌發，1995）：

一、防衛空間

　　係指設計一居住環境，在其內建立防衛本身安全之組織，並以硬體之表現方式防止犯罪之發生。防衛空間包括建構環境，嚇阻犯罪者，以及可以分辨居民或侵入者等的安全設備、公共設施與建築美工等。

二、活動計畫之支持

　　如加強民眾犯罪預防自覺、參與社區事務、提供社會服務等計畫的支持等，均屬活動計畫之支持。

三、領域感

　　源自動物對私有活動領域的防衛本能，設計可促使人類自然產生強烈的所有權威之環境即屬之。

四、標的物強化

　　係指促使財產及其他標的物更加堅固、安全之措施，如以鑰匙、電子警示系統等，嚇阻（deter）、偵測（detect）、延遲（delay）及阻絕（deny）犯罪之發生。

五、監　控

　　係指正式監控之力量，包括閉路電視系統之設施及安全警衛與巡邏警力等。

六、自然監控

　　自然監控涉及住宅之設計，如策略性地加裝透明窗戶，以使居民能夠看到侵入者；同時也讓侵入者知道他已經被清楚地看到或被監視，防止進一步侵害，而熟識居民在住宅附近走動，以嚇阻潛在性犯罪人亦屬之。

七、通道管制

　　所謂「通道管制」（access control），乃對於限制或禁止接近之處所，設

立象徵性的障礙物，如矮牆、灌木叢等，用以顯示特屬之私人領域，並非開放之公共場所。

伍　Clarke之情境犯罪預防

　　環境設計預防犯罪新近之發展較受人注目者為《情境犯罪預防》（*Situational Crime Prevention*），其係指對某些獨特之犯罪類型，以一種較有系統、常設的方法對犯罪環境加以管理、設計或操作（楊士隆，1995），俾以增加犯罪者犯罪之困難與風險，減少酬賞之「降低犯罪機會」預防措施（opportunity-reducing measures）（Clarke, 1980），其與公共衛生犯罪預防模式之第一層次預防相近，措施包括許多目標物強化（target hardening）、防衛空間的設計（defensible space）、社區預防犯罪（community crime prevention）、策略，如鄰里守望相助（neighborhood watch）、民眾參與巡邏（citizen patrol）及其他疏導或轉移犯罪人遠離被害人之策略。該犯罪預防理念係源自於英國內政部研究發展部門之研究，其發展後來受到美國兩位犯罪學家所提出的相關研究所影響，包括紐曼（Newman）之《防衛空間》（*Defensible Space*）（1972）及傑佛利（Jefferry）之《經由環境設計預防犯罪》（*Crime Prevention Through Environmental Design*，簡稱CPTED, 1977）。此一預防犯罪理論的興起，對傳統的抗制犯罪策略缺乏效能，提供了另一社會治安的可行方向，亦在犯罪預防實務上做出更大的貢獻。

　　以理性抉擇為基礎之情境犯罪理論提出以下四項主張：增加犯罪之困難（increasing perceived efforts）、提升犯罪之風險（increasing perceived risks）、降低犯罪之酬賞（reducing anticipated rewards）、促使產生犯罪之罪惡感或羞恥感（inducing guilt or shame）以降低犯罪之發生，目前其隨著理論與實務的累積，在預防技術上已臻於細密，曾彙整成十六項技術（Clarke and Homel, 1997），並進而發展為五大行動準則，二十五項技術，分述如下：（Cornish and Clarke, 2003；楊士隆，2012）

　　情境犯罪預防策略是以一種簡易、實用、看得見的方式來從事犯罪防治工作，對於因特定時間、地點而聚合之犯罪類型及高發生頻率之犯罪甚具阻絕效能。在國外如美國、英屬哥倫比亞、法國、澳洲、大英國協等運用均相當普遍，且成效亦極為明顯。

（一）增加犯罪之困難（Increasing Perceived Efforts）

此類技巧著重於增加犯罪人犯案所需付出的努力與犯案的困難度，主要包括：目標物強化（如：強化銀行的防搶措施）、機構進出之控制（如：在進出口所進行之隨身物品之檢查）、出口管制（如：商品上所加之電子標籤）、轉向加害者（deflect offenders，如：將男廁與女廁獨立，而非共用廁所）與武器（工具）的控制（如：加強非法槍枝之查緝）。

（二）提升犯罪之風險（Increasing Perceived Risks）

此類技巧強調提高犯罪人犯案之風險，主要包括：加強防衛措施（如：社區巡守隊之設置與運作）、強化自然監控（如：防衛空間設計、改善昏暗的路燈）、降低匿名性（如：落實計程車司機身分證明之標示）、利用地區監督者（utilize place managers，如：在街道設置閉路電視系統）、與強化正式監控（如：保全系統之設置）。

（三）降低犯罪之酬賞（Reducing Anticipated Rewards）

此類技巧旨在降低個體可能在犯罪所獲得之酬賞，以降低犯罪行為之吸引力。主要技巧包括：隱藏目標物（如：避免車輛停在大馬路邊）、移除目標物（如：女性的庇護所）、財產之識別（如：在汽車零件上標註引擎號碼）、黑市的瓦解（如：加強當鋪的監控）與降低好處（deny benefits，如：清除街道的塗鴉）。

（四）降低挑釁（Reducing Provocations）

此類技巧在於降低犯罪發生之誘發與觸發因素，以減少犯罪發生之機會，主要技巧包括：降低挫折與壓力（如：在群眾活動中，避免播放過度煽動的音樂與言論）、避免爭論之發生（如：降低酒吧裡的擁擠程度）、降低情緒之喚起（如：禁止對種族間的毀謗）、同儕壓力之中立化（如：在學校裡，避免問題學生群聚）與防止模仿（如：對於破壞之公物立即修護）。

（五）移除犯罪之藉口（Removing Excuses）

透過此類技巧之運用，以減少個體從事犯罪之理由與藉口。主要技巧包括：設定規則（如：性騷擾防治法之制訂）、相關規定之宣告（如：「出入口請勿停車」）、提升良知與警覺（如：高速公路速限之明顯標示）、協助規則

之遵守（如：公共廁所之設立）與藥物酒精之控制（如：在酒吧裡設置酒測器，讓顧客在開車上路前，檢測自己是否適宜開車）。

第三節　環境設計阻絕物與犯罪預防

環境設計中重要之一項犯罪預防作為為設立阻絕物。根據鄧煌發（1994：174）之撰述，設立阻絕物的目的是為了防止或延遲未經許可的人物接近他人的財產（物），阻絕物係指一套有系統性的器材，專為在案特定時間以抗阻侵害之設計，它包含下列兩項類型（O'Block, 1981: 308）：一、物質性或硬體性阻絕物：如門、窗、鎖或柵欄等。二、具生命性之阻絕物（live barriers）：如警察、警衛和狗。分述如下引自鄧煌發，1994：174-181：

壹　硬體阻絕物

硬體預防措施不可隨意裝設，它必須裝設在犯罪人可以輕而易舉且在最無風險下就可接近住宅的重要地點才行，如前門、後門以及窗戶，尤其是接近車庫的房子，因為車庫的門窗常未關妥，且其門窗的鎖，幾乎都是用便宜貨或是較差的材質所做成，相當容易遭到破壞。

一、柵　欄

柵欄是使用最普遍的阻絕物，目的乃是為了確定領域（territoriality）的範圍，必須注意下列兩點基本要求（Nonte, 1974: 51）：

(一)須用堅固的材料妥適地加以裝設。

(二)如果使用柵欄，反而因而影響到視野效果的話，應予避免。

Poyner（1983: 44, 107）指出，住宅後院通常是住宅最容易遭受非法侵入的區域，是首要的保護重點所在；因此，適當地裝設柵欄或圍牆是有必要的，如此方得以限制接近住宅的大門，因為它們具有下列之優點（Strobl, 1973: 19）：

(一)可以提供消除為授權而進入的硬體性與心理性的障礙。

(二)可以延緩犯罪人進入之時間外，還可以使他們闖入時行跡敗露。

因此，柵欄或圍牆要夠高而且堅固才好。

雖然環繞住所的阻絕措施，兼具保護與嚇阻之功能，但它卻不可流於不雅觀（就像在工業區所見的許多建築例子）；而圍籬也只提供住宅區內居民的生命財產的部分保護，而無法獲得完全確保其安全而不受侵害的最高理想境界。

利用水泥沿著住宅四周邊緣與後院建造的圍牆，成為建築的流行趨勢，如此設計的壞處是：圍牆太高，使得鄰居無法看到屋內發生的任何事情，此狀況對犯罪人是十分有利的；而其優點是通往後院的通道使犯罪人不易侵入，但是，此優點卻往往變成缺點所在，因為一旦犯罪人進入住宅之後，它也同樣地保護入侵者的非法行為，而不被別人發現。

二、庭園布置

住宅庭園的設計及布置，可能會招惹犯罪的降臨，但如果經過審慎的設計，也可避免或降低犯罪的發生，所以種植多刺的花草樹木可用來當作防止入侵者的一種天然阻絕物；從另一個角度來看，這些叢生的植物或灌木，卻也可能成為犯罪者及潛在犯罪者理想的掩護地點；另一個缺點，則是從街道往內看或從住宅內往外看，庭園的植物都可能會影響視線。以上所述的原理原則同樣地適用於住宅後院的設計與布置，故不可不特別小心。

三、門窗安全

不管是竊賊或是其他侵入住宅的犯罪者，都會經常利用窗戶或門作為他們進入住宅或建築物的一個點，因此，這些地方的安全防護設施就顯得格外重要。窗戶本身除了具美觀、通風之必要用途外，它也可能作為防止竊賊入侵的防護措施。窗戶設計的基本要求，就是只有在住宅裡面才可能打開窗戶，或是經過巧妙而適當地安置；選用窗戶的類型也是很重要的，因為選對窗戶設計，可以增加犯罪的困難，而達到保障住戶的生命財產安全。窗戶安全防護措施如下：

(一)應常檢視窗戶是否可以由內打開。

(二)使用不易打破的玻璃材質，如使用強力玻璃、不透明或半透明的塑鋼玻璃、多層纖維玻璃等。

(三)使用大型視野良好的落地窗，但須搭配使用窗簾或用其他可遮掩方式。

(四)使用金屬窗框比使用木框窗較能發揮防止竊盜侵入的功效；另外，窗

戶的門鎖應定期檢視，俾能發揮正常功能。

在竊盜犯罪仍持續猖獗的情況下，窗戶是否真能發揮防盜功能，有些人抱持懷疑的態度。使用強化玻璃或加裝防盜器是兩個可行的替代方法，但這種防竊措施亦有其缺點，雖一方面保護住宅的安全，然而另一方面卻使住宅陷入有如監獄般的窘境，可能在發生火災等危急情況時，反成了阻斷逃生之路；因此在裝配窗戶或防盜設施時，應保留一部分只有家人知道的緊急逃生窗戶，以保證在遇到災難時能快速逃出，而且這種安全窗最好能在每一個房間都裝設。

Wainwright（1973: 15）指出，有六成的竊犯是從窗戶進入住宅內行竊的，在門戶的安全也是一樣，茲將門戶安全措施說明如下：

(一)應該使用金屬或較堅硬的實心木頭為門板。

(二)門板上應設窺孔。

(三)避免在門上再加裝玻璃窗。

(四)鏈鎖應該裝設在門的裡面。

(五)應裝設安全門。

(六)門閂及鎖頭都必須使用高品質的材料。

Waller（Poyner, 1983: 48）提供了一種簡明卻有效的門窗安全設施，他訪談多位侵入住宅的竊犯之後，得知竊賊在要行竊前總會經過多次確認住宅內是否有人居住、在場；假如發現沒人，而且又不容易被附近鄰居看到的話，要防止竊盜侵入是件比登天還難的差事；即使有堅固、多重鎖的大門，竊賊仍可以明目張膽地嘗試從後門或窗戶進出。如果住宅內部可以在街道上或附近隔壁鄰居容易看到的話，據估計門鎖仍可能預防年輕的業餘竊賊一至兩次。

四、安全門

近年來，在建造住宅的設計上，至少必須裝置一個安全門，已蔚為風尚，乃是基於安全原則及多種理由的支持。以下的原則可以提供居住者一個必須的安全保護：

(一)應使用堅固且高品質的建材。

(二)大門宜與牆壁直接連建在一起，切不可只用門框加以固定。

(三)要可以輕易上鎖，而且保持關閉狀態。

安全門應該像大門一樣牢靠。在上述如此複雜的設備下，並無法保證竊賊無法侵入住宅，只是一般民眾對那些安全措施根本就不瞭解，也不願去裝設，最後甚至還提供竊賊方便行竊的有利途徑，民眾如不設法從改善個人保

護環境安全做起,要有效達成安寧的生活環境目標,還有一段可觀的距離要走。

五、燈光照明

設置照明設備良好的處所,均能大幅地降低夜間犯罪的發生,是大部分學者所認同者(Fennelly, 1983: 74; Grobbelaar, 1985: 234)。在住宅四周加強戶外燈光照明,能夠有效嚇阻侵入住宅竊盜、普通竊盜、搶劫、傷害、毀損公物等類的犯罪行為。為了促使此措施發揮最大的效用,住宅最好裝設自動啟動裝置的備用照明設備,除可定時開啟外,在必要時,此照明設備也能隨主人意思開啟或關閉(O'Block, 1981: 324-316)。

有效的照明設備還要兼顧適當的設置地點及照明區域,而且不能讓強光阻礙自己或他人監控的視線。在建造住宅之時即應有戶外照明設備之設計,環顧台灣地區目前之現況,這些設備就是否有效發揮照明功效的角度而言,仍然有許多可議之處。

另一種照明方式就是路燈的設置,雖說增加路燈不一定就能預防犯罪,但大部分的犯罪者都偏好在黑暗的街道上從事不法行為,卻是個不爭的事實。因此,O'Block(1981: 316)指出,路燈提供一般民眾一個良好屏障,同時也降低居民的犯罪恐懼感。

六、鎖和門閂

從過去到現在,甚至將來,把貴重財物上鎖,一直是最傳統、最基本的保護財物之道。這種保護措施從只用一條繩索將財物綁住,到市面上研發而成的高級、精密、複雜的鎖均屬此一範疇。

一般住宅的門上都有門鎖或門閂好把房門鎖上,通常這些鎖都很普通,而且可用萬能鑰匙開啟。根據Nonte(1974: 75, 97)的說法:門鎖和門閂確實是避免住宅侵入等犯罪的一項良好設施。這些設施的目的是要阻止犯罪者接近及侵入住宅,只要使用市面上好材質、信譽佳的鎖鑰,便能達到理想的功能。

七、警示系統

於住宅裝設警示系統,對遏止侵入住宅之竊盜具有特別的功效;然而這種預防犯罪的設施較為昂貴,特別是在長期維修所需之費用方面,這種設施應於隨時隨地發揮功效為起碼要求(Nonte, 1974: 53-54);甚至有學者表示(Weber, 1973: 98-109),複雜精密的警示系統是預防住宅遭入侵及竊盜的唯一

有效方式。

　　裝設於住宅的傳統式「防竊警鈴」，除了有警鈴聲大作之情況外，還必須立即出動人員前往處理才有效果。目前，一般市面上所販售及裝設的防竊警示系統可以提供二十四小時全天候的服務；而且這種服務是有智慧選擇性的，它可以分辨是否誤觸或真正遭遇緊急狀況，只要一經啟動，立即自動啟動接線報警。

八、安全且隱密之場所

　　保護、儲存貴重財物最安全的地方就是金融機構，但是，有些貴重物品也可以放在家裡存放。前面說過，有些安全設備消費較為昂貴，因此一般住戶不會輕易去購買或考慮裝設，除非他們有比較特別的目的。體積龐大的安全設備非常昂貴，而且有些功能也無法完全發揮出來。有些體積較小的安全儲存裝置可附著在牆壁上，可存放體積小或較貴重的物品，如現金、貴重文件等，一般小偷常不會注意到這些不起眼的地方，但是這些安全裝置沒有辦法提供與大設備相同的安全維護功能（Nonte, 1974: 111-112）。

　　假如保險箱及貴重物品儲存櫃係由堅固耐用的上好材質製成的話，那麼它們本身也是一筆可觀的財產。所以在住宅結構中找出隱密的地方，以存放貴重的物品；要找出這些東西，得讓竊賊花費相當一段時間。因此，一個分秒必爭的小偷，即使在找不到可偷的東西之情況下，也不會笨到去浪費時間找尋這些隱密的地方。例如，住宅內用螺絲釘固定的插座或配電盤之內，就是一個理想的藏物地點（Nonte, 1974: 119）。

九、接近住宅可能性

　　住宅後院的通道是決定家庭被害風險的一個重要因素。住宅後院區域，若做有效的區隔，使之變得不易接近，如此便可有效預防侵入住宅行竊或普通竊盜犯罪；然而，須注意的是，這些阻絕設施不可過於隔離，至少還須能讓其住戶（像鄰居）的視界能夠保持清楚看到的要求（Maguire, 1982: 21, 87-88）。容易接近卻又無法讓外界清楚看到住宅內的事物，對犯罪者下手非常有利，尤其當住戶又不願裝設其他的防護措施，如鎖、門閂和防盜器材時，無異予竊賊大開方便之門。

貳 活的阻絕措施

一、家人、屋主與幫傭

住宅內有沒有人在，對潛在犯罪人有極大的嚇阻效果。孤立隔絕和荒涼偏僻區域的住宅，只稍一對財物不留心，極可能引發竊盜案件。其實只要有一人在住所或房屋之內，對犯罪人而言，就有著相當大的嚇阻效果；但是，一個人在家，而屋內仍然無法完全預防被竊的可能性，因為很多人常把貴重的財物四處放置，或放在靠近敞開的門窗旁，如此將更易引來被竊案件。

預防侵入住宅竊盜措施之規則，應以家中每個人的日常生活做基礎，而不是建立在住宅或鄰近地區的形式、位置或環境之上（Walsh, 1980: 109）。

幫傭在犯罪預防措施上所扮演的角色常被忽略。只有一個可靠的幫傭獨自一人在住宅內時，必須交代他（她）關閉所有的門窗，不管如何皆不能替任何陌生人開門或請他入屋內，應讓幫傭知道在緊急狀況或遇到麻煩問題時，如何與家庭成員聯繫，是一件相當重要的事；而幫傭也必須受多方面的犯罪預防訓練，譬如未經僱主准許不應隨便交付家內的器物給任何來訪的人，即使認識也一樣不可以。

二、鄰居和親友

許多犯罪是可以藉著與鄰居和親友，在相互看管財物之情況下，有效地加以預防。為達此目的，依照下面各種情況是必須的（Walsh, 1980: 108-109）：

(一)讓從事監控的人很容易接近（到達）或能夠很清楚地觀察現場。

(二)任何正常行動的改變，都必須讓監控者事先知道，舉例來說，一個新搬入的住家或管理員，進出物品的名稱與數量，監控者都必須澈底瞭解。

(三)任何給予犯罪機會的舉動，尤其是沒有人在家的時候，必須讓這種狀況降低到最小程度。

三、孩　童

因為小孩天生就好奇，具善於觀察、勇於冒險、高機動性等特性，所以他們都知道附近所發生的一些不尋常事件；因此，他們對於竊盜或可疑人物、行為等，都是最好的「千里眼和順風耳」（Waller and Okihiro, 1978: 102），所以教導他們如何把看到的不尋常事件告訴成年人或警察的技巧，而不要讓他們獨

自去處理犯罪問題，因為他們可能誤認為這是個「英雄」舉動，此乃值得我們注意的一件事。

四、狗

狗在居家安全及預防犯罪上扮演著相當重要的角色，因為牠們可以有效發揮嚇阻潛在性竊賊的效果，並且能夠適時警告主人可能遭逢的危險，Nonte（1974: 70-74）把狗分成下列三種類型：

(一)會狂吠的狗（the barking dog）：優點在於牠能適時地利用吠聲來警告牠的主人，以及潛在性的犯罪者。

(二)經訓練的看門狗（the trained watchdog）：只對命令做出反應動作，但須在主人一起培訓下，方有顯著之功效；如果其主人未經訓練，此一類型的狗也許反成為一種極大的安全威脅。

(三)攻擊型的狗（the attacking dog）：換句話說，是專門訓練成只攻擊和撕裂任何靠近牠的東西或人──無論牠認識與否，只有牠的主人或訓練者才能夠有效掌控牠。

五、警　衛

私人公司經常會僱用警衛來監控其財物的安全，但是一般民眾卻不常使用這種方法。這種預防措施通常是屬於一種短暫的性質（如在假期中），並不見得非常有效，而且也是一項所費不貲的高消費預防措施（Grobbelaar, 1985: 109）。

參　軟硬體兼具之阻絕物──智慧型保全機器人之應用

隨著網路頻寬的日益改進，國際間研究智慧型機器人的單位，紛紛朝向結合智慧型機器人與網際網路進行遠端監控和多媒體傳輸，讓各地的使用者可在任何地方透過網際網路和智慧型機器人進行溝通。例如，可以利用網路，遠端控制智慧型機器人，使用機器人身上的攝影機所拍到實境的即時影像或是虛擬影像，回傳到我們的網路瀏覽器，這樣的系統使得智慧型機器人有更廣泛的應用空間。目前已經發表的系統例如：中正大學的「中正一號遠端探索系統」、美國南加州（Southern California）大學的「遠端花園」（TeleGarden）、英國布拉福（Bradford）大學的「遠端天文望遠鏡系統」，其他的系統如柏克

萊大學的「Mechanical Gaze System」、西澳大利亞（Western Australia）大學的「TELEROBOT」等等，這都顯示了將來智慧型機器人與網際網路的結合勢必成為重要功能之一。

一般而言，現今機器人都是預先把大樓地圖存在電腦裡面，並利用紅外線或超音波感測器來達到避撞的效果。但利用感測器網路，機器人的路徑規劃可以更有效率或更聰明。無線感測網路可以提供機器人作長距離路徑規劃，不需預先建立地圖，即可經由在環境中所佈滿之大量無線感測節點，建立及時之地圖資訊提供機器人行走使用。

由前國立中正大學電機工程研究所羅仁權教授（現任國立台灣大學講座教授）所領軍的「智慧型自動化實驗室」與新光保全團隊共同研發的「中正新保一號」保全機器人，是國內第一部產學合作研發的保全機器人，在計畫主持人羅仁權博士的帶領下，「智慧型自動化實驗室」經過三年不斷地研究開發的成果。「中正新保一號」長寬各50公分、高130公分，重約100公斤，行走速度5.4km/hr，具有自動行走、障礙迴避、偵測火災、瓦斯、有毒氣體、人體溫度偵測、警訊通報、監視功能、影像傳輸及遠端操控等多項功能。「中正新保一號」尚為原型機，造價約100萬元，未來會逐漸改良，並且將與企業界合作量產，降低成本，嘉惠更多企業廠商。

「中正新保一號」雖為原型機，但已具備先進的保全功能，在巡邏中若偵測到異狀，建構在機身的監視器會迅速傳送即時信號至遠端監控系統，此時保全人員便可快速做相關處理。相較於一般固定式的監視器只能監視有限範圍，「中正新保一號」因為可以行走、避障、偵測火災、毒氣、警訊通報等多項功能，且巡邏範圍廣大，對於企業運用於大型廠房巡邏有相當不錯的助益。

我們的方式是在大樓裡佈滿了許許多多的無線感測器節點，利用感測器網路來聯繫他們之間的通訊，並將機器人視作其中的GATEWAY。藉由資料融合整合每一個感測器所得到的訊息，方便電腦對整個環境有更正確的判斷。透過與無線感測器網路的結合，機器人便可依據感測器所傳回之資訊，得知整個環境之架構，來做最佳之定位與路徑規劃，有效率的執行巡邏工作，或是及時的醫護救援。

我們把感測器從機器人身上換到整個大樓裡，可以使我們即時偵測的範圍從機器人的四周擴大到整棟大樓的全部，同時感測節點的變多，得到的感測資料也越多，可以提高資訊的正確性，刪除不正確、誇張的錯誤訊息。在感測

器出現故障或需要調整的情形時，不需要將整個機器人拆開修理其中的感測器，只需將損毀的節點更新即可，甚至在機器人本身的感測器故障時，短時間內還可以利用其他感測節點來維持機器人的行動和功能。

　　最重要的一點，機器人所處的是一個動態的環境，整個建築物的配置隨著人員的移動、家具的擺放不斷的更新。在加入感測器網路後，我們不需要時時去改變存在機器人中的「地圖」，而是藉由散佈在大樓的感測器可以隨時將最新的「地圖」傳送到電腦中，同時也較能掌握入侵者的行蹤，不至於因為離開機器人的「視線」而失去追蹤。如此，機器人可以根據最新的地圖即時作出最有效率的路徑規劃，可以最快速的到達需要處理的地點。

　　除了完善的保全功能外，「中正新保一號」還有一項人性化的設計，智慧型自動化實驗室特別將此部機器人加入語音導覽功能，企業界除可應用於保全勤務外，並可透過語音導覽系統，詳細解說企業概況，是一部兼具保全功能及企業親善大使角色的雙功能機器人。

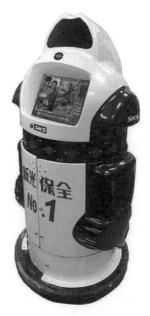

圖13-3　機器人外觀

為了因應現今世界的服務需求，一種關於智慧型自走式保全機器人的應用逐漸被重視，那就是「智慧型保全機器人」。傳統的保全系統都是架設於固定的區域，不能移動的，如果將保全系統架設於智慧型機器人上，則機動性就變的較高。以前總是在電影裡面看到機器人可以自動攻擊入侵者，保護重要的地方，類似的智慧型保全機器人已經被不少單位開始重視研究。我們相當看好保全機器人的遠景，保全機器人可以察覺火災、竊盜、危險氣體，一旦察覺有異狀，馬上發出警報通知當地人員，或是遠端值班保全人員，甚至可以當場做一些適當的處理，例如滅火、警告入侵者等。

肆 財物標記

在財物上標記之目的有兩方面：首先，它扮演著嚇阻犯罪者的角色；其次是在失竊後能夠確實地辨認出遭竊之財物而利於認贓工作。

財物標記的基本要求，必須讓標記持久而且可立即辨識出來，除非對此財物加以明顯而澈底地破壞，否則此標記即無法消除。財物的可辨識性（recognizability）是必要的，因為它是財物辨識程序的基礎。家庭成員的名字或部首，或身分證字號等符號，要比隨便做個符號來得有可辨識性。此外，必須注意的一點是，所有的貴重財物使用特殊而相同的記號也比較容易辨識出來。

伍 安全防護設施之花費

前面已談論到，要讓自己的生命財產獲得保障，就必須花費必要的一筆經費，以住宅安全方面的花費而論，親友、鄰居、家屬、孩童等視為監控之犯罪預防角色不須花費外，其他的措施可能都會花用一些經費，但衡諸被害風險之後，當花則須花，否則會淪為悔不當初之憾。

住宅應有最起碼的安全需求設備，如有鎖的門、有強化栓的窗戶及室外照明等必要設備，然而須注意的是，這些材質若發覺有品質低劣之情事，則須有額外的措施來補強。一般而言，安全防護設備以支出之類型，可分成下列三類，可依設置場所之性質與所欲達成之效能，加以選購裝置：

(一)一次支出型：如防竊設備、安全門、柵欄（圍籬）和照明設施之裝設等是。

(二)經常更新型：如鎖、燈泡和狗等。

(三)經常保養型：如防竊警示系統及柵欄、圍籬等。

第四節　環境設計預防犯罪之應用

環境設計預防犯罪之應用範疇甚廣，可涵蓋及社區、平面住宅，高樓公寓、校園、金融機構及其他工商場所如百貨公司、珠寶店、旅館、一般商店、工廠等。本部分參考前述學者、專家及實務工作者之經驗，扼要說明這些地域之環境規劃、設計、管理原則。至於其他工商場所部分，因限於篇幅，不另介紹，讀者可依標的特性，參酌金融機構規劃設計原則及詳閱吳尊賢文教公益基金會編印之「防竊手冊」（許春金，1984），即可明瞭其規劃重點。

壹 社區之規劃與設計原則

一、社區應力求同質性，嚴格劃分住宅區、商業區或工業區，減少混雜使用。

二、避免貧窮之社區與富裕之區域相連接。

三、社區環境應美化，避免髒亂，並強化照明設備。

四、社區之未開發土地（地域）應予運用，或透過活動舉辦，強化土地使用。

五、住宅與街廓配置提供每一居住單位有私用戶外空間及促進鄰里交流之環境（張玉璿，1992）。

六、社區之出入口數目應予限制，不宜過多。

七、社區內可酌設死巷，或必要時設立禁止接近或進入之號誌。

八、設立阻絕物，防止未經授權之人進入特定區域。

九、運用社區巡守員、老人、婦女，強化監控力。

十、設立青少年兒童遊樂場所，並加強安全管理。

貳 平面住宅之建築設計與管理

一、住屋地點避免孤立隔絕。

二、住宅盡可能不應直接面對道路。

三、進出口處必須加裝照明設備（至少40瓦以上）。

四、在靠近出入口處避免有高大之樹木遮掩視線。

五、採用獨特製材之安全窗戶（或加裝鐵窗）及門鎖。

六、從前門至後門之通道應予管制。

七、房屋的後面盡可能有堅固的圍籬、柵欄或防護牆。

八、住宅後院採阻絕潛在犯罪人接近之措施。

九、住宅後院不可過於隱密，以讓其他住戶可觀察為原則。

十、起居房的設計，以能夠適當的監控走廊狀況為佳。

十一、住宅有管理人員、幫傭或警犬等協助看護。

參 大樓公寓之預防設計

一、儘量避免有大量住戶聚集之公寓建築。

二、公寓之建築應有良好之自然監控能力，以觀察陌生人出入情形。

三、公寓建築物之出入口應配備電子監控系統或請專人看護。

四、公寓之門應有窺視孔及門鍵之裝置，以觀察陌生人。

五、公寓之門鎖應予強固並富變化，足以承受重大撞擊。

六、公寓之門外可加一盞小燈。

七、樓層之樓梯間設計，以可從街道看得清楚為原則。

八、電梯口與大門間設置之警衛檯距離宜適當，不宜太近。

九、貴重財物予以註記或存放至保險箱。

十、購置（租用）房屋時，更換門鎖。

肆 校園之安全設計、管理

一、維持學校建築物之整潔、明亮，避免破舊。

二、對於髒亂之地域予以整頓清掃。

三、加強照明設備（尤其是廁所等隱蔽處），減少治安死角。

四、設置緊急通話系統。

五、進入校園之出入口不宜過多。

六、進入校園出入口應予管制，且進入校園須佩掛識別證。

七、強化停車場之巡邏、管理與電子監控。

八、校園建築設計以讓居民得以觀望學校之活動情形為原則。

九、加強夜間巡邏、查察。

十、要求師生於夜晚時儘量結伴而行，避免落單。

十、提供校園護送服務。

十二、財產註記（Doebel, 1994）。

伍　金融機構之犯罪預防設計

一、金融機構之設備地點宜考量其安全性，避免於偏遠、人口出入複雜或交通順暢、歹徒逃離容易之地點，以鄰近警察機構為佳。

二、消除金融機構附近隱蔽處所。

三、出入通道裝設堅固鐵門。

四、強化櫃檯窗口安全，加裝防彈玻璃。

五、裝設電子錄影監視系統。

六、普遍裝設金庫定時鎖。

七、張貼裝有各項安全防護設備（如電子監控）之告示。

八、設直達警方之警鈴。

九、金庫或保險櫃位置應隱蔽，以避開公共視線。

十、編配警衛管理人員。

十一、增加金融機構之照明。

十二、強化門鎖安全。

第五節　環境設計預防犯罪之實例

環境設計預防犯罪（CPTED）之工作目前已在各國犯罪預防實務上逐步廣泛的應用，因篇幅之侷限，特依目標區域（target area）之大小，扼要介紹幾個較為顯著之案例。

壹 美國哈特福住宅區域防治犯罪

以環境設計預防犯罪之理念，在1973年間美國康乃狄克州哈特福區之North Asulum Hill曾為具體之實驗。就方案有關物理環境之規劃、改善而言，其項目包括死巷（cul-de-sacs）、減少筆直的道路、規劃單行道（one-way street）、控制街道之開啟時間（交通管制）等。這些作法目的為促使該區更具隱密性，並且由該區域之居民所掌握。評估研究大致顯示，哈特福方案有助於減少該區搶劫及夜盜等案件，減少居民之恐懼感、增加居民對該區街道及公園之使用（Fowler, McCalla and Mangione, 1979）。

貳 英國伯明罕之環境設計方案

1980年代期間英國伯明罕（Birmingham）市中心之Bull Ring零市場經常有竊盜案件（尤其是皮包被偷）發生，造成商家及攤販不少損失。經調查其原因除因該市場區域由於交通便利吸引歹徒作案外，該市場區域燈光亮度不足，且市場攤位間之人行通道過窄（約2公尺）則為竊賊下手之主因。在將亮度改善並拓寬攤位人行道之寬度（由2公尺增為3公尺）後，該市場區域之竊盜案件在兩年內降低了70%（Poyher and Webb, 1987）。

參 美國波特蘭商業區環境設計預防犯罪方案

在1974年間，美國波特蘭UAC商業區犯罪問題嚴重，政府乃贊助一項「經由環境設計預防犯罪」（CPTED）之計畫，在該區試辦，以期遏止層出不窮之竊盜案件。此項方案具體之措施包括：

一、改善街道街燈之亮度。

二、安全調查（security survey），對該高犯罪區域進行問卷調查，並將具體之防治犯罪建議提供給業者，如要求其夜晚打開室內、室外燈、加裝警鈴、電眼監控系統或貼示犯罪預防之措施於門窗等。

此項經由環境設計預防犯罪之方案，歷經Lavrakas等（1978）及Kushmuk & Whittemore（1981）兩次評估，證實有助於降低該商業區竊盜案件之發生（Griswood, 1984）。

肆　美國佛州蓋恩斯維爾地區便利商店防搶方案

在1980年代中葉美國佛羅里達蓋恩斯維爾（Gainesville）地區，便利商店被搶劫之比率在所有商業搶案中約占50%，此種情形引起當地政府與民眾之嚴重關切（Clifton, 1987）。有鑑於此，Gainesville市於1986年通過便利商店之管理條例，要求業者採行下列之防護措施，以防止頻繁之搶案：

一、窗戶應打掃乾淨、明亮。

二、將職員（收銀員）之工作檯置於一般民眾可看得見之區域。

三、標示商店內並無50美元以上之大鈔。

四、強化附近停車場之燈光亮度。

五、裝置閉路電視監控設備。

六、強制夜間工作之職員接受防搶訓練。

在1987年2月間，該條例經修正增加「便利商店必須至少有兩位之職員工作」之條款。經研究評估發現，該市便利商店之搶劫案件因而減少64%。

伍　英國之停車場防竊方案

由於竊盜案件之猖獗，英國警方在1983年底對位於Kent之Doner市中心停車塔加強限制出入、加強入口之燈光亮度及出口處置一辦公室增加監控，因此有效的降低該處停車場汽車遭破壞、毀損及偷竊事件達50%以上。此外，在Guildford地區Surrey大學由於校警在1986年3月間在停車場等地安裝了閉路電視（CCTV），並由警衛加以操控，汽車相關竊盜案件由92件減少至此項措施施行後之31件（Poyner, 1991）。

陸　澳洲之目標物強化方案

1988年間，由於澳洲公共電話亭屢遭毀損及偷竊，電信總局為免損失擴大，而對南澳（south Australia）及北部區域（northern territory）電話亭採行目標物強化措施，以遏止破壞、偷竊情形，其主要之措施，包括對投幣口加以設計、聽筒線採不銹鋼式、重新安置電話亭的位置、增加公共電話亭附近照明設備的亮度，及配合自然及正式監控之實施等。統計資料顯示，這些措施使每年達6,000件之電話亭破壞案件減至1,000件左右（Challinger, 1991）。

第六節　環境設計預防犯罪之評估

　　倡議「經由環境設計預防犯罪」之學者曾指出，環境設計具有相當良好之阻絕、預防犯罪功用，尤其對某些具犯罪機會成分（opportunity component）之犯罪類型，如住宅竊盜、商店、金融機構搶劫、竊盜案件、毀損公物及其他暴力攻擊行為等，更顯現其防治效果。然而，部分學者卻指出，環境設計預防犯罪仍面臨部分侷限，效果並非非常顯著（Taylor and Gottferdson, 1986）。例如，環境設計之相關措施，如增加街燈亮度、改變建築設計或強化自然監控能力等，真能阻絕犯罪，為何相關之犯罪事件仍層出不窮。其次，強化環境設計之結果難道不曾產生犯罪轉移效果（the displacement effect），導致犯罪者改變先前之作案方法，轉移至其他地域犯罪或選擇不同之目標或受害者（Repetto, 1976; Gabor, 1981）。

　　有關環境設計之防治犯罪效能問題，吾人認為採行單一之措施，效果仍然有限，惟倘能將諸如改善照明設備、安裝警示系統、強化監控設備、改變道路或強化建築物之自然監控力等環境設計技術予以結合，應有助於降低犯罪者之作案動機，增加犯罪之成本，使犯罪更加的困難，不易得逞。當然，另有學者指出這些環境設計措施仍屬硬體之設計，其仍無法促使受害者採取充分之行動或知會警方達成反制之目標（Lab, 1992）（金融機構與警方連線係例外）。因此，至為明顯的，環境設計欲發揮較佳之防治犯罪效果，必須加上活的、具生命之阻絕物（live barriers），如家人、親友、幫傭、警衛、狗等之協助（O'Block, 1981）。其次，犯罪轉移現象問題之可能存在，的確對環境設計之學者帶來極大之挑戰，但值得注意的是，並不是每次犯罪皆有可能產生轉移（Barr and Pease, 1990），除非：

　　一、犯罪人急於從事犯罪。

　　二、當時之犯罪型態與原來之攻擊目標相近。

　　三、未有阻嚇犯罪發生之抑制物出現。

　　四、有適當之犯罪地點，犯罪轉移現象始有出現之契機。

　　假如缺乏這些條件，轉移情事並不易經常發生。因此，如何促使大多數民眾採行及強化犯罪預防措施，使被害可能性降至最低，乃成為當前犯罪防治之重要課題。

第七節　結　語

　　經由環境設計預防犯罪之作法雖無法涵蓋所有之犯罪類型，且其預防犯罪之成效亦非100%，然而在諸多預防策略面臨侷限之同時，以環境設計預防犯罪之觀點仍值得一試。尤其，在台灣經濟走向更為繁榮、富裕之時刻，財產性犯罪增加，以使犯罪發生更加困難阻絕犯罪機會之環境設計、規劃、管理方案，未來將有更大之發展空間（許春金，1990），尤其在都會地區之犯罪預防上扮演更為重要之角色。

　　目前，在學術上已發展出環境設計之原理及部分準則供學界及行政部門參考，在實務上亦有許多案例顯示妥適之環境設計、規劃與管理有助於促使犯罪不易得逞，避免犯罪之發生，因此如何促請政府（尤其是都市計畫部門）與民間部門積極採行此類犯罪預防措施，為當前努力之方向。

第十四章　錄影監視系統與犯罪防制

第一節　前　言

　　近年來，因為網路普及、科技進步與錄影監視系統的改良，設置錄影監視器已被視為是改善治安的一帖良藥，在鄰里長與地方首長的選舉政見中，也常常可見候選人以裝設「錄影監視器」（Closed Circuit Television，簡稱CCTV）作為選舉政見之一。事實上，「監控」在犯罪學情境預防原理中一直扮演相當重要角色，其強調以較有系統且完善之方式，對容易引發犯罪之環境加以管理、設計或操作，以預防或阻絕犯罪發生（Clarke, 1992; 楊士隆、何明洲、傅美惠，2005）。英國自1995年便已開始在公共場所裝設隱藏式攝影機，京斯林（Kings Lynn）鎮便在其「犯罪熱點」（Hot Spot）區域裝置六部遙控攝影機，並直接連線至警局，結果街頭犯罪下降的程度出乎各方預期，在偵察範圍內的地區，整體犯罪率下降14.3%。節省下來的巡邏警力成本，足以支付這些設備數個月的費用（林坤村，2005）。此外，國內震驚社會之「白米炸彈客」、「毒蠻牛的事件」、「汐止殺警奪槍案」及「張錫銘綁架集團犯罪案」等，其偵破均與警方調閱、清查無數支錄影監視器拍攝之畫面密切相關。

　　而隨著科技的進步，錄影監視系統對犯罪防制之影響，已獲得民眾與警察機關相當大肯定，但其效能如何，是否可擴及各類型犯罪之防制，本文將進一步檢視與討論。

第二節　科技發展對錄影監控系統之影響

　　隨著數位科技與電腦影像分析技術的發展，監視系統之功能早已超越原始之設定，傳統閉路電視之功能僅止於截取影像及記錄，利用畫面分割方式，使監控者能同時監控多組鏡頭，掌握所需監控之環境實況，在本質上，仍倚賴人力進行監控，監視器鏡頭，僅是擴充人類視覺與監控範圍之工具而已。目前所使用的數位錄影系統（Digital Video Recorder System，簡稱DVRS）或數位式錄

影監控系統（Digital Recorder Surveillance System，簡稱DRSS），則已結合電腦影像技術與網路科技，除了可進行遠端監控外，並可透過電腦影像分析技術監控畫面，當環境發生變動時，由電腦主機紀錄或發送警報、訊號，而不再需要人力進行監控。目前警方運用於重要路口的車牌辨識系統即為一例，利用攝影機與電腦軟體之結合，擷取通過路口之車輛車牌進行辨識，並比對資料庫查詢是否為贓車，一旦確認為贓車後，電腦即通報警網，並配合控制路口紅綠燈號誌攔阻贓車，而成為查緝贓車之利器。

科技的進步，造就了數位式監視攝影系統的研發精進，使得全盤監控紀錄轄區重點區段及出入幹道之車輛人員變得可能，透過監視攝影系統營造一個治安淨化的生活環境，已漸漸成為全國各縣市警政工作的重點。在警察勤務管理上，未來亦可利用路口監視器統，結合贓車查報系統與110報案系統，搭配地理資訊系統（Geographic Information System，簡稱GIS）、警車衛星定位系統（Global Positioning System，簡稱GPS）及警頻無線電系統、勤務管理／報案電腦化系統等，建構成完整的GIS警勤指揮派遣系統，以強化警務派遣管理的能力及效率（林坤村，2005）。

目前結合數位錄影監控系統與電腦影像分析之技術，利用監視器進行車牌辨識已相當成熟（吳睿哲，2002；李正裕，2002；張勝仁，2002；江兆文，2003；李國彥，2003；邱瑩青，2003；黃正龍，2003；王振興，2003），可直接利用路口監視器辨識車牌號碼並比對贓車資料庫。新發展之技術更可利用電腦控制主動式（Pan-Tilt-Zoom）攝影機，或利用多部攝影機，對進入攝影範圍者進行分析，以抓取臉部特寫並予以記錄（張政祺，2002；黃敏峰，2002；邱文鴻，2003；陳建霖，2004；黃泰祥，2004）。甚至進行臉部辨識，辨別進入攝影範圍者頭部是否有任何遮蔽、穿戴口罩或安全帽，以發出警報通知駐衛警（王英任，2003；陳昭介，2003）。亦可辨別進入攝影範圍者是人或貓狗等動物，以避免誤發假警報（鄭伯南，2002）。或辨識進入特定區域者，如進出監所大門或便利商店櫃臺者，是否為穿著制服之員工或非法入侵者（袁凱群，2005）。有朝一日，湯姆克魯斯主演的電影「關鍵報告」（Minority Report）中，利用四處可見的攝影機檢查行人虹膜以識別身分的場景，可能就在我們的生活中出現。

第三節 錄影監視系統防制犯罪之理論基礎

就純學理的觀點而言，錄影監視系統能夠產生犯罪預防功效，主要來自於Newman（1972）的「防衛空間理論」（defensible space）、Clarke（1992）的「情境預防理論」（situational crime prevention），以及犯罪「理性選擇」（rational choice）觀點（蔡德輝、楊士隆，2012；楊士隆、何明洲，2004）。

一、防衛空間理論

美國學者Newman（1972）之「防衛空間」概念，乃指藉由實體或形式之阻絕體橫阻犯罪，促使加害者提高暴露之機會，以及強化加害者被逮捕觀念之一種犯罪預防措施。其實體阻絕物包括利用高聳的圍牆、鐵絲網、藩籬及強化之門窗等物，形式阻絕物則包括建築物前有寬敞開放之出入口、階梯、步道、低矮之灌木叢或矮牆、24小時之便利商店、供居民乘坐之椅子等，如在銀行、郵局或宿舍四週有24小時之攤販存在，均是良好之監控力量。

在社區環境設計及改良之領域中，「防衛空間」主要包括以下幾個概念（Newman, 1972）：

(一)領域感（Territoriality）：領域感係社區居民對獲取或維護有邊界之某一特定區域之能力而言，此特定區域中之居民對該區域展現關心、提供支持及保護，對該社區具有某種程度之親密、關心及歸屬的感覺。居住者認為自己對這一地區負有某種程度之責任，且受到外來入侵者之威脅時，必定願意採取行動。這些領域感之強度，需使潛在之入侵者察覺到其入侵行為可能已遭受監控或曝光，而不敢輕舉妄動。

(二)自然監控（Natural Surveillance）：係指個人觀察居住環境公共場所之能力，以及外人進入該建築物附近後，被居民觀察之可能性而言。

(三)良好的建築物外觀與環境：促使居民對環境產生歸屬感與安全感，進而提升對建築物的歸屬感及認同感。

(四)鄰接區域之安全性（Safe Adjoining Areas）：使居民對鄰近地區亦能有安全之監控能力，使得到更多之安全感，不僅關注自己住宅地區之環境特性，並兼顧與鄰近地區居住環境之互動關係。

而錄影監視系統正足以展現居民之領域感，以及居民可透過監視系統有效控制該領域、監控入侵者之能力，使潛在之入侵者察覺到其入侵行為可能已遭

受監控或曝光，而不敢輕舉妄動。亦使居民之監控視野得以拓展，對私有領域外之地區有較佳之觀察及監控能力。

二、情境犯罪預防

Cornish及Clarke（2003）根據理性選擇理論所提出五大行動準則，建議二十五項情境犯罪預防的技巧來降低犯罪發生的機會。包括(一)增加犯罪之困難（Increasing Perceived Efforts）、(二)提升犯罪之風險（Increasing Perceived Risks）、(三)降低犯罪之酬賞（Reducing Anticipated Rewards）、(四)降低挑釁（Reducing Provocations）、(五)移除犯罪之藉口（Reducing Excuses）。

錄影監視系統之運用對情境犯罪預防策略而言，即在提升犯罪之風險，使潛在犯罪人覺察到實施犯罪行為可能被發現，進而遏止犯罪之發生。

三、理性選擇理論（Rational Choice Theory）

「理性選擇理論」乃指由犯罪者的角度來解釋犯罪者如何選擇標的物，以及評估犯罪之報酬與危險性等，以決定是否實施犯罪行為之思考過程。亦即犯罪者為何決意犯罪及如何達成犯罪的思考過程。Siegel（2006）認為，違法行為是發生在一個人考慮了個人因素（包含金錢的需求、仇恨、刺激、娛樂等），以及情境因素（包含目標物受到如何的保護、警方的效率等）後，所做的選擇冒險的決定。而放棄犯罪的決定，也是由於犯罪人知覺到犯罪沒有經濟上的利益，或是被逮捕的風險過大。犯罪的構成決定於下列三種因素：

(一)犯罪情境的選擇：包括評估標的物的安全措施、可利用的資源、何種型態犯罪較易得手而不易被逮捕等。

(二)犯罪目標的選擇：主要取決於目標物價值多寡、銷贓容易程度、運送攜帶方便、被緝獲可能性等。

(三)犯罪技巧與學習：包括犯罪者的犯罪技巧與能力、個人經歷、對犯罪成功機率被逮捕可能性的判斷等，影響對目標價值與危險情境的認知而決定其選擇。

第四節　錄影監視器在國內外實施概況

錄影監視系統已經廣泛運用在公共場所以預防犯罪，特別是英國（Norris

and Armstrong, 1999）、美國（Nieto, 1997）與澳洲（Auetralia Institute of Criminology, 2006）。

　　在英國，錄影監視系統最主要的功用是作為犯罪預防而非犯罪偵察。在1999年到2001年期間，英國政府提供大約3.2億美元的經費在市中心、停車場和其他高犯罪地區裝設錄影監視系統，在英國政府的犯罪預防經費支出上，大約有四分之三是用在錄影監視系統上（Home Office Policing and Reducing Crime Unit, 2001）。Armitage（2002）指出，英國錄影監視系統鏡頭數量若以1990年為基準（100），則1994年已成長到400，1997年為5,200，2002年為40,000，目前英國有超過4百萬具錄影監視鏡頭，其中大約有80%設置在倫敦（Welsh and Farrington, 2004）。

　　在美國，或許是因為美國人比較恐懼個人的言行舉止被監控，其錄影監視系統的設置並未如英國般普遍，但美國許多大型企業，都在建築物外牆和電梯架設監視錄影系統，有時甚至安裝在員工辦公室內。據統計，僅紐約曼哈頓區就至少2,400具戶外監視錄影系統在運作中。此外，各地方政府也大加使用這項科技，目前已有十幾個城市在街角架設了監視錄影系統，以打擊販毒和搶劫等犯罪活動（艾鵬，2005）。繼英國倫敦和埃及接連發生連環爆炸案後，美國各地官員紛紛要求增設監視鏡頭，特別是在地鐵等大眾運輸系統和其他反恐能力比較薄弱的場所。美國國土安全部亦計畫花費近1,000萬美元，在鄰近華盛頓國會山莊的一條鐵路系統架設數百個攝影鏡頭，以防止危險物品進入這條線路。實際上，早在倫敦等地發生爆炸事件前，美國一些主要城市為了預防犯罪和加強反恐，便已開始紛紛增設監視攝像頭，芝加哥去年便花費500萬美元實施一項安全計劃，在該市住宅區裝設超過2,000具攝影鏡頭。在費城，自警方根據監視系統影像緝獲一名殺人犯後，該市在治安方面對錄影監視系統的依賴程度便與日俱增（林坤村，2005）。

　　而澳洲的33個主要城市的市中心、公共場所、大眾運輸、商業區、停車場等，亦都有裝設錄影監視系統（Wilson and Sutton, 2003）。迄至2006年，錄影監視系統之架設持續的成長。根據2005年澳洲IRIS之調查，2003年僅33個錄影監視系統設於地方議會，但2004年已成長為45套。整體而言，61個地方政府其在大賣場與市中心、廣場等裝設錄影監視系統，在新南威爾斯及昆士蘭等州約有三分之二係在過去六年裝設的（Australia Institute of Criminology, 2006）。

　　在我國，內政部於民國87頒布「建立全國社區治安維護體系——守望相助再出發推行方案」，採取結合社區資源、落實治安全民化之觀點，在社區設置

監視錄影器藉以建立社區治安維護體系。各地警察機關配合執行該方案,積極推展輔導裝設保全設施的監視錄影系統,藉以嚇阻犯罪、產生預防效果或循線查察不法。民國88年,內政部配合「全國治安年」,規劃在全國各重要路口、金融機構設置10萬個監視器,並與70餘家有線電視業者合作,透過業者的光纖網路銜接監視錄影系統,以構成嚴密之治安防護網絡,全面監控各地之治安狀況以防堵犯罪。自此,廣設錄影監視系統便被視為是改善治安之重要方針,各地方自治團體候選人,無不以裝設監視器以改善治安為政見,新北市於94年初即規劃在三年內,以租借方式裝設2萬1千具監視器元。依據內政部警政署94年10月之統計,台灣地區錄影監視攝影機總數達6萬6仟餘組,內政部警政署計畫在未來三年編列4億元在全台擴大增設錄影監視系統。

在各縣市警局中,以嘉義市警察局之規劃較具規模與特色。其鑑於各類型犯罪層出不窮,以及路口治安維護與交通安全改善考量,嘉義市於91年向行政院爭取2,082萬元補助款,建置93處易肇事路段路口監錄系統,92年向行政院爭取1,600萬元補助款,建置公車候車亭周遭地區路口監錄系統共61處;另92年台電仁愛變電所補助周圍各里,建置28處路口監錄系統,合計共建置182處重要路口監錄系統,計724具攝影鏡頭,皆利用網路系統,由警察局進行網路管理(林坤村,2005)。一方面具有防範遏阻犯罪及掌握車輛流量的功能,另一方面可供偵辦刑事案件及肇事逃逸車輛之重要依據,對保障民眾生命、財產安全及治安之維護有莫大的助益。為利交通事故肇事責任歸屬及治安監控,該系統採用全天候日夜監視設計,結合數位影像壓縮處理技術,使其在長時間錄影下,將畫面鉅細靡遺存證,並將車輛車牌號碼完整清晰錄製,更利用網際網路進行錄影資料整合、調閱。該錄影監視系統設置運轉迄94年9月止,即協助破獲肇事逃逸案38件、強盜案33件、竊盜案17件、搶奪案14件、擄人勒贖案5件、傷害5件、槍砲彈藥、汽車竊盜、毀損各3件、殺人、機車竊盜、毒品各2件、以及其他案件合計共140件。

第五節　錄影監視系統與犯罪預防的實證研究

錄影監視系統向來被宣導可以防止犯罪,因為潛在的犯罪者主觀認為被察覺可能性增加而阻止犯罪,且可以增加犯罪被察覺的可能性,也可以鼓勵潛在

的受害者採取安全預防，並且促使警察和安全人員阻止犯罪（Armitage, Smyth, and Pease, 1999）。另外還能顯示社區對於改善治安的決心，並因此增加社區內聚性和非正式社會控制。但錄影監視系統也可能致使犯罪增加。例如，它能給潛在的受害者一種錯誤的安全感，使其放鬆警戒或停止採取其他犯罪預防措施，如夜間不落單，且不穿戴貴重飾品。錄影監視系統也會增加警方受理報案的情形，被害者也會認為案件被偵破的可能性增加而願意報案。也可能會產生犯罪轉移，使其他地區、時段、或者犯罪類型增加。

　　錄影監視系統被視為某種形式的犯罪預防（Clarke, 1995）。在Clarke和Homel（1997）情境犯罪預防分類中，錄影監視系統是一種正式監控的技術，監視器鏡頭被視為提升或者代替安全人員的有效工具。但錄影監視系統的效力引發了相當多的爭論，特別是花費了如此多的成本後，到底提供了多少的犯罪預防效力？部分研究對於錄影監視系統的預防犯罪的成效存疑，認為這些減少犯罪的措施可能產生犯罪轉移而已（Brown, 1995; Ditton and Short, 1999; Skinns, 1998）。

　　Grandmaison及Tremblay（1997）評估蒙特婁地下鐵的監視器成效，在13個車站安裝監視器，並以其他52個控制組車站進行比較，在18個月期間，總犯罪率大約下降20.2%～18.3%之間，這些犯罪包括搶劫、搶奪、竊盜、詐欺和其他破壞公物的行為。而其他控制組車站內，搶奪的情況也有改善。但Grandmaison和Tremblay並未做犯罪轉移或犯罪預防擴散效果的研究。Skinns（1998）評估英國設置於市中心、停車場和商業中心的63架攝影機發現，在計畫開始之後的24個月，警方記錄的總犯罪數在實驗區降低21.3%，但是控制組區增加11.9%。經由訪談警察與青少年罪犯後，Skinns並沒有發現犯罪轉移的證據。

　　在一項對於設置在市中心、公共場所、大眾運輸系統，以及停車場的22組錄影監視系統的研究評估顯示（Welsh and Farrington, 2002），其中11組的監視系統提供了犯罪預防的功能，5組監視系統呈現反效果，另外5組則對犯罪沒有影響，1組的影響無法確定。可以確認的是，在停車場的影響是相當明顯。在其中18組監視系統的事後分析比較發現，錄影監視系統對於降低犯罪率的影響大概在4%左右。與控制組相較之下，在市中心的錄影監視系統大約可以降低2%的犯罪，在大眾運輸系統中的監視設備大約可以減少6%的犯罪，在停車場的監視設備則可以降低41%的犯罪。其研究結果認為，錄影監視系統對於暴力犯罪較少影響，但對財產犯罪，特別是在停車場、建築物周遭的效果相當良

好，但在大眾運輸系統的效果則不一致。在Welsh及Farrington（2006）最近之一項大型評估研究中顯示，在裝設錄影監視系統之實驗區中，整體犯罪率下降8%，而未裝設之控制區中則增加9%。此研究係對英國及美國19處地區進行評估所得。Welsh及Farrington（2006）認為，錄影監視系統是一種有效的犯罪預防工具，但在規劃時需要相當慎密，且必須與其他措施有效結合，例如增加光線亮度或警衛等，以發揮功效。

　　其他國外錄影監視系統對於犯罪預防成效之研究，則有不同呈現。在預防財產性犯罪部分，Tilley（1998）比較汽車停車場裝設錄影監視系統前後的犯罪發生情形，發現停車場的汽車竊盜犯罪因為錄影監視系統的裝設而降低，但其他非汽車竊盜的竊盜犯罪類型卻更為嚴重。Brown（1995）對3個市中心錄影監視系統的研究評估認為，財產犯罪有因錄影監視系統的裝設而降低，但證據並非很明確，無法單獨把犯罪率的變化歸因到錄影監視系統的裝設。Short及Ditton（1996）的研究則顯示，財產犯罪（盜竊、車輛犯罪、入店行竊、欺詐和縱火）在錄影監視系統裝設之後有明顯降低。Skinns（1998）在Doncaster市中心的研究發現，錄影監視系統在小城鎮對於汽車竊盜犯罪有顯著影響，但對於其他類型的竊盜犯罪較少影響。Armitage、Smyth和Pease（1999）在Burnley城鎮的研究發現，錄影監視系統對於所有的財產犯罪類型都有顯著的減少，包括一般竊盜、汽車竊盜、犯罪損害、臟物買賣和詐欺等。

　　在錄影監視系統與強盜搶奪性犯罪部分，Brown（1995）發現，錄影監視系統在大城市中對於搶奪犯罪的影響很小，但是在小城鎮中，錄影監視系統的確能夠有效降低搶奪犯罪。Squires（1998）的研究則顯示，搶劫和偷竊犯罪有因錄影監視系統而減少，但在暴力犯罪與毒品有關的犯罪則沒有影響。Armitage、Smyth和Pease（1999）在Burnley的住宅區研究則發現，錄影監視系統可以明顯減少暴力犯罪和販賣毒品等行為的發生。整體來說，錄影監視系統對於犯罪預防確實有一定程度之影響，錄影監視系統必須經由警察人員詳細的規劃，並且與其他的犯罪防治措施密切結合，始能發揮犯罪預防之功效（Wilson and Sutton, 2003; Gill and Spriggs, 2005）。

　　目前國內關於錄影監視系統對犯罪預防之成效研究，有艾鵬（2005）對警察人員與鄰里長之訪談，以及林坤村、楊士隆等（2005）對警察與民眾的問卷調查、李湧清（2005）對警察人員與鄰里長之訪談，三者之研究皆以警察人員及民眾之觀感為主，結果大致顯示，警察人員及民眾對錄影監視系統運用於改善治安之成效，皆抱持肯定態度。然此類研究係以民眾及警察人員主觀感受與

知覺為主，在實際案例上，錄影監視系統對於警察查緝犯罪確實提供不少線索資訊。

　　國內楊士隆（2006）首次進行國科會整合型研究案，就監視系統對犯罪預防之影響進行實證調查研究，此項研究首先比對警政署近年來犯罪統計以及錄影監視器之裝設數量發現，以台北市、台中市及高雄市三大都會區為例，台北市近三年來（92年至94年）裝設之監視器數量大約每年增加2～3千餘具（表14-1），竊盜案件大致呈現下降情形，台中市、高雄市之竊盜犯罪案件亦呈現下降之趨勢（表14-2），強盜搶奪案件（表14-3）發生件數則波動情形較大。

表14-1　三大都會區錄影監視器數量統計

	92年9月底	93年8月底	94年7月底	95年10月底
全國總計	45,316	52,462	64,115	91,718
台北市	12,345	15,120	17,585	21,628
台中市	1,485	1,513	1,650	2,101
高雄市	5,380	5,418	6,015	5,344

資料來源：整理自警政署網站—統計資料

表14-2　三大都會區竊盜案件統計

		92年 7-12月	93年 1-6月	93年 7-12月	94年 1-6月	94年 7-12月	95年 1-6月	95年 7-12月
台北市	發生數	16,410	14,199	15,282	12,826	13,667	11,499	11,646
	發生率	66.18	540.65	582.40	489.56	522.26	438.88	443.15
台中市	發生數	18,066	16,228	18,449	14,161	15,894	13,659	11,873
	發生率	1,795.24	1,602.90	1,811.63	1,382.15	1,542.64	1,318.60	1,139.79
高雄市	發生數	14,764	12,399	12,817	11,450	14,210	10,575	9,944
	發生率	978.45	821.07	847.81	756.99	940.09	699.66	657.03

資料來源：整理自警政署網站—統計資料
　　　　　發生率＝件／十萬人口

表14-3 三大都會區搶奪案件統計

		92年7-12月	93年1-6月	93年7-12月	94年1-6月	94年7-12月	95年1-6月	95年7-12月
台北市	發生數	330	392	349	202	182	244	214
	發生率	12.55	14.93	13.30	7.71	6.95	9.31	8.14
台中市	發生數	339	288	870	634	757	571	365
	發生率	33.69	28.45	85.43	61.88	73.47	55.12	35.04
高雄市	發生數	445	326	511	553	623	545	358
	發生率	29.49	21.59	33.80	36.56	41.22	36.06	23.65

資料來源：整理自警政署網站—統計資料
發生率＝件／十萬人口

　　將相關資料輸入電腦進行相關統計分析後發現（表14-4），對竊盜犯罪而言，錄影監視器數量與竊盜犯罪呈現負相關，但僅有台北市達到顯著水準（相關係數−0.923，P值0.025≦0.05），亦即錄影監視器數量越多時，竊盜犯罪有顯著的降低情形。台中市錄影監視器對竊盜犯罪之發生亦有很大的負相關（相關係數為−0.859），但統計檢驗未達顯著水準（P值0.062 > 0.05）。高雄市則相關情形不明顯（相關係數為−0.124）。對搶奪犯罪而言，錄影監視器之數量與搶奪犯罪並無顯著的關聯性，台北市錄影監視器數量與搶奪犯罪之發生呈現負相關（相關係數為−0.696），但統計檢驗並未達顯著水準，台中市呈現低度負相關，高雄市則呈現正相關。就統計分析結果而言，錄影監視器之數量與竊盜犯罪之關聯性，僅在台北市有顯著的負相關，在台中市與高雄市則無明顯影響。錄影監視器之數量與搶奪犯罪之關聯性，則無法獲得證實。

表14-4 三大都會區錄影監視器數量與竊盜案、搶奪案相關分析

		竊盜	竊盜發生率	搶奪	搶奪發生率
台北市	皮爾森相關係數	−.923(*)	−.923(*)	−.696	−.696
	顯著水準	.025	.025	.192	.192
台中市	皮爾森相關係數	−.859	−.870	−.124	−.142
	顯著水準	.062	.055	.843	.820
高雄市	皮爾森相關係數	−.124	−.127	.859	.858
	顯著水準	.842	.839	.062	.063

　　此項研究以台北市、台中市與高雄市三大都會區之錄影監視器數量與竊

盜、搶奪犯罪進行初步分析，並無法獲得錄影監視器與犯罪預防之間明確的關聯性，由於台北市錄影監視器數量與台中市、高雄市有相當大的差距，而且犯罪之發生需考量諸多因素，例如警力分布、各地犯罪預防相關措施、人口密度、鄰里關係等，由於未能取得更詳細之資料，因此上述統計分析所呈現之意涵有限。

其次，基於防衛空間理論、情境預防理論及犯罪理性選擇觀點之觀點，此項研究對台北監獄、台中監獄及高雄監獄等北、中、南三大監獄中竊盜受刑人進行訪談，在各監獄中篩選2名竊盜犯罪個案（共6名）進行半結構式質性訪談，瞭解錄影監視系統對竊盜犯罪之影響，並由受訪者對錄影監視系統的功效與影響進行評估。

研究發現，對汽機車竊盜犯而言，錄影監視系統會對其造成風險，但不會是影響其犯案的主要因素，並不會就此阻絕其犯罪的意圖及行為。對於錄影監視器所造成的風險，他們會使用自己所認知可能排除此風險的方式去進行竊盜行為。對侵入住宅型竊盜犯而言，錄影監視器是影響犯罪與否的主要風險因素，會盡量避免有錄影監視系統存在的地點，以防止因此失敗被發現而遭逮捕，或以其他方式排除風險，例如調整監視器方向以避開攝影。

研究者加入錄影監視系統的功能（傳統鋁管、廣角圓球型、感應投光、紅外線、隱藏式等）及裝設數量差異（密度）的條件，以瞭解竊盜犯罪行為因錄影監視系統功能、數量差異而形成的影響差異。對汽機車竊盜犯而言，風險考量因錄影監視器功能與數量不同皆有提升現象，若錄影監視系統的功能越先進（例如感應投光），則此風險考量會隨之提高，可能會因此放棄犯罪行為，但仍非決定性的風險考量因素。錄影監視系統裝設數量越多的區域，則風險考量會隨之提高，可能就會考量到轉地點甚至放棄或中止犯罪，因為避開數量較多的錄影監視器相當麻煩，會促使其放棄或是轉移目標。

雖然錄影監視系統對於接受訪談的竊盜犯而言並非是最主要的風險評估因素，對其犯罪決意與認知也不會造成決定性的影響，但仍會對其犯罪行為造成一定的風險，因此還會設法將其排除，若無法排除才會放棄犯罪行為。因應或排除錄影監視系統的方式包括：掩飾或拆除交通工具車牌或更換贓車以躲避風險、避免被監視器拍到臉部、變裝或掩飾臉部特徵、利用監視器死角、轉移鏡頭或拆除破壞錄影監視系統。但也有受訪者認為就算被錄影監視系統拍到也無妨，只要案子不大，警方也不會大費周章去調閱錄影資料，且錄影監視器畫面不清，亦不易被辨識出身分。

　　許多研究對於錄影監視系統的預防犯罪的成效存疑，認為這些預防犯罪措施只是產生犯罪轉移而已（Brown, 1995; Ditton and Short, 1999; Skinns, 1998）。對犯罪者而言，裝設錄影監視器的地區當然危險性較高，若想要進行竊盜行為地點的錄影監視系統的功能較先進或數量增多，犯罪人寧願轉移犯罪至錄影監視系統相對較少或無裝設的地區，以降低風險。雖然錄影監視系統不是犯罪人考量的主要風險因素，但還是會避免風險的產生，若其他地區有合適的犯罪標的物，會先轉移至無裝設或較少的地區進行犯罪行為。如果有其他的選擇，犯罪人比較不會去碰危險性較大的目標，例如車庫內的車或是有監視器監控的目標，因為犯案一定要挑風險最低的機會，而有保全人員監控的監視器是犯罪人認為風險較大的，會影響其犯罪行為成功與否。

　　錄影監視系統是根據情境犯罪預防策略中的提升犯罪之風險所使用的環境監控物，目的在嚇阻潛在犯罪人因其犯罪的風險提升進而放棄或打消犯罪決意與行為，對竊盜犯罪人而言，錄影監視系統的嚇阻效能建立在監視器的數量、功能以及是否有人監控。錄影監視系統裝設的數量越多，暴露在鏡頭下的機會變多風險就會隨之提高，會提升他們犯罪的風險，但對其而言或許只是造成犯罪轉移而已，其犯罪行為並不會停止。相對於傳統式的錄影監視系統，較功能性的監視器（廣角圓球型、感應投光、紅外線、隱藏式等）有著較高的嚇阻效能，對於裝設功能性監視系統的地點或目標也較不容易成為其犯罪的風險標的。大型監視器對部分犯罪人而言具有喝阻效果，但對大部分犯罪人而言較不擔心大型監視器（解讀：怕別人不知道裝有監視器），隱藏式或微型攝影機對其犯罪行為風險最大。

　　另外，本研究對台北監獄、台中監獄及高雄監獄中搶奪犯受刑人進行訪談，在各監獄中篩選2名搶奪犯罪個案（共6名）進行半結構式質性訪談，瞭解錄影監視系統對搶奪犯罪之影響，並由受訪者對錄影監視系統的功效與影響進行評估。

　　研究發現，對搶奪犯而言，錄影監視系統會造成犯罪行為之風險，受訪者中熟悉錄影監視器之搶奪犯，或曾因錄影監視器而被逮捕之搶奪犯，因瞭解其功效而心存恐懼，但通常以強奪方式獲利之犯罪人對金錢之需求急迫，基於短時間內獲取財物之考量（走投無路、急需金錢購買毒品），面對錄影監視器之風險只好硬著頭皮上，真正急需金錢時，也無暇顧及錄影監視器之威脅。但亦有搶奪犯認為，錄影監視器喝阻效果大於實質效用，就算錄影監視器拍到畫面也難以辨識犯罪人，或者只需要掩飾或拆除交通工具車牌或更換贓車以躲避風

險、避免被監視器拍到臉部、變裝或掩飾臉部特徵，即可避免被逮捕風險。由於搶奪犯罪屬於重大刑案，因此警方對於搶奪犯罪之偵辦投注較多心力，以往輕忽錄影監視器功效之搶奪犯，在被逮捕後才真正瞭解錄影監視器之功效，即便在犯罪現場錄影監視器無法拍攝到清楚畫面，但透過周邊鄰近錄影監視器之輔助，搶奪犯被逮捕機率大增。

　　研究者加入錄影監視系統的功能（傳統鋁管、廣角圓球型、感應投光、紅外線、隱藏式等）及裝設數量差異（密度）的條件，以瞭解搶奪犯罪行為因錄影監視系統功能、數量差異而形成的影響差異。對搶奪犯而言，犯罪風險考量不因錄影監視系統的功能和數量不同而提高，不在乎錄影監視器影響之搶奪犯，並不因為錄影監視器之數量和功能不同而改變。

　　搶奪犯對錄影監視系統的因應對策大多仍以變裝、拆除或更換車牌、贓車等方式掩蔽身分。在受訪的搶奪犯中，有位受訪者先前從事過裝設錄影監視器之工作，因此會利用職務之便調取錄影監視系統的裝設明細，瞭解商家的錄影監視系統是否只運作而不錄影存檔、裝設地點、錄影監視系統的拍攝範圍，甚至入侵監視系統主機，暫停錄影或破壞其運作，而後進入店家搶奪。其餘街頭搶奪犯罪者，例如機車搶奪，由於犯罪過程中無可避免必須暴露行蹤，而有被犯罪被害人或其他目擊者指認的風險，因此多會利用贓車、掩飾或拆除車牌、配戴安全帽或口罩等方式降低被指認之風險，也因而連帶成為躲避錄影監視系統的方式。

　　竊盜犯罪會因錄影監視系統的裝設數量與功效，而產生犯罪轉移的情形，但搶奪犯則較少因錄影監視系統之設置而轉移犯罪地點。搶奪本質上是一種暴力掠奪行為，犯罪人多對本身犯罪技巧或迴避被辨識身分之措施充滿自信，因此即便有被錄影監視器拍攝到的風險，搶奪犯多不以為意。再者，因為大多數的搶奪犯罪都有金錢需求的急迫性，因此犯罪時通常都無暇顧及是否有錄影監視器，特別是當急需金錢購買毒品時，即便被錄影監視器拍攝到的風險很高，仍然會進行搶奪。對曾因為錄影監視器而被捕，或瞭解錄影監視器功效的搶奪犯而言，在非急需金錢的情形下會考量錄影監視系統之風險，而考慮轉移犯罪地區或目標，但若急需金錢時，能否取得金錢成為犯罪最重要的考量因素。

　　錄影監視系統是根據情境犯罪預防策略中的提升犯罪之風險所使用的環境監控物，目的在嚇阻潛在犯罪人因其犯罪的風險提升進而放棄或打消犯罪決意與行為，但對多數搶奪犯罪人而言，或許對自己的犯罪技巧或迴避被辨識身分

之措施充滿自信，多認為錄影監視系統的嚇阻對他們而言幾乎不存在，即便有個案曾經因錄影監視器而遭逮捕，但還是認為錄影監視系統的威脅只有一點點，金錢（毒品）需求的急迫性更重於一切。部分瞭解錄影監視器功能與效果之犯罪人對錄影監視器心存警戒，也坦誠錄影監視系統是他們的主要風險考量，尤其是一般傳統鋁管式的監視器，因為明顯可見，對他們的犯罪決意與認知的嚇阻效能有直接的影響，促使他們放棄及轉移犯罪的可能性相當大，甚至轉移犯罪類型，但若是為了毒品需求就無暇兼顧此風險，再怎麼危險也會行搶以獲得購買吸食毒品的費用。基本上搶奪犯最主要的犯罪風險來自於巡邏員警與路人，以及遭遇被害者反抗的機率。

第六節　結　語

國內對台北市、桃園縣、台中市以及嘉義市等四大都會區鄰里長及警察人員進行訪談之研究發現（艾鵬，2005），民眾普遍認為監視錄影系統對於治安改善具有一定程度的效能，而泰半民眾認為設置錄影監視系統，並不會對個人隱私造成負面影響，也不會因有無裝設錄影監視系統的情況而改變。顯示民眾與警察人員大多數認為，打擊犯罪重於保護民眾個人隱私，而大力支持設置錄影監視系統以有效維護治安。然而，事實上在個人隱私與犯罪偵察及犯罪預防之間存在相當大的爭議。台北市議會為預防研究室遭竊而在議員研究室前裝設攝影機，此舉卻惹來議員大發雷霆，監視器裝設不到3小時立即被拆除（中國時報，2005/11/26）。

警政機關與新聞媒體對於錄影監視系統之宣導，多關注於藉由錄影監視紀錄之調閱查緝重大犯罪。犯罪學所探討之犯罪預防包含初級預防——在犯罪發生之前予以預防，以及次級預防——逮捕犯罪人以預防其再犯，雖然利用錄影監視器查緝犯罪可以達到次級預防之成效，但若僅關注錄影監視系統作為查緝犯罪之運用成效，則其在倫理與人權議題上所面臨之問題與爭議將難以平息。因此，如何在改善治安環境與保障人民隱私、人權保障之間取得平衡，仍須多加思考。

楊士隆（2006）之研究藉由分析次級資料與對竊盜犯、搶奪犯進行質性訪談發現，錄影監視器對於犯罪人確實能發揮相當影響，次級資料分析與訪談

研究結果能相互呼應，亦即錄影監視器是竊盜犯罪考量的重要風險之一，但對部分搶奪犯罪而言，錄影監視器發揮之預防成效有限。但仍須有良善的規劃設計與其他的配套措施輔助，錄影監視系統並無法單獨發揮犯罪預防的功能。對竊盜犯來說，由於犯罪行為持續時間較長，因此遭遇阻礙的機會與可能性較大，在無法確認錄影監視器是否有人監控的情形下，對於監視器的恐懼較大，而能產生喝阻效能。但倘若錄影監視器之種類與設置地點不當，則會造成潛在受害者過於信任監視器，而犯罪者判斷監視器乃虛張聲勢之情形，而無法產生犯罪預防之效果。

對搶奪犯來說，由於犯罪持續時間短暫，因此遭遇阻礙的機會與可能性較小，且通常以強奪方式獲利之犯罪人對金錢之需求急迫，基於短時間內獲取財物之考量，也無暇顧及錄影監視器之威脅，錄影監視器之設置對搶奪犯罪之預防影響較小。由於搶奪犯罪屬於重大刑案，調閱錄影監視器尋求破案線索之偵察手法運用較為普遍，因此錄影監視器對於搶奪犯罪而言，其初級預防之效果較弱，次級預防之效能較為強烈。

錄影監視系統是一種有效的犯罪預防工具，但在規劃時需要相當仔細，且必須與其他措施有效結合，單獨依靠錄影監視系統並不能改善治安。科技的發展使得監控、辨識、追蹤與紀錄的應用空間更為廣泛，但這些科學技術的應用，對人權尊嚴、民眾福祉、社會治安、法律秩序等之衝擊不可輕忽。安全與隱私是社會上每個人不可或缺的需求，在改善治安環境與人民隱私、人權保障之間如何取得平衡，是國家政策與法令規範的重大議題。

第十五章　工商場所與犯罪預防

第一節　前　言

　　近年來，經濟大幅轉型為以工商業為主的經濟體系，潛在犯罪者覬覦此等營利單位，管理者若不關切企業安全，其遭受損害不僅止於金錢，甚至對其業界聲譽影響甚鉅。工商業犯罪預防工作著重於安全管理（security management），其核心概念為風險（risk），即是遭受傷害或損失的可能性、暴露於危害或其他不確定因素的機率；而風險管理（risk management）則是對此風險的預測、認知及評估，並做出即時回應，以全面性降低風險及減少傷害至可接受的程度內，如移除目標的風險避免、抑減風險、利用保全設備與程序以防止可能的犯罪事件發生，或是延遲犯罪者行為以利逮捕的分散風險（高永昆等，2001：444-445）。然而須注意的是，風險並非可完全消失，但有效的損失預防計畫卻可減少風險至最低可能性（Ortmeier, 2005: 88）。

　　本文認為，工商場所從古至今均面臨產品與設備之竊取與破壞危機，因此應予高度重視（Poulin and Nemeth, 2005: 71）。故工商業的犯罪預防，著重於從外部的物理環境因素及內部人事稽核作為管理主軸。外部物理環境針對建築物的防衛設計而言，除了使用先進的電子監控設備作為保全系統之外，建築物所在地點、建築物設計與管理是重點所在。分述如後。

第二節　地點選擇

　　「物理安全」（physical security）係指著重於多樣化的物理指標設計，包括安全部門；避免未經許可入侵廠房、物流、材料及資訊（文件或電子資料）；防衛所有覬覦、蓄意破壞（sabotage）、損害及竊盜。物理安全係第一線防衛，亦包括所有空間內的具體工具使用，而使其達成於目標環境內的全面性安全（Ortmeier, 2005: 124-125）。而此等實體外部的防衛設計，須配合環境型態而做整體規劃，地點選擇（location selecting）及建築物設計與管理則

（building design and management）為重點。

　　Brantingham及Brantingham（1981）認為，分辨目標吸引性（target attractiveness）及空間吸引性（spatial attractiveness）此二面向是必要的。某些地區提供犯罪者高所得、低投資、低逮捕風險，則此地區給予犯罪目標相當高的吸引力。如果目標物的空間弱點不引起潛在犯罪者的注意，即使具有相當高的目標吸引力，該區將仍不至於被侵害。此種相對弱點與犯罪者個人認知有關。為了操作空間吸引力，分辨公、私領域模式則是一有效方式。此外，周圍區域（surrounding areas）亦影響犯罪者的空間吸引力，亦即，私人合法土地利用型態較不具空間吸引力，而公眾使用型態因屬易被人熟知的環境，如工業、商業，則有較高的空間吸引力（Brantingham及Brantingham, 1981: 170-172）。故建築物於地點選擇階段時的基本原則如下（鄧煌發，1994：191；李振昌譯，2002：213）：

一、天然阻礙設施或環境

　　建築物周圍土地情況，如是否係河川、湖泊、山脈及天然植物等地區。

二、人工阻礙物

　　建築物四周是否存有鐵道、公園、停車場、公路等地區。

三、設置地點附近之社會經濟環境情況與性質

　　低社經地位之區域較具犯罪危險性。

四、鄰近地區的犯罪狀況與趨勢

　　可預測其被害風險。

五、可能影響安全風險的人文特性

　　火災危險性、當地與消防隊的距離、警力巡邏情形等。

第三節　建築物設計與管理

　　除了上述地點選擇可降低被害的空間吸引力之外，屬於公共使用性質的工商業建築，其基本設計須符合標準化的消防安全管理外，仍須注入預防犯罪的

安全管理理念，方能降低被害風險。這些預防理念現已被發展成以下十六項技術：

一、增加犯罪困難

目標物強化、通道控制、轉移潛在犯罪者、控制犯罪促進物。

二、提升犯罪風險

出入口檢查、正式監控、職員監控、自然監控。

三、降低犯罪酬賞

目標物移置、財物辨識、降低誘惑、拒絕利益。

四、促使產生犯罪的罪惡感或羞恥心

設立規則、強化道德譴責、控制犯罪抑制因子、促進遵守規定（Clark and Homel, 1997; 楊士隆、何明洲，2004：63）。

學者Ortmeier提出防衛線（lines of defense）的概念，係指透過物理環境安全計畫的評估及運用，以各項方法避免企業設施遭受竊盜、破壞、入侵等人為因素的侵害。多重防衛線的設置則可使損失降到最低（Ortmeier, 2005: 128），具體方法如下：

一、屏障的設置（李振昌譯，2002：213-227）

（一）建築物外部的隔離設施

取決於建築物本身的功能及位置，此處的防衛線是為了防止外人入侵。常見的屏障為鐵絲網、刺絲、刺絲蛇籠、圍牆。若對外窗戶即是圍牆時，若與地面高度差距小於14英吋，應以玻璃磚、強化玻璃或塑膠材料建造，或以堅固鋼絲網或鋼條保護。此外，須定期檢查屏障物，如挖掘、翻越痕跡等，避免遭受破壞，而遭侵入。屏障區域應維持淨空狀態，避免廢物堆積、濃密樹叢等的遮蔽物，亦可設置偵測入侵的感應器或監視器，如液壓感應器、電磁纜線、光纖纜線、紅外線等，讓警衛得知是否有人入侵。

（二）大門及其他屏障的缺口

周邊屏障上的任一缺口皆可造成安全防護的缺陷，因此，周邊與建築物出

入口或開口，在符合安全法規內，數量愈少愈好。若為避免阻塞交通流量，評估者須謹慎分析才能決定開放數量，原則上，為安全考量則應減少數量。

二、出入口管制

（一）交通動線管制（李振昌譯，2002：287）

此處出入口管制非限於人員及車輛的辨識及其交通動線管制，建物與周圍可能被入侵或逃逸地點，如天窗、空調通風口、下水道、檢修口，皆為出入口管制的重點所在，都應有保護措施。

1. 貨物裝卸區應與其他地區隔離，避免不相關人士通過儲貨區。
2. 員工出入口應直接對著停車場，可使員工車輛獲得自然監控而不致遭竊。
3. 人員進出門最好於4到7英吋寬的單向通行，車輛通行門則於管制時採取單向通行。
4. 僅供緊急疏散的對外通道，應加裝警鈴，以避免被犯罪者所利用。此處的原則係設法提供最大限度的安全，並可使內部工作仍有效率地運行。

（二）員工辨識及通行證

此項制度乃在於使用識別證的時機、地點、出示方式，其證件須避免遭竄改、防偽功能，如雷射防偽標記等，仍須定期進行更新動作。若有分區限制的出入，則可以顏色做區分或換證（李振昌譯，2002：299）。此辨識系統最忌諱流於形式，若無全體員工配合，實難達預防之效。

三、照明（lighting）

燈光係物理安全措施中最具成本效益者，也是防衛線最基本的元素之一。燈光照明主要用意乃使潛在犯罪者產生心理嚇阻效用，使其降低犯罪企圖（Clifford, 2004: 135）。建築物周邊燈光種類及數量則依需求而定，如出入口、窗戶、停車場亦應設置照明。因此，燈光功能不僅於裝飾，使用得宜亦可達至安全防衛功能，如街燈、照明燈、探照燈等。

防衛性照明（protective lighting）用意乃針對想接近界線的外人感受到刺眼炫光，因此，其設置應避免影響安全管理人員值勤時的視線（Ortmeier, 2005: 119）。在此，照明燈具的發光強度空間分布、燈具效率及亮度分布或燈具遮

光角，皆須納入安全設計考量，以確實發揮燈光防禦效果（詹慶璇，1991：
86）。

　　此外，燈具應定期維修，電源控制箱應有專人管理以避免遭受破壞，應有
備用電力以備停電之需。此處建築物管理所採用的設備，係採其特性所成的因
應方式，設計者仍須顧慮設備的弱點及限制性，故配合風險評估後的實際需
求，方能發揮其效。

　　上述三項建築物設計與管理的方式，所有用於保全企業財產安全的硬體設
施均須定期維修外，且應訓練員工正確的使用方式，保全系統最忌未啟動使
用、徒具形式，而使有心人士趁機而伺。

第四節　內部人事稽核與管理

　　人力資源係為工商業主要生產力重要之一環，運用得宜則可增進工作效
率，若不注重則可能遭受虧損或倒閉。學者Ortmeier認為，內部而言，人事安
全始於有效的招募及篩選、職前訓練策略；外部而言，它涉及物理安全的使用
及避免人身及財產的人為威脅（Ortmeier, 2005: 147）。因此，雇主必須慎選負
責任的員工及採取合適行動以因應非行職員的情事發生。

一、人事稽核（personnel screening）

（一）招募（recruitment）

　　工商業於招募人才時，除了自行繳交履歷表之外，有些則要求應徵者填寫
申請表格。學者Bland及Stalcup（1999）認為，一份合適的求職格式應是提供
應徵者展現背景的證明形式，而非要求申請者於表格完成後須達成的工作表
現能力。於其確認所言無誤後簽下名字及日期，此等文件則成為一份合法文
件。職員若因申請文件的欺騙或誤導資訊而遭解雇時，亦可於後續法律過程中
提出證明。

（二）篩選（selection）

　　篩選過程即是針對職前訓練而定，其要求應徵者須具備特定資格及能
力，如具備駕照、藥物檢測、面談、犯罪紀錄、體能測試、測謊等。在此，執

法單位為保障個人隱私權，並無予以私人企業機構關於應徵者的犯罪紀錄，故一般而言，皆以自陳方式（conviction）為主。工作申請表則須確實查證，若發現與紀錄不符處，則可與其前就職公司單位加以查明（Ortmeier, 2005: 148）。至於建構一份良好之背景調查（background investigations）手冊，除前述部分內容外，尚須包括應徵者之信用卡紀錄、駕駛紀錄、教育程度、性行、先前就業情形等（Bradford, 1998）。

二、人事管理（personnel management）

上述合適的招募與篩選過程僅是人力資源管理的第一步，其後續的內部人事管理所涉及的訓練與計畫、監督與紀律等，是內部重要環節所在（Ortmeier, 2005: 153）。

（一）訓練與計畫（training and scheduling）

職員訓練有三大方向，即職前訓練（preservice training）、在職訓練（inservice training）、職業加強（career enhancement）。職前訓練乃針對某些職業優先需要指揮性的訓練；而在職訓練則採取師徒制、研究團隊及實習制；職業加強則包括著重於職業相關的特定教育訓練及促進個體發展的經驗。這些員工訓練的強化方案，除可滿足組織之競爭利益，強化員工對雇主的忠誠、道德，全面提升生產效率外，亦有助於提升員工職場之生活品質，擴展其求知需求。然而，計畫（scheduling）乃是達成有效率的、具生產價值的目標。雇主無法要求員工的工作效率持續地達至顛峰狀態，而是設立一系列任務以確保效率得以繼續施行（Ortmeier, 2005: 154）。

（二）監督與紀律（supervision and discipline）

並非所有的監督者都是良好的領導者，也非所有的領導者都是好的監督者。監督者位於領導地位，使得工作目標得以有效率達成，其亦評估個人能力及表現。然而，工作表現的評估須以一套標準化過程，而避免監督者的主觀形式，此套評估著重於表現而非個人因素，如刻板印象。

理想化的評估除了監督者的評估外，亦須配合員工的自我評量。紀律的主要目標在於增進工作表現及行為，而非懲罰或私人報復，因此須有客觀化的制度系統，管理者須清楚地說明制度的用意及規則的合理性基礎，明確地指出規則、懲處及其適用法律（Ortmeier, 2005: 154-158）。

值得一提的是，員工才是雇主最大的財富，業者須設置良好的溝通管道，確實瞭解員工的想法及所需，改善現有制度不足之處，增加員工福利，則可避免員工採取私人報復手段，如縱火、竊盜或其他形式的暴力手段，破壞公司財物安全，甚至人身安全等。

第五節 工商場所之犯罪預防

限於篇幅，此處僅列舉工業（industrial security）、零售業（retail security）、商業（commercial security）、金融機構（financial institution security）等相關犯罪預防措施。

一、工 業

工業以生產貨物或營造業為主，故其犯罪預防須著重於避免生產工具和原料的失竊或遭破壞，重要工業生產技術外流，任何生產器具的損失皆有可能影響所有的生產流程，造成業者諸多財產損失外，器具遭受破壞，甚至使得操作員工受到身體傷害或死亡（Moore, 1994: 99）。這些皆係人為因素所造成，除了遭外人入侵偷竊，不誠實員工的內竊亦是主因之一，其可能將所竊取之物流入黑市販賣，或將營業秘密賣給其他競爭業者，說明如下：

（一）生產工具及原料遭侵害與竊取

生產工具包括大型機械，如怪手、挖土機、切割作業平台、升降機等；或是小型的工具，如把手、螺絲、手套、刀片等；生產原料則以固體、液體、氣體型態的存放。

1. 在此建議應將小型生產工具統一放置，並由專人定時清點數量。夜間宜使用探照燈看管大型器具集中處及原料存放處、並做好出入口防衛措施，如加裝門鎖、使用電子進出管制系統（李振昌譯，2002）。
2. 近年來，因大型機械高失竊率，不少業者與電信業者合作，採用全球定位系統（Global Position System，簡稱GPS）進行遠端監控，用於找尋失竊大型機械，成效顯著。

（二）重要工業生產技術外流

為防範同業惡意競爭，建議業者將最重要的生產技術，於符合國內申請專利權的情況下，向經濟部指定專責機構辦理，以保障自身權益。但工業生產技術外流主要係由不誠實員工所造成，故業者於增聘人員時，須進行嚴格人事稽核，並與受雇者簽立契約，告知受雇者於職務上研究或開發的營業秘密，歸雇用人所有。受雇人於非職務上研究或開發之營業秘密，歸受雇人所有。但其營業秘密係利用雇用人之資源或經驗者，雇用人得於支付合理報酬後，於該事業使用其營業秘密。此作法乃以法律保障受雇者與雇用人雙方權益，並可保有既有營業秘密（營業秘密法第2條）。

二、零售業

零售業者除了遭受外來入侵竊盜的破壞及財物損失，亦有其員工監守自盜及零售業詐欺所造成的損害，此等帳務盤損（shrinkrage）的量縮現象，依刑事警察局網頁所顯示的估計，分別為33%、42%、19%、6%。不論損失型態為何種類，具體預防措施如下（李振昌譯，2002：112-126）：

（一）外來竊盜（shoplifting）

因為零售業者通常將商品陳列於容易取得之處，故容易遭人扒竊；或竊盜者於超商打烊後，破壞門鎖而侵入竊取商品；趁收銀人員不留意時，開啟收銀台偷取現金；攜帶武器以進行搶奪行為等。為避免上述情形發生，故業者可採取的預防措施如下（刑事警察局犯罪預防網頁，2004）：

1. 僱用安全警衛人員及職員訓練
   (1) 安全警衛人員須具專業的監督觀察，於不妨礙顧客選購商品的情況下，以其敏銳觀察力進行監視。
   (2) 可將警衛配置於結帳區、員工出入口或顧客進出大門，以利緊急應變之需。
   (3) 若竊盜者行為時，被店員逮捕且以武器作為抗拒行為，應盡可能使其卸除武器以保護其他顧客及員工的安全，並且儘速尋求支援，如通知警衛或報警，故業者應於員工訓練課程中教導防衛技能的演練。
   (4) 教導店員如何觀察扒竊行為及行為發生時應如何處理，因為此等行為牽涉法律問題，故須於證據充足下方能採取行動。

至於如何觀察扒竊行為（高永昆等，2001：217）之說明如下：

　　商品失竊的高峰期為人潮較多的午後、週末為主，竊盜犯將商品藏於手心內或衣服口袋、身上，配件如襪子、手提袋，撕除標價或以夾層方式攜出等。竊盜手法因人、地點而有所差異，故除了須注意其衣著是否過於寬大或配件型態外，原則上，若其購物時的行動詭異、眼神鬼祟、心神不定或故意為難店員等不尋常的情況發生時，則須加以注意。

2. 配設安全硬體設備（李振昌譯，2002：121-126；刑事警察局犯罪預防網頁，2004）

　　(1) 攝影機與閉路電視（CCTV）：通常架設於醒目之處，用以提醒購物者切勿以身試法，以達喝阻作用及進行監視，甚至可作為逮捕時的輔助工具。

　　(2) 雙面鏡：通常置於轉角處，然而此種凸面鏡對於監控竊盜的成效有限，因其反射影響以致遭受扭曲而不易辨識，誣賴顧客的可能性亦時有所聞。

　　(3) 電子商品防盜系統（electronic article surveillance）：於商品上加設電子防盜系統，如標籤、感應器、警報器，避免顧客未經結帳而將商品攜出。

3. 商品陳列方式：商品陳列方式乃是為了吸引顧客注意力，刺激顧客購買欲望，然而同時也吸引竊盜者的覬覦及行動。為避免高價位商品因陳列展示而遭竊取，現有的防盜措施多僅以展示樣品，待顧客向業者表明購買意願時，才取出實品，此等作法乃是降低商品被盜風險，常見於高價位電子數位化產品商店，如通訊行。

（二）監守自盜（internal theft）

　　員工竊盜種類通常有竊取現金、更改標價、變賣商品等，為避免內部竊盜的發生，則須經由職前審核過程及嚴格控管金錢的方式加以防範（Ortmeier, 2005: 259）。職前審核過程已於前項人事稽查詳述，接著探討業者應嚴格控管金錢以達防制內盜，作法如下：

1. 貨物進出管制：所有進出的貨物至少由兩人清點查收，且所有短缺或超量的情形應記錄清楚。然而，若小型商店無警報系統者，可於大門加裝感應器，詳載開啟的時間點，以供業者檢查。為避免貨物運送過程中遭受損失，貨車應予以封籤及上鎖，由收貨處人員開啟貨車，而

非把鑰匙交由司機保管（刑事警察局犯罪預防網頁，2004）。

2. 賠償金制度：為避免收銀人員竊取現金，一般採用的策略則是於交接班時點收現金，若察覺與收款記錄不符合，虧損部分則由當時值班的收銀員償付。

（三）詐欺（fraud）

現有交易方式不僅止於現金交易，信用卡、支票亦為當前交易形式之一，為避免問題支票及偽造信用卡所帶來的損害，應教導店員如何辨識真偽，強化店員辨識能力，如辨識假鈔、確認支票、要求出示其他有效證件、向發卡銀行確認等（刑事警察局犯罪預防網頁，2004）。

三、商　業

此處商業乃指營業性質係全國性、連鎖性、跨國性的商業項目，如保險業、金融業、科技業、大眾傳輸業、機場、辦公大樓等，其商業大樓主要機能乃以該公司研發核心策略為主，係具商業價值的資訊匯集總樞紐。

商業大樓因與一般傳統大樓性質迥異，故建議採用智慧型大樓中央監控管理方式，即透過一個廣域通訊網路系統（WAN）將全棟的自動化監控系統（building automation，簡稱BA）、辦公室自動系統（office automation，簡稱OA）及通訊傳輸自動化（communication automation，簡稱CA）等多功能效益及系統設備監控整合。除了一般安全維護及管理外，同時也提供營運管理資料，如設備維護管理規劃、水電費、停車費、大樓管理組織人事、租戶資料檢索等（楊新乾，1992：16）。

依照ISO17799「資訊安全管理系統」中，資訊安全的定義是維護資訊的隱密性（confidentiality）、完整性（integrity）及可用性（availability）（李振昌譯，2002：189）。然而，以數位化電子系統處理資訊的存取及傳送的迅速與便利性，而使得政策推行得以更有效率，實屬競爭猛烈的商場投資不可或缺的工具。同時，也是與一般非工商業被害的特異型態，故在此特別提出商業資訊安全管理方法。

學者Clifford（2004）指出，資訊及電腦安全須注意之處為商業秘密（trade secrets）、商業間諜（espionage）及蓄意破壞（sabotage）。不論資訊受侵的形式為何，目的皆是影響商業正常運作而從中獲利，因此，商場如同戰爭，資訊係絕對重要且必須受保護的（Clifford, 2004: 143）。

　　學者Purpura亦列出三種以非法手段取得重要資訊的來源，即內部來源（internal sources）、外部來源（external sources）及連結內部與外部的反叛（a conspiracy that combines internal and external sources）（Clifford, 2004: 145）。然而，電子資料使用者卻是使得機密資料流失的主要原因，除了前文所提慎用可靠人事、外部出入口管制注意項目外，對於資料存放及取用，建議如下：

（一）資料庫使用限制

　　員工使用公司電子資料庫時，可將電腦系統設定為依職務權限而對資料讀取等級劃分的加密（encryption），資料機密程度愈高則僅允許具資格者方得以閱覽（Ortmeier, 2005: 184）。對於重要文書資料庫加設員工辨識系統或專人負責管理中心，符合資格者方得以入內瀏覽，並且留下閱覽記錄，如時間、文件項目、複印份數。此方式亦可降低重要資料遭內部員工或外來人士竊取的風險。

（二）網路設定

　　商業大樓通常亦使用網際網路以方便員工與客戶之間的商業電子信件來往，為避免此管道造成具有商業價值的資訊外洩，或遭同業競爭對手以數位化方式侵入破壞，業者可將網際網路依所需而做設定上的調整，如僅限定內部網路、不得以公司網際網路處理私人信件，及架設監控軟體以檢視員工商業信件是否附加公司商業機密檔案。為避免外人入侵竊取資料，散布具破壞性的病毒，可聘用聲譽良好的科技公司規劃電子資訊安全防衛系統，如防火牆（firewall）。

（三）其他裝置

　　除了上述兩項人為造成的資料外流所做的預防措施外，為避免不可抗力所造成的資料流失，所有資訊應存有備份檔案且加設不斷電系統（UPS），使電力突然中斷後，電腦終端機仍有充足電力可自行關機，除可避免傳輸中的資料亡軼外，亦可避免不必要的人事揣測，如是否有不誠實的員工，而造成員工士氣低迷，影響工作效率。

　　須特別注意的是，一般犯罪類型亦常發生於商業機構單位，除了資訊安全管理之外，前文所述之環境軟硬的安全設計、有效出入口管制及人事稽核，更是保障員工人身安全及企業財產安全的有效工具。

四、金融機構

金融機構的廣義定義，泛指公民營銀行、信用合作社、農會儲金部門、郵局儲匯部門等（刑事警察局犯罪預防網頁，2004）。

學者Hess及Wrobleski（1998）指出，金融機構對於強盜犯、竊盜犯、侵占公款者或是其他類型的竊賊而言，是相當具有吸引力的，常見損失有現金、股票、支票、信用卡詐欺、挪用公款、自動提款機（ATM）犯罪等。因此，金融機構為預防犯罪發生，須採用物理安全、犯罪預防、武力警衛管理、詐欺調查、損失預防、警報系統監控、火災預防及災害管理，亦即不能僅著眼於金錢及財物的儲存處，而是與金融機構營運方式所有相關面向做一全面規劃設計。

美國於1968年通過銀行保護法案（Bank Protection Act），規定全國金融機構最基本的安全措施規定，如須設有安全管理人員、與國家執法機構合作、須設有假鈔、發展多樣安全計畫與設備以達至或超過國家標準規定等（Hess and Wrobleski, 1998: 525-526）。茲分別對金融機構強盜搶奪、自動提款機及員工舞弊行為等提出下列防範之道：

（一）金融機構強盜搶奪

內政部警政署分別於92年3月底及12月底完成兩次全國金融機構「防範犯罪環境檢測評估工作」，受測家數分別為5,924、5,994家，合格率則分別為30.5%、35.5%。其中金融機構的主要安全缺失為「運鈔車未符合規定」、「營業時間未僱用保全人員或駐衛警」，亦即缺失情形為金融機構或其委請之保全公司內部管理不當所致，金融機構本身安全防護設施、監控設備不足以防護營業場所安全，具防護能力人員欠缺或不足，致無法及時發揮防護功能（程行健，2005：12）。

為防止金融機構遭歹徒入侵搶奪，必須設計一套多樣式的安全管理方式，使員工及顧客人身財產安全的危害性降至最低。說明如下（刑事警察局犯罪預防網頁，2004；黃富源等，2003：257-258）：

1. 維持足夠光線

以保持機構內部由外往內觀覽的良好視線；由外向內窺視則可避免外人穿透，並維持所有進出口處的光線亮度，以防止外人藏匿。

2. 警報系統

(1) 基本警報系統包含拍照相素清晰的攝影器材（camera）、錄影（CCTV）、緊急照明、蜂鳴警報系統、安全警民連線，且使所有員工熟悉其用法及位置。

(2) 為補足人力不足之處，另設置「紅外線感應器」、「外力音頻震盪器」等電腦保全系統儀器，以防止外人入侵。

(3) 警報系統亦須定期檢查測試，以保持正常功能運作，如營業開始及結束時，應檢視各系統是否故障及特異處。

3. 櫃台設計

(1) 櫃台離地高度應有一定規定，使歹徒不易行搶。

(2) 柵欄設置：以具防彈功能的透明屏風為主，並以視野狀況為輔。

(3) 設置身高目測器，訓練員工正確判斷歹徒身高的能力。

4. 機構位置及出入口管制

(1) 附近道路交通流量及道路型態，是否便利於歹徒逃逸。

(2) 金融機構儲金部門配置應於二、三樓，以防止歹徒輕易入侵及逃逸。

(3) 應減少出入口設置，且其出入口有保全人員或警衛看守。

5. 鈔票設置

(1) 保險櫃應使用雙鎖，由兩人共同合作開啟，並加設身分辨識系統（ID badging system）。

(2) 保險櫃應採用不易破壞的材質，避免遭人破壞。

(3) 保險櫃可採用定時裝置，於固定時間內方能開啟。

(4) 機構內設置假鈔，使歹徒攜走後數秒內爆炸，有催淚及震懾作用。

6. 運鈔車

(1) 假鈔設有特別記號，以便於追緝或減少損失。

(2) 運鈔車宜力求堅固、安全，且有自動攝影及警報系統裝置。若有需要，則可請求警力支援。

(3) 運鈔車應由多人共同防護，必要時採用武裝。

(4) 運鈔車路線應採用不同路線、不固定時間，選擇人多之處行駛，避免固定作業程序而遭有心人士利用。

7. 警力資源
   (1) 警察至金融機構巡邏次數及時間長短。
   (2) 距離治安機關的距離遠近。
8. 機構員工犯罪預防教育
   (1) 應時時舉辦預防教育及演習。
   (2) 平日應注意可疑對象，向機構內安全警衛人員反映，如逗留時間過長，穿戴帽子、太陽眼鏡、手套等不合時間、地點衣著者，無交易行為且重複瀏覽機構內部者。

（二）自動提款機（ATM）

自動提款機依其機型大小而有不同金錢數量的存放，亦是常遭人破壞盜取金錢之處。美國正測試以虹膜掃瞄技術（iris scan techonology）作為身分辨識，並輸入電腦系統做檔案核對，此過程僅需兩秒。

金融卡從早期磁卡形式改為資料晶片卡（smart cards）而更耐用及安全，然而許多駭客（hackers）也嘗試破解號碼（Clifford, 2004: 226-227）。

燈光照明及攝影裝置是當前自動提款機的主要安全指標，除了強化硬體設備之外，亦須教導一般民眾預防被害教育，說明如下（刑事警察局犯罪預防網頁，2004）：

1. 盡可能結伴前往提款，以便互相照應。
2. 提領金錢應置於外衣內部口袋或車廂內，切莫將手提袋側掛肩上，以防止飛車搶劫。
3. 提款前應注意提款機附近有無可疑人物，如是否有人在提款機附近遊走或窺探。
4. 必須遮掩密碼輸入，且儘速點清款數。
5. 夜間提款盡量避免陰暗偏遠處，現在許多便利超市內設有提款機，如7-11、全家、萊爾富等，是較為安全之處。

（三）員工舞弊行為（fraud bebavior）

係指管理階層或基礎員工使用詭詐、狡賴、虛偽等其他不法手段侵占金融機構資產，為自己或第三者不法之所有行為（刑事警察局犯罪預防網頁，2004）。管理階層與員工互訂契約（contractual control），以達至相互監控，可嚇阻潛在犯罪者，亦提供交易證明及作為可遵守或可作為辯護的合法行為綱

要，作法如下（Comer, 1998: 551-552）：

1. 整合：所有契約應具架構完整且與相關文件做一整合，如工作申請函、工作概況、商業契約等，以利人事作業流程。
2. 警告：公司應設有警告規定，禁止員工做某些特定行為，避免違犯民法、刑法、商法等相關不法行為，違犯者則依規定做處分，如利用職務之便，將客戶資料外洩。
3. 審查權：契約中應包含員工違約時，公司所具有的審查權，例如可檢閱與公司相關的記錄，如電腦系統內的下載資料、影印紙本；技術支援及所有其他益於施行審查權；經理與職員將參與諮詢及回答問題的承諾。

第六節　結　語

　　近年來，風險管理（risk managment）概念一詞已廣泛應用至各領域，工商業界紛紛引進ISO品質管理與品質保證制度，提升公司外部品質保證、內部品質管理，減少不必要的營運風險（林耿毅，1998：2）。人為不法侵害所造成的工商業損失亦須計入營運風險，而此等犯罪預防須從多重廣角面向作為考量，不論犯罪者內心動機或實質犯行樣態為何，其所造成的損失皆影響工商業者甚鉅。因此，相關企業若於開業前先行注意建築物的周遭環境、建築物內外部物理安全規劃；徵求員工時的嚴密人事稽查、內部員工管理，並針對特定犯罪預先做好犯罪預防措施，避免潛在犯罪者伺機行動的犯罪誘因，則能大幅降低人身與企業財產的被害風險，提供員工安全工作環境減少損失，進而提升整體產業效能，為企業之順利發展奠下良基。

第五篇

保全調查與保全法令

第十六章　保全調查[1]

第一節　保全調查之意義

　　對於保全調查之意義，高永昆（2003：110-117；2001：241-252）指出，「保全調查，或稱為現場保全勘查，基本上是澈底的實體檢查房屋與基地，以及所有之作業系統和流程，目的在決定目前保全之狀況，找出防護之弱點，決定所需之保護程序，以及最後導致建立一完整保全計畫之建議」。

　　保全調查亦可定義為「一種重要之現場檢查與分析工業廠房、企業、住家或公共或私人機構，以查明目前保全狀況，辨認是否有缺陷或過度防護，決定需要之保護，與提供建議如何改善整體保全」。保全調查是否重要，乃依所可能發生威脅之衝擊程度而定。企業之保全方案常係建立於既有建築物之實體設計特徵，乃因建築物之設計特性可能增加或降低員工與顧客偷竊之能力和機會，因此整合建築物內各障礙系統、偵測器材和門禁管制系統，將可確保大幅降低或甚至消除其盜竊機會與能力。

　　在可做出正確決定去有效實施這種整合前，我們必須先澈底瞭解目前之保全方案係如何運作，保全調查便提供了這種工具。保全調查可能針對建築物之不同觀點，包括建築物所在區域與鄰近之商業情況、建築物設施、出租範圍，或如政策、步驟和設備等保全作業之詳細說明；保全調查亦可作為特定事件或所發生保全問題之調查工具；此外，亦可在保全人員間從事意見調查以測量他們之士氣，以及找出他們對整體保全方案之效果與他們應用某些步驟與設備之看法。同樣地，亦可對其他建築物管理維護人員，如經理、維護員、停車場管理員、工程人員等進行同樣之意見調查；而對住戶之意見調查，將更有助於使建築物經理能評估住戶對保全方案之知覺，確認可能須改變或改善之地方，或評估當改變保全方案時，住戶之可能反應。保全調查可細分成四部

1　高永昆，保全業經營管理及未來展望，保全人員訓練計畫講習教材，內政部警政署刑事警察局
　　編印，2003年8月，110-117頁；高永昆、李永然，社區商場及大樓之保全與管理，永然文化，
　　2001年6月，241-252頁。

分：

一、犯罪或損失風險之預測　依當地情況、公司經驗及專業知識，預估遭受入侵或損失之可能性。

二、風險之辨認　即使未發生損失案例，亦須能認出因實體或作業缺失所潛伏之風險。

三、風險之分析或評估　須能分析每一危險之機率和嚴重性，評估既有之防護措施。

四、移走風險之行動建議　提出具體建議，以消除或減少所發現之危險。

　　雖然調查過程中極需要專業技術和經驗，但是進行調查並不需要天賦。然而無疑地，想要完整的分析建築物設施之保全，需要相當大量之工作，如果想要盡可能有條理的完成調查工作，應用標準方法將很有幫助。這種標準作法會使重要範圍之資料能充分地蒐集，而不會被遺漏，且可在各個重複進行之調查中維持一致之標準，又能幫助調查人員有效地實施調查。

　　不只是駐衛保全服務須做保全調查，系統保全服務也應先做保全調查，而且不只是進駐前或施工前辦理保全調查而已，持續提供保全服務期間，仍應不斷進行作業檢核，以核對保全服務運作是否有異常，並重複進行保全調查，以找出保全企劃書之保全措施是否有缺失，或如何能不降低保全效果，而可設法降低成本或增進效率等。

第二節　保全調查之步驟

　　對於保全調查之步驟，高永昆（2003：110-117；2001：241-252）指出，「實體保全調查可由調查者決定要廣泛詳細地調查或有所限制，正式存檔之調查，基本上包括兩種主要任務，發現事實之調查過程和撰寫報告以描述發現。發現事實之過程可能包括下述步驟：

　　一、與調查之委託人討論，以確定調查之緣由和範圍，選定從事調查之起訖時間，決定應對誰提出結案報告，以及認明誰有權實施調查之建議。

　　二、檢討有關所採行保全措施之相關地方法令或規範。

　　三、與當地警察單位聯絡，以瞭解標的物所在地區之犯罪資料。

四、向鄰近商店企業或大樓社區打聽，或親至附近觀察，以瞭解他們所採取之保全預防措施。

五、查閱標的物以往所做過之調查（如能取得此文件，將能瞭解背景資訊，以及以前缺陷改善之細節）。

六、查閱可取得之文件，如建築物之描述說明書與其建築特徵（這些常可從銷售廣告資料或建築文件中取得）、位置圖與各樓平面圖、變更計畫、記錄（特別是那些詳述曾發生過有關保全之事件）、住戶租約、保全服務契約、資料，以及和調查有關之檔案、組織圖、工作說明書、手冊、政策和作業程序（包括保全指令或崗哨守則）。

七、概略描述住戶之行業，以確認以保全觀點而言，何者可能是高風險者，而可能成為政治恐怖分子、國內政治抗爭團體與尋求高價商品財物罪犯等之策略目標。

八、與瞭解標的物之人晤談，這些人包括建築師、管理維護經理、工程師、維護員、保全員、停車場管理員、快遞信差，以及最近安裝或準備安裝保全設備之廠商。

九、在白天與晚上、營業中與非營業之不同時間，前往標的物觀察，以熟悉：

(一)主要之活動和使用狀況。

(二)實體之布置與構造。

(三)照明。

(四)庭園。

(五)電子保全系統。

(六)實際運作之保全方案。

亦可包括測試保全系統，有時這種測試係由調查人員秘密執行，以檢查系統之運作，尤其是可供確定是否某些步驟係依其原設計方式確實執行。

十、查閱保險單，以確定是否目前或預計之保全措施能達成可接受之水準。」

第三節 保全調查之項目

對於保全調查之項目，高永昆（2003：110-117；2001：241-252）指出，詳盡之保全調查項目，包括一般功能、建築物及周邊、車輛動態、照明、鑰匙控制、警報、駐衛與保全控制、員工與訪客管制、產品控制（送貨和收貨）、金錢控制、業主資訊、其他弱點與人事保全。

要有條理地檢視標的物，應依傳統之方式，先檢查建築物圍籬，再檢查建築物，最後才檢查特定之內部空間，內部空間可細分成三部分：

一、公眾得出入之公共區域。

二、出租或使用之空間。

三、維修之空間，如機房、電信與水電瓦斯設施、電梯房、維護儲藏室，及其他限制進入之空間。

欲有效進行發現事實過程，使用詳細之核對單方式極有助益，較能有系統地蒐集有關之資訊，但每一標的物均有所不同，各有其獨特性，因此單憑核對單並無法將所要調查標的物之各種觀點角度全部納入，因此應以核對單為基礎，再依標的物特性而有所增刪。

基本上，保全調查之有效性係依所問問題與所獲得答案之完整性而定，雖然我們不可能建立一份普遍適用之核對單，但所有保全調查均集中於下述重點內容，各保全公司可自行依此重點內容，建立自己之標準核對單。

一、一般環境

(一)設施之規模和範圍、建築物之數目等。

(二)鄰近區域（風險高低、都市或鄉下）。

(三)連接道路、停車場。

(四)鄰近建築物。

二、周邊障礙

(一)圍籬。

(二)照明。

(三)自然障礙（峭壁、水）。

(四)庭園（樹、灌木）。

(五)警報。

(六)保全巡邏。

三、外部障礙

(一)門窗。

(二)五金。

(三)牆壁（材質、開口、通風口）。

(四)屋頂（天窗、通風口、管道）。

(五)戶外儲放區。

(六)停車場。

四、內部管制

(一)內部房門。

(二)鑰匙。

(三)警報和監看系統。

(四)容器防護（檔案櫃、保險箱、貴重物品儲藏室）。

(五)高度保全區域。

五、員工和訪客管制

(一)員工篩選。

(二)識別與通行系統。

(三)包裹和財產管制。

(四)訪客門禁管制。

(五)車輛管制。

六、消防和緊急應變規劃

(一)消防系統。

(二)警報。

(三)可燃材料。

(四)災難和緊急應變規劃。

(五)急救和醫療設施。

(六)安全程序。

七、程序管制

(一)會計。

(二)設備。

(三)送貨與收貨。

(四)銷售。

(五)採購。

(六)現金和有價證券。

在分析和評估上述範圍（並未涵蓋全部範圍），調查人員不只是尋找保全弱點，而且也要找出對該標的物最好之解決方案，而且亦應觀察每一部分與整體之關係，將障礙、照明、鎖、門、鐵柵欄、警報、保全員以及管制步驟等，整合成一個全面平衡之損失防阻系統。而且在每一個案，必須權衡保全成本與可能之損失，且應瞭解世界上並無絕對安全之建築物存在。完美之保全，係純屬虛構之觀念；近似完美之保全，雖理論上有可能，但實際上亦不可行。專業保全之任務便是妥協完美，降低防護之水準，以創造安全且實際可行之環境，使員工住戶能舒適地工作、居住、自由行動，而無太多障礙以致影響工作士氣和效率，或造成住居之不方便。

第四節　常須考慮之保全狀況

對於常須考慮之保全狀況，高永昆（2003：110-117；2001：241-252）指出，「常須考慮之保全問題有：

(一)周邊：檢查圍牆、門、暗渠、陰溝、照明、突出懸垂物和隱匿區域，車輛可否開到圍牆邊？

(二)停車場：員工汽車之保護是否足夠防止失竊或破壞？如何保護？是否與商店庫房或辦公室距離夠遠，而可防止未監督之來回搬運？如有必要，是否有門或旋轉門以供檢查出入？檢查點是否適當地照明？包裹可否被拋擲或推出圍牆而移入或移出停車場？

(三)鄰近建築物之窗戶和屋頂：靠近這些鄰近建築物之地方是否可跨越？是否有適當之防護？如何防護？

(四)地面起算18呎高度以下之門窗：如何防護？

(五)屋頂：採用何種措施防止接近屋頂？

(六)發給所有承租戶之大門鑰匙：大門鎖多久換一次？當鑰匙掉了或未歸還時，處理步驟如何？有多少承租戶？其經常行為為何？

(七)使用情況：建築物內是否有適當監督之非上班時間出入登記？在非營業時間電梯是否能轉換為手動控制，而可鎖上不准進入之樓層？何時轉換？由誰控制？誰蒐集垃圾？何時以及如何自建築物搬運出去？大廳及走廊是否充分照明？建築物內有什麼駐衛防護？如何聯絡駐衛人員？廁所對大眾開放嗎？庫房上鎖嗎？是否使用總鑰匙系統？鑰匙如何管制與保護？大廳有接待人員或駐衛人員嗎？能否自地下室停車場以樓梯或電梯進入建築物？

(八)置放貴重物品之地區：保險箱、保險庫、貴重物品儲藏室等，是否有足夠之電子保全設備？為防護竊賊、火災、搶劫或不法人員入侵，使用何種電子保全系統？

(九)未使用之設施與非上班之時間：每日不同時段值勤之駐衛人員有多少？其警覺性與效率如何？其裝備如何？巡邏人員有多少？多久巡邏一次？巡邏路線為何？駐衛人員之通訊系統為何？

(十)門禁管制與監督：如何辨認員工？僱用前如何查證甄選？訪客如何管制？私人汽車如何管制？早上郵件於何時由誰遞送？空的郵包如何處理？是否同意推銷員或慈善募款者進入？如何管制？其證件是否經檢查過？清潔由誰做？有鑰匙嗎？誰負責保管這些鑰匙？他們是否被限制須在一起工作？維護與服務工作由誰做？他們離去時是否須接受檢查工具箱？是否檢查其證件？由誰檢查？警察和電話公司之人員是否容許無限制之進入？是否查證過要求其服務之住戶？由誰查證？家具或裝備如何搬進搬出？在晚上或假日搬運時有何保全措施？郵差或快遞人員是否可直接送交收件人？如何管制？哪一區域出入最頻繁？自稱為政府人員，如建築物公共安全或消防檢查人員，是否可自由進入？檢查過其證件嗎？由誰檢查？

(十一)鑰匙及鑰匙管制：未使用之鑰匙是否妥善保管？當遺失鑰匙時，是否記錄或更換鎖匙？鎖及關閉之器材是否足夠？是否全部鑰匙均登記列管？用於控制總鑰匙之系統為何？

(十二)火災：是否有足夠之消防栓？位置是否適當？滅火器之種類和數量足夠嗎？是否經常檢查？最近之消防隊有多遠？是否曾檢查過消防

設施？有自動灑水和自動火災警報嗎？是否有足夠之防火區劃屏障？是否有員工消防編組？防火門足夠嗎？禁止吸煙之告示是否確實執行？易燃物品是否正確儲存？是否有消防教育訓練計畫？是否經常做消防演習？安全門與避難逃生樓梯是否維持暢通？停電照明與標示、排煙設備是否正常運作？

(十三)接近電腦：電腦設備損失之可能性如何？如電腦不能運作，什麼服務將會全部停頓？如遭受損害，可導致組織利潤損失之電腦內儲存了什麼資訊？」

第五節　保全調查報告

對於保全調查報告，高永昆（2003：110-117；2001：241-252）指出，「發現事實之過程應包括筆記記錄、使用錄音機、照相（拍攝標的物之各處，尤其是有問題之地方）。當然在照相前，應事先取得管理組織代表之允許，此過程應占40-50%時間，剩下之50-60%時間則花在撰寫報告上。

報告乃將發現事實之調查過程中所得之想法與資訊加以整理，必須明白指出保全方案之弱點，並提出相關之解決建議；另亦應說明保全建議案之優點。以下述之標準方式撰寫，將有助於將資訊組成合邏輯且易被瞭解之格式，當然不同之標的物組織（企業或管理委員會）、地區，以及不同之調查範圍和調查人員，均將有不同之報告格式，因此下述格式僅供參考：

(一)封面頁：顯示報告之機密等級、報告對象之單位名稱、標的物名稱、調查人員之姓名、日期、複本數目，次頁則應列出報告所送名單及複本數量。

(二)說明函：寫給委託調查者，簡略說明報告範圍、致謝人士及有關報告之任何事，以及對報告有疑問時可向何人或電話、地址查詢。

(三)目錄頁：列出報告各節之頁碼。

(四)簡介：簡略說明何人委託調查、調查原因或目的、範圍等。

(五)調查方法：描述調查之資訊係如何蒐集、晤談人姓名、檢討之文獻以及調查期間。

(六)標的物描述：報告應包括標的物規模、都市計畫分區（例如商業區、

住宅區）、界限、庭園等之描述；亦應包括任何路橋、地下道、面積、樓層、結構、主要活動和使用情形、營業時間、住戶種類、住戶人數、附近建築物或公共設施及其使用狀況，靠近主要道路、高速公路或警察單位之程度，任何可取得之地圖、樓面圖或照片等均可加以說明。

(七)危險分析：應估計標的物資產之價值，以及這些資產如果遭受損失，無法取得或使用，或被損毀時，所將造成之財務衝擊，這些資產包括有形資產，如建築物本身、家具、各種系統、設備、住戶之裝潢與設備、停車場之車輛等；或無形資產，如住戶之生計（營業停頓損失）、智慧財產權等。

(八)檢討以往保全事件：原有之保全工作日誌或報告，以及警方之該地區犯罪紀錄，可用來發現犯罪模式與發生之時間。

(九)保全作法與建議：檢討目前之各種保全設備與措施，以及建議如何修正或改變。

(十)結論建議：本節亦可省略，但常用來做保全調查之摘要，可依成本、目前應立即改善、未來應予改善等來分類所建議之保全措施，各種建議之排列次序，宜先列最有成效者，再依預估成效次序排列，或依保全程度之高、中、低排列。

(十一)摘要：全部報告之摘要，以使閱讀者迅速瞭解調查與報告重點。

(十二)附件：調查所涉及之任何文件、參考資料，尤其是可支持建議措施者，包括平面圖、地圖、圖說、表單、相片等。

撰寫報告時，應誠實地提供建議，既然是保全專家，便應明白地說出所看到之真實情況，並且不忌諱地提出吹毛求疵之批評，然而也不可過分吹噓誇大。由於保全企劃書極為重要，因此不須為了增加篇幅，而重複地說明論點，或附上太多不太相干之平面圖和地圖。

最後應注意的是，保全調查報告對制定良好之保全企劃書與提供有效之保全防護，極具參考價值。但如保全調查之檔案管理不善，則將和差勁之保全企劃或保全組織一樣，無法提升保全服務水準與成效。

第十七章　保全業法

　　「警力有限，民力無窮」，只有藉助民力形成全民犯罪防制網，才能有效維護社會治安。今後保全業在犯罪預防議題上具有不可或缺的角色，而未來警政機關會積極檢討並立法將保全業納入犯罪抗制體系中，在目前的犯罪情勢下，更期待保全業能分擔協助預防及偵查犯罪的「犯罪抗制」任務，扮演正面性的「犯罪抗制」角色，以構築強有力的治安防護網。至於保全人員參與警察任務的執行，因會產生諸多爭議，尚待釐清，目前最大的顧慮，還是保全業良莠不齊，因保全業者本身成員監守自盜等不法行為所造成的危害，必須要有一套良好遴選、訓練、評鑑及監督的法制配合，俟保全業整體素質提升後，未來保全人員無論是參與警察任務的執行，或在「受託行使公權力」部分，仍有許多發展空間。

　　「結合民力，共維治安」為政府的一貫政策，是以如何健全保全業體質，使其永續經營，進而保障民眾權益、發揮協助維護治安的效能，便成為各警察機關共同努力的目標，惟鑑於現行保全業法（以下稱「本法」）的規範，難以符合現實需要，故為求國內保全業發展的長遠性，一秉縝密、慎重的態度，積極進行「保全業法修正草案」作業，期能從法制面及根本面輔導及管理保全業，以助其健全發展。然在修法過程中，目前宜從治標面著手，呼籲業者嚴加自律，勿削價競爭，強化保全公司本身的內部管理，避免保全人員監守自盜的情形再次發生，重建保全業整體的形象，另一方面要求各警察機關，落實平日對轄內保全業的輔導管理，以求落實改進違法業者的缺失，避免產生「劣幣逐良幣」的情形，如此，民眾才能重拾對於保全業的信心，保全業也才能永續發展，而政府「結合民力，共維治安」的理想，方得實現。

第一節　外國保全業的簡史與管理現況

一、外國保全業的簡史

　　西方的私人安全業（Private Security Industry）其歷史淵源可追溯至現代警

察成立以前，因為早在1829年英國皮爾爵士（Sir Robert Peel）建立第一批現代市政警察前，在泰晤士河的商家早已僱用私人水上警察（Private Marine Police Forecs）巡邏碼頭，即是目前港警的前身。美國警察專家克黑倫（Cornelius F. Cahalane）敘述世界現代警察的產生過程為：在克黑倫敘述過程中的第三階段，可稱為歐美保全業開端。英國在盎格魯撒克遜時代（Anglo-Saxson Times），治安上維護是由地主來保護領地內居民，形成類似我國古代的保甲制度，這種制度稱為「十人會制度」（Tithing System）此種制度治安責任是甲長或鄉長，組織完全是地方性、地區性，是出於自衛需要而產生。這種保甲制度在英國沿用相當長一段時間，惟常有修改或加強。後來雖增加了警衛員（Constables）編制代替了甲長的地位，但居民仍需要自行負責治安，為了維護治安，居民組成所謂「巡呼隊」（Hue and Cry）或「巡夫、更夫」（Watch and Ward）。由居民相互輪流。一直到1673年，查理士第二時期（Charles II）前後，民眾感覺治安是一件苦差事，開始厭煩排斥，於是民眾便自行拿錢來僱用專人替自己工作，這可說是歐美保全業最先起源。但是被僱用來的更夫或邏卒，大多是無業遊民或老弱無能之輩。顯然地，英國起初這種私人保全業是失敗的，因此才會有皮爾爵士建立現代警察的產生。

在美國也有同樣情形，因為美國獨立革命以前是英國殖民地，所以當初地方治安維護，多採用英國本土治安方式。1700年費城設置夜巡人，規定所有男性公民應該輪流擔任，實施之初，健壯的男性公民均參加夜巡工作，稍後不願者乃僱人代巡，最後演變成所有夜巡人都是出錢僱來，但是這些僱來的夜巡人表現卻不理想，常有不良批評[1]。

二、外國保全業的管理現況

我國與日本國情、法律制度、政治社會結構及文化背景相近，我國保全業法可說是繼受日本「警備業法」而來，日本警政單位對於保全業的管理，先由過去「嚴格管理」進入到現在「互助合作」模式，值得我國借鏡；另外德國、美國的保全業管理法制，亦具有許多特色值得參考，礙於篇幅，留待日後另文再做深入探討。

1　楊士隆、何明洲、傅美惠，保全概論，台北：五南，2005年9月，初版1刷，4頁以下。

三、各國（中、日、德、英、美）保全業法比較分析

　　比較法學之目的，是要學習他國法律制度之優點，減少摸索時間；此外，藉由外國法之認識與瞭解，可以發現自己之缺點並改除之。比較法學應該以法律制度在法秩序、政治社會結構、文化背景等與我們接近之國家，為主要之研究對象。至於英美法，法秩序之基本構造與我們大異其趣[2]，固然也可以做為研究對象，但在法律制度之學習上，就必須更加謹慎地做「創造性的轉化」[3]。

　　我國保全業法繼受日本「警備業法」，日本國情、法律制度、政治社會結構、文化背景等與我們相近，且日本保全業法更是國內保全業法學習參考之主要對象，故有特別加以介紹之必要，至於德國、英國、美國之保全業法制，亦有許多特色非常值得借鏡，「他山之石，可以攻錯」，因此，深入瞭解各國保全業法應有助於我國保全業法之法制建構與規劃，本文嘗試將各國（中、日[4]、德[5]、英[6]、美[7]）保全業法做一比較分析，並說明我國保全業法修法之參考情形，惟因德、日兩國之保全業法，近幾年均有大幅度修正，礙於時間及能力，本文未能完整呈現，或做即時更正處理，錯漏難免，待來日進一步蒐集到

2　大陸法系（Civil Law）又稱「市民法」，其特色較注重觀念、概念、原理、原則之建構、邏輯推理及探求事物之本質。大陸法系源於古羅馬法，大陸法是由羅馬法蛻變而來，在思想、觀念及原理、原則上，均深受羅馬法之影響。英美法系（Common Law）又稱「普通法」、「共同法」、「海洋法」或「案例法」（Case Law），其特色較注重實用性（practical）、案（先）例（the doctrine of stare decisis; the doctrine of precedent）之拘束力及追求個案結果之公平正義。參閱：David M. Walker, The Oxford Companion to Law, Clarendon Press, Oxford, 1980, p.222 & p.253.

3　關於「創造性的轉化」這一重要觀念之說明。參閱：林毓生，民主自由與中國的創造轉化，收錄於：思想與人物，1995年，277-292頁。

4　鄭善印，日本保全業法，警學叢刊，28卷1期，1997年7月，269頁以下。

5　李震山節譯，西德保全業條例，警大新知譯粹，4卷5期，1988年12月，5頁以下；鄭善印節譯，德國的保全業與保全法制，警大新知譯粹，20卷2期，2004年10月，43-66頁。

6　http://www.hmso.gov.uk/acts2001/20010012.htm.，英國私人保全事業法（Private Security Industry Act 2001）係由警政署法制室提供，由警政署刑事警察局國際科柯組長敬忠等全科同仁歷時多日譯介完成，供業務單位參考，特此一併感謝。

7　張弘，國外保安業，保安職業技術培訓系列教材，中國商業出版社，2000年5月，117頁以下。

完整資料，再行補充修正。

項目	中	日	德	英	美	修法參考情形
立法時間	1991.12.30 2003.1.22修正	1972（昭和47）.7.5頒；1999.7.16修正；2002.11.22修正；2005.7.26修正	1976.6.1頒1979.11.28修正；2003.1.15生效	2001.5.11訂頒	各州不一	
法令依據	保全業法	日本警備業法	保全業條例；德國營業法第34條a；武器法第28條	私人保全事業法	各州不一，紐約州為普通商業法、加州為加州管理條例。	
主管機關	在中央為內政部（業務在警政署刑事警察局）；在直轄市為直轄市政府（業務在警察局）；在縣（市）為縣（市）政府（業務為警察局）。	公安委員會（實際業務執行由警察機關負責：中央內閣總理大臣所屬國家公安委員會所屬警察廳所屬生活安全局負責；地方都道府縣警察機關，例如東京警視廳所屬生活安全部負責）。	1.聯邦經濟部依據營業條例第34條a第2項訂頒之監督規則及各邦所頒行政規則。2.邦政府或邦政府指定之單位。3.由各地工商公會辦理講習。	保全事業管理署	大多數（十八）州為州警政或公共安全廳、少數州為專設私家安全及偵查委員會（明8州）、州務卿執照登記局（紐5州）、法院檢察長辦公室（田4州）、商業廳（夏1州）、稅務廳（奧1州）、大眾消費局（加1州）、教育局（伊1州）。	為簡化申辦流程，提高地方主管機關效率，加強為民服務，另為減輕主管機關之負荷，於保全業法修正草案修正條文第2條第2項明定「中央主管機關得委由所屬機關、其他機關（構）、學校或團體辦理本法所規定之事項」，以確實達到監督管理之目的。

項目	中	日	德	英	美	修法參考情形
立法目的	為健全保全業之發展，確保國民生命、財產之安全，特制定本法；本法未規定者，依其他法律之規定。	對保全業為規範保全業之必要管理事項，俾能適當實施保全業務。	以提供顧客生命、財產安全服務為宗旨。	保護公眾	各州不一	參考日本警備業法第1條，於保全業法修正草案修正條文第1條酌作修正「為健全保全業之發展，確保國民生命、財產之安全，輔導及為規範保全業之必要管理事項，俾能適當實施保全業務」。
營業項目	駐衛、運送、人身（法定）、系統（公告）。	駐衛（防盜、防災一範圍大）、運送（業務多）、人身、機械（法定）。	廣泛，多樣（直接或間接與安全狀況有關者）。	廣泛，多樣	各州不一（紐約州不得執行私家偵探公司之業務）。	一、參考日本警備業法並參酌目前國內保全業之經營業務類別，於保全業法修正草案修正條文第4條明文將保全業務分為「系統」、「駐衛」、「運送」、「人身」保全等業務。
經營型態	限股份有限公司	公司或個人均可	公司	公司、團體或個人均可	公司	一、目前未修正。二、將來為解決嚴重自聘問題，健全保全業市場，實有必要參考各國作法，開放個人取得證照者，亦得擔任保全人員，是遠程修法之具體方向。
許可監督	1.許可由保全業中央主管機關（內政部警政署刑事局）為之。	許可及監督概由地方公安委員會負責。	許可由保全業主管機關為之。許可條件有三：1.具必要信賴性；	主管機關（保全事業管理署）。	各州不一	未修正。

項目	中	日	德	英	美	修法參考情形
	2.執行由保全業地方主管機關（警察局）為之。		2.具必要資產或相當保證；3.須接受講習，並取得講習完畢證明。			
教育訓練	1.依據：保全業法第10條之2規定：「保全業僱用保全人員應施予一週以上之職前專業訓練；對現職保全人員每個月應施予四小時以上之在職訓練。」3.罰則：保全業法第16條規定「違反第十條之二規定，對僱用之保全人員未依規定施予職前專業訓練或在職訓練者」，主管機關得	1.依據：日本警備業法第11條之2「保全員指導教育責任人」暨日本警備業法施行細則第26條規定「保全人員教育分為『基本教育』與『業務教育』兩大項。新進之保全人員除經過檢定考試合格外，必須接受基本教育十五小時教育訓練。」2.罰則：日本警備業法第20條第5款規定「違反	有關保全人員的教育講習，其內容與設立保全業之業者大致相同，但講習時數，保全人員僅需四十小時，且僅限於初任保全人員時，其後若轉職到其他保全公司，則不需重新接受教育。	有	有、但各州不一（達拉斯州規定須受過射擊訓練）。	一、參考日本警備業法第11條之2之規定，授權由中央主管機關，於保全業法修正草案修正條文第19條增訂「證照制度」，規範保全人員在職訓練之內容及實施方式。二、現階段為落實保全人員之教育訓練，警政署已於92年10月1日，訂定保全人員訓練計畫並函頒實施中。

項目	中	日	德	英	美	修法參考情形
	處新台幣十萬元以上五十萬元以下罰鍰。	第十一條之三第四項規定處分者」，主管機關處以十萬日圓以下之罰金。				
檢定考試	無（僅有保全人員訓練計畫）	有（日本警備業法第11條之3）	將「專業知識測驗」訂為執行特殊保全業之條件（測驗分口頭及筆試兩種。口頭測驗最多五人同時舉行，每人大約十五分鐘，筆試則為二個小時），測驗合格，才頒發證明書。	有	有、但各州不一（紐約州筆試100題，70分及格）。	為強化保全人員素質，促進消費民眾權益之維護，爰參考日本警備業法第11條之2規定，於保全業法修正草案修正條文第19條增訂「證照制度」。
責任保險	1.執行保全業務，應投保責任保險。2.負無過失連帶損害賠償責任（保全業法第9條）。	無	有，保險最低金額限制，須提出已加入之對人對物之賠償保險證明書（保全業條例第6條）。	有	有、但各州不一（大多數州以繳付保險金一1000、5000、10萬美元、30萬美元不等，如緬、夏、紐、伊	參考德國保全業條例第2條規定，於保全業法修正草案修正條文第10條明定保全業之賠償責任及最低投保金額，以保障民眾之權益。

項目	中	日	德	英	美	修法參考情形
					州；亦有專設基金替代保險金，如北達科塔州）	
委任契約	由中央主管機關訂定制式書面契約（已公告系統及駐衛保全服務定型化契約範本）（保全業法第12條）。	無	無	有	無資料	一、為保障消費者權益，仍維持應訂定書面契約之規定。二、保全契約書攸關保全公司及客戶間之權益，為保障雙方之權益，於保全業法修正草案修正條文第12條第2項明定「中央主管機關應公告規定定型化契約應記載或不得記載之事項。」同條第3項規定「違反前項公告之定型化契約，其定型化契約條款，無效。該定型化契約之效力，依消費者保護法第十六條規定定之。保全定型化契約書由中央主管機關公告規定。」。
服裝裝備	保全人員服裝之式樣、顏色、標誌，應報請中央主管機關備查（保全業法第14條）	保全人員服裝之顏色、形式等，應向地方公安委員會申報（日本警備業法第9條）。	有（保全業條例第12條），保全人員制服不得與公務員制服混同。	無資料	有	參考日本警備業法第9條第3項之規定，保全人員服裝之式樣、顏色、標誌有變更時，亦應報請主管機關核定。

項目	中	日	德	英	美	修法參考情形
資本額	經營保全業應實收之最低資本額為新台幣4000萬元。保全業設置一家分公司，其實收之最低資本額應增加新台幣2000萬元（保全業法施行細則第3條）。	無	具有實施保全之必要資產或相當之保證（例如科隆市則要求保全業者提出財務局、稅務局頒發之相關書類、法院之債務清單、營業用之資產證明書等，最低金額25600歐元）。	無資料	無	1.仍維持原規定。 2.各國保全業法均無資本額之限制，例如美國2美元就可成立公司，其著重在設備、裝備、服務品質及監督管理，而不注重資本額多寡；例如德國亦著重業者之「信賴性」，亦無資本額之限制規定。 3.我國資本額之規定除少數較具規模之公司，能達到最低資本額新台幣4000萬元之門檻外，其他保全業者多屬虛設資本額，尤其樓管業轉型之保全公司，而依公司法第9條規定乃附屬刑法規定，得對虛設資本額之保全業者處「五年以下有期徒刑、拘役或科或併科新台幣五十萬元以上二百五十萬元以下罰金」[8]，但督導發現部分小公司，亦可能有虛設資本額之情形，但服務品質十分

8　公司法第9條第1項規定：「公司應收之股款，股東並未實際繳納，而以申請文件表明收足，或股東雖已繳納而於登記後將股款發還股東，或任由股東收回者，公司負責人各處五年以下有期徒刑、拘役或科或併科新台幣五十萬元以上二百五十萬元以下罰金。」同條第2項規定：「有前項情事時，公司負責人應與各該股東連帶賠償公司或第三人因此所受之損害。」同條第3項規定：「第一項裁判確定後，由檢察機關通知中央主管機關撤銷或廢止其登記。但裁判確定前，已為補正或經主管機關限期補正已補正者，不在此限。」

項目	中	日	德	英	美	修法參考情形
						受客戶肯定者，大有人在，反之，資本雄厚之大公司，客戶多，常鞭長莫及，亦不乏服務品質不甚理想，監守自盜或契約糾紛不斷者，此一不合理之現象，有待改進。
保全資格限制	1.保全業法第10條之1規範。2.須經查核，除部分終身不得擔任條款外，前科紀錄十年。3.年齡20-65歲。	1.日本警備業法第7條規範。2.須經查核，除部分終身不得擔任條款外，前科紀錄五年。3.年齡18歲以上。	年齡18歲以上。	無資料	有、但各州不一1.高中畢業（如夏州）及工作經驗1-4年、各州不一。2.須經查核。3.或名流推薦。	參考日本警備業法第7條規定，另為保障委任客戶之生命財產安全，並採從嚴規定。
懸掛證件	無	有（保全業者應將認定證，揭示於其主營業所明顯之處，日本警備業法第4條之2）。	無	無資料	有	一、參考日本警備業法第4條之2規定，原擬增訂保全業應將其許可證等證明文件資料於營業處所或辦事處懸掛揭示，後因業者反對遭刪除。二、但有不少消費者反映保全業者應將其許可證影本張貼於駐衛點，以供社區民眾辨識。

項目	中	日	德	英	美	修法參考情形
租借牌限制	無	有	無	無資料	無資料	一、為提升保全業服務品質，促進其健全發展及永續經營，維護保全業經營環境，以遏止長期以來保全業之租借牌歪風，進而保障民眾生命財產權益。 二、參考日本警備業法第6條之3規定特於保全業法修正草案修正條文第7條第3項明定「保全業者不得將其許可函等證明文件，租、借或以其他方式使非保全業者經營保全業務。」
罰則規定	最重處分為勒令歇業，新台幣100萬元罰鍰。	一年以下罰役，50萬日圓以下罰金（日本警備業法第18條）。	無資料	徒刑五年或六月以下（私人保全事業法第5、6條第4項）。	無資料	一、雖然日本及德國有附屬刑法之規定，為免「特別法肥大症」，我國保全業法尚無增訂附屬刑法之必要。 二、惟保全業經營之良窳攸關民眾生命、財產權益至鉅，其營業須具備高度「信賴性」與「安全性」，如有違反，應從重課予行政罰。

項目	中	日	德	英	美	修法參考情形
保全人員用槍	無	無	有（武器法第28條；保全業條例第13條）。	無	有、但各州不一（其槍枝由服務公司發給，如北達科塔州或由私人申請購買，如紐約州均可）。	以現今社會治安狀況及保全人員素質良莠不齊之情形而言，目前暫不宜開放保全人員使用槍械[9]。

第二節　我國保全業的簡史與管理現況

一、我國保全業的簡史

　　保全業追溯起來在我國實為一項古老不過的行業「保鏢」，這是因為武俠小說、電影等休閒文化的流行，「保鏢」或「鏢局」的稱呼人人耳熟能詳。探其內容，保全業與鏢局性質雷同，均是接受客戶安全維護的委託，對客戶安全需求加以保障。

　　詳細考究早期文獻，鏢局的真正寫法都是寫成「標」字而非「鏢」，之所以會演變成「鏢」字，是因為清末以來兩者經常被誤用，以致於辭書中也以這兩字為正寫。辭書上甚至說明「鏢」為一種投擲用武器，保鏢是因使用這種武器而得名。保鏢的起源要從明代松江棉布的行銷說起。明末松江紳士陳繼儒（1558-1639）在其一篇〈布稅議〉的文章中，對保鏢有了下面說明。明、清時代松江府一隅所產的棉布，不但數量極大，種類也不少，粗略地加以歸納成三種：(一)小布，又名扣布或中機。(二)大布又名標布。(三)稀布又名「闊布」。其中以大布即「標布」最為暢銷，而從事標布的貿易商就稱為「標

9　鄭善印、陳維耿，開放運鈔保全人員使用槍枝之可行性及利弊探討，警政論叢，3卷，2003年12月，15-43頁以下；傅美惠，應否開放保全人員用槍問題分析，警學叢刊，34卷6期，2004年5月，209頁以下。

商」或「標客」，布行則稱為「標行」。就在此種標布、標商蓬勃發展的背景下產生早期的保標行為，並且也為保護標布或標客的事實，逐漸產生「保標」這個名詞。

這種保標活動起初是保護標布或其他商品，後來服務範圍擴大。清代小說家蒲松齡在其所著《磨難曲》一書中記載因山西太原與平原有土賊作亂，所以應考舉人要僱用「標鎗」護送，這裡的標鎗當然是練有武術的武師；這時期「保標」的業務可說更加擴大，論及保標，標局也是不容忽略，因為不管是布商還是其他顧客想要僱人保標，必須尋找一定處所。明朝萬曆44年（1616年），松江府一帶的百姓，因為名畫家董其昌的家僕為非作歹而群起攻擊董宅，董氏家僕聞聲，僱用「打行」在家防護。打行成為一種「行」，而且有處可僱，想必已經有組織。保標者為了護送布商，必須常常行走松江府，因此也很可能受「打行」的影響而成立組織。由此推斷，「標局」或「標行」的出現，極可能在「保標」之後，換句話說，大多數在十七世紀的第二個四分紀（1626-1650）中。由上列有關保標的記載。我國類似保全公司的民間安全警衛是源於十七世紀上葉[10]。

二、我國保全業的管理現況及業務範圍

（一）我國保全業的管理現況

保全業隨著社會快速變遷，已逐漸成為維護社會治安及犯罪預防不可或缺的基石，回顧台灣保全業的發展，遠在清代，漢人入台灣內山墾荒，為了防止原住民侵擾攻擊，乃在與原住民活動範圍的接壤地帶，設隘寮，募集隘丁防守，隘丁有官設與民隘（民間自行招募）兩種[11]。其中民隘兼具防衛與治安功能，似乎可說是民間保全的前身。

67年台灣成立全國第一家保全公司「中興保全股份有限公司」，而後隨著經濟發展，保全市場需求大增，保全公司更如雨後春筍般陸續許可設立，至87年3月底，經內政部許可的家數已達177家[12]，至94年4月底止，經許可成

---

10 楊士隆、何明洲、傅美惠，保全概論，前揭註1書，8-9頁。

11 廖振富，台灣古典文學的時代刻痕——從晚清到二二八，台北：國立編譯館，2007年7月，28頁。

12 侯超明，我國保全業之研究——現況問題之解決與發展趨勢之探討，中央警察大學警政研究所碩士論文，1998年6月，1頁。

立的家數已達480餘家，截至97年9月底止，經許可成立的家數已高達555家；另其從業人數也不斷增加，截至101年2月底止，經許可成立的保全公司已高達630餘家，其中以申請駐衛保全為最大宗，占總家數九成以上，保全市場成長速度驚人，保全業百家爭鳴的情況由此可見一斑，更說明了這個新興行業商機無限。加上其從業人數也不斷增加，而至101年2月底止，從業人數7萬餘人[13]，以美、日兩國為例（以保全從業人員與正規警察人數比例，日本約為1.79：1；美國約為2.2：1），保全從業人員約為正規警察人數的兩倍；以我國而言，號稱7萬警察大軍，應有14萬的保全從業人員才符合世界潮流趨勢，與美、日兩國相較之下，我國保全從業人員僅與正規警察人數相當（均為數7萬餘人），顯現目前國內保全業尚有一倍的發展空間[14]。由於民眾對個人安全的需求劇增，保全業市場呈現爆炸性的成長[15]。保全業如能蓬勃發展，積極參與社會治安維護工作，加以就成本及效率考量，保全業確能彌補警力不足，警察若能與保全業者合作得當，可獲得良好的治安幫手[16]。

（二）我國保全業的業務範圍

依本法第4條規定：「保全業得經營下列業務：一、關於辦公處所、營業處所、廠場、倉庫、演藝場所、競賽場所、住居處所、展示及閱覽場所、停車場等防盜、防火、防災之安全防護。二、關於現金或其他貴重物品運送之安全維護。三、關於人身之安全維護。四、其他經中央主管機關核定之保全業務。」由條文內容可得知保全業經營業務的範圍，前三項為列舉規定，第四項為概括式規定，賦予中央主管機關核定業務權限，使保全業務範圍擁有增加的彈性空間[17]。因此，目前我國保全業者大都以系統、駐衛、運送、人身等四項

---

13 傅美惠，保全業法介紹，保全人員訓練計畫講習教材，內政部警政署刑事警察局編印，2003年8月，65頁。

14 91年警政白皮書，建構社會安全體系與預防犯罪（第五章），117-118頁。

15 陳維耿，保全業管理法制之研究，中央警察大學警政研究所碩士論文，2004年6月，1頁。

16 李震山，私人參與警察任務之執行，收錄於：警察法論──警察任務編（第九章），2002年10月，416頁。

17 82年保全業者向中央主管機關申請增設保全業務的項目，中央主管機關即依本條第4款規定，同意保全業者經營規定外的兩項業務，其一為提供有關防災、防盜、防火等安全系統之諮詢顧問

保全業務為主[18]：

1. 系統保全

　　系統保全又稱機械保全，包括商用保全系統及家庭保全系統兩大類。此種保全業是以精密的電腦科技產品和各種紅外線警報系統、電子感應系統，配合管制中心以負責管制、調度及監控所組成的保全系統。針對防範犯罪部分，大致可分為門禁監控、防止入侵及緊急通報等三項。在門禁監控方面，主要是以身分辨認為主軸，以各項方式確認進出者的身分（如大樓駐衛、影像對講機、晶片卡及電子密碼鎖等），以達到管控通行安全的目的；針對防止入侵部分，是在建築物四周或門窗裝設各式感知器材，當有他人入侵時設備便會有所感應，而立即通知保全業者及產品使用者。保全業者也將以最短的時間內前往察看，瞭解實際情況，遇有犯罪時便能立即進行防制處理並通報警方；針對緊急通報部分，是當遇上緊急事件時（如強盜入侵），能夠以最簡單迅速的方式向保全業者通報，以使保全業者能及時通知警方，並且立即到達現場予以協助。今日系統保全擴及汽機車保全等。系統保全主要包含下列三要素：

(1) 管制中心：如同警察機關的「勤務指揮中心」，負責指揮、調度及監控所有保全系統及人員。

(2) 巡迴服務據點：如警察機關的外勤巡邏車，保全人員在固定的巡邏據點或路線待命，平時為客戶作硬體設備保養或連絡，一有狀況通報，則迅速前往處理，具有機動性的調度派遣功能。

(3) 警報系統：在客戶指定地點或區域，提供各式監視器材並協助安裝及維護，以各種監視器監視看管重要地點或出入口，當有可疑分子出入時，便能立即掌握處理；而當犯罪事件發生時，亦能藉由監視器的監視錄影內容，瞭解犯罪情形並且找尋可能的嫌疑犯，協助犯罪案件的偵破，其主要器材有控制盒、感應器及警報器。

業務；另一則為防災、防盜、防火等有關設備器具之系統規劃、設計、保養、修理、安裝。

18 有關保全服務產品內容，整理自立保保全、中興保全、新光保全網頁及產品介紹手冊。中興保全網站http://www.secom.com.tw/；立保保全網站http://www.leebao.com.tw/index.htm；新光保全網站http://www.sks.com.tw/sksweb/web/index.asp。

2. 駐衛保全

駐衛保全的服務內容是以保全人員駐守在固定的地點或建築物為主,如機關、學校、廠區、大樓及社區等,通常會配合增加一些防盜監視設備輔助防護。然而,目前經營駐衛保全的公司通常為了競爭與滿足客戶需求,在社區大樓管理上普遍採用異業結盟的方式,提供多樣化與複雜化的產品,差異化服務雖保有成本競爭優勢,卻產生諸多適法性爭議。由於此項工作內容與系統、運鈔與人身保全相較,工作內容單純且體力與專業條件上的需求較低,致目前駐衛保全人員平均年齡普遍較其他保全人員高,因此,經營此項業務的保全公司享有經營優勢,得以較低成本僱用年齡較大且條件較低的員工,加以其穩定性較高而離職率流動率較低,使得駐衛保全市場競爭激烈,已成為國內保全業的最大宗,占保全業總家數的九成以上。

3. 運送保全(以運鈔保全及防護金庫為主)

運送保全類似古代的保鏢服務,自中國古早「鏢局」押運黃金白銀開始,66年成立的第一家保全公司「中興保全股份有限公司」,72年設立「運鈔事業處」,開啟台灣「新鏢局」時代,不論是政府、銀行或私人的現金、珠寶、貴重物品等,都開始交由專業運鈔公司護送。景氣好時,運送任務量大責任大,業務委外是必要;景氣不好治安敗壞,運鈔交給專業,更是必須;隨著社會快速進步,台灣的運鈔公司也陸續成立,自87年中興保全公司因專業分工將「運鈔事業處」改制成為「立保保全公司」專責運鈔業務,次年新光保全也成立「台灣保全」,後繼還有來自香港的「衛豐保全」、英國的「台灣士瑞克保全」、美國「布林克保全」,而本土兼做運鈔業務的也有「日盛保全」、「先鋒保全」等七家。93年英商G4S集團整併了「台灣士瑞克保全」,隔年又併購「衛豐保全」,各國均看好台灣發展潛力相繼投入運鈔業市場,同時運鈔從業人員也已逾三千多人。

目前除少數地域性農漁會信合社以外,絕大多數金融機構均已將現金運送業務委外,而各大金控公司為延伸服務紛紛舖設ATM,裝機地點遍布全省各個角落,在降低人員風險與人事成本的大前提下,陸續將ATM填補鈔作業交給運鈔保全公司負責,故對於運鈔保全人員的任用與安全規範日顯重要。

　　運送保全主要為現金與貴重物品的運送保全，此外，因應客戶要求做一些額外的保全服務，例如貴重物品保全服務擴及消費券[19]、彩券、重要試卷（包括國家考試）的押送；此種保全需要較完善的設備及安全性較高的交通工具，並配置訓練有素的保全人員，負責金融機關或銀樓珠寶業的現金和貴重物品的運送。防護金庫則提供高安全性金庫，採用高強度金庫外殼材質，強化金庫底部基座、加強金庫門鎖的複雜性及堅固性，並且加入電子監視通報系統。各種設計的目的在於使未經授權者難以開啟或破壞金庫，並且當金庫遭受移動、破壞、嘗試開啟時，能夠將消息立即通報業者及客戶（即產品使用者）。

　　運送及其他各類保全服務措施主要是擴大運用各種設備及裝備，加強目標物的防禦能力，防止歹徒竊得、奪取或侵害，例如堅固運輸車、防搶電擊運送袋及配備電擊棒的護衛人員等；同時亦採用各項管控機制，防止內部人員監守自盜，例如GPS車輛管控、密碼鎖鑰分離及勤務管理等。除此之外，運送袋內夾藏有發訊器，能藉此由GPS定位系統找尋失竊運送袋位置；又如因應汽機車大量成長的市場需求，以GPS衛星定位監控所有納入規劃的行車保全服務系統，結合靜態車輛防盜與動態車輛追蹤，並依緊急事件情況即時派遣機動車輛現場協助，提供車主突發狀況時的適切處理方式。當車輛受人破壞或侵入時，能由感知器得知車輛遭竊，而藉由GPS衛星定位掌握車輛的行蹤，若在行車時有緊急事件發生時，亦能與業者聯絡而獲得即時協助。

　　此外，運鈔保全公司目前正積極研發最新運鈔防搶設備：使用鎮暴槍搭配新式運送工具「運鈔高壓電擊箱」。保全業者未來將考慮採用非列入槍炮管制但具備高攻擊威力的鎮暴槍予運鈔員使用，鎮暴槍能裝填各種不同功能威力強大的彈丸（探針卡匣），使運鈔員在緊急狀況時能夠攻擊歹徒達到防護目

19　立保保全公司於97年1月28日曾支援基隆市部分地區消費券押送勤務，圓滿完成任務，深獲好評。由於消費券等同現金使用，又是首次實施，為了將消費券順利安全交到民眾手上，警方不敢大意。警政署預計將動員1萬5000名警力投入97年1月28日消費券發放的安全維護與秩序維持工作，比照選舉投開票所模式進行部署，為了確保消費券從由中央印製廠出廠，到全國各地1萬4000多個發券所的安全，包括消費券從中央印製廠出門、送至各地（1327個）郵局點券，到最後發券所的發放作業，全部流程都會有警力戒護。請參閱://www.epochtimes.com/b5/8/11/27/n2343258.htm，其標題為「王卓鈞，一萬五千警力維護消費券發放安全」。

的[20]。現今貴重物品運送雖然已採高壓電擊袋與衛星定位器防護，但仍發生運鈔袋被歹徒奪走帶離現場的案例。「運鈔高壓電擊箱」體積大容量大，其體積是一般機車或汽車無法載運，除搬運不易，一旦被歹徒劫離安全範圍，箱體將先發出高分貝警報聲，並啟動高壓電擊還會持續放出大量濃煙，以聲音與顏色引起週遭注意，且讓追緝目標特別明顯[21]。

4. 人身保全

人身保全或稱特勤保全，係純粹以人或特殊勤務為主要服務的保全業務，對於特定對象依其所需作定時定點的人身安全維護，業者為保護人身安全，會提供個人通訊器，以人身保全minibond為例，minibond提供位置查詢、定時回報、遠端守護、緊急求救、簡易通話及派遣等服務。當使用者（被保護者）攜帶minibond時，業者及監護者便能透過以上這些功能，順利得知使用者（被保護者）位置及安全狀況，當遇突發事件時便能立即掌握而即刻前往處理。本項保全人員的選擇標準，通常須有強健體魄、靈敏觀察力及縝密思維等較高條件；人身保全服務擴及勞資糾紛的安全維護及大型活動的安全防護及交通疏導。

---

20 鎮暴槍又稱電擊槍，亦稱脈衝槍（拋射式電擊器），性質屬槍型的電器警棍（棒），藉由電流觸動探針卡匣，發射探針定著於目標物，傳達高壓直流離子脈衝波，短暫癱瘓歹徒的行動能力；其法令依據為警械許可訂製售賣持有管理辦法第2條明定，電器警棍（棒）得申請許可訂製、售賣、持有；目前脈衝槍國內已研發成功，並可量產，已克服需進口證明文件不易取得問題，該器械內政部（警政署）於95年11月30日以內授警字第0950871744號函同意製造，且安全測試的檢驗報告經審查通過，警政署於96年1月22日以警署行字第0950165006號書函同意該電擊器本體部分售賣，惟目前探針卡匣部分，經測試具殺傷力（其發射動能為22.41，已逾殺傷力認定標準20焦耳／平方公分，足以穿入人體皮肉層），警政署尚未核准，故有意大量使用的保全業者，雖已訂購，但至目前為止廠商尚無法交貨使用。廠商需提出探針卡匣對人身無安全顧慮的檢測報告供警政署審核，通過後方可核發執照配用。

21 王振生，如何強化運鈔安全，刑事雙月刊，34期，2011年2月，32-35頁。

第三節　保全業法之修法

一、保全業法立法過程及修正重點

　　基於民間對保全業務需求日益殷切，行政院乃於70年指示有關機關，研擬相關法令以加強保全業的輔導管理，內政部警政署奉示派員考察日本民間警備業經營狀況及日本「警備業法」相關規定，並參酌我國社會經濟發展，於77年研擬「保全業法草案」，報經行政院院會通過並函送立法院審議，歷經3年於80年12月30日以「保全業法」名稱完成立法程序，並經總統公布施行。其制定及修正公布日期如下：

(一)制定公布：80年12月30日總統華總(一)義字第6903號令制定公布，全文23條。

(二)第一次修正：89年7月5日總統華總一義字第890016618號令修正公布第2條條文（修正理由：配合台灣省政府功能業務與組織調整，刪除省政府為主管機關的規定）。

(三)第二次修正：92年1月22日總統華總一義字第09200017000號令公布增訂第4條之1、第4條之2、第10條之1及第10條之2條文；並修正第8條、第14條、第16條及第17條條文。本次修正部分條文的理由及重點如下：

1. 本次修正為配合行政程序法的施行，並因91年10月11日發生桃園縣龍潭百年大鎮保全人員逞兇打死住戶案，朝野立法委員及保全公會一致認為應加強對保全業的管理，以保障客戶權益，除配合行政程序法的修正外，應增加實質修正內容。

2. 提升法律位階至本法規定者：將本法施行細則第3條及第11條有關保全業執行業務發現與治安有關事故通報警察機關的規定及保全業開業報請備查的規定事項，提升至本法規定（第4條之1、第4條之2）；將本法施行細則第8條及第12條有關僱用保全人員的審查標準及保全人員職前與在職訓練的規定，提升至本法規定（第10條之1、第10條之2）；將本法施行細則第13條有關保全人員服裝，應避免與軍警人員的服裝相同或類似的規定，提升至本法規定（第14條）。

3. 明確規範授權依據：將經營保全業應有的「巡迴服務車」及本法施行細則第6條有關特殊安全裝置運鈔車應有設備事項，於本法規定授權由

中央主管機關定之,以利執行(第8條)。

4. 增訂保全人員「反黑條款」:對保全人員的消極資格限制部分,為因應保全業者建議及民眾期許,將現行保全人員的從業消極資格予以修正,限制具有部分罪行前科者不得擔任保全人員,故將本法施行細則第8條及第12條有關僱用保全人員的審查標準規定,提升法律位階至本法規定並增訂「反黑條款」,保全業僱用保全人員須先經查核,除部分終身不得擔任條款外,前科紀錄門檻修正為曾受有期徒刑以上刑的裁判確定,尚未執行或執行未完畢或執行完畢未滿10年者,不得擔任保全人員(第10條之1)。

5. 加強保全人員訓練考核以強化內部控管:為落實保全人員的職前與在職訓練,以提升保全業服務品質,增訂本法第10條之2有關職前與在職訓練規定及第16條罰則;並應配合於本法施行細則訂定職前與在職訓練的課程內容等細節性及技術性事項。其課程內容須包括法令常識、執行技巧(含禮儀、紀律、人際關係、交通指揮及裝備使用等),防盜、防火、防災等狀況處置等學科與術科訓練,並應於實施前5日內報請當地主管機關備查,以加強公司對保全人員的管考訓練。

6. 加重行政罰則:提高罰鍰額度並配合提升法律位階的條文,增列處罰規定,以達強制規範目的。提高罰鍰額度者有第16條由新台幣3萬元以上30萬元以下,提高至10萬元以上50萬元以下罰鍰;第17條由新台幣1萬5千元以上15萬元以下,分別提高至6萬元以上30萬元以下及20萬元以上100萬元以下;增列處罰規定有違反第10條之2規定、第4條之1規定及第4條之2規定者。

7. 配合行政程序法施行,修正法制用語:如對合法的行政處分用「廢止」,對違法之行政處分用「撤銷」,且對攸關人民權利義務事項以法律定之,以符合法治國積極依法行政的「法律保留」精神(第16條)。

二、保全業法修法過程及修正重點

(一)修法過程

1. 保全業法修正草案內政部警政署業於95年7月5日、8月2日、9月12日、11月22日、11月30日、96年1月4日及1月11日等邀集專家、學者、業界

代表、相關行政機關代表及直轄市、縣（市）警察局代表召開3次研商會及4次協調會，經過7次充分討論後已與各界大致達成共識。

2. 內政部法規委員會業於96年2月7日、2月8日、3月6日及3月9日，緊密地召開4次法規審查會，全力推動保全業法修正草案的法制作業程序，全案業經4次法規審查會共審查草案條文41條完竣，並經96年3月11日第11次部務會報決議通過。

3. 本法修正草案於96年3月29日、9月19日、97年3月25日陳報請行政院審議，惟行政院業於96年6月8日、97年1月9日函請內政部衡酌行政院各機關意見續行研提回應意見後再送院，後因政黨輪替行政院秘書長於97年6月3日以院台治字第0970012700號函，要求內政部參照行政院施政方針重行審酌後再行報院審議。

4. 本法修正草案於98年1月8日提內政部98年第1次部務會報討論，依會議決議並參酌行政院施政方針，於原有修正重點外，另增訂第20條第1、2項，說明如下：

(1) 排除旋轉門條款的適用（第20條第1項）：警察人員離職後，得擔任保全業董事、監察人、經理人等實際經營或管理公司事務者，不受公務員服務法第14條之1規定的限制。

(2) 專業入行的優遇（第20條第2項第1、2款）：

① 針對保全專業入行優遇條款中軍人定義作限縮：因全國國民皆有服兵役的義務，故本款僅訂定服志願役的軍官或士官得享專業入行的優遇，以限縮範圍。

② 針對保全專業入行優遇條款中的司法警察人員，明確律訂其範圍：警察人員及法務部調查局、行政院海岸巡防署、內政部入出國及移民署及其他執行司法警察權的人員。

5. 98年2月25日中央警察大學召開研商「保全業法修正草案相關議題」會議，建議：

(1) 成立保全管理委員會，針對違規案及申訴案件做調查及仲裁，以強化管理監督機制並保障當事人權益部分，業經本部98年4月9日第7次部務會報決議刪除。

(2) 有關增訂保全人員通報獎勵機制及辦法部分，俟保全業法修正通過後，於訂定保全業評鑑的獎勵辦法中將列為評鑑指標的加分參據。

6. 保全業法修正草案業已於98年5月6日以台內警字第0980890181號函陳報行政院審查，行政院秘書長於98年7月24日院臺治字第0980089883號函，請內政部就高政務委員思博以下審查意見辦理：

(1) 證照制度：證照制度將對產業發展及就業市場造成衝擊，應進行評估。

(2) 專業經營：專業經營是否影響市場交易習慣及增加消費者締約成本，應進行審慎評估。

(3) 分級管理：系統、駐衛、人身、運送保全等類別，應做分級管理規範。

(4) 評鑑制度：評鑑制度應客觀與公正，宜配合草案研修規劃辦理。

(5) 排除旋轉門條款：排除旋轉門條款的適用，應加強與銓敘部論述及溝通，俾求共識。

(6) 保全服務契約：保全服務定期化契約應就未盡合理之處檢討修正，以強化民眾權益保障。

7. 人權兩公約的施行促使本法修正案推動勢在必行：

(1) 98年3月31日立法院審查通過「經濟社會文化權利國際公約」及「公民政治權利國際公約」（簡稱兩公約），兩公約施行法並自同（98）年12月10日施行。施行法第8條規定：「各級政府機關應依兩公約規定之內容，檢討所主管之法令及行政措施，有不符兩公約規定者，應於本法施行後二年內，完成法令之制（訂）定、修正或廢止及行政措施之改進」。

(2) 內政部前於98年10月13日召開業管法令及行政措施涉及兩公約之檢討及因應審查會議，會議決議本法第10條之1（保全人員消極資格）及第13條（主管機關對保全業實施檢查）有不符兩公約規定，侵害人民工作權及職業自由權之虞（亦即是否不符「經濟社會文化權利國際公約[22]」第6條規定尚有疑義之法令），應於本（100）年12月10日前完成修正或改進之項目。本法第10條之1即屬涉不符兩公約之相關法案，列為立法院100年第7會期應優先推

---

22 以「經濟社會文化權利國際公約」之權利保障規定而言，所稱之經濟權利，應是指第6條之工作權、第7條之工作條件及第8條勞動基本權。

動之法案，將以「包裹立法」方式一併處理，應於100年2月28日前完成報院程序，內政部警政署即積極研提修正草案，於100年1月將本法第10條之1修正草案函陳報行政院審查，復經同年2月17日提行政院院會討論，認為本法第10條之1規定是否牴觸兩公約，以至於有修法急迫性，須深入評估，請內政部提報法務部依照複審程序檢討；另關於放寬保全人員消極資格限制，請內政部廣徵民間消費者團體與非保全業學者意見，以期周延；同年4月13日內政部提報法務部召開複審會議討論，會中「行政院人權保障推動小組」委員認為修正草案中不乏過於嚴格者，例如為考慮刑度與罪名，即納入刑法重罪相關罪章，違反司法院大法官釋字510號解釋意旨之要求，此外，對於保全人員之職業資格限制違反比例原則，亦違反「經濟社會文化權利國際公約」第6條規定，建議再修正。

為配合兩人權公約之施行，本法第10條之1修正草案被列為應於100年12月10日前完成修正之法案，立法院內政委員會於100年10月26日初審通過，並於100年11月23日總統華總一義字第10000259751號令修正公布第10條之1、13、16條條文（其中第10條之1修正理由：本條係對從事保全人員資格之消極限制，涉及工作權及職業自由權，為落實經濟社會文化權利國際公約與保障人民基本權利及考量比例原則，爰酌作修正），此次修法放寬「讓經宣告六個月以下刑期輕罪的人（即緩刑、易行處分者）；六個月以上者若服刑完畢，從執行完畢滿十年下修到滿五年」即可擔任保全員。保全人員之從業消極資格條件放寬後，保全業徵才較為容易，更是落實更生保護政策，及保障人民工作權及職業自由權之具體展現。本法第10條之1修正，展現政府保障保全人員工作權之關注與努力，以提升台灣人權形象所做之努力，誠值肯定與讚許。

（二）政策目標

我國保全業為採「許可制」的特許營利事業，我國對一般特許行業管理，向採「防弊重於興利」，保全業法修法對保全業的輔導管理，亦採防弊兼興利的原則，分述如下：

1. 興利：積極輔導

強化警察及保全業的聯繫管道，課予保全業危害通報的義務，輔導保全業協助維護治安，建立保全人員證照及評鑑制度，提升保全人員素質，健全保全業的經營管理及發展。

2. 防弊：有效管理

增訂執行保全業務標準作業流程、嚴禁租借牌行為、規範越區經營、加強保全業者的監督考核責任、防止保全人員監守自盜、強化保全裝備、負責人反黑條款及嚴防暴力圍事討債。

（三）修正重點

1. 區分專業及非專業經營：明定「系統」、「運送」、「駐衛」及「人身」保全為專業經營的業務，其他相關的附隨性、必要性的業務為非專業經營項目。（§4I、II）
2. 訂定執行保全業務標準作業程序：訂定保全業執行各項業務的人員考核、執勤方式等其他應遵行事項的辦法。（§4III）
3. 防止虛設資本額：為防止保全業虛設或任意挪用資本額，故明文禁止。（§8II）
4. 有條件放寬專用營業處所之限制：考量市場上同一事業具有保全及樓管經營許可證的企業占多數，故授權中央主管機關認定得與保全業共用處所的相近行業範圍。（§9I）
5. 強化保全裝備：開放保全用槍前，賦予保全人員配用更精良的防禦性器械，提升保全人員自衛反制能力。（§9V）
6. 責任保險及最高自負額：有保全公司提高保險賠償自負額以降低保費，導致責任保險規定形同具文，故明定其賠償責任、最低投保金額及最高自負額。（§10I）
7. 保全契約單獨訂定：保全業受任辦理保全業務時，應訂立書面契約，不得與其他行業合併訂定，以保障消費客戶權益。（§11I）
8. 規範越區經營：主管機關為利於輔導與管理，故明定保全業越區時，必須將資料，報請越區地主管機關備查。（§12II）
9. 負責人反黑條款：為避免流氓或黑道組織，以合法保全公司掩護非法經營行為，故其從業資格應為嚴格規範。（§18I、§34I）
10.證照制度：明定證照制度的保全人員積極資格。（§19I）

11. 排除旋轉門條款的適用：警察人員離職後，得擔任保全業董事、監察人、經理人等實際經營或管理公司事務者，不受公務員服務法第14條之1規定的限制。（§20I）

12. 專業入行之優遇：軍、警或保全、安全等相關學系的大專院校學生，離退職或畢業三年內，經審查通過，得免受講習，逕於測驗合格後，即取得保全人員講習證書。（§20II）

13. 合理調整在職訓練時數：原規定在職訓練時數為每個月4小時，實務上窒礙難行，故縮短在職訓練時數。（§24I）

14. 侵害委任人權益明確化：為符合法律保留原則及法律明確性原則，故將侵害委任人權益明確化，以保障民眾權益。（§28）

15. 保全評鑑制度：為鑑別良莠，俾利民眾選擇優良保全公司的參考，確有辦理評鑑的必要。（§29I）

16. 遏止租、借牌歪風：為遏止不肖業者出借、租證照或委任未具保全許可資格的業者經營，侵害消費者權益。（§34I）

17. 非法圍事廢止許可：有鑑於不肖保全業者以不法手段圍事、討債，故明定遏止此等不肖公司為非作歹。（§34I）

18. 限制特定人申請設立許可：避免因不合法而受廢止許可的保全公司負責人等，於未完全反省前即重新申請，故限制特定人（董事、監察人及經理人）於廢止許可之日起五年內，不得重新申請設立許可。（§34II）

19. 以連續處罰及名譽性處分代替停止營業：保全業與客戶所訂立的契約，性質屬於繼續性的服務契約，一旦以停止營業處分，恐造成廣大客戶安全維護上的空窗期，故以連續處罰及名譽性處分代替停止營業。（§37）

第四節　我國保全業管理之問題、挑戰及政策評析

　　保全公司為委任者提供安全維護服務，其經營良窳，關係民眾生命、身體、財產安全及社會治安甚鉅。保全業管理問題非常重要，因為保全業與委任人關係密切；在人身安全保全方面，保全人員能得知委任人的各項隱密資

訊，如個人姓名、住址、身分及家庭經濟情形等隱私資料，又能透過各種保全設備（如GPS功能）掌握個人或車輛的所在位置。因此，若不肖保全人員對所委任客戶產生不良企圖，而保全公司內部又無良好的管理機制，則保全人員不當利用委任人隱密資訊，甚或加以設計侵害，將造成更大的傷害。在貴重物品保全方面，由於保全人員熟知運鈔流程，甚且親身接觸巨額現金鈔票，若欲鋌而走險，在無良好內部管控機制下，各類型運鈔車搶案及監守自盜案件將會層出不窮。政府對保全業者應有健全的管理機制，而業者本身亦須做好內部人員管控。否則，若無法有效掌握管理，一旦不肖保全人員對於委任者進行侵害，將造成重大損害，並且嚴重影響民眾對於保全業的信賴。

基於保全業務性質非常特殊，須有特殊的安全設備及裝（配）備，因保全業的業務特性及工作性質與「重大公益」有密切相關，為兼顧民眾生命、身體及財產權益及公共利益的保護，我國將保全業列為採「許可制」的特許營利事業，有別於一般採「準則制」的營利事業，僅受「私法自治原則」及「契約自由原則」的規範[23]。我國經許可的保全股份有限公司，包括公司設立及經營業務項目均應依法分項申請許可。然而，我國一般特許行業管理的通病為「防弊重於興利」、「管制合法，放任非法」，即對於合法業者的限制條件非常嚴格且繁複，使合法業者經營處處受到干涉與限制；促使其他業者甘冒取締而規避法令許可，轉而遊走法律邊緣甚至非法經營，反而不受層層疊疊法規的限制。我國目前保全業管理法制的防弊規定不可謂不夠，但興利與輔導業者合法經營者卻不完備。因此，限於保全法令規定且面臨社會轉型的挑戰，目前保全業實際上面臨的問題、挑戰及政策評析，分述如下：

一、現行法管理規範較鬆

原保全業法著重於保全公司的設立條件，如組織型態為股份有限公司、負責人的資格、經營業務資本額須達新台幣4,000萬元、執行業務須投保責任保險等，對於保全公司的經營體質及保全從業人員素質的管理規範，則付之闕如。

---

23 保全業因其工作特性與公共利益密切相關，於符合憲法第23條比例原則，對其許可條件及營業資格所為必要的限制並處以罰則，依司法院大法官釋字第510號解釋意旨以觀，允屬合憲。參考吳庚，行政法之理論與實用，台北：三民，2005年8月，增訂9版，160頁。

二、虛設資本額情形嚴重

依第5條及第6條明定經營保全業務者，應檢附申請書、營業計畫書，向中央主管機關申請許可，於取得許可證後，始得申請公司設立登記；其設立分公司者，亦同。又依本法施行細則第3條規定「本法第7條所定經營保全業應實收的最低資本額，為新台幣4,000萬元；其每設置一家分公司，實收的最低資本額，應增加新台幣2,000萬元。」然而，目前實務上對於資本額的限制規定，除少數較具規模的保全公司，能達到最低資本額新台幣4,000萬元的門檻外，其他保全業者多屬虛設資本額[24]。

三、低價搶標形成劣幣驅逐良幣

現行保全業實務上計分為系統、駐衛、人身及運送保全等四項業務，其中駐衛保全約占市場九成以上，經營規模較大，體質較健全的保全公司以中興、新光兩大集團為代表，雖號稱國內保全公司的龍頭，然目前經營均面臨窘境，尤其從社區大樓維護管理公司（簡稱樓管業）轉型的保全公司，此部分樓管業轉型而體質不佳的保全公司，數量最多且越區經營，到處低價搶標，完全不受本法規範。甚至有結合黑道幫派份子，以合法掩護非法的不法情事，介入經營保全業務、從事特種營業圍事或挾眾暴力脅迫恐嚇討債[25]，嚴重危及正派經營保全業者的生存空間，迫使大的保全公司不得不轉而成立低成本子公司與之競爭，形成劣幣驅逐良幣的現象。

---

24 對虛設資本額的保全業者目前僅得依公司法第9條第1項規定：「公司應收之股款，股東並未實際繳納，而以申請文件表明收足，或股東雖已繳納而於登記後將股款發還股東，或任由股東收回者，公司負責人各處五年以下有期徒刑、拘役或科或併科新台幣五十萬元以上二百五十萬元以下罰金。」同條第2項規定：「有前項情事時，公司負責人應與各該股東連帶賠償公司或第三人因此所受之損害。」同條第3項規定：「第一項裁判確定後，由檢察機關通知中央主管機關撤銷或廢止其登記。但裁判確定前，已為補正或經主管機關限期補正已補正者，不在此限。」

25 例如台中市警察局轄內「新帝國保全股份有限公司」僱用未送審查合格的保全人員執行業務，且該等人員涉及特種營業場所的圍事工作、逼迫店家接受其保全業務並夥同保全機動員涉嫌多起恐嚇同業、毆人致死、開槍示威、傷人恐嚇取財等犯行，實屬假借合法保全公司型態，而從事非法犯罪活動，對於社會治安的影響，至深且鉅，危害情節的重大性，涉嫌暴力圍事案，前經內政部於88年9月16日以台內警字第8871908號函撤銷該公司的許可在案。

四、保全業之經營型態未鬆綁

依保全業法第3條規定「本法所稱保全業，係指依本法許可，並經依法設立經營保全業務之股份有限公司。」明定保全公司須經許可設立且只限制為「股份有限公司」的組織型態；本法暨其施行細則立法本旨及其內涵，偏重於系統保全的公司型態規範，時至今日隨著科技高度發展，治安狀況、社會民情及服務型態的快速轉變，加以依法行政原則要求日趨嚴格，原法令規定已顯有不足或窒礙難行之處。目前我國保全業的經營型態，限於股份有限公司方得經營保全業，其他型態的無限公司、有限公司、兩合公司及自聘個人駐衛保全，則未納入本法規範，以至於產生合法業者限於法律束縛綁手綁腳，非法業者遊走法律邊緣卻無法可資管理。有關保全業設立條件及資本額最高限制問題確實有檢討必要。

五、保全人員素質低落

保全人員執行業務的首要目標，係維護委任者的生命、身體及財產安全，而民眾自是期待所委任的保全人員能有優良品行及能力。然而，目前保全業所面臨的困境，係由於所僱保全人員素質參差不齊，在成本考量下多數駐衛保全人員，以低價僱用年齡過高的老弱殘兵。更值得吾人憂心忡忡者，乃保全業負責人及保全人員前科不良素行比率偏高問題，造成近年來民眾僱請來保護其安全的人員，多為侵害權益不肖之徒，致保全業於經營業務上發生運鈔車現款遭搶（竊）或監守自盜不法情事頻傳。

隨著國家組織精簡，警察人力正逐年縮減，借助民力參與社會治安任務，已是不可避免的趨勢。保全人員既是專業且有組織的民間力量，可成為替代警力的優先考量，賦予其協助警察機關維護治安的任務，例如大陸漁工岸置處所的戒護管理。但我國目前卻因保全業體質尚未健全及保全人員素質良莠不齊，政府對借助保全業參與警察任務的執行仍有許多顧忌，空中安全的隨機執行反恐保安任務及將機場、港口或貨櫃安全檢查委由保全業執行的構想[26]，礙於保全業法未有明文授權保全人員行使公權力及使用槍械武器的規定，加以整體保全業素質良莠不齊及人員教育訓練不足等因素，導致政府政策裹足不前或

---

26 郭志裕、薛友禎，國際機場安全檢查委託私人執行相關問題之探討，警學叢刊，28卷5期，1998年3月，21頁。

選擇其他替代方案。92年本法修正雖已增訂保全從業人員消極資格條件限制及相關管理機制，但仍缺乏提升保全人員素質的積極作為，如實施「保全證照制度」及積極輔導軍警人員轉任，故應再規劃更有效的輔導措施。

六、保全業監督機制不完備

　　警力有限而民力無窮，借助民力形成全民安全防護網，才能有效維護社會治安。警察機關如能建立完備監督與管理機制，將保全業納入整體治安體系中，即能分擔協助預防及偵查犯罪的任務，扮演正面的「犯罪抗制」角色，以構築強有力的治安防護網。然而，現階段因保全業整體素質良莠不齊，本身成員監守自盜等不法行為時有所聞，造成社會不良觀感。所以警察機關對保全業者的監督管理作為，向採「嚴格管理」模式為之。然而，目前政府對於保全業缺乏一套完備的評鑑制度，僅有消極的許可條件限制與保全人員審查作業規定，至於積極的分級管理及監督考核機制尚未完備；加以保全業公會的組織不健全，而無法發揮自主管理力量共同推動保全業評鑑工作。

七、樓管業管理維護與保全之業務範疇未明確劃分

　　社區大樓的門禁管制及清潔維護業務，兩者法律規定及執業性質畢竟有別，保全業的監督管理，其法律依據為「保全業法」，其中央主管機關為內政部警政署；公寓大廈管理，其法律依據為「公寓大廈管理條例」（簡稱公寓條例），其中央主管機關為內政部營建署。保全業係屬盜安防範的「門禁管制」；而公寓大廈管理維護業務係針對建物設備與社區的「清潔維護」。由於過去兩者業務範圍無法明確區別[27]，所從事行為同為「門禁管制」、「門戶管

27　對「安全維護」究屬於管理維護事項還是保全事項，規定並不明確。如修正前的公寓條例第34條第5款「公寓大廈及其周圍之安全及環境維護事項為管理委員會之職務」，若將該款中之「安全維護」解為本法所規定的安全維護工作，則管理委員會亦可能授權非保全業者的他人為保全業之安全維護行為。故在立法上原來似未明確區分居住處「安全維護」一語究屬於管理維護還是保全業務的範圍。又如公寓大廈及社區安全管理辦法第7條規定：「公寓大廈管理委員會、社區守望相助委員會之任務，如左：一、規劃維護公寓大廈、社區內之各項公共安全及環境衛生事項。二、促進公寓大廈、社區內住戶之友誼與互助及排解糾紛。三、協助政府推行政令、災害防救。四、僱用及解僱管理員或巡守員，並督導其執行任務。五、舉報公寓大廈、社區內影響治安行業動態。六、其他有關公寓大廈及社區安全維護之管理事項」。該規定以第6款「安

理」及「訪客接待」等管理行為，而上述行為的功能，當然包括「非住戶人士進入社區時的訪客身分及拜訪時間紀錄」等門禁管制登記工作及事故的預防，然以目的取向觀之，則「盜賊事故發生的防止」應可評價為保全行為，依本法規定不可由非保全人員從事。公寓條例於92年12月31日修正後，雖針對管理維護公司及所僱用管理服務人員與非管理維護公司所僱用人員所得從事的清潔維護業務，予以明文規定（公寓條例第43條至第45條）並限定其範圍。已避免法規上「安全維護」用語所導致實務上保全業者與樓管業者彼此約定業務範圍的侵越。惟目前因本法尚未隨之修正，是否能夠完全避免混淆，仍有疑義[28]。

我國目前社區安全維護實務上最普遍的作法，乃保全業者結合樓管業形成所謂「二元一體」的公司型態[29]，「共同受託」或「委託轉包」辦理社區大樓的門禁管制及清潔維護業務。保全業者與樓管業者大多未分別訂立書面委託契約，甚至將兩者屬性不同的契約混同訂定，致權責不清而常發生侵害消費客戶權益的不法情事。再者，任由樓管業者承攬保全業務再行轉委任或轉包予合法的保全業者，非但無法有效遏止實務上層層轉包、削價競爭的歪風，對廣大消費民眾基本權益有「保護不足」之處，未善盡政府監督保護義務。因保全業係對人與物的安全維護，其設立許可門檻較高；相對的，樓管業者係對建築物的清潔維護，其設立許可門檻較低，若由樓管業轉委任予保全公司，乃本末倒置

全維護之管理事項」等語含括前開五款有關公共安全、環境衛生、排解糾紛、災害救治、舉報影響治安動態等事項，此處「安全維護」一語，實已包括管理維護與治安防盜等事宜。內政部於92年1月8日廢止公寓大廈及社區安全管理辦法，使「安全維護」一語，不至於做太廣泛的解釋。

28 有關「管理維護」與「保全」的業務範疇劃分的詳細敘述，請參閱古振暉，保全業之社區管理維護——以區分所有法制之探討為中心，第一屆「保全業與治安——法制建構與犯罪抗制」國際學術研討會，由警政署、中華保全協會、中華民國刑事偵防協會及中華民國建築物管理維護經理人協會等單位主辦，並由美國休士頓大學、中央警察大學、中正大學、台北大學、台北市政府警察局、中華民國犯罪學學會及台北市保全商業同業公會協辦，432-434頁。

29 台灣台北地方法院92年度保險字第19號判決充分顯示此種「二元一體」的態度；關於保全業與樓管業形成所謂「二元一體」的公司型態及兩者間的法律關係的詳細敘述，請參閱古振暉，保全業之社區管理維護——以區分所有法制之探討為中心，前揭註27文，292-295頁。

作法且有違本法的規定，確屬不宜。況且不論複委任或轉包承攬，保全業者與社區間均無直接的契約關係，若因保全人員故意過失所造成的損害，社區僅能依民法第188條請求保全業者與保全人員連帶負損害賠償責任。儘管實務上保全業者與樓管業者在法律上依然為兩個獨立公司，僅就各該公司所為行為負責，但實務上甚多樓管業者與保全業者屬同一人或財團出資經營，連僱用人員也互通有無，形成所謂「二元一體」的特殊公司型態，所造成的賠償責任將更形複雜[30]。

八、社區自聘之未納入保全業法規範

社區自聘的安全維護行為與保全業務行為有其本質上的差異，社區管理委員會本於其職掌所為安全維護行為，如國民應盡的防盜、防火及防災義務（指在災難或事故已發生或即將發生的情況急迫時所為協助義務）或現行社區守望相助的民防義工、巡守員、義警、義消及駐衛志工等，由於非屬營利行為，與事前預防性的保全作為自屬不同；然而，社區自聘駐衛人員係受僱為他人提供保全服務以換取報酬的營業行為，與上開國民義務不同，是否應受到本法的規範，產生疑義[31]。

另一嚴重問題，即本法對於個人受僱從事保全業務並無規範。現行保全業以經營駐衛保全數量最多，約占保全市場9成以上，尤其社區自聘駐衛保全人員與民眾生活最貼近，攸關人民生命、身體及財產的安全保障，影響最大。然而，依本法規定保全業的經營係以公司型態管理，對於個人從事保全業務的規範，則付之闕如，因此產生社區自聘個人從事駐衛保全管理的適法性問題。由於此項工作內容單純且體力上的需求條件較低，又加上僱用成本考量，大部分之社區管理委員會以較低成本僱用年齡較大，甚至大量僱用超過65歲的退休人員，違反本法對保全人員最高年齡上限的規定，形成管理漏洞。但未修法前即遽然將社區自聘個人駐衛保全納入本法管理規範，恐會產生適法性爭議並有替

30　台灣台北地方法院92年度保險字第19號判決充分顯示此種「二元一體」的型態。判決實務認為保全人員的職務違反行為，管理維護公司亦須將所僱用人員的故意過失，視為自己的故意過失，負債務不履行損害賠償責任（民法第224條規定參照）。兩公司對於同一損害負全部給付之責，彼此為不真正連帶債務，由此衍生的事後賠償責任將更難釐清。

31　最高行政法院93年度判字第2號判決「至於管理維護公司或管理服務人員受託執行管理業務，因仍屬營利行為，自無法因社區管理委員會的授權而取得經營保全業務的權限」。

保全業者壟斷保全市場的疑慮。

九、保全業越區經營未有效管理

本法對保全業者的跨區經營,僅有設立分公司的規定,並未限制業者越區經營,致各警察局對越區經營的保全業,不能有效落實監督管理。在日本及美國,為保障客戶權益並避免業者惡性競爭,明文規定若客戶居家離保全公司若干公里數以上(如20公里),則該保全公司不得接受客戶委託,以確保業者能迅速到達客戶處提供服務或防止意外發生。而我國目前相關規定卻無限制越區經營的規定,導致不肖保全業者到處越區經營,削價競爭,絲毫不顧服務品質及客戶權益[32],如前述91年發生桃園縣龍潭百年大鎮保全人員逞兇打死住戶案,引起各界關注,輿論界認為應加強對保全業的管理,以保障客戶的權益。本案該社區肇事的保全人員即受僱於台北市越區至桃園縣營業的業者,越區經營的保全業者,猶如不定時炸彈,常形成主管機關管理監督的漏洞;且業者對所屬越區經營的保全人員管控往往鞭長莫及,無法有效管理。

十、保全業設備及配備落後

提升保全業服務品質,不外乎強化標的物保護、充實保全設備及增加監控密度。如運用高科技門鎖、底座固定材質堅固金庫、科技型運鈔車(袋)、配置電擊棒棍或甚至開放保全人員使用槍械等,均可強化標的物保護,以使歹徒難以下手得逞;而各式門禁監控的新型監視系統、汽機車及個人的衛星定位系統及社區大樓攝錄影對講機等,則是增加充實保全設備,以降低潛在犯罪意願的方法。保全業者所提供強化標的物保護的充實保全設備與服務,則可增加監控密度,對於犯罪者而言,已增加了犯罪的困難度及風險性,大幅降低潛在犯罪者的犯罪動機,使保全委任者遭受犯罪侵害可能性大幅減少。因此,保全人員使用足以嚇阻的保全裝備及武器,且能隨科技不斷更新,確可達到保全的目的。

十一、槍械武器使用缺乏法律授權

本法對保全人員使用武器缺乏明文規定,有關保全人員的安全及通訊設備

---

32 許春金主持,臺灣地區保全業之現況與未來需求之調查研究,中央警察大學犯罪防治學系,2000年8月,21-22頁。

種類與規格，僅於本法施行細則第2條規定的營業計畫書中載明，另制訂「保全業設置通訊安全裝備之種類規格及使用規定表」規範之。加以國內保全業體質及人員素質良莠不齊，為避免開放保全業使用槍械而衍生重大治安事故，我國現階段並未開放槍械予保全人員使用，且對其安全裝備限制於防禦性的功能。但近年來連續發生多起重大運鈔車遭竊（搶）案及保全業監守自盜的案件頻傳，皆因保全業安全設備落後及武器使用無法可據，較之歹徒持有武器日益精良、火力強大，對歹徒並無任何嚇阻作用，故讓歹徒容易得逞。過去雖曾對保全員配槍做過討論，但仍未開放保全人員使用槍械。[33] 至於其他武器使用的規定，本法亦無明文或授權規定，致保全業者常提出開放的要求，此一課題攸關保全功能及民眾安全，確實值得政府機關再檢討，允宜慎重考量。

第五節　結論與建議

一、結　論

　　日本治安之佳，警察及保全人員素質之高，舉世稱譽。日本警政單位對於保全業的管理，先由過去「嚴格管理」進入到現在「互助合作」的模式。因此，我國對於保全業的管理，仍宜參酌日本警政單位對於保全業的管理模式，現階段仍應對保全業「嚴格管理」，俟保全業素質全面提升後，再考量進入第二階段「互助合作」，或兩者兼採，但仍應以「嚴格管理」為主，「互助合作」為輔。現階段保全業法的修正亦充分顯示，我國警察機關對保全業者的監督、指導等管理行為，仍採「嚴格管理」模式為主，今後內政部（警政

---

33 有關保全人員是否配槍之研究，內政部曾於92年7月30日「內政部犯罪防治中心」第一次委員會議提出討論，會中17位委員均表示現階段不宜開放，應俟全面建立保全證照制度、評鑑制度，淘汰不良保全人員及加強保全公司內部控管後，再行研議為宜。多數學者認為：以現今社會治安狀況及保全人員素質良莠不齊的情形而言，並參考日本及德國管理的作法，目前暫不宜開放保全人員使用槍械。有關開放之議題檢討可參閱：鄭善印、陳維耿，開放運鈔保全人員使用槍枝之可行性及利弊探討，警政論叢，3卷，2003年12月，15-43頁；傅美惠，應否開放保全人員用槍問題分析，警學叢刊，34卷6期，2004年5月，209頁。

署）將借助各公會的力量，共同推動保全人員教育訓練及相關證照、評鑑制度的實施，並以公正、公開與民主的程序建構相關法制。此外，警政機關對保全業合理的需求，將適時給予合宜的對應，冀望其能正確地執行保全業務的同時，更能謀求保全業的健全發展，以確保國民生命財產安全。

殊知「安全」與「無恐懼的生活環境」為人類共同追求的目標，可預見的是，「保全業」將持續蓬勃發展，內政部（警政署）為保全業的中央主管機關，如何加強輔導管理以健全保全業者，確保客戶民眾的生命財產安全，實為無可旁貸的責任。保全業法修正的終極目的，是衷心期盼能使保全業者更優質、更健全，能讓優秀人才樂於擔任保全人員，願意加入協助政府共同維護治安的行列，進而保障民眾生命財產權益。

二、建　議

政府為加強對保全業的管理，於92年修正本法，即已分別就有關保全業與警察機關通報連繫、開業備查及僱用保全人員審查標準；有關保全人員職前與在職訓練及罰則；有關保全人員服裝；有關「巡迴服務車」及特殊安全裝置運鈔車等應有設備；有關保全人員消極資格「反黑條款」限制；以及加重行政罰並提高罰鍰額度等重要課題增修相關條文，對保全業管理均有嚴格規範，但多為消極防弊的規定。然而，目前所欠缺者乃警察機關應有更積極的措施與作為以落實本法規定，對轄內保全業進行積極輔導管理，並要求業者嚴加自律，勿削價競爭，避免產生「劣幣逐良幣」情形；保全公司應強化本身內部管理，提升保全人員素質，避免保全人員監守自盜情形再發生，重建保全業整體形象，使民眾對保全業產生信心，保全業才能永續經營發展。

本文建議本法未來的修正方向，應從興利與法律鬆綁著手，建立一套積極而健全的保全業管理機制，本法須配合保全業需要，重新檢討並修正部分條文規定，其重點建議如下：

（一）保全業及人實施分級管理制度

未來保全人員證照制度的規劃，亦應分成甲、乙、丙等級，區分不同的受訓資格條件，初任的保全員，由最低級的丙級考起，須服務一定年資，方得循序考乙、甲級，並應引進美國專業安全管理師認證制度，輔導優秀的離退警察人員於轉任保全業前，或保全（安全）管理系的學生於畢業前，能取得專業安全管理師的資格，以利離退警察人員的轉業及提升保全（安全）管理系的學生

就業率及出路。

（二）開放保全業經營項目

　　為健全保全業市場，促使業者致力於提升服務品質，我國實有必要參考各國作法，將保全業的經營型態鬆綁，保全業經營型態不應限於股份有限公司方得經營，其他型態的無限公司、有限公司及兩合公司等亦應開放經營，解除公司型態及最低資本額限制。建議修正本法第3條及第4條規定並刪除第7條條文。具體作法則建議參考日本警備業法及我國銀行法第3條及第29條的立法體例[34]，修正第4條條文，將保全業的經營業務類別區分為「專業經營業務」的系統、駐衛、運送及人身保全業務，非經許可設立的保全公司或個人，不得經營或擔任執行，違者依法處罰。再依營業條件明定系統、運送及人身保全業務，應由保全公司經營；駐衛保全業務得由保全公司經營或由合格的保全人員擔任。即配合經營項目、需要條件及設備實施分級管理制度。另保全業得經營「非專業經營」的服務性或附隨性業務項目，惟須先經中央主管機關核准，方得經營，俾利保全業者結合現代科技業務，為客戶提供多元化服務，亦有助於社會治安的維護。

（三）管理維護與保全之業務範疇應明確劃分

　　不論以大樓或企業管理顧問公司名義申辦公司登記，實際經營大樓或住居處所的安全防護等警衛及管理業務，若行為的功能、目的取向為災難及事故的預防，就可評價為保全行為。例如非保全人員從事「門禁管制」、「訪客登記」等管制及登記工作，其目的為「盜賊事故發生之防止」，當然應該算入安全維護的工作中，而應列為保全業方得經營的營業項目，受保全業法及其施行細則的規範。本次保全業法修正實有必要將「管理維護」與「保全」的業務範疇予以明確劃分，以免生爭議。

（四）保全契約應單獨訂定

　　保全業者受任辦理保全業務須單獨與客戶訂立書面契約，不得以「共同受

34　關於銀行法的立法體例，「專業經營」部分係參考銀行法第29條「除法律另有規定者外，非銀行不得經營收受存款、受託經理信託資金、公眾財產或辦理國內外匯兌業務。」；至於「非專業經營」的服務性、附隨性業務項目部分，則規定於銀行法第3條各款。

託」方式，將保全業的「門禁管制」及樓管業的「清潔維護、設備維修」二者屬性不同的契約混同訂定，以保障消費客戶權益，及杜絕爭議，應修法明文規範禁止以「共同受託」方式混同訂約。建議修正第12條規定「保全業受任辦理保全業務，須單獨訂立書面契約。保全服務定型化契約應記載及不得記載事項由主管機關定之」，明文禁止保全業的「門禁管制」及樓管業之「清潔維護」混同訂定契約，以保障消費客戶權益並杜絕爭議。

（五）社區自聘應納入保全業法規範

有關個人受僱擔任駐衛人員應納入本法規範問題，建議參考各國作法，應配合我國保全證照制度的實施，建議修正第3條規定，增列個人取得保全證照者，得擔任駐衛保全人員。

（六）落實保全業監督管理

日本警政單位對於保全業的管理，先由過去「嚴格管理」進入到現在「互助合作」的模式。我國對於保全業的管理，仍宜參酌日本警政單位對於保全業的管理模式，現階段仍應對保全業「嚴格管理」，俟保全業素質全面提升後，再考量進入第二階段「互助合作」。因此，對保全業有違反法令或損及消費者權益之虞時，主管機關得先予糾正或命其限期改善，並得視情況為「限制其營業範圍」或應勒令歇業或處以罰鍰及保留許可廢止權的規定，以期從法制面加以規範。

（七）建立保全業評鑑機制

為區別保全業的良莠，健全保全業的體質，藉由評鑑制度將保全業分級管理，並逐步淘汰不良業者。爰建議修正本法第13條規定，增列主管機關應辦理保全業評鑑制度，定期公布結果並據以辦理實質獎勵措施，如未來可協調財政部配合給予評鑑績優者稅賦優惠措施；可考量政府委外業務及大型標案（如中央信託局等）優先給予績優保全業者受任資格；或將政府機關委外的安全業務，如機場港口或貨櫃安全檢查等委由績優保全業者執行[35]，對其無異是一種實質的獎勵。

---

35 郭志裕、薛友禎，國際機場安全檢查委託私人執行相關問題之探討，前揭註25文，21頁。

（八）強化保全應勤裝備

為因應惡性重大的犯罪及火力強大的歹徒挑戰，建議修正本法第14條規定，增訂保全人員執行勤務時使用安全設備之規定，必要時得使用武器及其限制條件，以避免空白授權或授權過大。有關安全設備配備標準及使用武器的種類及時機與各項限制條件，於本法授權由主管機關定之。另為因應電子時代的高科技產業發達，通訊技術日益精進，建議參考各國作法，將「自動通報管制系統設備」得以保全公司母公司集中或分區通報方式為之，較符合實際業者需要。

（九）實施保全人員證照制度

建議參考日本警備業法的規定，修正本法第10條之2規定，增訂「保全證照制度」及「證照檢定制度」，明定保全人員任職的積極資格條件，保全人員於其從業前應接受職前訓練並辦理職能測驗，受測合格取得保全合格證書，始得從事保全工作，並規範保全人員職前及在職訓練的內容及實施方式。未來保全人員證照制度的規劃，可授權由中央主管機關為之。

（十）輔導優秀之軍、憲、警人員轉任保全業

保全人員有許多係軍、警退職人員轉任，或保全（安全）管理系的學生於畢業前已取得專業安全管理師的資格者，其均已受過嚴格訓練或安全管理訓練，可參考美國專業安全管理師認證制度及日本政府有計畫的輔導相當數量的警察人員，在退休後轉任從事保全工作，藉以提升其從業人員專業能力，並取得兩者間業務連繫管道。建議配合我國保全證照制度的實施，積極輔導優秀的離退軍、憲、警人員於轉任保全業前，可透過認證機制或檢定以取得保全證照，以利其轉業從事保全工作。

（十一）規範保全業越區經營範圍及報備制

因應保全業者的經營現狀，增加保全業營業彈性，建議修正本法第4條之2規定，增訂「保全業於設立所在直轄市、縣（市）以外之地區經營業務者，應於越區經營業務前，檢附相關文件報請當地主管機關備查。」並配合增訂罰則；若能落實越區成立分公司應向轄區警察局報備的規定，對保全業的經營及有效落實監督管理確實有所幫助。至於為保障客戶權益，對於越區經營的範圍，建議授權由主管機關與各地區保全公會協商，並應參考日本警備業法及美

國作法，規範保全業越區經營的範圍與限制條件，訂定保全公司不得接委託的最遠距離限制，以確保業者能迅速到達客戶處提供服務或防止意外發生，並明定雙方的責任。

第十八章　保全業法及其相關法規

第一節　保全業法與民事法之關係[1]

壹　民法之法律性質

一、民法之法律性質為私法

　　任何法律上之分類均涉及兩個問題：一為區別標準，一為區別實益。關於公法及私法之區別標準，有四種主要見解：

(一)利益說：以公益為目的者，為公法；以私益為目的者，為私法。

(二)從屬規範說：規範上下隸屬關係者，為公法；規範平等關係者，為私法。

(三)主體說：法律關係主體之一方或雙方為國家或機關者，為公法；法律關係之主體雙方均為私人者，為私法。

(四)特別法規說（新主體說）：國家或機關以公權力主體地位作為法律關係之主體者，該適用之法律為公法；如該法律對任何人皆可適用者，則為私法。

　　關於公法與私法之區別標準，學說分歧，難有定論。須強調之是，無論採取何說，民法係屬私法，則無爭議。

　　私法與公法有不同之規範原則：私法以個人自由選擇為特徵，公法則以強制或拘束為內容；前者強調自主決定，後者須有法律依據及一定之權限。任何社會在決定如何以公法或私法形成國民生活時，對於此種區別應有清楚之認識，並建構最妥適之規範。為保障個人自由權利，應遵循有疑義時為自由的原則，以私法為優先，其主要理由係個人乃自己事務之最佳判斷者及照顧者，個人自主決定，就其行為負責，有助於促進社會進步及經濟發展。國家必須保障

1　林燦都，民事法概要（含消費者保護法及公寓大廈管理條例等），保全人員訓練計畫講習教材，內政部警政署刑事警察局編印，2004年1月，1-15頁；王澤鑑，民法概要，自版，2003年10月，4頁；施啟揚，民法總則，自版，1996年4月，2頁。

私法制度能有發揮其功能之條件，並摒除契約自由之濫用[2]。國家為更高之價值或公益而為強制或干預時，應有正當理由（參照憲法第23條）[3]。

二、公法與私法區別之實益

公法與私法之區別，除有助於認識兩者規範功能之特色外，其主要實益在於訴訟時之法院管轄及救濟程序，此涉及憲法第16條規定人民訴訟權之保障及其實踐之問題，應由立法機關衡酌訴訟案件之性質及訴訟制度之功能而為設計[4]。我現行法制係採普通訴訟（民事訴訟、刑事訴訟）與行政訴訟二元制度。法院組織法第2條規定：「法院審判民事、刑事及其他法律規定訴訟案件」，所稱「法院」指普通法院（即指由地方法院、高等法院、最高法院所構成之審判體系[5]），「民事訴訟案件」指私法案件而言，「其他法律規定」，如公職人員選舉罷免法第108條規定選舉、罷免之訴訟屬於普通法院管轄；另外國家賠償法（第5條以下）請求國家賠償案件、道路交通管理處罰條例（第87條以下）有關道路交通處罰案件之聲明異議案件等亦屬之。

關於訴訟案件之法院管轄，公法與私法之區別應就具體個案加以認定。國家行為涉及公權力行使者，如課徵稅捐、核發建照、要求人民服兵役等，係屬公法行為。其屬私經濟行為者，如租用辦公廳舍，對地震受災戶出售國民住宅，經營公車、火車運輸等則屬私法上行為。私法上之爭議案件屬民事訴訟案件，由普通法院管轄。但所謂公法上契約（如醫學院或師範大學公費生與教育部締結之契約），具有公法性質，屬於公法上之爭訟事件，則由行政法院審判之（參照司法院大法官釋字第348號解釋）[6]。

2　王澤鑑，前揭註1書，4-5頁。

3　憲法第23條：「以上各條列舉之自由權利，除為防止妨礙他人自由、避免緊急危難、維持社會秩序，或增進公共利益所必要者外，不得以法律限制之。」

4　參照司法院大法官釋字第442號解釋。

5　參照法院組織法第1條。

6　司法院大法官釋字第348號解釋：「行政院中華民國67年1月27日台（67）教字第823號函核准，由教育部發布之『國立陽明醫學院醫學系公費學系待遇及畢業後分發服務實施要點』，係主管機關為解決公立衛生醫療機構醫師補充之困難而訂定，並作為與自願接受公費醫學教育學生，訂立行政契約之準據。依該要點之規定，此類學生得享受公費醫學及醫師養成教育之各種利益，其第十三點及第十四點因而定有公費學生應負擔於畢業後接受分發公立衛生醫療機構服務

除此之外，公法與私法區別之實益，尚有強制執行程序之不同及有無國家賠償法之適用。亦即私法上之爭議案件經由普通法院裁判確定後，其權利之實現應適用民事強制執行程序（其法律依據為強制執行法）；至於公法上之爭訟事件經由行政法院裁判確定後，其權利之實現應適用行政強制執行程序（其法律依據為行政執行法）。另公法上之爭訟事件，因涉及公權力之行使，則有國家賠償法之適用；至於私法上之爭議案件因僅私人間之爭議，並未涉及公權力之行使，自無國家賠償法之適用。

三、民法規定可分為強行法與任意法

強行法，指不得以當事人之意思排除其應適用之法規。任意法，指得以當事人之意思排除其應適用之法規，其功能乃在補充當事人之意思，當事人未為排除者，仍具「強行性」而應適用之。民法關於身分（如親屬及繼承）及物權之規定多屬強行法，因親屬關係涉及人倫秩序，物權關係為社會經濟制度之基礎，不應任由個人之意思加以變更。民法總則關於權利能力及法律行為能力之規定，因攸關人之權利主體性及行為自由，亦屬強行規定。至於有關法律行為，尤其是契約部分則乎全屬任意法，旨在實踐私法自治原則。民法上個別條文，究屬強行規定，亦僅具任意性質，有疑義時，應依其規範目的加以認定。

四、民法與特別民法

民法以外關於私法事項之法律，稱為特別民法[7]，除公司法、票據法、海商法、保險法等商事法外，尚有土地法及土地登記規則、耕地三七五減租條例（地政法規）、著作權法、商標法、專利法（財產法、智慧財產權）等[8]。值得注意的是，1960年代後為因應台灣社會經濟發展制定甚多重要之民事法律，如勞動基準法、公平交易法、消費者保護法、公寓大廈管理條例等。

之義務，及受服務未期滿前，其專業證書先由分發機關代為保管等相關限制，乃為達成行政目的所必要，亦未逾越合理之範圍，且已成為學校與公費學生間所訂契約之內容。公費學生之權益受有限制，乃因受契約拘束之結果，並非該要點本身規定之所致。前開要點之規定，與憲法尚無牴觸。」

7　惟另有學者稱之為「特別私法」。參見黃立，民法總則，自版，1999年10月，11-12頁。

8　王澤鑑，前揭註1書，8頁；施啟揚，前揭註1書，3-5頁。

貳 民法規定之體例

　　民法條文共分五編，即總則、債、物權、親屬及繼承等五編。這種編制體例是建立在「由抽象到具體」、「由一般到特殊」之立法技術之上[9]。換言之，即儘量將共同事項歸納一起。債編規定契約、無因管理、不當得利及侵權行為等四種債之發生原因；其構成「債之關係」（此之所謂「債」，乃指一方當事人得向他方當事人請求特定行為之法律關係而言）之共同因素，非其社會功能，而是其法律效果，即當事人之一方得向他方當事人請求給付，自得請求之一方言，是為債權[10]，自應為給付之一方言，則為債務。債權係相對性之權利（因其僅可向特定人請求履行），所有權及其他物權則為絕對權（其權利可據以排除任何人），此乃民法於債編之外，另設物權編之主要理由。親屬編及繼承編之體系結構基礎在於相類似之社會生活事實，即親屬編係規定因婚姻而生之配偶、親子、扶養及家之關係。繼承編係規定因人之死亡而發生之財產法上效果。總則編所規定者，乃民法其他各編之共同原則。

參 民法之基本原則[11]

　　按民法，旨在實踐若干基本原則，亦即民法之基本目的或基本價值。此等原則或價值，乃歷史經驗之沈澱，社會現實之反應，未來發展之指標，可綜合歸納為五項[12]：

一、人的尊嚴

　　此包括實現個人自由，發展人格及維護尊嚴，其在民法最直接之體現，係人之權利能力之一般化，民法第6條規定：「人之權利能力，始於出生，終於

9　王澤鑑，前揭註1書，9頁。

10　例如：買受人依買賣契約得各出賣人請求交付買賣價金，此時買受人即為債權人，因其有請求出賣交付買賣價金的債權；相對地，出賣人即為債務人，因其負有交付買賣價金予買受人的債務。

11　王澤鑑，前揭註1書，9-10頁；施啟揚，前揭註1書，9-10頁；黃立，前揭註7書，14-15頁。

12　王澤鑑，前揭註1書，19-20頁。

死亡。」第16條規定：「權利能力及行為能力，不得拋棄。」第17條第1項規定：「自由不得拋棄。」其他民法原則乃建立在此種以人為本位之倫理基礎之上。

二、私法自治

即個人得依其意思決定，形成其私法上之權利義務，以契約自由、所有權自由及遺囑自由（遺產自由處分）為其主要內容。但為保護相對人之信賴保護，維護社會公益及為顧及其他繼承人之利益，民法對此等自由設有必要合理之限制（參照民法第247條之1、第767條、第1187條）[13]。以下即就上述各種自由予以說明。

(一)所有權自由：即所有人於法令限制之範圍內，得自由使用、收益、處分其所有物，並排除他人之干涉（參照民法第765條）[14]。

(二)遺囑自由：即個人於其生前，得以遺囑處分財產，決定死後其財產之歸屬（參照民法第1186條以下）。

(三)契約自由：此在法律交易上最為重要。契約自由，指當人得依其意思之合致，締結契約而取得權利，負擔義務，其基本內容有四：

1. 締結自由：即締結契約與否，由當事人自由決定。
2. 相對人自由：即與何人締結契約，由當事人可以自由選擇決定。
3. 內容自由：即契約之內容，由當事人自由決定。
4. 方式自由：即契約原則上僅依當事人間意思合致即可成立，不以踐行一定方式為必要[15]。

以契約自由為基礎之私法自治，有助於促進市場經濟之運作，不受國家之統制或支配，得經由個人意思決定、市場自由競爭，對勞力、資本等社會資源做更有效率之分配和利用。

惟為防止契約自由遭到濫用，並保護經濟上弱者及維持社會公益，法律

13　民法第767條：「所有人對於無權占有或侵奪其所有物者，得請求返還之。對於妨害其所有權者，得請求除去之。有妨害其所有權之虞者，得請求防止之。」

民法第1187條：「遺囑人於不違反關於特留分規定之範圍內，得以遺囑自由處分遺產。」

14　民法第765條：「所有人，於法令限制之範圍內，得自由使用、收益、處分其所有物，並排除他人之干涉。」

15　王澤鑑，前揭註1書，29頁；曾隆興，修正民法債篇總論，自版，2000年3月，23頁。

特於民法第247條之1等規範定型化契約及於消費者保護法（以下簡稱消保法）亦設有專節規範定型化契約（即第11至17條，施行細則第9至15條）而加以節制[16]。關於定型化契約之相關問題，詳如後述。

三、私有財產

即私人得依法享有不動產、動產及其他財產，得自由使用收益處分，並排除他人干涉。私有財產制度旨在實現個人自由、發展人格及維護人之尊嚴，並有效率的使用社會資源。但為防止妨礙他人自由，避免緊急危難，維持社會秩序或增進公共利益所必要，得以法律對財產權加以限制[17]。

四、過失責任

即因侵權行為或債務不履行而應負損害賠償者，須以行為人具有故意或過失為其要件（參照民法第184條、第220條第1項）[18]，係在保障個人活動之自由，並顧及他人權益之保護。要注意的是，在侵權行為方面，為合理分配意外事故所生之損害，民法債編修正條文更就商品缺陷、汽車事故、危險工作或活動，採過失推定責任（參照民法第191條之1、之2、之3）[19]，責任主體須證明

16　換言之，法律對定型化契約加以規範，乃是對傳統上契約自由原則加以修正並予以限制。

17　參照憲法第23條。

18　民法第184條：「因故意或過失，不法侵害他人之權利者，負損害賠償責任。故意以背於善良風俗之方法，加損害於他人者亦同（第一項）。違反保護他人之法律，致生損害於他人者，負賠償責任。但能證明其行為無過失者，不在此限（第二項）。」

　　民法第220條第1項：「債務人就其故意或過失之行為，應負責任。」

19　民法第191條之1：「商品製造人因其商品之通常使用或消費所致他人之損害，負賠償責任。但其對於商品之生產、製造或加工、設計並無欠缺或其損害非因該項欠缺所致或於防止損害之發生，已盡相當之注意者，不在此限（第一項）。前項所稱商品製造人，謂商品之生產、製造、加工業者。其在商品上附加標章或其他文字、符號，足以表彰係其自己所生產、製造、加工者，視為商品製造人（第二項）。商品之生產、製造或加工、設計，與其說明書或廣告內容不符者，視為有欠缺（第三項）。商品輸入業者，應與商品製造人負同一之責任（第四項）。」

　　民法第191條之2：「汽車、機車或其他非依軌道行駛之動力車輛，在使用中加損害於他人者，駕駛人應賠償因此所生之損害。但於防止損害之發生，已盡相當之注意者，不在此限。」

　　民法第191條之3：「經營一定事業或從事其他工作或活動之人，其工作或活動之性質或其使用

其於防止損害之發生，已盡相當注意，始可免責。

五、兩性平等

夫妻在其婚姻、財產及子女親權關係上居於平等地位，不因其性別，而受不合理之差別待遇。

肆　契　約

民法債編所稱契約，係指債權契約，即由雙方當事人互相意思表示一致，而以發生債權債務為內容而成立之法律行為[20]。關於契約之成立，民法第153條規定：「當事人互相表示意思一致者，無論其為明示或默示，契約即為成立。當事人於必要之點，意思一致，而對於非必要之點，未經表示意思，推定其契約為成立，關於該非必要之點，當事人意思不一致時，法院應依其事件之性質定之。」如買賣契約中，買賣雙方就買賣標的物及買賣價金已達成協議，此「買賣標的物」及「買賣價金」，即為買賣契約之「必要之點」，買賣雙方既已就此達成協議而意思一致，買賣契約即為成立。不論以口頭或書面，只要當事人雙方互相表示意思一致，契約即為成立，只是通常為了日後舉證之方便，契約多以書面為之，而且比較不易發生爭議。

契約係因當事人互相意思表示一致而成立，已如上述，從而雙方當事人均應受契約內容之拘束，嚴格遵守，即所謂的契約神聖（pactasunt servanda）[21]，我國民法對此雖未明白規定，但早在民法施行之初，最高法院即一再宣示此項原則，強調當事人締結契約，一經合法成立，其私法上之權利義務，即應受其拘束；除兩造同意或有解除原因發生外，不容一造任意反悔請求解約或無故撤銷，尤其是不得於事後隨意增加或減少其權利義務[22]。

而契約之功能乃在使買賣、租賃、僱傭、借貸、委任等各種經濟活動，經

之工具或方法有生損害於他人之危險者，對他人之損害應負賠償責任。但損害非由於其工作或活動或其使用之工具或方法所致，或於防止損害之發生已盡相當之注意者，不在此限。」

20　孫森焱，民法債篇總論（上冊），自版，1999年10月，22頁。

21　王澤鑑，前揭註1書，188頁。

22　參照最高法院18年上字第127號、19年上字第985號、20年上字第632號判例。

由市場上自願之交易，滿足消費者之需要，增進資源及分配之經濟效率。在一個自由之社會，商品或勞務之生產、提供或分配，不是由政府決定，而是藉著市場經濟與契約機制而達成。契約與市場經濟具有密切不可分之關係，兩者間相伴而生，彼此依存，同其興衰。以契約為機制之市場經濟，是建立在信用體系之上。市場經濟、契約和信用是不可分割之三位一體[23]。

伍 定型化契約

一、概　述

蓋當事人訂立契約時，個別磋商，討價還價，議定條款，係傳統之締約方式。在現代大量交易經濟活動，契約條款多由一方當事人（通常為企業經營者），為與多數人訂約而事先擬定，而由相對人決定是否接受，此稱為定型化契約條款，已成為現代交易之基本型態[24]。再者交易條件之定型化，可以促進企業合理經營，創設非典型契約（如信用卡契約、融資租賃契約），具有便利交易，減少成本之功能。問題在於企業經營者難免利用其優勢之經濟地位，訂定有利於己，而不利於消費者之條款（如免責條款、失權條款、法院管轄地條款等），對契約上之危險及負擔做不合理之分配。一般消費者對此類條款多未注意，不知其存在；雖知其存在，但因此種契約條款多為冗長，字體細小，不易閱讀，或雖加閱讀，因文義艱澀，難以理解其真意；縱能理解其真意，知悉對己不利條款之存在，亦多無討價還價之餘地。由於某類企業具有獨占性，或因各企業使用類似之契約條款，消費者實無選擇機會。如何在契約自由之體制下，對定型化契約內容加以控制，乃現代法律之重大任務。如為確保增進消費者之交易安全，並維護消費者實質之契約自由，保全業者之主管機關即內政部於89年1月17日以台（89）內警字第8981055號公告「系統保全服務定型化契約範本」，以確保消費者權益，即其適例。

定型化契約（又稱為附合契約）原未設明文，實務上多適用民法第72條規定。83年制定之消保法設有專節規範定型化契約（即第11至17條，施行細則第

23　王澤鑑，前揭註1書，172頁。

24　王澤鑑，前揭註1書，183頁。

9至15條），其主要特色在於將規制基準，由「公序良俗」移向「誠實信用，顯失公平」。88年4月21日通過之民法債編修正條文增訂第247條之1規定：「依照當事人一方預定用於同類契約之條款而訂定之契約，為下列各款之約定，按其情形顯失公平者，該部分約定無效：㈠免除或減輕預定契約條款之當事人之責任者。㈡加重他方當事人之責任者。㈢使他方當事人拋棄權利或限制行使權利者。㈣其他於他方當事人有重大不利益者。」

　　關於定型化契約條款之規制，有多種規範體制並存。民法第72條規定仍有其適用餘地，但其規範功能有限，自消保法實施後，實務上已不再援用。消保法旨在規範為企業經營者與消費者間之定型化契約，對於企業經營者間之定型化契約（所謂商業型定型化契約）得否適用，雖有爭議，但應採肯定說。至於消保法與民法第247條之1規定之間，並不具特別法與普通法之關係，相對人得選擇有利於己者主張之[25]。由於消保法之規定較為周全，實務上多適用之。以下專就消保法規定加以說明。

二、消保法對定型化契約之規範

　　消保法對定型化契約之規範，已發展成為一個專門研究領域，適用上應依下列次序加以思考檢討[26]：

（一）其所爭執者，是否為定型化契約條款？

　　定型化契約（條款），指企業經營者為與不特定多數人訂立契約之用，而單方預先擬定之契約條款（參照消保法第2條第7款）。定型化契約條款通常多以書面為之，但概念上不以此為必要。就其形式言，有的與契約結合在一起，有的為單獨文件。就其範圍言，有的印成細密文件，長達數頁；有的則以粗體字或毛筆字書寫，懸掛於營業場所。

（二）定型化契約條款已否成為契約之內容？

　　定型化契約條款須經由雙方當事人意思表示之合致，始能成為契約內容。企業經營者應依明示或其他合理適當方式，告知相對人欲以定型化契約條款訂立契約，並使相對人得瞭解條款之內容。唯有具備此兩項要件，定型化契

25　王澤鑑，前揭註1書，184頁。

26　王澤鑑，前揭註1書，185-188頁。

約條款始能因相對人之同意而成為契約之內容。準此以言，汽車停車場於訂約後始行交付之收據上記載「對於任何事故，本場概不負責」，因未於訂約時表示，不能成為契約之內容。消保法第13條規定：「定型化契約條款未經記載於定型化契約中者，企業經營者應向消費者明示其內容；明示其內容顯有困難者，應以顯著之方式，公告其內容，並經消費者同意受其拘束者，該條款即為契約之內容（第一項）。前項情形，企業經營者經消費者請求，應給與定型化契約條款之影本或將該影本附為該契約之附件。」本條多適用於火車、汽車、捷運等運送企業經營者所訂定型化契約，例外如於售票處懸掛旅客須知等。所謂經消費者「同意」受其拘束，包括明示或默示在內。另依消保法第14條規定：「定型化契約條款未經記載於定型化契約中而依正常情形顯非消費者所得預見者，該條款不構成契約之內容。」此種條款於學說上稱為異常條款（或稱突襲條款）。為進一步保護消費者，消保法施行細則第12條特別規定：「定型化契約條款因字體、印刷或其他情事，致難以注意其存在或辨識者，該條款不構成契約之內容。但消費者得主張該條款仍構成契約之內容。」

（三）定型化契約條款之解釋

定型化契約條款於訂入契約，成為契約之部分後，應經由解釋而予以確定該條款之內容。消保法第11條第2項規定：「定型化契約條款如有疑義時，應為有利於消費者之解釋。」其立法目的乃在使條款由使用人（即企業經營者）承擔條款不明確之危險性。

（四）定型化契約條款內容的節制

消保法第11條第1項規定：「企業經營者在定型化契約中所用之條款，應本平等互惠之原則。」第12條則規定：「定型化契約中之條款違反誠信原則，對消費者顯失公平者，無效。定型化契約中之條款有下列情形之一者，推定其顯失公平：1.違反平等互惠原則者。2.條款與其所排除不予適用之任意規定之立法意旨顯相矛盾者。3.契約之主要權利或義務，因受條款之限制，致契約之目的難以達成者。」上述二條文為節制定型化契約條款之基礎規定。條款是否違反誠信原則，顯失公平，應就具體個案，斟酌契約之性質、雙方締約目的、全部條款內容、交易習慣及其他客觀情事予以判斷之。為提供較明確之判斷標準，消保法特別「推定」其「顯失公平」之情形。關於違反平等互惠原則，消保法施行細則第14條規定，其情形有四：1.當事人間之給付與對待給付

顯不相當者。2.消費者應負擔非其所能控制之危險者。3.消費者違約時，應負擔顯不相當之賠償責任者。4.其他顯有不利於消費者之情形者。至上述消保法第12條所謂「條款與其所排除不予適用之任意規定之立法意旨顯相矛盾者」，如居間者使用之定型化契約條款訂定，無論媒介是否成功，均得請求報酬，即違反民法第565條「稱居間者，謂當事人約定，一方為他方報告訂約之機會，或為訂約之媒介，他方給付報酬之契約」之立法意旨。又所謂「契約之主要權利或義務，因受條款之限制，致契約之目的難以達成者」，如出賣人排除物之瑕疵擔保請求權（如不提供保固期間，參照民法第354條以下）；定型化旅行契約訂定，旅行業者就其代理人或使用人的故意或過失不負責任，如旅行社於旅遊契約中載明對其領隊或導遊之行為概不負責（參照民法第224條）。

（五）定型化契約條款無效與契約之效力

消保法第16條規定：「定型化契約中之定型化契約條款，全部或一部無效或不構成契約內容之一部者，除去該部分，契約亦可成立者，該契約之其他部分，仍為有效。但對當事人之一方顯失公平者，該契約全部無效。」定型化契約條款全部或一部無效，而契約仍屬有效時，其因此所發生之「契約漏洞」，應先適用任意規定；無任意規定時，則依契約解釋原則加以補充。此為排除民法第111條「法律行為之一部分無效者，全部皆為無效。但除去該部分亦可成立者，則其他部分，仍為有效」之特別規定，其目的乃在保護消費者。

陸　保全契約──保全業與客戶應分別單獨訂立書面契約

一、保全服務契約性質──究屬委任或承攬契約？

依民法第528條規定：「稱委任者，謂當事人約定，一方委託他方處理事務，他方允為處理之契約。」依此，委任契約係指受任人為委任人「處理事務」之契約。依前述定義性規定，只要有「為他方處理事務」之約定者，即可該當「委任契約」，委任人可能須給付報酬（有償），亦可能無須給付報酬（無償）。也由於委任契約之定義最為簡單，涵蓋的勞務類型最廣，自然就成為勞務契約之原則性規定，民法第529條規定：「關於勞務給付之契約，不屬於法律所定其他契約之種類者，適用關於委任之規定。」依最高法院83年台上

字第1018號判決：所謂委任，係指委任人委託受任人處理事務之契約而言。委任之目的，在一定事務之處理。故受任人給付勞務，僅為手段，除當事人另有約定外，得在委任人所授權範圍內，自行裁量決定處理一定事務之方法，以完成委任之目的。

而承攬契約，依民法第490條第1項規定：「稱承攬者，謂當事人約定，一方為他方完成一定之工作，他方俟工作完成，給付報酬之契約。」依此，承攬契約之定義係承攬人為定作人「完成一定之工作」，定作人俟工作完成後，「給付報酬」之契約而言。與前述委任契約相較，承攬契約除須有承攬人為定作人提供勞務之約外，更須以一定工作之完成作為承攬人報酬請求權發生之要件，相對而言，定作人對承攬人原則上無指揮監督之關係。最高法院89年台上字第1620號判決：承攬，係謂當事人約定，一方為他方完成一定之工作，他方俟工作完成，給付報酬之契約……當事人以勞務所完成之結果為目的。因此就委任契約而言，係以一定事務界定應提供之勞務的範圍且不要求債務人因其勞務之提供，而必須獲致一定之成果。而承攬契約則是除約定處理一定事務外，並進一步約定負提供勞務義務之債務人，關於該事務之處理，必須達到堪稱完成一定之工作，並以該一定之工作之「完成」界定其應提供勞務之範圍。另就事務處理權之授予及權限範圍，委任契約於民法第531~534條予以規定，原則上事務處理權之由委任人授予當無疑義，而受任人事務處理之權限，則依委任契約或其委任事務之性質定之；而承攬契約則未規定，顯見承攬關係中，定作人對承攬工作之進行，原則上無指示監督之權，承攬人就承攬工作之完成，享有高度自主決定權。

保全服務契約係指受任人（保全業者）為委任人（社區管理委員會）處理社區「門禁及車輛管制之安全防護」事務之契約而言。依法只要有「為他方處理事務」之約定者，即可該當「委任契約」，委任之目的，在一定「社區安全防護」事務之處理。故受任人（保全業者）給付勞務，僅為手段，除當事人另有約定外，得在委任人（社區管理委員會）所授權範圍內，自行裁量決定處理一定事務之方法，以完成委任之目的。因此，「社區安全防護」事務之處理，僅得在委任人授權範圍內為之，不具有高度自主決定權，此與承攬契約顯然有別，自非屬承攬契約；另保全服務契約性質固雖具有委任與承攬二種契約性質之混合契約，依民法第529條規定：「關於勞務給付之契約，不屬於法律所定其他契約之種類者，適用關於委任之規定。」綜上，保全服務契約其法律性質屬「委任契約」。

二、保全服務契約是否屬印花稅憑證課徵範圍（保全服務契約是否須依印花稅法規定貼用印花）？

　　印花稅法（以下簡稱本法）第1條規定：「本法規定之各種憑證，在中華民國領內書立者，均應依本法納印花稅。」，因此印花稅是一種憑證稅當無疑義。惟並非所有書立之憑證均需課徵印花稅，依本法第5條規定「印花稅以左列憑證為課徵範圍：一、（刪除）二、銀錢收據…三、買賣動產契據…四、承攬契據…五、典賣、讓受及分割不動產契據…」。依印花稅法第5條第4款規定：「承攬契據，指一方為他方完成一定工作之契據。」依據財政部92年9月22日台財稅字第0920455888號函釋：「印花稅法第5條第4款規定：「承攬契據，指一方為他方完成一定工作之契據。」依前揭規定，承攬契約（據）方屬印花稅憑證課徵之範圍，委任契約非屬印花稅憑證課徵之範圍，承上題，保全服務契約其法律性質既屬「委任契約」，非屬承攬契約，就其所立契據自不須依印花稅法規定貼用印花始屬妥適。

三、系統保全服務定型化契約範本能否強制拘束業者？

　　「系統保全服務定型化契約範本」業經內政部於89年1月17日以台捉內警字第8981055號公告在案，前揭範本是否具有強制約束力疑義一節，業經行政院消費者保護委員會91年2月7日以消保法字第0910000156號函示略以：「有關本會協調各主管機關訂定定型化契約範本，目的為導正不當之交易習慣及維護消費者之正當權益，但範本之性質僅供參考，尚無法之拘束力。惟若業者所訂之系統保全服務契約，違反消費者保護法（下稱消保法）第2章第2節及消保法施行細則第2章第2節之規定，消費者得主張無效或不構成契約之內容，中央及地方主管機關亦得依據主管法規或消保法第4章規定，為行政監督權之行使，如具備主管法令或消保法第6章罰則之規定，亦得據以處罰。」

　　【相關函釋：內政部警政署92年6月10日警署刑偵字第0920008545號函】

四、保全服務定型化契約範本有何拘束力？

　　保全業法第12條第2項規定：「前項書面契約應記載事項，由中央主管機關定之」，內政部已於89年1月17日以台捉內警字第8981055號公告，訂頒「系統保全服務定型化契約範本」，該契約範本內容僅供訂約雙方參考，並無法律上之拘束力。

　　【相關函釋：內政部95年6月23日內授警字第0950105340號函】

五、保全業者自訂之保全服務契約與系統保全服務定型化契約範本有所牴觸，該怎麼辦？

系統保全服務定型化契約範本業經內政部於89年1月17日以台扼內警字第8981055號公告在案，有關業者自訂之保全服務契約與前揭定型化契約範本有所牴觸相關疑義乙節，業經行政院消費者保護委員會於91年2月7日以消保法字第0910000156號函釋略以：「有關本會協調各主管機關訂定定型化契約範本，目的為導正不當之交易習慣及維護消費者之正當權益，但範本之性質僅供參考，尚無法之拘束力。惟若業者所訂之系統保全服務契約，違反消費者保護法（下稱消保法）第2章第2節及消保法施行細則第2章第2節之規定，消費者得主張無效或不構成契約之內容，中央及地方主管機關亦得依據主管法規或消保法第4章規定，為行政監督權之行使，如具備主管法令或消保法第6章罰則之規定，亦得據以處罰。」

【相關函釋：內政部警政署91年2月19日警署刑偵字第0910035937號函】

六、駐衛保全定型化契約中「以 書面通知」不續約之涵義及做法為何？

依駐衛保全定型化契約第17條規定：「本契約期滿一個月前，甲乙雙方未以書面通知他方不續約者，本契約繼續有效，自動延長一年，以後亦同」，其中「以書面通知」係指只要客戶或業者其中一方於契約期滿一個月前，以書面向對方表示不續約者，該契約即不繼續生效，然若客戶一時疏忽未於契約期滿一個月前，以書面表示不續約者，惟確實已無續約之意願，得依第15條第1項規定：「客戶得隨時以書面通知業者終止本契約，但其契約期限一年以上者，於通知到達業者後六十日生效。客戶亦得支付上述預告期間之服務費，即時終止本契約」，以達終止契約。

【相關函釋：內政部警政署95年5月4日警署刑偵字第0950002243號函】

七、保全業者可否委託其他保全業者執行保全業務？

保全業法第12條第1項規定：「保全業受任辦理保全業務，應訂立書面契約。」暨同法第18條第1項第1款罰則規定：「有左列情事之一者，主管機關得視情節，對該保全業為警告之處分，或處新台幣九千元以上九萬元以下罰鍰，並限期改善：一、違反第12條第1項規定者。」

對於保全業者得否委託另一合法保全業者執行保全業務，及委託時是否須

經核准或核備（備查）一節，查現行保全業法雖無明文規範，惟因保全業之業務特性及工作性質與「重大公益」有密切相關，為兼顧民眾生命、財產權益及公共利益之保護，故就保全業法第1條規定：「為健全保全業之發展，確保國民生命、財產之安全……。」之立法意旨及基本精神觀之，因保全業經營之良窳攸關民眾生命、財產權益至鉅，其營業須具備高度「信賴性」與「安全性」，故實際執行保全業務之公司，依前揭規定，仍應與客戶訂立書面契約，若未依規定訂立契約者，依法處罰。惟為健全保全業之體質，是否修法以遏止此種層層轉包削價競爭之歪風，尚須審慎評估研究。

【相關函釋：內政部警政署93年1月7日警署刑偵字第0930181346號函】

八、保全業與客戶應分別單獨訂立書面契約

按保全業務性質攸關社會治安與民眾生命、財產權益甚鉅，且保全人員工作性質非常特殊，通常須有特殊的安全裝備及設（配）備；況因保全業之業務特性及其工作性質與「重大公益」有密切相關，為兼顧民眾生命、財產權益及公共利益之保護，故當初立法即將保全業列為特許營業，而採「許可制」，自有別於一般以「營利」為目的，僅受「私法自治原則」及「契約自由原則」支配之公司或營利事業（即採準則制）。次就保全業法第12條第1項「保全業受任辦理保全業務，應訂立書面契約」之立法目之（按即立法者認應採要式行為），及保全業法第1條「為健全保全業之發展，確保國民生命、財產之安全……」之立法整體精神以觀，因保全業經營之良窳攸關民眾生命、財產權益至鉅，從而保全業之營業實須具有高度之「屬人性」、「專業性」、「信賴性」與「安全性」，其書面契約性質固雖具有委任[27]與承攬[28]二種契約性質之混合契約，但綜合上述理由，其性質似較接近於委任契約之法律性質，故保全業者與客戶間之高度安全信賴，不應為「管理維護公司」之法律性質所遮斷。

27　按委任，乃當事人約定，一方（委任人）委託他方（受任人）處理事務，他方允為處理之契約（參照民法第528條）。在有償委任的場所，委任人的報酬給付義務與受任人的事務處理責任，是立於互為對價的關係，而為雙務契約。

28　稱承攬者，謂當事人約定，一方（承攬人）為他方（定作人）完成一定之工作，他方俟工作完成，給付報酬的契約（參照民法第490條第1項）。承攬契約的標的，係以承攬人為定作人完成一定的工作，而達成一定的「結果」。

雖民法第537條規定：「受任人應自己處理委任事務。但經委任人之同意或另有習慣或有不得已之事由者，得使第三人代為處理。」惟該條規定，係屬規範一般之私法契約關係，而保全業之業務特性及工作性質與「重大公益」有密切相關，為兼顧民眾生命、財產權益及公共利益之保護，如任由公寓大廈管理維護公司承攬保全業務再行轉委任予合法之保全業者，亦即，由設立許可門檻較低之公寓大廈管理維護公司轉委任予設立門檻較高之保全公司，恐有架空肩負社區安全維護責任之保全公司之虞，確屬不宜。另不論複委任或次承攬，保全業者與社區間均無直接之契約關係，若因保全人員之故意過失所造成之損害，社區應僅能依民法第188條請求保全業者與保全人員連帶負損害賠償責任。儘管實質上保全業者與管理維護公司在法律上依然為兩個獨立之公司，應僅就各該公司自己所為行為負責。但實務上甚多管理維護公司與保全業者屬同一人或財團出資經營，連僱用人員也互通有無，形成所謂「二元一體」之特殊公司型態（台灣台北地方法院92年度保險字第19號判決充分顯示此種「二元一體」之態度）。但法院實務認為保全人員之職務違反行為，管理維護公司亦須將所僱用人員之故意過失，視為自己之故意過失，負債務不履行損害賠償責任（民法第224條規定參照）。兩公司對於同一損害負全部給付之責，彼此為不真正連帶債務（台灣台北地方法院92年度保險字第19號判決），由此衍生之事後賠償責任將更難釐清；如任由公寓大廈管理維護公司承攬保全業務再行轉委任予合法之保全業者，非但無法有效遏止實務上層層轉包削價競爭之歪風，對廣大消費民眾之基本權益保護亦有「保護不足」，未善盡國家保護義務，而有違憲之疑慮。此外，保全業者與社區單獨訂約，實有助於保障消費民眾權益，尚兼有防止保全業者逃漏稅之功能，有助於課稅公平。

為確實保障民眾生命財產安全，警政署於93年6月8日警署刑偵字第0930088555號函、93年7月6日警署刑偵字第0930103929號函及93年8月12日警署刑偵字第0930106445號函略以「⋯⋯我國社區管理維護實務上，保全業者常有與樓管業者『共同受託』辦理社區之門禁管制及清潔維護業務之情形，且多未分別訂立書面契約，甚至將二者屬性不同之契約混同訂定，致權責不清，極易發生侵害消費客戶權益之不法情事。因此，保全業者受任辦理保全業務須單獨與客戶訂立書面契約，不得以『共同受託』方式，將保全業之『門禁管制』及樓管業之『清潔維護』二者屬性不同之契約混同訂定，以保障消費客戶權益，及杜絕爭議。」警政署前揭解釋，係從保全業法之立法目的及立法整體精神之「目的解釋」（即以立法者被客觀化之意思解釋法律條文本身，意即在解

釋上，依條文客觀追求之目的，作為判斷之標準），或從「結果取向（後果考察）解釋法」、「和諧解釋原則」、「基本權充分實現（實踐調和）原則」等各種解釋方法，均可以推導出「保全業者受任辦理保全業務須單獨與客戶訂立書面契約，尚未超出保全業法第8條之文義可能之範圍，在其文義解釋之射程範圍內，所為之『合目的性限縮解釋』，應係為保障人民之自由權利、維持社會秩序及增進公共利益對保全許可營業所為合理且必要之限制，與憲法第23條所定之比例原則尚無違背」。

第二節　保全業法與公寓大廈管理條例之關係

保全業者、社區、管理維護公司間的法律關係[29]

　　保全業者與管理服務人員雖均受託執行業務，惟兩者不僅名稱、條件、資格不同，業務範圍也不得重疊，故就保全業者、社區、管理維護公司間，因訂約之對象、內容不同，發生效果不同之法律關係，茲試就社區——受託人（管理維護公司、保全業者）——執行人（管理執行人員、保全執行人員）三方關係來說明：

一、社區委託保全業者執行保全及不具專業性質之管理維護業務，保全業者並派由所僱請之保全人員執行

　　因保全業者係以同一書面契約與社區締約，約定同時執行兩項截然劃分、互不牽連之業務，為契約之聯立。其中保全業務具有專門性，管理委員會欠缺相關之知識，此時保全業務之執行，保全人員留有相當自由決定之餘地，管理委員會與保全業者間之契約性質應為委任或承攬。若保全人員因執行保全業務，基於其職務不法侵害區分所有人之權益時，因保全業法第15條第2

29　古振暉，保全業之社區管理維護——以區分所有法制之探討為中心，第一屆「保全業與治安法制建構與犯罪抗制」國際學術研討會，由警政署、中華保全協會、中華民國刑事偵防協會及中華民國建築物管理維護經理人協會等單位主辦，並由美國休士頓大學、中央警察大學、中正大學、台北大學、台北市政府警察局、中華民國犯罪學學會及台北市保全商業同業公會協辦，281-296頁。

項設有特別規定，保全人員應與保全業者負無過失之連帶損害賠償責任。另一方面，社區委由保全業者派駐之保全人員為郵件處理及代收住戶各項費用等管理維護業務部分，於執行此類業務時，由於已非專業業務之執行，則宜將社區與保全業者間定性為僱傭關係，保全業者所派駐之保全人員須服從管理委員會一般的指揮監督。若因此發生損害，保全人員為保全業者之履行輔助人，保全業者應就保全人員之故意過失負責（民法第224條）。

二、社區委託管理維護公司執行管理業務（包含管理維護業務與保全業務），管理維護公司將其中之保全業務再委由保全業者派遣其所僱請之保全人員執行

由於社區所委由管理維護公司所執行之業務，包含保全業務，為管理維護公司所無法執行，得經社區之同意，或基於法規上之限制，無法執行之不得已事由，委由保全業者執行專業之保全業務，因管理維護公司係委由保全業者完成或處理一定之保全工作或事務，雙方間應為委託或承攬關係。至社區與保全業者間，若認屬複委任關係，則社區對於保全業務之履行有直接請求權，且於保全業務之執行因疏失造成區分所有人或住戶損失時，管理維護公司僅就保全業者之選任及對保全業者之指示，負其責任（民法第537至539條）；社區與保全業者間若認屬次承攬關係，則社區與保全業者間並無直接之契約關係，管理維護公司就保全業者之故意過失，依民法第224條規定，應與自己之故意或過失負同一責任。但因管理維護公司與保全業者間之契約並非具有保護第三人（即社區）作用之契約，故相對於定作人即社區而言，並非連帶債務人。

由於不論是複委任或次承攬，保全業者與社區間均無直接之契約關係，若因保全人員因故意過失所造成之損害，社區僅能依民法第188條請求保全業者與保全人員連帶負損害賠償責任。

內政部於87年6月3日發布「公寓大廈管理維護公司受任管理維護業務契約範本」[30]，於第3條規定：「管理維護服務之專屬或轉委任：一、前條第一款第一目乙方（按即管理維護公司）提供甲方（按即社區）之服務事項，非經甲方事先以書面同意，不得轉委任予第三人執行。二、前條第一款第二目至第五目業務有涉及其他行業專業法規規定時。甲方同意乙方得分別委任『營造、土

---

30 內政部公報，3卷12期，117-122頁。

木工程業』、『機電工程業』、『環境污染防治業、廢棄物清除處理業』、『保全股份有限公司』提供服務。甲方同意另以契約約定，由乙方委託經領有各該目的事業法規許可之業者辦理。三、受任第三人之行為，視為乙方自己之行為；乙方對該第三人提供之服務應全權負責。」依該約定，管理維護公司對於保全業者業務上之故意、過失行為均視為自己之行為，可說即為上開法律關係之明文化，當事人間之權利義務關係自更為明確。

三、社區同時委請保全業者與管理維護公司執行保全及管理維護業務，惟因該二公司均由同一人出資設立，負責人相同，故派由一人為執行業務員，同時執行保全業務與管理維護業務

如前所述，保全業者與管理維護公司由於名稱、設立程序、資格、業務範圍均不同，故社區若分別委由保全業者及管理維護公司執行保全業務、管理維護業務，原本各依其所訂立契約關係解決紛爭即可。惟目前實務上，甚多管理維護公司與保全業者屬同一人或財團出資經營，連僱用人員也互通有無，保全人員於從事保全業務的同時，基於管理維護公司之指示從事管理業務者甚多，若所派駐人員發生業務上之過失，造成社區住民之損害，保全業者與管理維護公司除須就保全人員之故意過失負履行之責外，彼此間是否亦應負連帶責任？

對此，曾有實務見解認為，形式上雖受僱於被告某保全業者，但實質上受被告某管理維護公司監督管理之被告某保全人員，於執行保全業務時，同時奉派擔任某管理委員會總幹事一職，竟假借職務上之便利，偽刻印鑑向某銀行盜領原告某管理委員會之存款，造成管理委員會之損失。經管理委員會向某銀行請求賠償後，某銀行依與原告保險公司間之保險契約請求賠償，賠付原告保險公司，依保險法第53條向被告三人代位求償。法院認被告保全人員形式上固為被告保全業者之受僱人，惟實質上僱用該被告保全人員之被告管理維護公司亦為僱用人，兩公司均對於被告保全人員選任監督有過失，故判決被告保全業者、被告管理維護公司分別與被告保全人員連帶給付同額之損害賠償；又若被告中任一被告為給付，其給付之範圍內，其餘被告同免責任[31]。換言之，因兩公司均針對銀行之損失與所僱用之保全人員負連帶責任，又因任一公司賠

31　參照台北地方法院92年度保險字第19號判決。

償，銀行之損失即已填補，他公司自不負損害賠償之責，故認兩公司間負不真正連帶債務關係。

同理，若被害人管理委員會因保全人員之職務違反行為，以契約關係向兩公司請求，因僱用之保全人員均為兩公司之債務履行輔助人，保全業者固因保全人員之疏失，與保全人員負無過失之連帶損害賠償責任（保全業法第15條第2項）。管理維護公司亦須將所僱用人員之故意過失，視為自己之故意過失，負債務不履行損害賠償責任（民法第224條）。參照前開判決見解，因兩公司對於同一損害負全部給付之責，彼此為不真正連帶債務。

另參照最高法院曾有「保全業者與第三人之行為，以同一人為負責人之管理維護公司，不得謂不知該保全業者之行為，而主張保全業者行為之效力不及於管理維護公司，故認同一負責人之保全業者若與第三人訂立租賃契約，管理維護公司亦可能為實際出租人或同意出租」之見解[32]。該實務見解似傾向於只要兩公司負責人（尤其是經營者）相同，其中一公司與第三人之法律行為，另一公司也無法置身事外，故將兩公司與第三人之關係視為由同一經營者所發動，共負責任。故上述台北地院之判決亦充分顯示此種「二元一體」之態度。從而，保全業者與管理維護公司在法律上依然為兩個獨立之公司，應僅就各該公司自己所為行為負責。故即使僱用同一保全人員同時執行社區之保全業務與管理維護業務，亦應視執行人員行為功能、目的取向是否為災難及事故之預防，以決定可否評價為保全行為還是管理維護行為作為標準，判定由何公司

---

32 參照最高法院91年度台抗字第373號裁定：「原法院以：依卷附經公證之房屋租賃契約記載，出租人為國際保全業者，故僅可認定系爭房屋係由國際保全業者出租與相對人，不足以認定國際大廈公司為實際出租人或有同意國際保全業者出租。則國際保全業者未經國際大廈公司同意，擅將系爭房屋出租，其效力自不及於國際大廈公司。台北地院認相對人係向國際大廈公司承租系爭房屋，以裁定除去上開租賃權，尚有未洽，因而廢棄台北地院之裁定。惟查上開房屋租賃契約，出租人欄固記載為國際保全業者，但由李雲光簽名及蓋章；而依國際大廈公司90年9月25日之陳報狀記載：李雲光為國際大廈公司及國際保全業者之法定代理人，占該兩家公司各75%之股份，有權代表該兩家公司處理事務。於89年9月20日以實際上為該兩家公司共有之坐落台北市延吉街十一號二樓全部房屋，用國際保全業者之名義出租予何志強先生等語（見台北地院89年度執字第26383號民事執行影印卷）。似此情形，能否謂國際保全公司出租系爭房屋未經國際大廈公司同意，即非無疑。」

負債務不履行之責。不能以所僱用之人員同一，而只要該人員有故意過失，即認兩公司須同時負責。前述台北地方法院之判決中，以該保全人員所違反者既為費用保管義務，與災難或事故之預防無關，應屬管理維護義務之內容，故僅管理維護公司須就保全人員之故意過失負責，兩公司間無成立不真正連帶責任之必然性。

第三節　保全業法與刑事法之關係

壹　保全業法與刑事訴訟法之關係

一、保全員於執勤時發現犯罪人及發現任何犯罪事實之處理

　　依保全業法第4條之1規定：「保全業執行業務時，發現強盜、竊盜、火災或其他與治安有關之事故，應立即通報當地警察機關處理。」，保全業負有「治安事故通報」之義務。另保全人員於執勤時發現犯罪人及發現任何犯罪事實，亦應立即通報當地警察機關處理，或向警方報案，其法律性質為「告發」。通常保全人員發現犯罪人與事後處理方式：(一)向司法警察告發（俗稱報案）；(二)向檢察官告發；(三)現行犯與準現行犯之逮捕。

　　任何人在社會上發現任何犯罪事實，即使不是犯罪之被害人，但見義勇為也是可以向偵查機關「告發」，例如保全員在工作之際，發現任何犯罪事實而向警方報案之性質就是「告發」。告訴是向偵查機關之警察或檢察官提出告訴，由偵查機關替你追訴犯罪人之犯罪事實；告訴可以言詞或書面方式為之。

　　我們如果發現有人正在實施或實施犯罪後即被發現，這人稱為「現行犯[33]」；另外被追呼為犯罪之人及因持有凶器、贓物或其他物件，或於身體、衣服等處露有犯罪痕跡，顯可疑為犯罪之人，這人稱為「準現行犯[34]」，不管

---

[33]　刑事訴訟法第88條規定：「現行犯，不問何人得逕行逮捕之。犯罪在實施中或實施後即時發覺者，為現行犯。」

[34]　刑事訴訟法第88條規定：「有下列情形之一者，以現行犯論：一、被追呼為犯罪人者。二、因持有兇器、贓物或其他物件、或於身體、衣服等處露有犯罪痕跡，顯可疑為犯罪人者。」

是現行犯或準現行犯，任何人都可以將他逮捕送交司法警察機關追究他的罪責，但不能動用私行或自行將犯人關起來，否則涉有妨害自由之刑責。而司法警察逮捕或接受現行犯，在詢問犯罪嫌疑人後，應將犯罪嫌疑人之現行犯或準現行犯解送檢察官，司法警察不能把他釋放[35]。

二、被害人透過委託之保全人員協助蒐集犯罪證據之取證行為

為了防止偵查權遭到濫用，現代各國大都普遍規定只有檢、警等法定機關才有權限進行偵查，其他機關無權進行偵查。在英美法系國家，雖然按照法律規定，犯罪嫌疑人、辯護律師、保全公司、私家偵探等也都有權進行偵查，但僅能實施任意性（無強制力）之偵查活動，至於帶有強制性之偵查活動，只有國家偵查機關才能實施。在大陸法系國家，幾乎大都明確規定，只有國家法定偵查機關才有權進行偵查[36]，我國亦然，偵查作為主體有檢察官、及檢察事務官[37]、司法警察官及司法警察等偵查輔助機關，這些國家追訴機關所為的取證行為，屬於國家取證行為，又稱「顯性偵查」；至於取證私人、私家偵探、徵信業、線民、保全人員等，亦不失為偵查作為之主體，又稱「隱性偵查」，但原則上宜限於「任意性取證」之範疇[38]。這些取證之私人，通常是在特定個案情形下，提供或媒介犯罪資訊予警方，視警方指使或支配地位之強弱而有別，似難以一概而論，若警方處於完全控制之優勢支配角色，此時已處於「國家機關偵查手臂延伸」之地位，其取（蒐）證活動屬於國家追訴行為之一

---

35 刑事訴訟法第92條規定：「無偵查犯罪權限之人逮捕現行犯者，應即送交檢察官、司法警察官或司法警察。司法警察官、司法警察逮捕或接受現行犯者，應即解送檢察官。但所犯最重本刑為一年以下有期徒刑、拘役或專科罰金之罪、告訴或請求乃論之罪其告訴或請求已經撤回或已逾告訴期間者，得經檢察官之許可，不予解送（第一項）。對於第一項逮捕現行犯之人，應詢其姓名、住所或居所及逮捕之事由（第二項）。」

36 陳永生，偵查程序原理論，中國人民公安大學出版社，2003年，1版1刷，23頁。

37 檢察事務官視為刑事訴訟法第230條第1項之司法警察官。90年5月23日修正之法院組織法第66條之3規定：檢察事務官受檢察官的指揮，處理「實施搜索、扣押、勘驗或執行拘提」及「詢問告訴人、告發人、被告、證人或鑑定人」事務時，視為刑事訴訟法第230條第1項之司法警察官。

38 任意性取得的證據所關注者，係在於所取得證據資料與待證事實的關聯性，並不涉及取得正當性的問題，請參閱柯耀程，證據取得與調查的思維，前揭註27文，14-15頁。

環，仍應受國家取證規範之約束（及遵守法律保留、比例原則）[39]。

除了國家追訴機關外，私人也有可能以違法手段取得證據，刑事訴訟法上之證據禁止規定，所規範之對象，乃國家機關之偵查行為，而非私人。有鑑於此，通說認為，除極端違反基本人權之案例外，私人違法取得之證據，原則上沒有禁止使用之法理。因此，私人不法取得證據之禁止使用問題，與基本權之第三人效力問題有關，另私人不法取得證據，並無所謂不得權衡之「絕對保護之隱私領域」可言，故實際上仍應以「比例原則」做為唯一之審查基準[40]。

由被害人透過委託之保全人員之協助來蒐集犯罪證據之取證行為之方式，實施新刑訴法後，對私人違法取得之證據，是否具有證據能力而得以在審判期日調查之問題，雖刑訴法已在第158條之4明文規定實施刑事訴訟之公務員違法取得之證據排除法則，但私人非法取證之問題並無明文規定，因此新刑訴法施行後，法院對私人非法取得之證據，是否具有證據能力，實務見解仍猶疑在肯定與否定中。

新刑事法制施行後，關於私人違法取證之問題，法院認為應將該私人違法取得之證據排除，其觀點之論據仍係依據新刑訴法施行前之見解，判斷該證據取得之違法性侵害到被告憲法基本權之人格權保障，或因該證據所得證明之犯罪事實之法益權衡，以定其證據能力之有無，亦即以「權衡理論」為證據能力有無之判準[41]。實務見解復認為，以私人之取證行為雖無依據法律程序，但具有正當性，而得以使用該私人違法取得之證據。實務案例[42]、早期實務見解，

39　林鈺雄，從基礎案例談證據禁止之理論與發展——刑事訴訟法上，沒有不計代價的真實發現，：收錄於：朱朝亮等，刑事訴訟之運作——黃東熊教授六秩晉五華誕祝壽論文集，台北：五南，1997年，43頁；林鈺雄，國家挑唆犯罪之認定與證明——評三則最高法院九十二年度之陷害教唆判決，月旦法學雜誌，111期，2004年8月，213頁。

40　Vgl. Fezer, Strafprozeßrecht, Fall 16 Rdnr. 12f.

41　台灣高等法院92年度上易字第2258號妨害婚姻案件刑事判決（92年9月30日判決）。

42　台灣高等法院93年度上易字第934號妨害婚姻案件刑事判決（93年7月20日判決）。相同之實務見解，請參見最高法院91年台上字第3713號判決、92年台上字第2677號判決。對此說之實務觀點介紹請參見吳巡龍，私人不法取得證據應否證據排除——兼評最高法院九十二年度台上字第二六七七號判決，月旦法學雜誌，第108期，2004年5月，223-235頁。相反見解，見王兆鵬，私人違法錄音、錄影、監察之證據能力，收錄在氏著〈搜索扣押與刑事被告的憲法權利〉一書，

又認為私人取證行為雖已屬違反刑事體法之行為，但卻不具有罪責性，並且認為被害人之違法取證乃屬必要的。近期實務見解[43]認為刑事訴訟法上之證據排除原則，是在約束違法偵查、警察機關的不法取證，不包括私人之違法取證，私人違法取證不適用證據排除原則[44]。

貳 保全業法與刑法之關係

保全業法及刑法之關係，其中與刑法總則有關者，可能構成正當防衛、緊急避難、不作為犯（純正與不純正不作為犯）、故意犯、過失犯、未遂犯、犯罪之參與（正犯是直接之實行行為者，例如：直接正犯、間接正犯、共同正犯、同時犯；共犯是間接參與實行行為者，例如：教唆犯、幫助犯，又稱狹義共犯；身分犯）、錯誤、競合等行為。保全業與刑法分則關係最為密切者，為侵害個人法益[45]之犯罪，特別是財產及自由法益，前者攻擊「物」的價值（財產犯罪），後者攻擊「人」的價值。

保全業與刑法分別關係最為密切者，為個人財產法益犯罪部分，例如運鈔保全人員監守自盜，係典型為他人（金融業者，如銀行或肉品市場等）處理「財產」事務，可能成立背信罪；而運鈔保全人員基於契約受託運送現金或貴重物品（係間接占有，係保全業之履行輔助人），如於運送途中將現金或貴重物品取走，此時運鈔保全人員「持有他人之物」，將「持有變更為所有」，為侵占而非竊盜。由於侵占可能是狹義之背信行為（侵占有時是背信之特別規定），此種法條競合，應依侵占罪處罰[46]。其又基於業務上所持有之物，故運

2000年，113-136頁。

43　97年2月21日最高法院97年台上字第734號判決參照。

44　http://www.libertytimes.com.tw/2008/new/may/1/today-fo7-4.htm#

45　個人法益可再分為專屬於一身之個人法益與非專屬於一身之個人法益，前者是比較高度之利益，例如：生命、身體、自由或名譽，這些利益都是不能讓與或移轉的。後者，則是指財產法益，而在財產法益部分，通說又區分為保護整體財產利益之類型，以及保護個別財產利益（所有權）之類型。前者例如：詐欺、背信等罪，後者例如：竊盜、強盜、毀損等罪。請參閱蔡燉銘，刑法各論，

46　林東茂，刑法綜覽，台北：學林，2003年8月，2版，393頁。

鈔保全人員監守自盜可能構成「業務侵占罪」。

　　力霸保泰保全股份有限公司保全員於桃園縣龍潭百年大鎮社區毆打住戶致死，依其主觀犯意可能構成故意或過失殺人、傷害致死等罪，本案該公司辯稱，涉案之保全人員於案發當時均已退勤，並非因執行職務不法侵害委任人之權益，最高法院著有判例（參照42年台上字第1224號判例及86年台上字第1497號判例），如在客觀上足認為與其執行職務無關，當非屬前揭執行職務不法侵害委任人權益之情形，保全業無須與行為人（保全人員）負無過失之連帶損害賠償責任，自無須依前揭規定處罰；反之，如於案發當時雖已退勤，但屬支援或待命性質者，且在客觀上足認為與其執行職務有關，當屬前揭執行職務不法侵害委任人權益之情形，自須依前揭規定處罰。惟該公司（負責人）及該等涉案之保全人員，仍應視個案具體情節，負民法之侵權行為、契約責任及公司法之損害（連帶）賠償責任（參照民法第184條、第188條及公司法第23條等相關規定）。

　　另保全公司常發現有偽造、行使私文書（如保全服務契約書等）或明知為不實之事項，而登載於其業務上作成之文書（如公司會計師查核報告書等），足以生損害於公眾或他人者等不法情事，依涉案情節不同，可能觸犯公司法或刑法偽造文書罪章之相關規定。

第六篇

保全業與社會治安維護特別議題

第十九章　是否開放保全人員使用槍枝之研究

　　國內連續傳出三起震驚社會之運鈔車搶案，其一是新北市三重區國泰世華銀行北三重分行於95年4月11日發生搶案，兩名歹徒持改造手槍開槍搶走準備要運上車之運鈔袋，日盛保全人員及行員聯手制伏了其中一名搶匪，混亂中一名保全人員腳踝受到槍傷，另一名搶匪則是帶著370萬元現款騎機車逃逸；其二是95年2月3日衛豐保全公司運鈔車至台東市大潤發賣場運送現金時，遭二名持槍歹徒開槍搶走現金新台幣513萬元，二名保全人員突遭歹徒槍擊受傷；其三是94年12月8日台灣保全公司運鈔車至台北市南京東路之台灣企銀運送現金，於提領現金正欲送上運鈔車時，遭一名蒙面持槍歹徒開槍搶走現金新台幣1,157萬元。此三起社會矚目案例再度引起保全人員配備自衛槍枝（或防暴槍等防衛工具），以增強自我保護能力之相關討論。

　　其實開放私人或保全人員使用槍械，不是新聞，早在79年行政院第2172次院會院長提示815案「妥慎研究私有自衛槍枝不能開放，以免造成嚴重後果。」暨86年4月台灣省、台北市、高雄市金銀珠寶同業聯合請願陳情合法申請擁有自衛槍枝案。82年11月22日邱昆龍先生及89年12月29日陳台生先生陳情及92年3月部長在南部治安座談會提出研議開放體質健全之金融、保全等業界擁有合法自衛槍械案。最近一次熱烈討論應是92年3月初起，國內連續傳出多起運鈔車搶案[1]，同年7月7日之行政院治安會報，院長亦裁示警政署應詳加研議。

　　金融機構之所以成為犯罪人方便之「提款機」，也成為犯罪之治安熱點。其原因不外是農漁會、合作社基於成本考量，幾乎都沒有僱用保全人員，即使銀行也約有四成沒有僱用保全人員，因此成為歹徒覬覦目標。前行政院院長蘇貞昌盯緊治安，內政部鎖定發生多起金融機構搶案對症下藥。內政

1　92年6月2日發生雲林縣虎尾鎮農會肉品市場運鈔車搶案，造成一名農會司機及一名保全人員被槍殺不幸死亡；同月27日又發生桃園縣楊梅鎮二名立保全公司保全人員，於負責超市提款機補鈔作業時，突遭歹徒槍擊受傷之案例。

部與金管會研議後提出防搶機制,初步決定將強制要求金融機構僱用保全人員,應配備符合規定之安全裝備,農漁會、合作社如果礙於經費無法僱用保全人員,須比照郵局,在櫃台加裝統一規格之隔板,以避免被搶,確保安全[2]。

保全人員肩負運鈔重任,但僅能配有棍棒、電氣警棍、電氣警棒、電擊器及鋼、鐵質伸縮警棍等簡單防身裝備執勤,若遇到持槍歹徒,根本沒有防衛能力,談不上保護自己,更談不上保護運鈔安全,內政部乃指示應審慎研議是否開放保全人員使用槍枝及防暴槍等防衛工具,使保全人員有自我防衛能力,保護自身安全外,也使搶徒有所警惕,不敢貿然犯案。

惟因現階段保全人員素質良莠不齊,若沒有完善措施前,貿然開放保全人員擁有自衛槍枝,可能只解決今日之部分問題,反製造另一個更嚴重之問題,是否應了彼得盛吉「第五項修練」提醒決策者「為了解決今天之問題,造成明天更大問題」之錯誤[3],固值得深思。但內政部與金管會藉由提出「金融機構防搶機制」措施,展現其改善社會治安之決心,以提升保全人員自我防衛能力所做之努力,仍值肯定與讚許。

第一節　國內、外保全人員配槍執勤概況分析

一、國內保全業概況

(一)保全業現有家數:全國總計合法保全業近630餘家。

(二)保全業現有人數:全國總保全人員數(含負責人、保全人員、從業人員)共計7萬餘人。

(三)我國尚未開放保全人員用槍:依「槍砲彈藥刀械許可及管理辦法」第4條至第8條規定,僅特定對象(政府機關、學術研究機關、學校軍訓教學需要、動物保育機關等)得申請購置使用槍枝,尚未開放保全公司之保全人員使用自衛槍枝;至於使用警械部分,目前僅駐衛警

2　http://news.chinatimes.com/Chinatimes/newslist/newslist-content/0,3546,110502+112006030500029,00.html

3　郭進隆譯,第五項修練,Peter M. Senge(彼得‧聖吉)著,The Fifth Discipline,天下文化出版公司,1994年3月,506頁。

察得使用警械。駐衛警察，係指「各機關學校團體駐衛警察設置管理辦法」核准設置者稱之，其非依「警察法」或「警察人員管理條例」成立之公設警察，依「駐衛警察使用警械管理辦法」（依「警械使用條例」第13條第2項規定訂定）規定，駐衛警察執行職務，遇有警械使用條例第2條至第4條所列情形時，得使用警械，但駐衛警察執行職務時，以使用「警棍」為原則；其需用其他警械者，應由設置單位向直轄市、縣（市）警政機關申請配發。當地警察局（分局）於治安狀況特殊或情況急迫時，得對駐衛警察逕行配發警械。駐衛警察配用警棍，得自行購置，並列冊報當地警察局（分局）備查。駐衛警察對配發之警械，應分類造冊登記，按季報當地警察局（分局）備查（參照駐衛警察使用警械管理辦法第1條及第6條）。

(四)透過修法途徑取得配槍之依據：按槍砲彈藥刀械管制條例第2條規定「槍砲、彈藥、刀械，除依法令規定配用者外，悉依本條例之規定。」除非透過修法途徑於現行保全業法中增訂保全人員得配用槍械之明文依據外，目前保全人員尚無法使用槍械[4]。

二、國外運鈔保全人員攜槍執勤概況

（一）美　國

1. 美國保全人員採證照制度，每名保全人員都需通過考試篩選才能取得執照，故保全人員素質較完整。
2. 美國開放民間擁有自衛槍枝。
3. 美國運鈔車搶案罕見之另一原因，在於金融機關多採「電匯」方式辦理，有必要運送大筆現金時，一定交給有武裝配備之保全公司，除了

4　有關「槍砲彈藥刀械管制條例」之相關研究文獻，請參閱孟憲輝、吳耀宗、蔡佩潔，我國「槍砲彈藥刀械管制條例」中「殺傷力」相關問題之研究，收錄於：「犯罪偵查與鑑識科學研討會」論文集，中央警察大學暨中華民國鑑識科學學會等主辦，2003年11月，61-64頁；吳耀宗，論違反武器管制法之不法性質與制裁，收錄於：犯罪與法之抗制（一），中央警察大學出版社，2000年，初版，423-476頁；吳耀宗，武器管制法制之研究——以我國「自衛槍枝管理條例」及「槍砲彈藥刀械管制條例」為重點，中央警察大學出版社，1993年，初版，237-238頁；廖正豪，槍砲彈藥刀械管制條例之解析，刑事法雜誌，27卷5期，1983年10月，1-75頁。

防彈甚至有裝甲功能，而且運送之路線也不固定，多是啟程前臨時決定，讓搶匪不易得逞。

（二）英 國、法 國

1. 未開放民間擁有槍枝。
2. 僅開放取得證照之運鈔保全人員擁有槍枝。

（三）香 港

香港鄰近中國大陸，因很多中國歹徒重裝備赴香港犯案，為維護運鈔安全，故開放保全人員配槍執勤。

（四）中 國

1. 運鈔保全工作幾乎多為官方性質，護鈔業務多數由「經濟」警察擔任。
2. 民間極少數保全公司可承接護鈔業務，亦未開放保全人員配槍執勤。

（五）日 本

1. 日本槍械管制嚴格，一般歹徒取得不易。
2. 歹徒持槍搶劫銀行或運鈔車之案件較少，故未開放保全人員持槍。
3. 日本保全人員不准擁槍自衛，警備業法對保全人員攜帶護身用具之場合有詳細規定，從事運鈔車保全業務之人員除身著頭盔和防彈衣外，能夠攜帶之自衛用具是較短之警戒棒，較長之警戒棍和92年2月追加之塑膠製防身盾[5]。
4. 日本保全人員依法不能擁槍自衛，日本保全業界並未出現呼籲有關當局讓保全人員持槍自衛之動向，業界不斷經由加強防範措施，增強運輸車之預防犯罪和防彈功能，以及提升保全人員之自衛能力來達成任務[6]。

5　陳維耿，開放運鈔保全人員使用槍枝之可行性及利弊探討，台北：五南，2005年11月，初版1刷，222頁。

6　傅美惠，應否開放保全人員用槍問題分析，警學叢刊，34卷6期，2004年5月，213頁。

（六）德　國

1. 未開放民間擁有槍枝。
2. 僅開放取得證照之運鈔保全人員擁有槍枝。
3. 保全人員攜帶射擊武器之規定，保全人員只有在執行運鈔任務時，才必須攜帶經過許可之武器，沒有值勤就不能攜帶瓦斯槍、砍擊武器、刺殺槍以及其他未經許可之危險武器。
4. 保全人員因勤務之不同，亦配備有警犬、手提式對講機、通訊設備之汽車，大公司之部分保全人員尚配置有射擊武器，小公司人員則大都只擁有小型手槍，據德國保全業協會稱：金錢、珠寶運送之人員或核能技術機構之警衛人員，因情況特殊，皆擁有武器[7]。
5. 保全人員攜帶射擊武器是在執行任務之一開始由公司發給，在任務完成之後立刻繳回。有關武器和子彈之發放和收回，必須遵守政府有關之規定；而每次武器子彈之使用或遺失，必須立即向公司管理部門或有關單位報備。而且保全人員在正式執行運鈔任務前，必須通過武器使用考試[8]。

第二節　保全人員配槍執勤之利弊分析[9]

一、保全人員配槍執勤之缺點分析

(一)市場上保全業者多達630餘家，業者素質良莠不齊，對於保全人員之篩選標準不一，雖然保全公司對保全人員會有基本之考核與自律要求，但一些素質不良之保全公司任用有前科或精神疾病之患者擔任保全人員仍大有人在，一旦開放保全人員配槍恐怕招惹更多之治安問

7　李震山譯，警察與私人安全人員維護危險物品及人員任務之分配，警學叢刊，19卷4期，1989年6月，108-110頁。

8　鄭善印、陳維耿，開放運鈔保全人員使用槍枝之可行性及利弊探討，警政論叢，3期，2003年12月，15-43頁。

9　傅美惠，應否開放保全人員使用槍枝相關問題探討，警光雜誌，565期，2003年8月，24頁。

題[10]。

(二)保全人員擁槍後「槍械」可能成為歹徒在覬覦運鈔車現金外之另一個目標，攜槍執勤反而徒增危險，危及配槍保全人員之安全。

(三)運鈔保全有運鈔人員監守自盜之風險，若開放保全人員配槍恐有擁槍自重增加監守自盜之機會，甚而產生保全人員利用槍械對同仁進行脅迫、槍擊等事件。

(四)若有不法人士需要槍枝犯案，大可藉由進入保全公司當保全人員，或收買不肖保全人員以「合法掩護非法」方式取得槍枝。

(五)台灣之搶匪犯罪遠不及國外凶狠，且作案無非求財，較少會濫殺無辜，而92年6月2日發生虎尾鎮農會肉品市場運鈔車搶案，造成一名農會司機及一名保全人員被槍殺之不幸死亡案例，應屬罕例，若運送保全人員持有槍械，一旦遇到搶劫，雙方一定會交火，難免會造成重大傷亡，甚至殃及無辜。

(六)保全人員若持槍，搶匪為了自身安全會以更優勢之火力搶劫，恐會先傷害或槍殺保全人員而後搶奪槍枝及財物。基於「武器焦點理論[11]」，一旦保全人員持槍執勤，歹徒為了除去保全人員持槍帶來之生命威脅，其瞄準保全人員開槍之部位，有極高可能性是致命部位，不會只是非要害部分[12]。

(七)保全人員雖服過兵役，但久未使用槍枝及實彈訓練，遇搶劫等突發狀況容易緊張，使用槍械不慎，恐易傷及無辜。

---

10 http://www.epochtimes.com/b5/3/6/10/n326463.htm

11 「武器焦點」係指犯罪現場有無武器，會影響目擊證人之指認效果，在刑案現場出現武器時，目擊證人會有強烈傾向去瞪著那個武器，而將注意力集中在武器上面，武器會緊緊抓住人們之注意力，而且很難抗拒，這會減少目擊證人觀察並考慮其他面向之時間，進而減弱目擊證人回憶其他細節之能力，例如拿著武器者之長相，這種現象，稱之為「武器焦點」。請參閱林淑貞譯，辯方證人，伊莉莎白·羅芙托斯（Elizabeth Loftus）、凱撒琳·柯茜（Katherine Ketcham）著，台北：商周，2000年7月，初版5刷，277-278頁。

12 例如今年2月份發生在台東市衛豐保全運鈔車至大潤發賣場運送現金時，遭2名持槍歹徒開槍搶走現金新台幣5百餘萬元，2名保全員英勇抵抗，共中5槍送醫後無生命危險，本案保全人員都是非要害中彈，歹徒很明顯就是要讓保全人員失去行動及反抗能力。

(八)保全人員在執勤過程中，因攜帶裝備及執勤進出車輛、大樓，在疏忽或攜帶不當之狀態下，槍枝極可能走火，傷及他人。

(九)槍械之內部管理不易，開放保全人員配槍會增加保全業者在管理上之負擔（如槍械之交接保管、存放、槍枝遺失等問題）。

(十)保全人員發生口角或衝突時，槍枝容易成為相互攻擊或洩恨之武器。

(十一)某些小型保全公司背景複雜，甚至有黑道介入，在業者素質良莠不齊之情況下，槍枝安全性恐有堪虞，造成部分黑道或組織犯罪持槍合法化之可能。（如部分「人身保全」業者，有充當黑道老大保鑣之虞；另外，部分「駐衛保全」業者，疑有從事替不法行業圍事之行為）。

(十二)槍枝之供應管道不明。是該由政府發放，還是由民間保全公司自行採購，若由政府發放，所有權及槍枝財產管理，政府（警察機關）恐需增加許多人力作後續管理或監控，若任由民間自行採購，會造成保全業者營運成本增加及壓力，且公開一條販槍管道。

(十三)運鈔車搶案多半為運鈔防護措施不周全之金融機構自行運送，若相關防護設備仍不改善（如運鈔車、金庫等），保全人員配槍只是治標不治本之辦法而已。

二、保全人員配槍執勤之優點分析

(一)歹徒劫鈔犯案行為日趨凶狠，開放保全人員攜槍執勤，對於有潛在性犯罪念頭之歹徒可起遏止作用，對於保全業者而言，可增強本身之自衛能力，攜槍執勤可以護鈔，更可保護保全人員之安全。

(二)國內金融行庫業者有駐衛警服勤，為全世界之金融業界所罕見，目前國內警力吃緊，若開放保全業者合法擁有自衛槍械，既可增加保全人員自衛能力與為金融行庫業者服務之機會，亦可減輕警方人力不足之問題。

(三)保全運鈔人員運送大筆現金常成為歹徒覬覦之目標，其暴露之工作環境危險性，不亞於警察人員，警察人員面對潛在危險尚需配槍執行勤務，更遑論直接面對搶匪之保全人員[13]。

13　http://www.epochtimes.com/b5/3/6/10/n326463.htm

三、目前不宜開放保全人員用槍之理由分析

由於開放保全人員用槍，滋事體大，對整體治安負面影響多於正面，在保全人員素質未提升，及未有完整配套措施前，保全業者及保全商業同業公會大都持保守立場，茲將目前不宜開放保全人員用槍之理由分析如下：

（一）對國家安全之影響

1. 中共對台口號雖有所更迭，無論從「江八點、⋯、新三不，到九二共識」，始終堅持一中原則，甚至骨子裡從未放棄「血洗台灣」之決心，隨時伺機而動，一旦貿然開放保全人員用槍，對開放槍枝無法有效管理，形成治安與國防漏洞後，將被中共或有心人士利用開放保全人員使用自衛槍枝管道，因有利可圖而有走私槍械等重大犯罪，甚至擁槍自重形成幫派從事組織犯罪，進而從事危害國家安全或恐怖活動，非但嚴重影響國家安全，甚至動搖國本。

2. 國內保全公司如遭中共資金介入，持有槍枝之保全人員將為中共所利用，危及國家安全；另外，運鈔車本身為防彈，如再配備武器，將來有可能出現運鈔車隊集結，宛如裝甲車，可輕易控制各政府機關，國家安全更足堪慮。

3. 兩岸詭譎多變情勢，還不斷加溫中，為了避免「煮熟青蛙併發症」之現象，應居安思危，防微杜漸，應對自衛槍枝加強查緝管理，以維護國家安全及公共利益。

（二）保全人員無使用槍械之法律依據

1. 現階段尚未賦予保全人員使用槍械之權限，警械為警察應勤器械之一種，除警察人員、其他司法警察人員及憲兵執行司法警察、軍法警察職務或經內政部核准設置之駐衛警察執行職務外，非經內政部或其授權之警察機關許可，不得定製、售賣或持有，違者由警察機關沒入（參照警械使用條例第4條、第13條及第14條規定）。

2. 依槍砲彈藥刀械許可及管理辦法第4條至第8條規定，僅特定對象（政府機關、學術研究機關、學校軍訓教學需要、動物保育機關等）得申請購置使用槍枝，尚未開放保全人員使用槍枝，所以，保全公司之保全人員目前僅得申請使用棍棒、電氣警棍、電氣警棒、電擊器及鋼、

鐵質伸縮警棍[14]，且非經許可，依法自不得使用。

（三）保全人員未受專業訓練

　　保全業體質及保全人員素質良莠不齊，且部分保全業者前科素行比率偏高，甚至高達30%以上，保全人員運鈔車現金遭竊（搶）或監守自盜案件頻傳，為避免開放保全業使用槍械而衍生重大之治安事故，在保全業體質及保全人員素質尚未全面提升前，現階段仍不宜開放槍枝予保全人員使用，現階段是否修法開放，確值深思，為健全保全業體質，提升保全員素質，警政署刻正研修保全業法，修法後實施「證照」制度，保全人員均應接受專業訓練，並取得講習合格證書，在保全業法尚未修正通過實施相關「證照制度」前，暫不宜開放，至未來修法通過後，保全業及其從業人員體質健全後，再審慎研議開放為宜。

（四）保全業體質不齊

1. 保全業體質及保全人員素質良莠不齊，保全從業人員前科素行比率，於保全業法修法後（92年1月22日）[15]，保全從業人員前科素行比率約有16%（負責人、董監事占27%，其他從業人員占15%），92年起保全從業人員具前科素行比率持續下降，截至目前為止約有13%（負責人、董監事占27%，其他從業人員占13%），並有持續下降之情形，顯見透過上次修法已有效提升整體保全人員之素質。

2. 有關保全運鈔車現金遭竊（搶）或監守自盜之案件：85年3件、86年2件、87年2件、88年5件、89年2件、90年1件、91年3件、92年1件、93年2件、94年2件、95年3件、96年5件、97年2件、98年3件，共發生36件，破案21件，占58.34%，未破案15件，占41.66%。若個別檢視運鈔車被搶之破案率，運鈔車搶案有22件，破案共11件，占50%，未破案11件，占50%。保全人員監守自盜破案率，監守自盜案有13件，破案共11件，占84.62%，未破案2件，占15.38%。失竊案有1件，從1999年9月7日發

14　依內政部92年7月30日台內警字第0920078239號令頒「保全業設置通訊安全裝備之種類規格及使用規定表一規定」明定。

15　為配合行政程序法之修正，加強對保全業之管理，保障客戶之權益，保全業法修正案，業經 總統於92年1月22日以華總一義字第09200011700號令公布施行在案。

生至今卻一直未破，破案率當然是零。如果更進一步檢視最近六年來運鈔車搶案之破案率，我們可以發現從2004年至2009年共發生14件運鈔車搶案，破案只有4件，占28.58%，未破案高達10件，占71.43%，跟整體運鈔車破案率比較，近六年來運鈔車搶案之破案率下降約1.59倍，而未破案率卻上升約1.31倍。從以上資料分析，有關當局應重視運鈔車搶案之問題，因為歹徒從事運鈔搶案，事先計畫之縝密度愈來愈周延，警方必須與運鈔業者通力合作，將運鈔車搶案之犯罪人剖繪（crimialprofiling）加以研究分析，建立犯罪資料庫俾利破案。而保險公司也要對運鈔業者之被搶風險再做仔細評估，若是被搶風險高，但破案率低，保險費率要如何去精算，才符合經營效益，這是一項值得研究嚴肅之課題。

此外，保全業者應加強內部人員之自律控管，特別是負責金融機構駐衛及貴重物品運送（運鈔）之保全人員，對於擔服上述勤務者之家庭狀況、生活起居、薪資收支與交友情形等等，應以更嚴格之標準篩選。

（五）業者本身反對

1. 管理不易

保全公司多不贊成保全配槍執勤。即使國內保全業雙雄之中興、新光保全公司，也都抱持反對之態度，理由是槍枝管理不易，萬一發生治安事件，或是遺失槍枝，反而引來更大麻煩；其次，保全人員若是配槍，也恐怕會成為歹徒優先攻擊之目標，防不勝防。他們並指出，訓練有素之警察配槍也會出問題，更何況是保全人員！保全人員配槍絕對不是提高執勤安全之最佳方式。

2. 成本太高

其實業者不贊成開放保全人員使用槍枝之隱性理由應該是，開放保全人員配槍會增加不少營業成本，因為這跟企業營運目標是相衝突矛盾的。舉凡槍枝採購、維修、保養、管理，還有使用人員之訓練及師資聘用等等，這些都非常耗費成本，所以，站在企業之經營理念觀點來看，保全業者多不贊成此議是可理解的。另外還有保險制度做後盾之因素！保全公司多有心存僥倖倚賴保險公司之理賠保障，也間接促使保全公司多不願善盡金融防搶之社會責任[16]。

---

16 陳維耿，開放運鈔保全人員使用槍枝之可行性及利弊探討，台北：五南，2005年11月，初版1

第三節　美國、英國開放自衛槍枝檢討分析

一、美國開放自衛槍枝實證分析

主張開放民眾（保全人員）擁有槍械，以增強自我保護能力，最堅強之理由無非是，民眾（保全人員）可以在歹徒侵害之際，持槍自保為正當防衛之用，然而在犯罪學實證調查發現，允許民眾合法擁有槍枝之美國，當民眾在遭受不法侵害時，僅有少數之民眾能有使用槍枝以自衛之機會。1974年美國「法律執行及司法行政總統調查委員會」之資料顯示，在美國犯罪較嚴重之八個城市所發生之6萬6151件搶劫案中，只有3.5%之被害人有使用自衛之機會；另一項在夏威夷火奴魯魯之調查也指出，從1970年到1974年四年間發生之所有刑案中，沒有任何一位加害歹徒，是因民眾持搶自衛成功而被逮捕歸案，因此「民眾持槍足以防止不法侵害」，同理「保全人員配備自衛槍枝，以增強自我保護能力」之說法，在犯罪學界早已遭到強烈質疑而普遍否定之共識，且開放槍枝有諸多副作用：

（一）劣化治安品質

美、日比較，以1977年為例，採行開放槍枝管制之美國，其持槍殺人占所有殺人案件之比率，是採行槍枝管制政策之日本12倍；持槍強盜案件是日本之38倍；持槍傷害案件是日本之230倍。東、西犯罪學家（研究日本警察最有成就之美國學者貝利）均一致指出，槍枝管制政策成功，是日本治安良好之重要原因之一，更是日本警察因公傷亡遠較美國為低之重要因素。

（二）增加持有人及其家人之傷亡

民間或保全人員持有槍枝最大之諷刺可能是「自保不足，遭戕有餘」，一項長達十五年之犯罪學縱貫調查指出：持有槍械不慎走火致死之民眾數字，是非法入侵歹徒所殺害人數之6倍之多。

（三）歹徒犯案之工具

美國國會資料顯示，在美國一年至少有10萬枝各式槍枝遭竊，而遭竊之槍

枝，有許多更成了其他犯罪之工具，根據美國警察基金會之統計，在所有持槍犯罪之案件中，約有四分之一之槍枝是歹徒自民間所偷竊而來的[17]。

二、英國立法強制收購

1997年9月30日前，英國必須將自己所擁有點二二口徑之手槍或自動槍械交給警察局，逾期不繳最高可判處十年徒刑。英國之所以立法強制收購槍械，乃起源於1996年3月12日，英格蘭丹布蘭小學發生大屠殺案，43歲之單身漢漢米爾頓持槍瘋狂射擊校園內師生，造成十六名孩童和兩名教師喪生，另外兩名孩童和兩名教師受傷，兇手最後也自殺之慘劇。英國在強大輿論之壓力下，當時保守黨乃提案，由政府發給補償金強制收購槍械。

第四節　保全人員配帶防暴槍執勤之可行性分析

國內保全人員能使用之安全裝備其實很有限，依規定僅得申請使用棍棒、電氣警棍、電氣警棒、電擊器及鋼、鐵質伸縮警棍，以較具規模之中興保全公司與新光保全公司為例，其現階段保全人員執勤時除穿著所屬公司之制服外，系統保全人員另配有三節警（甩）棍、巡迴服務車裝有無線電通訊設備；新光保全公司巡迴服務車另備有塑料長形警棍，中興保全公司配有minipond（行動保全）及PDA手機；駐衛保全人員配有三節警棍及手持式無線電；運鈔保全人員除配有審驗合格之運鈔車（防彈），並穿著防彈衣及防彈頭盔，車上並配有GPS及無線電通訊設備，故保全業界呼籲開放保全人員得使用防暴槍執勤之聲浪日熾。

一、保全人員佩帶鎮暴槍執勤之優點分析

（一）提高破案可能性

保全人員佩帶鎮暴槍，如使用塑膠子彈其產生之強力撞擊，會使人感到巨大疼痛，但不會穿透衣服或皮膚；至於制伏彈內部填充有類似胡椒萃取物之粉末，擊中人體後粉末會瞬間散開，造成眼、鼻、口腔黏膜強烈刺激，一般只須

---

17 請參考黃富源教授，1990年2月2日，自立論衡，這裡有非常精彩之敘述。

二發制伏彈，就能使人失去反抗力，但事後以清水沖洗即可，也不會有毒害之後遺症，對於意圖搶奪運鈔車輛或金融機構金錢之歹徒，能迅速癱瘓其行動能力，並能立即上前逮捕或同步聯繫警網協助逮捕歹徒。

（二）提升執勤效果

保全業係為特許行業[18]，因此，使用鎮暴槍仍應向主管機關申請許可，始可佩帶服勤，雖然鎮暴槍原始設計上，並不會穿透衣服及皮膚，惟遭受彈丸打擊之處仍會紅腫或瘀血，即並未具有立即死亡之風險，如能正確使用並妥為完善之管理，對於第三人而言，保全人員佩帶鎮暴槍服勤，對於不法之徒具有喝阻作用，對於所戒護之對象（金融機構及運鈔車輛）提高保護作用，提升執勤效果並適時確保執勤人員之生命安全。

（三）執勤與訓練兼顧

保全人員（金融機構駐衛及運鈔人員）平實訓練時，可使用漆彈，執勤時則使用鎮暴彈或制伏彈（pepperball）所配用之彈丸材質為塑膠彈丸或胡椒粹取物，均同一類型之槍枝，如同國內司法人員之射擊常年訓練一般，使用同類型號之槍枝訓練與執勤，更值得一提為鎮暴槍訓練使用漆彈，可模擬實際搶奪或搶劫情形，縮短保全人員平時之訓練與實際執勤發生狀況之落差，提升保全人員執勤能力。

（四）不易改造

鎮暴槍係以二氧化碳為動力，彈丸分為漆彈（訓練用）、鎮暴彈及制伏彈（勤務用），無法改造成為槍械，亦無法更換為鋼珠彈丸（太重），如保全公司能落實管理、管制與訓練，應可提高執勤效果。

二、保全人員執勤配用鎮暴槍之缺點分析

（一）鎮暴槍使用不慎

目前國外有二種主流之塑膠子彈，其一為由散彈槍發射之塑膠散彈，另一

---

18 馮強生，槍砲彈藥刀械管制條例之研究，文化大學法律學研究所碩士論文，2003年6月，130-138頁。

為由槍榴彈發射器發射之塑膠散彈，目前國外很多軍警單位均使用於驅離群眾，其原先設計以不射穿人體為標準，惟仍然傳出有使用不當，造成人員受傷及波及無辜之結果。

（二）可能增加傷亡

保全人員佩帶鎮暴槍，對一般民眾或意圖不法之徒，無法知悉前述槍枝之機械性能，僅能從外觀判定就是「槍枝」，一旦遇到搶劫，歹徒可能會先開槍自保，癱瘓保全人員行動及反擊能力，可能增加保全人員之傷害。

（三）訓練資源不足

使用鎮暴槍目的無非是對突發狀況作適當應變，惟綿密定期性之教育及訓練不可缺少，保全人員配槍執勤模擬射擊訓練成本極高，包括槍、彈、師資、場地、保養問題等等。但訓練之場地及教官之延聘，也會增加營業成本，對重視成本考量之私人企業而言，無疑是一大利空。即使保全人員雖大多服過兵役，但久未使用槍枝及訓練，一旦遇搶劫等突發狀況容易緊張，造成使用槍械不慎恐傷及無辜。

三、建議開放保全人員使用鎮暴槍之理由分析

（一）鎮暴槍之性能佳（非致命性武器）

這種新型鎮暴槍與國內「生存遊戲」玩家所使用之漆彈槍原理相仿，都是以高壓空氣罐做為動力，使用17mm之塑膠子彈，有效射程約40公尺，子彈類型依功能性則區分為漆彈、鎮暴彈、制伏彈（S.P.T）三種。其中鎮暴彈產生之強力撞擊，會使人感到巨大疼痛，但不會穿透衣服或皮膚；至於制伏彈內部填充有類似胡椒萃取物之粉末，擊中人體後粉末瞬間散開，造成眼、鼻、口腔黏膜強烈刺激，一般只須二發制伏彈，就能使人失去反抗力，但事後以清水沖洗即可，也不會有毒害之後遺症。此外，鎮暴槍還具有射擊時無後作力、且可產生高分貝爆裂聲震憾效果等特性。

（二）保全人員進用之篩選機制

警政署除協助保全公司過濾僱用人員之前科紀錄，並積極規劃建立保全人員證照制度及保全業之評鑑制度，以提升保全人員之素質，及健全保全業之體質。

（三）加強管理

有關鎮暴槍之適法性尚無違法之餘，保全業者如能加強幹部管理責任，強化內部管理功能，將管理層面之問題逐一克服，並輔以保全業中央主管機關與地區警察機關之抽查與協助管理，如能適當使用鎮暴槍於金融機構警衛與運鈔業務，對於防護標的之安全性提高，應具正面之功能。

（四）透過修法配合

目前研議將評鑑制度納入本次保全業法修正條文[19]，並將保全證照分級管理，採行「積極開放、有效管理」方式，透過保全人員裝備之加強，與教育訓練之強化，有效提升保全人員之執勤功能，並協助政府維護治安之重責。

第五節　結語（結論及建議）

一、結　論

目前槍枝使用採行許可制，但是否開放保全業運鈔人員攜帶私人槍枝，除顧及保全人員整體素質良莠不齊外，最主要考量仍為應有完善配套措施，包括建立證照、評鑑制度，目前警政署已協助保全公司過濾僱用人員是否有前科紀錄，並規劃「保全人員訓練計畫」，將有助於全面提升保全人員之專業執勤能力，增進保全業之服務品質，未來則希望建立制式教育訓練過程，建立講習、評鑑制度，淘汰不良之保全人員及業者，另鑑於歷來運鈔車搶案多次發生保全人員監守自盜事件，保全業者應加強內部人員之自律控管[20]。

保全人員若是配槍，易遭受致命性之攻擊，亦會成為歹徒優先攻擊之目標，防不勝防，「警察配槍也會出問題，更何況是保全人員？」倘若保全業員工一個不高興，拿槍打主管或幹部，或是拿槍出去尋仇，甚至拿槍犯罪，後果非常嚴重，不堪設想，業者無不憂心忡忡。其次，就算是在執勤時開槍護鈔，萬一打死無辜，又該如何舉證、證明是合法自衛？另一個疑慮是，保全業

19　施桑白，我國保全業評鑑制度之規劃研究，警學叢刊，36卷3期，2005年11、12月，239-261頁。

20　http://www.epochtimes.com/b5/3/6/10/n326462.htm

執勤，往往是敵暗我明，現在保全人員沒有配槍，歹徒就算要犯案，也不一定得對保全人員痛下殺手；一旦開放配槍，歹徒犯罪時，歹徒今後恐怕會先對保全人員下手，亦可能反而會選擇優先殺害保全人員，甚至想搶奪槍枝，把保全人員視為下手目標，反而對保全人員生命構成威脅，危險性反而提高，「保全人員配槍絕對不是提高執勤安全之最佳方式」、「保全人員配槍亦非防止運鈔車遭搶之萬靈丹」。況且中南部有些小型保全公司，背景複雜，具有黑道色彩，甚至專替特種行業圍事，如果開放保全業合法擁槍，在業者素質良莠不齊之情況下，槍枝安全性恐怕堪慮。故保全人員配槍，槍枝管理不易，萬一發生治安事件，或是遺失槍枝，對當前社會治安無異雪上加霜。故現階段保全人員素質良莠不齊，未有完善配套措施前，似不宜貿然開放保全人員擁有自衛槍枝。

二、建　議

為健全保全業體質，提升保全人員素質，建議研修保全業法，輔以實施「保全公司評鑑制度」以及「保全人員證照制度」，落實保全人員職前及在職教育訓練，以強化保全人員執勤能力，另外還要落實主管業務機關之監督管理機制，對於違法經營或違反保全業法之保全公司，依法處罰，不可有鄉愿或失職行為；保全人員是否配槍部分，目前首先要求保全人員均應接受專業訓練，以取得相關證照，俟保全業及其從業人員體質健全後，再審慎研議開放為宜。

現階段如確有開放保全人員擁有自衛槍枝之必要性，建議採漸進模式，亦即採循序漸進方式，得先擇一優良保全公司[21]之運鈔保全人員先行試辦半年或一年，經評估成效良好，再視情形決定是否全面開放所有運鈔保全人員得擁有自衛槍枝。

另保全業主管機關（警政署）現已著手評估相關防禦性器械之功能及效用，將儘速檢討修正「保全業設置通訊安全裝備之種類規格及使用規定表」，現鈔防護裝置部分，增列「染料噴灑裝置」、「警報及電擊裝置」等。至於不具殺傷力之防禦性器械部分，增列「電擊器（棒）」、「拋射網繩

21　初步經保全業中央主管機關內政部評定為優良保全公司有124家（詳細情形公布於內政部全　　球資訊網http://www.moi.gov.tw/news/active_p.asp?NewsId=2074；內政部95年2月27日內授警字第　　0950027568號函參照）。

之動力器械」及「其他可發射遠距物體之器械」。盼能儘速完成全面強化運鈔車及金融機構保全人員之裝備。至於鎮暴槍之適法性既無違法之疑慮，保全業者如能加強管理與自律，並輔以保全業中央主管機關與地區警察機關之抽查與協助管理，現階段如能適當使用鎮暴槍於金融機構駐衛與運鈔保全業務，對於提高防護標的之安全性，應具正面之功能，保全業界及主管機關亦樂見其成。

本章僅提建議如下：

(一)因有不少金融機構以自行改裝之箱型車或私人轎車運鈔，根本沒有防搶功能之設備，加上由無運鈔專業能力之銀行人員護送下，也易成為歹徒覬覦之目標，建議要求一般銀行或信合社運鈔需有標準配備之運鈔車輛及護鈔人員，當可間接提高對運鈔安全之重視。

(二)鑑於邇來保全業執行運鈔保全業務，屢次發生運鈔車現款遭搶（竊）或保全人員監守自盜之情形，其中半數以上係公司內部管理發生問題，且運鈔車設備及內部管理紀律亟待加強及改善，故為強化保全業執行該項業務之內部管理，以保障客戶之權益，及維護保全業之聲譽，建議財政部儘速修正86年1月22日台財融字第86601348號函頒「金融機構安全維護注意要點」，將金融機構運鈔車比照「保全公司申請運鈔業務特殊安全裝置運鈔車審驗規定[22]」之配備標準、審驗程序及勘驗標準，加以嚴格規定，或委請合法之運鈔保全公司執行運、補鈔業務，以杜絕類似不法情事之再發生。

(三)駐衛保全人員不得用銀行現有車輛，與銀行人員一併外出支援護鈔或運鈔，唯有依法許可經營運送保全業務者，以合法且經審驗合格之「特殊安全裝置運鈔車」設備，始得執行現金或其他貴重物品運送之安全維護業務，至於駐衛保全人員依法僅得執行保全業法第4條第1款規定「關於辦公處所、營業處所、廠場、倉庫、演藝場所、競賽場所、住居處所、展示及閱覽場所、停車場等防盜、防火、防災之安全防護」之駐衛保全業務。故負責各金融業等場所安全防護之駐衛保全人員，不得兼執行運送等其他業務項目，故不得以銀行現有車輛，

22　內政部於92年6月30日以台內警字第0920078202號函頒修正「保全公司特殊安全裝置運鈔車應有設備審驗規定」。

　　　　與銀行人員一併外出支援護鈔或運鈔等事項，以維運鈔或自身之安
　　　　全[23]。
(四)金融機構應重視自我安全防範體系，積極裝置監視器、增聘保全人
　　　員、購置運鈔車，警方可以將原本每天投入金融機構巡邏勤務警力，
　　　移做社區巡邏、偵辦竊盜與詐欺案件，當更有助於治安維護之實益。
(五)建議財政部，請各保險公司於訂定保險契約時，將運鈔及安全維護之
　　　重視程度（金融機構檢測成績），列為不予理賠之事由或提高保全公
　　　司投保之保費。
(六)落實保全人員職前及在職教育訓練，強化保全人員執勤能力。

---

23 有關駐衛保全人員得否用銀行現有車輛，與銀行人員一併外出支援護鈔或運鈔等事項疑義一
　　節，保全業係按實際經營之業務類別分項許可，經營運送保全業務者，依法應有「特殊安全裝
　　置運鈔車」設備，因其業務特性及工作性質與「重大公益」有密切相關，故有其特殊之許可設
　　立要件，乃為保護公益及保障一般人民之權益而設，為管理保全業所必須，與保全業法之立法
　　目的及立法整體精神亦不相違背。故經營運送保全業務者，必須符合保全業法所定之要件，應
　　有「特殊安全裝置運鈔車」設備，始得獲准許可，故唯有依法許可經營運送保全業務者，以合
　　法且經審驗合格之「特殊安全裝置運鈔車」設備，始得執行現金或其他貴重物品運送之安全
　　維護業務，至於駐衛保全人員依法僅得執行保全業法第4條第1款規定「關於辦公處所、營業處
　　所、廠場、倉庫、演藝場所、競賽場所、住居處所、展示及閱覽場所、停車場等防盜、防火、
　　防災之安全防護」之駐衛保全業務。故負責各金融業等場所安全防護之駐衛保全人員，不得兼
　　執行運送等其他業務項目，故不得以銀行現有車輛，與銀行人員一併外出支援護鈔或運鈔等事
　　項。警政署復重申92年6月18日警署刑偵字第0920008784號函釋略以：「有關保全業未依保全業
　　法第四條第一項第二款規定，申請『關於現金或其他貴重物品運送之安全維護』業務之許可，
　　卻於與客戶簽訂之契約內明訂可擔任或協助運鈔、護鈔工作，已與保全業法第十九條規定不
　　符，……。」，各金融業之駐衛保全人員，如有違反前揭規定者，協助運鈔、護鈔工作，將依法
　　從嚴查處【依據台北縣保全商業同業公會92年10月21日（92）北縣保行字第92328號函辦理，警
　　政署92年10月31日警署刑偵字第0920159054號函參照】。

第二十章　警察機關與保全業建構治安聯防體系之研究

第一節　研究緣起

　　保全公司第一家於民國67年間申請設立，保全業在台灣發展至今約有27年歷史。至99年12月底，台灣地區共有600餘家獲准設立之保全公司，從業人員總計有7萬餘名，公司用戶及住宅用戶已有明顯增加，保全業未來商機無限。所以它未來可能成為高科技產業，也有可能仍是傳統的服務業。同樣的，因保全業興起，業者之間良莠不齊而產生為節約成本經營，承保價格廝殺，各自為政，缺乏統籌單位，同時與警政關係形同陌路，甚至有些業者和警察機關從不聯絡，因此當今保全業與警察機關治安聯防體系如何有效強化，的確是重要課題，值得中央主管機關未雨綢繆。

　　警察機關除了執行維護社會秩序、犯罪偵防等任務外，也參與為人民服務的工作。但實際上警力是有限的，以有限的警力欲執行無限服務性與預防性工作，事實上會有捉襟見肘現象。而現今政府財政拮据，警察組織、人員的擴編並不容易，是故能統合民間保全的力量共同來建構治安聯防體系，運用保全人員多元化、全方位深入社區之特性，對所服務區域範圍之人、事、物瞭解深入之事實，借助保全公司專業設備與人員，形成全民犯罪防制網，以補傳統民力協助社會治安人力之不足，提升維護社會治安之效能，將可減輕警察工作的負擔與壓力。然目前縣市工會統籌聯防力量非常有限。甚至大部分縣市均未成立公會。警政署有見於此於94年12月推動保全業協助治安共同建構「治安聯防體系」計畫。然而該計畫本身對保全業並無拘束力，甚至基層警察單位是否熱衷去推動，計畫內容是否完善，是否有更好的執行方式，均是本文探討的重點，亦是推動是否會成功關鍵。綜觀多年來文獻未有學者專家在這方面作實證研究。因此本研究針對台北市93個派出所及公司設在台北市之保全駐點主管、幹部所進行對共同建構治安聯防體系認知檢測，將極具有探索性之意涵。除了能提供相關資料給予警察機關及保全業者參考之外，亦能引發其他學者進一步探討之興趣，可充實在該領域之研究。

第二節 研究的目的

目的（purpose）是研究中的指導力量，有關設計、評量、分析及報告等方面之決定均取決於目的。本研究係屬蒐集警察派出所所長及保全業幹部問卷調查資料加以綜合分析提出警察機關如何與保全業者加強治安聯防體系之建議。

本研究之主要目的如下：

一、瞭解治安聯防體系之重要性。

二、瞭解警察機關與保全業者目前治安聯防狀況。

三、提供警察機關與保全業者如何去加強治安聯防體系。

四、提供建立有效聯繫機制。

承上述之研究目的，本研究擬探討下列幾個問題：

一、警察機關與保全業者幹部對治安聯防體系看法如何。

二、目前聯防體系功能不彰原因何在。

三、如何提供一套有效聯絡管道。

第三節 研究的範圍

本文之研究地區係指台北市北投、內湖、松山、萬華、信義、大安、士林、中正一、中正二、中山、大同、南港、文山一、文山二等14個分局93個派出所暨台北市保全商業同業公會所屬67個會員分別以現場及傳真做問卷調查方式進行。共計問卷台北市派出所所長93份回收84份（有效84份無效0份），其中男83名、女1名；保全公司170份回收135份（有效131份無效4份），其中男96名、女35名。

第四節　文獻探討

一、台灣保全業的產業現況

民國67年台灣成立第一家，也是目前規模最大的保全公司，其後陸續至今成立400餘家保全公司，80年12月30日公布保全業法，十一個月後公布施行細則，開始重新受理申請。目前於台北市、高雄市、台中市、桃園縣、新北市縣分別成立保全商業同業公會，並已成立中華保全協會。台灣的保全公司以從事駐衛保全為主，其中系統保全、現金運送或人身保全者不到10%，雖然整體市場需求成長良好，但因新加入資本額少的保全公司很多，並以價格競爭為主要競爭手段，因而必須壓低人員薪資，導致人員流動率太高、人員素質良莠不齊、發生召募訓練困難，好的人才無法引進，服務水準無法提升，消費者常見糾紛，若再繼續惡性循環，除財力健全公司外，將會使許多保全公司陷入經營困境。

二、私人保全相關發生理論

（一）集體安全理論

該理論係美國犯罪學家McDowall及Loftin（1983）所提出。他們指出，在工業社會，社會異質性擴大，集體意識減弱，社會秩序不易維持。若政府努力維持社會的秩序，人們覺得政府控制了犯罪，違法者也得到懲罰，民眾尋求自力救濟、自我防衛的意願則不高。然而，當政府無法遏止日愈嚴重的犯罪問題，社會集體安全感受到威脅，人們感到愈不安全，此時乃產生保護自己的安全與正義的強烈慾望。通常，他們放棄制度化的管道，尋求各種個人的方法，以保護自己。這種嘗試藉自己的力量解決問題的行為即為治安的自力救濟（self-help）。當人們自力救濟時，集體安全已不再是他們所關心的問題（許春金，2004：49）[1]。

（二）大眾化私人財產理論

Shearing及Stenning（1981；1983）認為，中古世紀歐洲社會封建制度的瓦

1　許春金，犯罪預防與私人保全，台北：瑞興書局，2004年，49-51頁。

解與工業革命，使擁有私人財產的人愈來愈多。而今日，私人財產的觀念更大為興盛，國家對於人民財產應予保障的精神無人懷疑，且這種觀念在大多數國家的憲法中明文規定。再者，擁有財產的人對其財產具有支配權力，這觀念也被接受，例如某公司的老闆規定，該公司禁止十八歲以下的人進入。這種規定是被允許的，它並未違反憲法所提人民自由行動的權利。私人財產與財產支配權的概念是私人保全興起的最大力量（許春金，2004：51）。

三、國內外保全業相關監督法規

(一)我國保全業法第2條規定主管機關在中央為內政部；在直轄市為直轄市政府；在縣（市）為縣（市）政府。而保全業所經營業務，即為保障客戶生命財產之安全，警察機關自為目的事業主管機關，負責實際審核、監督之業務。第4條之1規定保全業執行業務時，發現強盜、竊盜、火災或其他治安有關之事故，應立即通報當地警察機關處理。第13條規定主管機關得隨時派員攜帶證明文件，檢查保全業業務情形，並得要求其提供相關資料。保全業之董事、監察人、經理人或從業人員，對前項之檢查不得拒絕。

(二)日本保全業法對保全業之監督雖以公安委員會為主管機關，但實際執行則由警察機關負責，第12條規定保全業者，應依總理府令規定，在各營業所，備妥保全員名簿及其他總理府令所定書類，並記載必要之事項。

第13條規定公安委員會於施行本法之必要範圍內，得對保全業者要求提出關於其業務之報告或資料，或讓警察人員進入其營業所、基地台或待命所，檢查帳簿、書籍及其他物件，或訊問相關人員。

警察人員依前項規定進入檢查時，應攜帶證明其身分之書類，同關係人提示（郭志裕，1998）[2]。

(三)美國的保全業稱為私人安全警衛公司（Private Security Industry）全面性的安全維護工作，與警察機關關係極為密切。美國為聯邦國家，各州法律均不相同，50個州中只有28個州制定法令以管理私人保全業，各州對保全業管理之形成及程度各不相同，並無典型或標準法例可依循（郭志裕，1998）。

(四)德國營業條例第34條a，保全業之成立需獲得許可，為保護公眾及委託人所核發之許可得加上附款，若有事實足認為申請人不具有經營該行業所必備

2　郭春裕，保全業之理論與實務，台北：正信出版社，1998年。

之可信賴性，或無法提出必要之財力及安全證明時，將不會獲得許可。必要可信賴性之要件，由各邦依保全業法於自頒之行政規則或執行規則中作一般性規定，至於官署監督之範圍，係以聯邦經濟部根據營業條例第34條a第2項，於1976年6月1日所頒行政規則為根據。這些規定之內容包括保全人員之任用、監督、簽訂責任保險範圍、武器使用及保管、營業機密之保護及會計，告知監督機關消息之義務，接受機關之查詢，換言之，主管機關有權至營業處檢查，並要求其提供有關消息（郭志裕，1998）。

第五節　研究方法及步驟

一、研究對象與取樣

本研究之主要內容計有：設計警察機關與保全業治安聯防體系問卷施測，針對台北市93個派出所所長以及保全業者駐點營業主管或幹部所進行檢測，計台北市施測有效派出所所長84名，保全業者駐點營業主管或幹部131名。

二、資料處理

量化分析主要透過SPSS of Windows電腦套裝軟體進行以下統計分析：以次數分配（Frequencies）、平均數、百分比與累加百分比等分析之統計方法，針對派出所所長及保全業者進行各項描述性統計分析。

第六節　研究發現

一、警察機關部分

（一）研究對象之基本人口特性

1. 性別

由表20-1統計結果顯示，在本研究之警察所長84份樣本中，其性別分布以男性83人占98.8%為主，女性1人占1.2%。

表20-1　警察性別

		人數	百分比	有效百分比	累積百分比
有效的	男	83	88.3	98.8	98.8
	女	1	1.1	1.2	100.0
	總和	84	89.4	100.0	
遺漏值	系統界定的遺漏	10	10.6		
總和		94	100.0		

2. 學歷

由表20-2統計結果顯示，在本研究之警察所長學歷84份樣本中，大學、專科占90.5%為最高，其次研究所4.8%、高中職4.8%。

表20-2　警察學歷

		人數	百分比	有效百分比	累積百分比
有效的	高中職	4	4.3	4.8	4.8
	大學、專科學校	76	80.9	90.5	95.2
	研究所以上	4	4.3	4.8	100.0
	總和	84	89.4	100.0	
遺漏值	系統界定的遺漏	10	10.6		
總和		94	100.0		

3. 年資

由表20-3統計結果顯示，在本研究之警察人員84份樣本中，其服務年資分佈以十八年以上者29人占34.5%；其次為十五至十八年未滿15人占17.9%；十年至十二年未滿12人占14.3%再次之，合計滿十年以上者人占78.6%，可謂經驗豐富。

表20-3

		人數	百分比	有效百分比	累積百分比
有效的	一至三年未滿	2	2.1	2.4	2.4
	三至六年未滿	8	8.5	9.5	11.9
	六至九年未滿	8	8.5	9.5	21.4
	十至十二年未滿	12	12.8	14.3	35.7

		人數	百分比	有效百分比	累積百分比
	十二至十五年未滿	10	10.6	11.9	47.6
	十五至十八年未滿	15	16.0	17.9	65.5
	十八年以上	29	30.9	34.5	100.0
	總和	84	89.4	100.0	
遺漏值	系統界定的遺漏	10	10.6		
總和		94	100.0		

（二）如何推動保全業協助治安共同建構治安聯防系統

　　由表20-4可以得知，運用民間保全設備及人力資源建立「治安聯防系統」，更能營造全民安全生活空間，在受訪84位警察派出所所長一致認同；提供保全巡迴服務車輛巡邏路線、駐衛保全服務據點、錄影監視器材設置地點有助警察規劃整體治安勤務，也有94%所長認同；邀請轄區保全業者參加治安會議提供最新治安訊息，有助保全業犯罪預防，非常同意及同意共占94%，可見此項工作必須積極推動；警察機關與轄內保全業者建立協調聯繫管道熱絡非常不同意及不同意共占55.9%，非常同意及同意占44.1，可見協調聯繫管道不熱絡還是占多數；保全公會力量來推動建構「治安聯防系統」，較業者各自聯繫協調會有較好效果，非常同意及同意占92.9%，可見大家對公會推動較具信心；從警察高層及保全業者負責人定期召開會報方式，由上而下來推動較能發揮功效，非常同意及同意占92.8%，可見高層是決定一切；保全人員訓練由公會或委由學校訓練機構代訓，較能有助提升協助社會治安維護，非常同意及同意共占95.2%，非常不同意及不同意只占4.8%，可見目前各自訓練方式有需要改變；目前警察機關與保全業者最大問題在於協調聯繫機制不夠完善，至喪失一些破案契機，認同者達95.2%，的確目前聯繫制度有嚴重問題存在；保全人員執勤時發現犯罪線索或協助逮捕現行犯，轄區分局以頒發獎金或感謝狀方式獎勵，會引起其他保全人員共鳴，非常同意及同意共占92.9%值得推廣；保全業者協助警方偵破重大治安事件，由轄區分局利用聯合勤教公開場合頒發獎牌或感謝狀，有助於聯絡管道熱絡，非常同意及同意共占95.3%，也一樣值得推動。

表20-4　如何推動保全業協助治安共同建構治安聯防系統

題　項	非常不同意	不同意	同意	非常同意
能營造全民安全生活空間	0	0	45.2	54.8
提供巡邏路線有助警察規劃整體治安勤務	0	6.0	50.0	44.0
邀參加治安會議有助保全業犯罪預防	0	6.0	52.3	41.7
協調聯繫管道，目前狀況是熱絡的	9.5	46.4	40.5	3.6
公會來推動建構治安聯防系統會較好效果	0	7.1	64.3	28.6
召開會報方式由上而下推動較能發揮功效	0	7.1	58.3	34.5
由公會或委由學校代訓會員較有效能	1.2	3.6	58.3	36.9
目前最大問題在於協調聯繫機制不夠完善	1.2	2.4	48.8	46.4
以獎金或感謝狀會引起其他保全人員共鳴	0	7.1	50.0	42.9
頒發獎牌或感謝狀給業者有助聯絡熱絡	0	4.8	41.7	53.6

（三）目前警察機關與保全業者互動狀況

1. 若您現在是派出所所長，請問您對轄內保全駐點營業主管或營業相關保全主管姓名能瞭解嗎？

由表20-5可以得知，對轄內保全駐點營業主管或營業相關保全主管姓名非常瞭解占3.6%，瞭解占33.3%；不瞭解占44%，非常不瞭解占19%。不瞭解和非常不瞭解占63%，可見所長和保全業者認識有待加強。

表20-5　認識主管

		人數	百分比	有效百分比	累積百分比
有效的	非常瞭解	3	3.2	3.6	3.6
	瞭解	28	29.8	33.3	36.9
	不瞭解	37	39.4	44.0	81.0
	非常不瞭解	16	17.0	19.0	100.0
	總和	84	89.4	100.0	
遺漏值	系統界定的遺漏	10	10.6		
總和		94	100.0		

2. 若您現在是派出所所長，您對轄內保全派駐地點、巡邏路線、錄影監視設施瞭解嗎？

　　由表20-6可以得知，所長對轄內保全派駐地點、巡邏路線、錄影監視設施不瞭解和非常不瞭解占75%，可見大多數所長對保全業勤務運作是不知情，造成有事故警察第一時間無法支援窘境。

表20-6　保全路線

		人數	百分比	有效百分比	累積百分比
有效的	非常瞭解	4	4.3	4.8	4.8
	瞭解	17	18.1	20.2	25.0
	不瞭解	41	43.6	48.8	73.8
	非常不瞭解	22	23.4	26.2	100.0
	總和	84	89.4	100.0	
遺漏值	系統界定的遺漏	10	10.6		
總和		94	100.0		

3. 緊急聯絡電話為建構「治安聯防系統」第一步，目前派出所內是否有保全公司電話？

　　由表20-7可以得知，目前派出所內有保全公司電話占48.8%，沒有保全公司電話占50%，一半一半有待加強聯繫。

表20-7　保全電話

		人數	百分比	有效百分比	累積百分比
有效的	0	1	1.1	1.2	1.2
	有	41	43.6	48.8	50.0
	沒有	42	44.7	50.0	100.0
	總和	84	89.4	100.0	
遺漏值	系統界定的遺漏	10	10.6		
總和		94	100.0		

4. 您是否曾接受過當地保全業者邀請，替他們解說新興財產犯罪手法？

　　由表20-7可以得知，曾接受過當地保全業者邀請者僅占9.5%，未接受邀請90.5%，可謂兩者之間平時即未有良好互動。

表20-8　邀請解說

		人數	百分比	有效百分比	累積百分比
有效的	有	8	8.5	9.5	9.5
	沒有	76	80.9	90.5	100.0
	總和	84	89.4	100.0	
遺漏值	系統界定的遺漏	10	10.6		
總和		94	100.0		

5. 您對保全業者現有防盜、防竊新型設備，尤其是系統保全能充分瞭解嗎？由表20-9可以得知，大多數警察對系統保全設備還是陌生。

表20-9　瞭解設備

		人數	百分比	有效百分比	累積百分比
有效的	非常瞭解	3	3.2	3.6	3.6
	瞭解	27	28.7	32.1	35.7
	不瞭解	44	46.8	52.4	88.1
	非常不瞭解	10	10.6	11.9	100.0
	總和	84	89.4	100.0	
遺漏值	系統界定的遺漏	10	10.6		
總和		94	100.0		

6. 您所服務派出所最近一年內是否有因保全業者或保全人員提供治安情資而破案過？

　　由表20-10可以得知，保全業者或保全人員提供治安情資而破案只占6%，可見保全業者情蒐資料是有限，警察機關應教導保全業者如何情蒐。

表20-10　提供情資

		人數	百分比	有效百分比	累積百分比
有效的	有	5	5.3	6.0	6.0
	沒有	79	84.0	94.0	100.0
	總和	84	89.4	100.0	
遺漏值	系統界定的遺漏	10	10.6		
總和		94	100.0		

7. 最近一年內您所服務派出所是否有過和轄內保全人員現場合力逮捕現
行犯紀錄？

由表20-11可以得知，合力逮捕現行犯紀錄只占10.7%寥寥無幾。

表20-11　合力逮捕

		人數	百分比	有效百分比	累積百分比
有效的	有	9	9.6	10.7	10.7
	沒有	75	79.8	89.3	100.0
	總和	84	89.4	100.0	
遺漏值	系統界定的遺漏	10	10.6		
總和		94	100.0		

8. 由表20-12可以得知，轄內駐衛勤務（大廈、社區保全），警勤區同仁
偶而聯繫占59.5%，經常聯繫占36.9%，還是偶而聯繫居多，非制度強
制性聯繫。

表20-12　勤區聯繫

		人數	百分比	有效百分比	累積百分比
有效的	經常聯繫	31	33.0	36.9	36.9
	偶而聯繫	50	53.2	59.5	96.4
	不曾聯繫	2	2.1	2.4	98.8
	不知道要聯繫	1	1.1	1.2	100.0
	總和	84	89.4	100.0	
遺漏值	系統界定的遺漏	10	10.6		
總和		94	100.0		

9. 派出所辦理本項業務之承辦人員，依據警政署規定每半年累計積分，
滿10分者嘉獎一次，累計最高記功一次（按處理保全業協助破案每案5
分；對發生刑案之保全服務據點實施預防犯罪宣導，3個月內未再發生
相同之刑案，配績分2分），所長減半，您認為獎勵額度已足以鼓勵推
動此項工作意願？

由表20-13可以得知非常同意和同意占65.5%，可見警察人員還是贊同此項
獎勵措施。但33.4%還是認為還不足以達到鼓勵目的，還有改善空間。

表20-13　獎勵額度

		人數	百分比	有效百分比	累積百分比
有效的	0	1	1.1	1.2	1.2
	非常同意	11	11.7	13.1	14.3
	同意	44	46.8	52.4	66.7
	不同意	23	24.5	27.4	94.0
	非常不同意	5	5.3	6.0	100.0
	總和	84	89.4	100.0	
遺漏值	系統界定的遺漏	10	10.6		
總和		94	100.0		

二、保全部分

（一）研究對象之基本人口特性

1. 性別

由表20-14統計結果顯示，在本研究之保全駐點營業主管或公司幹部131份樣本中，其性別分布以男性96人為主占73.3%，女性35人占26.7%。

表20-14　保全性別

		人數	百分比	有效百分比	累積百分比
有效的	男	96	44.4	73.3	73.3
	女	35	16.2	26.7	100.0
	總和	131	60.6	100.0	
遺漏值	系統界定的遺漏	85	39.4		
總和		216	100.0		

2. 學歷

由表20-15統計結果顯示，在本研究之保全駐點營業主管或公司幹部131份樣本中，高中職45%為最高，其次大學、專科占44.3%，研究所占10.7%。

表20-15　保全學歷

		人數	百分比	有效百分比	累積百分比
有效的	高中職	59	27.3	45.0	45.0
	大學、專科學校	58	26.9	44.3	89.3
	研究所以上	14	6.5	10.7	100.0
	總和	131	60.6	100.0	
遺漏值	系統界定的遺漏	85	39.4		
總和		216	100.0		

3. 職務

由表20-16統計結果顯示，在本研究之保全駐點營業主管或公司幹部131份樣本中，駐點營業主管28人，公司幹部103人，經詢公會係駐點主管比較少的關係。

表20-16　保全職務

		人數	百分比	有效百分比	累積百分比
有效的	駐點營業主管	28	13.0	21.4	21.4
	公司幹部	103	47.7	78.6	100.0
	總和	131	60.6	100.0	
遺漏值	系統界定的遺漏	85	39.4		
總和		216	100.0		

4. 年資

由表20-17統計結果顯示，在本研究之保全駐點營業主管或公司幹部131份樣本中，其服務年資分佈以一年至三年未滿52人占39.7%最高；其次為三至六年未滿26人占19.8%；六至九年及十年至十二年未滿各12人占9.2%再次之。

表20-17　保全年資

		人數	百分比	有效百分比	累積百分比
有效的	一年未滿	3	1.4	2.3	2.3
	一至三年未滿	52	24.1	39.7	42.0
	三至六年未滿	26	12.0	19.8	61.8
	六至九年未滿	12	5.6	9.2	71.0

		人數	百分比	有效百分比	累積百分比
	十至十二年未滿	12	5.6	9.2	80.2
	十二至十五年未滿	9	4.2	6.9	87.0
	十五至十八年未滿	9	4.2	6.9	93.9
	十八年以上	8	3.7	6.1	100.0
	總和	131	60.6	100.0	
遺漏值	系統界定的遺漏	85	39.4		
總和		216	100.0		

（二）如何推動保全業協助治安共同建構治安聯防系統

表20-18可以得知，運用民間保全設備及人力資源建立「治安聯防系統」，更能營造全民安全生活空間，在受訪131位駐點營業主管或公司幹部有130位一致認同；提供保全巡迴服務車輛巡邏路線、駐衛保全服務據點、錄影監視器材設置地點有助警察規劃整體治安勤務，也有高達98.5%認同；邀請轄區保全業者參加治安會議提供最新治安訊息，有助保全業犯罪預防，非常同意及同意共占96.9%，可見此項工作必須積極推動；警察機關與轄內保全業者建立協調聯繫管道熱絡非常不同意及不同意共占15.3%，非常同意及同意占84.7%，這一點和警察機關調查結果卻是相反，值得進一步探討；保全公會力量來推動建構「治安聯防系統」，較業者各自聯繫協調會有較好效果，非常同意及同意占94.7%，可見大家對公會推動較具信心；從警察高層及保全業者負責人定期召開會報方式，由上而下來推動較能發揮功效，非常同意及同意占89.3%，可見高層是決定一切；保全人員訓練由公會或委由學校訓練機構代訓，較能有助提升協助社會治安維護，非常同意及同意共占89.3%，非常不同意及不同意只占10.7%，可見目前各自訓練方式有需要改變，由公會或學校代訓是較有效方式；目前警察機關與保全業者最大問題在於協調聯繫機制不夠完善，至喪失一些破案契機，認同者達96.2%，的確目前聯繫制度有嚴重問題存在；保全人員執勤時發現犯罪線索或協助逮捕現行犯，轄區分局以頒發獎金或感謝狀方式獎勵，會引起其他保全人員共鳴，非常同意及同意共占99.2%值得推廣；保全業者協助警方偵破重大治安事件，由轄區分局利用聯合勤教公開場合頒發獎牌或感謝狀，有助於聯絡管道熱絡，非常同意及同意共占98.5%，可見此一方式值得推動。

表20-18　如何推動保全業協助治安共同建構治安聯防系統

題　項	非常不同意	不同意	同意	非常同意
能營造全民安全生活空間	0	0.8	42	57.3
提供巡邏路線有助警察規畫整體治安勤務	0	1.5	41.2	57.3
邀參加治安會議有助有助保全業犯罪預防	0	3.1	37.4	59.5
協調聯繫管道，目前狀況是熱絡的	0.8	14.5	41.2	43.5
公會來推動建構治安聯防系統會較好效果	0	5.3	48.1	46.6
召開會報方式由上而下推動較能發揮功效	0	0.8	48.9	50.4
由公會或委由學校代訓會員較有效能	0.8	9.9	38.2	51.1
目前最大問題在於協調聯繫機制不夠完善	0	3.8	49.6	46.6
以獎金或感謝狀會引起其他保全人員共鳴	0	0.8	38.9	60.3
頒發獎牌或感謝狀給業者有助聯絡熱絡	0.8	0.8	37.4	61.1

（三）目前警察機關與保全業者互動狀況

1. 您對轄區派出所所長或分局偵查隊長姓名能瞭解嗎？

由表20-19可以得知，對轄區派出所所長或分局偵查隊長姓名能瞭解占50.4%，非常瞭解占0.8%；不瞭解占35.1%，非常不瞭解占13.7%。不瞭解和非常不瞭解占48.8%，可見所長、偵查隊長和保全業沒有聯絡居一半，這和警察派出所所長調查不瞭解和非常不瞭解占53%相當一致。

表20-19　認識所長

		人數	百分比	有效百分比	累積百分比
有效的	非常瞭解	1	0.5	0.8	0.8
	瞭解	66	30.6	50.4	51.1
	不瞭解	46	21.3	35.1	86.3
	非常不瞭解	18	8.3	13.7	100.0
	總和	131	60.6	100.0	
遺漏值	系統界定的遺漏	85	39.4		
總和		216	100.0		

2. 您是否有將轄內保全派駐地點、巡邏路線、錄影監視設施提供給當地警察派出所？

由表20-20可以得知，有將轄內保全派駐地點、巡邏路線、錄影監視設施提供給當地警察派出所僅占11.5%，可見此項工作有待極力推動。

表20-20　提供路線

		人數	百分比	有效百分比	累積百分比
有效的	有	15	6.9	11.5	11.5
	沒有	116	53.7	88.5	100.0
	總和	131	60.6	100.0	
遺漏值	系統界定的遺漏	85	39.4		
總和		216	100.0		

3. 緊急聯絡電話為建構「治安聯防系統」第一步，您服務單位是否有轄區分局或派出所電話？

由表20-21可以得知，服務單位有轄區分局或派出所電話占72.5%，沒有電話還有27.5%，有待繼續宣導聯繫。

表-21　警察電話

		人數	百分比	有效百分比	累積百分比
有效的	有	95	44.0	72.5	72.5
	沒有	36	16.7	27.5	100.0
	總和	131	60.6	100.0	
遺漏值	系統界定的遺漏	85	39.4		
總和		216	100.0		

4. 您是否曾邀請過當地派出所所長或分局幹部至貴公司講解新興財產犯罪手法？

由表20-22可以得知，未曾邀請過當地派出所所長或分局幹部至貴公司講解新興財產犯罪手法占90.8%，可見保全業者大多未能主動去蒐集新的犯罪手法資料。

表20-22　邀請解說

		人數	百分比	有效百分比	累積百分比
有效的	有	12	5.6	9.2	9.2
	沒有	119	55.1	90.8	100.0
	總和	131	60.6	100.0	
遺漏值	系統界定的遺漏	85	39.4		
總和		216	100.0		

5. 您是否有率所屬保全人員至派出所或分局參訪過，瞭解警察勤務執行情形？

由表20-23可以得知，有率所屬保全人員至派出所或分局參訪過，瞭解警察勤務執行情形僅占3.1%，幾乎兩者之間不瞭解各自勤務狀況。

表20-23　參訪分局

		人數	百分比	有效百分比	累積百分比
有效的	有	4	1.9	3.1	3.1
	沒有	127	58.5	96.9	100.0
	總和	131	60.6	100.0	
遺漏值	系統界定的遺漏	85	39.4		
總和		216	100.0		

6. 您最近一年內是否有提供過治安情資給當地派出所或分局？

由表20-24可以得知，最近一年內有提供過治安情資給當地派出所或分局只有38.9%，可見保全業者情蒐資料必須加強和警察機關聯繫。

表20-24　提供情資

		人數	百分比	有效百分比	累積百分比
有效的	有	51	23.6	38.9	38.9
	沒有	80	37.0	61.1	100.0
	總和	131	60.6	100.0	
遺漏值	系統界定的遺漏	85	39.4		
總和		216	100.0		

7. 最近一年內是否有依現行犯逮捕扭送警察分局或派出所記錄？

由表20-25可以得知，最近一年內有依現行犯逮捕扭送警察分局或派出所記錄只占38.2%。

表20-25　逮捕嫌犯

		人數	百分比	有效百分比	累積百分比
有效的	有	50	23.1	38.2	38.2
	沒有	81	37.5	61.8	100.0
	總和	131	60.6	100.0	
遺漏值	系統界定的遺漏	85	39.4		
總和		216	100.0		

8. 駐衛勤務（大廈、社區保全），轄區派出所警勤區警察是否有經常聯繫？

由表20-26可以得知，與轄區派出所警勤區警察有經常聯繫占6.1%，偶而聯繫占80.9%，可見聯繫不是經常性工作。

表20-26　勤區聯繫

		人數	百分比	有效百分比	累積百分比
有效的	0	1	0.5	0.8	0.8
	經常聯繫	8	3.7	6.1	6.9
	偶而聯繫	106	49.1	80.9	87.8
	不曾聯繫	8	3.7	6.1	93.9
	不知道要聯繫	8	3.7	6.1	100.0
	總和	131	60.6	100.0	
遺漏值	系統界定的遺漏	85	39.4		
總和		216	100.0		

9. 遇有治安情資或事故要通報，您認為通報哪個聯絡窗口較方便？

由表20-27可以得知，遇有治安情資或事故要通報，認為通報警察局勤務指揮中心或110占49.6%最高，其次是分局業務承辦人32.8%，再其次派出所12.2%，分局勤務指揮中心只占5.3%。

表20-27　事故通報

		人數	百分比	有效百分比	累積百分比
有效的	派出所	16	7.4	12.2	12.2
	分局業務承辦人	43	19.9	32.8	45.0
	分局勤務指揮中心	7	3.2	5.3	50.4
	警察局勤務指揮中心或110	65	30.1	49.6	100.0
	總和	131	60.6	100.0	
遺漏值	系統界定的遺漏	85	39.4		
總和		216	100.0		

10.依您的見解警察機關應如何與保全業者建構治安聯防體系？

問答方式依84位所長有作答46份，保全及131位駐點主管及幹部有作答22份中彙整有意義建設性建議有：

(一)定期召開協調會或研討會，相互傳達最新資訊。

(二)以修法方式納入治安聯防體系。

(三)建立固定聯繫管道。

(四)由保全高層要求 基層保全人員聯防。

(五)系統保全警報異常，應通知當地警察派出所到場察看，可避免保全人員觀察錯誤誤判。

(六)建立與保全會哨勤務作為。

第七節　結論與建議

　　保全業者無論如何發展，對於警察公權力是絕對無法取代的，警察對保全業不需要畏懼其坐大和趨勢發展。反之，警察更應積極主動去瞭解保全業之經營動態及管理，扶持正派經營之保全業，淘汰不肖業者，這對整體治安維護才有助益。因此，建立管道，熱絡聯繫，中心聯線，信息互通，正是警察機關和私人保全如何建構治安成敗所在，兩蒙其利的最高表現，上述經對派出所所長與保全主管、幹部實施調查後，獲得實證資料，作為分析的依據，研究者並提出以下結論與建議。

一、研究結果與討論

（一）如何推動保全業協助治安共同建構治安聯防系統方面

1. 運用民間保全設備及人力資源建立「治安聯防系統」，更能營造全民安全生活空間，警察派出所所長100%及保全駐點營業主管或公司幹部99.3%一致認同，可見結合保全力量是事在必行。

2. 提供保全巡迴服務車輛巡邏路線、駐衛保全服務據點、錄影監視器材設置地點有助警察規劃整體治安勤務，警察派出所所長94%及保全駐點營業主管或公司幹部98.5%認同，可見警察勤務與保全勤務必須有互動關係。

3. 邀請轄區保全業者參加治安會議提供最新治安訊息，有助保全業犯罪預防，警察派出所所長非常同意及同意共占94%、保全幹部96.9%，可見此項工作必須積極推動。

4. 警察機關與轄內保全業者建立協調聯繫管道熱絡非常不同意及不同意共占15.3%，非常同意及同意占84.7%，這一點和警察派出所所長調查結果非常同意及同意占44.1%有落差，但可知悉的是保全公司發生狀況終究必須靠警察處理，因此相對保全業聯絡會較熱絡。

5. 較業者各自聯繫協調會有較好效果，保全駐點營業主管或公司幹部非常同意及同意占94.7%，所長非常同意及同意占92.9%可見大家對公會推動較具信心。

6. 從警察高層及保全業者負責人定期召開會報方式，由上而下來推動較能發揮功效，非常同意及同意警察及保全分別為92.8%和89.3%，可見高層才是決定一切。

7. 保全人員訓練由公會或委由學校訓練機構代訓，較能有助提升協助社會治安維護，非常同意及同意警察及保全分別為95.2%和89.3%，可見目前各自訓練方式有需要改變。由公會或學校代訓是較好的方式。

8. 目前警察機關與保全業者最大問題在於協調聯繫機制不夠完善，至喪失一些破案契機，認同者兩者均達九成五，的確目前聯繫制度有嚴重問題存在。

9. 保全人員執勤時發現犯罪線索或協助逮捕現行犯，轄區分局以頒發獎金或感謝狀方式獎勵，會引起其他保全人員共鳴，非常同意及同意警

察及保全分別為92.9%和99.2%值得實施。

10. 保全業者協助警方偵破重大治安事件，由轄區分局利用聯合勤教公開場合頒發獎牌或感謝狀，有助於聯絡管道熱絡，非常同意及同意兩者均達九成五以上，可見此一方式值得推動。

（二）警察機關與保全業者互動現況方面

1. 對轄內保全駐點營業主管或營業相關保全主管姓名不瞭解和非常不瞭解占53%；同樣對轄區派出所所長或分局偵查隊長姓名不瞭解和非常不瞭解占48.8%，可見相互間認識必須加強。

2. 所長對轄內保全派駐地點、巡邏路線、錄影監視設施不瞭解和非常不瞭解占75%；同樣有將轄內保全派駐地點、巡邏路線、錄影監視設施提供給當地警察派出所僅占11.5%，會造成有事故警察第一時間無法支援窘境。

3. 緊急聯絡電話有互相建構，派出所只有48.8%，保全公司則有72.5%，可見保全公司較需要靠警察協助。

4. 曾接受過當地保全業者邀請，替他們解說新興財產犯罪手法的所長僅占9.5%；同樣保全公司曾邀請也只占9.2%，可見保全公司未能主動去瞭解新的犯罪動態。

5. 所長對保全業者現有防盜、防竊新型設備，尤其是系統保全能瞭解和非常瞭解占35.7%，不瞭解和非常不瞭解占64.3%，而保全駐點營業主管或幹部曾參訪過分局或派出所只有3.1%，有需規劃互相參訪瞭解。

6. 曾提供情資給派出所6%，保全主管及幹部調查也不到四成，警察機關應教導保全業者如何情蒐。

7. 轄內駐衛勤務（大廈、社區保全），警勤區同仁偶而聯繫占59.5%，經常聯繫占36.9%，還是偶而聯繫居多，非制度強制性聯繫，較無法達到效果。

8. 遇有治安情資或事故要通報，認為通報警察局勤務指揮中心或110占49.6%最高，其次是分局業務承辦人32.8%，可見110是最能接受的通報管道。

二、研究建議

根據研究的發現所得，在此提出幾項建議，僅供警察機關與保全公司參

考：

（一）警察機關

1. 增修保全業法條文明訂當地警察機關首長定期召集當地保全主管以會報方式召開，相互傳達最新資訊。
2. 以修法方式將保全納入治安聯防體系。
3. 警察局建立保全公司事故通報固定窗口及派遣作業系統。
4. 分局定期參訪保全公司交換訊息及併入年終業務檢查項目。
5. 分局舉辦社區治安會議邀約保全業參加，提供轄內最新治安狀況及犯罪手法。
6. 轄內駐衛勤務（大廈、社區保全），警勤區同仁聯繫會簽列入勤務管制。

（二）保全公司

1. 由中華保全協會或保全公會力量來推動建構「治安聯防系統」，保全公會並定期召開會員會議檢討成效。
2. 保全人員訓練由公會或委由學校訓練機構代訓。
3. 由保全高層要求基層保全人員必須與當地派出所實施聯防。
4. 系統保全警報異常，應通知當地警察派出所到場察看，可避免保全員觀察錯誤造成誤判。

附錄一　保全業法

民國100年11月23日修正公布第10-1、13、16條條文

第　1　條　為健全保全業之發展，確保國民生命、財產之安全，特制定本法；本法未規定者，依其他法律之規定。

第　2　條　本法所稱主管機關：在中央為內政部；在直轄市為直轄市政府；在縣（市）為縣（市）政府。

第　3　條　本法所稱保全業，係指依本法許可，並經依法設立經營保全業務之股份有限公司。

第　4　條　保全業得經營左列業務：

一、關於辦公處所、營業處所、廠場、倉庫、演藝場所、競賽場所、住居處所、展示及閱覽場所、停車場等防盜、防火、防災之安全防護。

二、關於現金或其他貴重物品運送之安全維護。

三、關於人身之安全維護。

四、其他經中央主管機關核定之保全業務。

第　4-1　條　保全業執行業務時，發現強盜、竊盜、火災或其他與治安有關之事故，應立即通報當地警察機關處理。

第　4-2　條　保全業應自開業之日起七日內報請當地主管機關備查。

前項主管機關應於收到報備文後十日內派員檢查其執行業務情形。

第　5　條　經營保全業務者，應檢附申請書、營業計畫書，向中央主管機關申請許可，於取得許可證後，始得申請公司設立登記；其設立分公司者，亦同。

第　6　條　保全業經中央主管機關許可經營保全業務，於許可後逾六個月未辦妥公司設立登記者，由中央主管機關撤銷其許可。

第　7　條　保全業應實收之最低資本額，由中央主管機關定之。

第　8　條　經營保全業應有左列設備：

一、固定專用之營業處所。

二、自動通報紀錄情況管制系統設備。

三、巡迴服務車。

四、運鈔車：經營第四條第二款之業務者，應有特殊安全裝置運鈔車。

五、其他經中央主管機關依經營項目核定應有之設備。

前項第三款巡迴服務車及第四款特殊安全裝置運鈔車應有之設備，由中央主管機關定之。

第 9 條 保全業因執行保全業務，應負賠償之責任，應向財政部核准之保險公司投保責任保險；其投保金額，由中央主管機關會同財政部定之。

前項責任保險，應於開業前辦理投保，未經中央主管機關同意，不得中途退保。

第 10 條 保全業應置保全人員，執行保全業務，並於僱用前檢附名冊，送請當地主管機關審查合格後僱用之。必要時，得先行僱用之；但應立即報請當地主管機關查核。

第 10-1 條 有下列情形之一者，不得擔任保全人員。但其情形發生於本法中華民國九十二年一月二十二日修正施行前且已擔任保全人員者，不在此限：

一、未滿二十歲或逾六十五歲。

二、曾犯組織犯罪防制條例、肅清煙毒條例、麻醉藥品管理條例、毒品危害防制條例、槍砲彈藥刀械管制條例、貪污治罪條例、兒童及少年性交易防制條例、人口販運防制法、洗錢防制法之罪，或刑法之妨害性自主罪章、妨害風化罪章、第二百七十一條至第二百七十五條、第二百七十七條第二項及第二百七十八條之罪、妨害自由罪章、竊盜罪章、搶奪強盜及海盜罪章、侵占罪章、詐欺背信及重利罪章、恐嚇及擄人勒贖罪章、贓物罪章之罪，經判決有罪，受刑之宣告。但受緩刑宣告，或其刑經易科罰金、易服社會勞動、易服勞役、受罰金宣告執行完畢，或判決無罪確定者，不在此限。

三、因故意犯前款以外之罪，受有期徒刑逾六個月以上刑之宣告確定，尚未執行或執行未畢或執行完畢未滿五年。

四、曾受保安處分之裁判確定，尚未執行或執行未畢。

五、曾依檢肅流氓條例認定為流氓或裁定交付感訓。但經撤銷流氓認定、裁定不付感訓處分確定者，不在此限。

保全業知悉所屬保全人員，有前項各款情形之一者，應即予解職。

第 10-2 條 保全業僱用保全人員應施予一週以上之職前專業訓練；對現職保全人員每個月應施予四小時以上之在職訓練。

第 11 條 有公司法第三十條第二款至第六款情事之一者，不得充任保全業之董事、監察人或經理人；已充任者，解任之，並由主管機關通知經濟部撤銷其董事、監察人或經理人登記。

保全業應將董事、監察人或經理人之名冊，自任職之日起七日內，報請當地主管機關備查；異動時，亦同。

第 12 條 保全業受任辦理保全業務，應訂立書面契約。

前項書面契約應記載事項，由中央主管機關定之。

第 13 條 主管機關得隨時派員攜帶證明文件，檢查保全業業務情形，並得要求其提供相關資料。

保全業之董事、監察人、經理人或從業人員，對前項之檢查及要求，不得拒絕。

主管機關應定期查核保全人員資格，其有第十條之一第一項各款情形之一者，應通知所屬保全業即予解職。

第 14 條 保全人員於執行保全業務時，應穿著定式服裝，避免與軍警人員之服裝相同或類似，並隨身攜帶身分證明文件及通訊、安全防護裝備。

前項服裝之式樣、顏色、標誌，應報請中央主管機關備查；通訊、安全裝備之種類、規格及使用，由中央主管機關定之。

第 15 條 保全業應負責監督所僱用之保全人員，並防範其侵害委任人權益。

保全業於其保全人員因執行職務不法侵害委任人之權益時，與行為人負無過失之連帶損害賠償責任。

第 16 條 保全業有下列情事之一者，主管機關得處新臺幣十萬元以上五十萬元以下罰鍰：

一、違反第八條規定，未備應有之設備。

二、違反第九條規定，不為投保責任保險或中途退保。

三、違反第十條規定，對僱用之保全人員不送審查、經審查不合格而仍僱用或未送查核。

四、違反第十條之一第二項規定，對於應予解職之保全人員，未予解職。

五、違反第十條之二規定，對僱用之保全人員未依規定施予職前專業訓練或在職訓練。

有前項各款情事之一，經限期改善，而屆期未改善或再次違反者，主管機關得處停止營業一個月以上一年以下；其情節重大者，廢止其許可。

第 17 條　有左列情事之一者，主管機關得處新臺幣六萬元以上三十萬元以下罰
鍰：
一、違反第四條之一規定，未依規定程序通報有關機關處理者。
二、違反第四條之二規定，未於開業之日起七日內報請當地主管機關備
查者。
三、違反第十一條規定，選用董事、監察人或經理人，或未將董事、監
察人或經理人之名冊於限期內報請備查者。
有左列情事之一者，主管機關得處新臺幣二十萬元以上一百萬元以下罰
鍰：
一、違反第十三條規定，拒絕接受檢查或不提供資料者。
二、違反第十五條規定，發生侵害委任人權益之情事者。
有前二項各款情事之一，經限期改善，而屆期不改善或再次違反者，主
管機關得處停止營業一個月以上一年以下。

第 18 條　有左列情事之一者，主管機關得視情節，對該保全業為警告之處分，或
處新台幣九千元以上九萬元以下罰鍰，並限期改善：
一、違反第十二條第一項規定者。
二、違反第十四條第一項規定，未著定式服裝者。
前項之罰鍰處分，得連續按次為之。

第 19 條　未經許可或已經撤銷許可而仍經營保全業務者，應勒令歇業，並得處新
台幣三萬元以上三十萬元以下罰鍰。

第 20 條　本法施行前已經營保全業者，應於本法施行後一年內，依本法規定，向
中央主管機關申請許可；逾期未辦理者，由主管機關通知經濟部撤銷其
公司登記或部分登記事項。

第 21 條　依本法所處之罰鍰，由當地主管機關為之。
前項罰鍰，經通知繳納，逾期不繳納者，移送法院強制執行。

第 22 條　本法施行細則，由中央主管機關定之。

第 23 條　本法自公布日施行。

附錄二　保全業法施行細則

內政部92年11月18日內政部台內警字第09200061883號令

第　1　條　本細則依保全業法（以下簡稱本法）第二十二條規定訂定之。

第　2　條　本法第五條所定營業計畫書，應載明下列事項：

一　公司名稱及營業處所。

二　負責人。

三　經營業務項目。

四　營業設備。

五　資本總額。

六　執行保全作業方式。

七　投保責任保險金額及保險單條款。

八　保全人員服裝圖說及其裝備種類、規格。

九　保全人員訓練計畫。

第　3　條　本法第七條所定經營保全業應實收之最低資本額，為新台幣四千萬元；其每設置一家分公司，實收之最低資本額，應增加新台幣二千萬元。

第　4　條　本法第八條第一項第二款所定自動通報紀錄情況管制系統設備，其範圍如下：

一　客戶端：

(一)合於客戶需求之盜警、火警、緊急按鈴等感應裝置。

(二)傳訊主機，接受感應並發出警報，立即將訊號傳至保全業之受訊系統。

(三)設定及解除保全系統之機具設備。

二　保全業端：

(一)監控中心應置受訊系統，接受客戶端傳送之訊號，並發出狀況訊號；有電腦連線者，得設聯合監控中心監控。

(二)不斷電系統。

(三)容錯系統。

前項所定設備於保全業未營業，或尚無客戶前，得裝設於公司受測。

第　5　條　本法第九條所定責任保險之保險單條款，由財政部定之。

第　6　條　本法第十條所稱必要時，指保全業非先行僱用保全人員，即無法營運：保全業應於僱用後二日內，報請當地主管機關查核，當地主管機關並應於五日內核復。

第　7　條　本法第十條之一第一項所稱已擔任保全人員者，指本法修正施行前已擔任保全人員，且修正施行後仍繼續擔任者。

第　8　條　本法第十條之二規定之職前專業訓練及在職訓練，其課程內容應包括法令常識、執行技巧、防盜、防搶、防火、防災等狀況處置之學科及術科訓練。

第　9　條　本法第十二條所定書面契約，應載明下列事項：

　　　一　保全服務標的物。

　　　二　保全服務業務項目。

　　　三　保全服務期間。

　　　四　保全服務作業。

　　　五　保全義務。

　　　六　投保責任保險內容。

　　　七　對於保全服務項目，未能善盡保全義務或洩漏應保守之秘密，致客戶遭受損害之賠償。

　　　八　保全費用。

第　10　條　本細則自發布日施行。

附錄三 保全公司巡迴服務車應有設備審驗規定

內政部92年7月30日台內警字第0920078243號令

一、本規定依保全業法第八條第二項規定訂定之。

二、巡迴服務車包括汽、機車等機動車輛，汽車並應具有通訊設備。

　　保全業應至少各具備一部汽車、機車之巡迴服務車。

三、申請保全業許可者，應檢具下列資料一式二份，一份報送中央主管機關審查，一份置於轄區警察局備查：

　　(一)巡迴服務車規格之照片、圖說。

　　(二)交通監理機關核發之行車執照影本。該車輛所有權非屬籌設中之公司所有者，須加附公司設立登記後，車輛所有權移轉予保全業所有之讓渡書，且須於開業前移轉為保全業所有。

　　(三)切結書：應載明本公司所使用之巡迴服務車如因改裝、維護不良，致損害客戶權益者，應負一切法律上之責任。

四、巡迴服務車審驗規定如下：

　　(一)巡迴服務車規格之照片、圖說及行車執照影本是否與巡迴服務車實體相符。

　　(二)車身或其他明顯處，須有醒目之○○保全字樣，字體為標楷體（每字長、寬各二十公分以上）。

　　(三)車身顏色不得與警用巡邏車相同，並不得裝設警示燈及警鳴器。

　　(四)經交通監理機關檢驗合格，並處於堪用狀態。

　　(五)通訊設備須處於堪用狀態。

附錄四　保全公司特殊安全裝置運鈔車應有設備審驗規定

內政部92年6月30日台內警字第0920078202號令

一、本規定依保全業法第八條第二項規定訂定之。

二、特殊安全裝置運鈔車應具下列設備：

(一)防彈裝置。

(二)自動報警系統，應有下列設備：

1.遙控（手動）語音或聲光警報器。

2.行動電話車裝台、VHF高頻率無線電設備、中繼式無線電車裝台，或其他經測試合於運鈔車使用，並經中央主管機關認可之行動通訊設備。

(三)防盜、防搶裝置，應有下列設備：

1.固定之保險箱。

2.所有車門於發生緊急事故時，由內部控制開啟，不能直接由外部開啟之控制系統。

3.自動停駛系統，或經測試合於運鈔車使用，並經中央主管機關認可之車輛定位系統。

三、保全公司申請經營現金或其他貴重物品運送之安全維護業務，應檢具下列資料一式二份，一份報送中央主管機關審查，一份置於轄區警察局備查：

(一)運鈔車規格之照片、圖說。

(二)防彈測試證明：防彈材質須具有點三八、九○手槍或與美國司法部國家司法協會所定防彈測試標準達NIJ0108.01ⅢA級同等級以上之防彈功能證明及保固期限證明。

(三)自動報警系統規格之照片、功能圖說。

(四)防盜、防搶裝置規格之照片、功能圖說。

(五)交通監理機關核發之行車執照影本。該車輛如非屬籌設中之公司所有，須加附於公司設立登記後所有權移轉予公司所有之讓渡書，且須於開業前移轉為公司所有。

(六)切結書：切結書內容應載明本公司所使用之運鈔車如因改裝、維護不良或未具防彈測試證明之實質標準，致損害客戶權益者，應負一切法律上之責任。

四、特殊安全裝置運鈔車審驗規定如下：

(一)運鈔車規格之照片、圖說、行車執照證明是否與運鈔車實體相符。

(二)車身或其他明顯處，須有醒目之○○保全字樣，字樣為標楷體（每字長、寬各二十公分以上）。

(三)車身顏色不得與警用巡邏車相同。

(四)經交通監理機關檢驗合格，並處於勘用狀態。

(五)自動報警系統規格之照片、功能圖說，是否與運鈔車自動報警系統實體相符。

(六)防盜、防搶裝置規格之照片、功能圖說，是否與運鈔車防盜、防搶裝置實體相符。

附錄五　保全業設置通訊安全裝備之種類規格及使用規定表

內政部92年7月30日台內警字第0920078239號令

裝備名稱及種類	裝備規格	裝備使用規定
通訊裝備 一、多功能電腦立即傳訊系統 二、VHF高頻率無線電 三、無線電話（手持及車裝）	一、傳訊主機、設定及解除保全系統之機具設備、各種感應器材及管制室電腦傳訊之完整系統。 二、基地台、車裝台、手提台。	一、電腦傳訊系統按正常管制監控作業規定使用。 二、申請VHF高頻率無線電須符合下列規定： (一)應設自動報警系統及受訊中心。 (二)應備有機動巡邏車輛。 (三)在同一地區內與其受訊中心連線之客戶數應達五百戶以上。但經營運送業務並備有專用之運鈔車者不在此限。
安全裝備 一、巡迴服務車。 二、運鈔車。 三、口笛。 四、S腰帶。 五、手電筒。 六、安全盾牌。 七、防彈衣、背心。 八、防彈頭（鋼）盔。 九、棍棒。 十、電氣警棍（棒）（電擊器）。	一、汽車、機車。 二、運鈔車須具備： (一)防彈裝置。 (二)自動報警系統。 (三)防盜、防搶裝置。 三、棍棒（木、鋼、鐵、橡膠質）及鋼、鐵質伸縮警棍。	一、使用防彈衣、背心及防彈頭（鋼）盔時，須列冊送轄區派出所備查。 二、電氣警棍（棒）（電擊器）個案定製之申請、使用、保管及檢查： (一)依警械許可定製售賣持有管理辦法第七條至第十一條及警察機關受理申請警棍警銬電氣警棍（棒）（電擊器）製造售賣作業程序第七點規定辦理。 (二)設有分支機構者，應由各該分支機構向直轄市、縣（市）政府警察局申請許可。 (三)警械執照每二年換領一次。 (四)持有人應隨身攜帶。 (五)違反規定者，依警械使用條例第十四條、社會秩序維護法第六十三條及警械許可定製售賣持有管理辦法第十三條規定處罰。

			三、警棍個案定製之申請、使用、保管及檢查：
			(一)依警械許可定製售賣持有管理辦法第七條至第十一條及警察機關受理申請警棍警銬電氣警棍（棒）（電擊器）製造售賣作業程序第八點規定辦理。
			(二)設有分支機構者，應由各該分支機構向直轄市、縣（市）政府警察局申請許可。
			(三)警棍應由保全業者集中保管，並列冊送當地警察分局備查。
			(四)違反規定者，依警械使用條例第十四條、社會秩序維護法第六十三條及警械許可定製售賣持有管理辦法第十三條規定處罰。

附錄六 違反保全業法事件裁罰基準表

內政部92年6月6日台內警字第0920078181號令

編號		一				
違法之具體事實		(一)未備固定專用之營業處所。	(二)未備自動通報紀錄情況管制系統設備。	(三)未備巡迴服務車。	(四)未備特殊安全裝置運鈔車。	(五)其他經中央主管機關依經營項目核定應有之設備。
法條依據（保全業法）		第十六條第一項第一款、第二項前段。				
法定罰鍰額度（新台幣）或其他處罰		十萬元以上五十萬元以下、停止營業一個月以上一年以下。	十萬元以上五十萬元以下、停止營業一個月以上一年以下。	十萬元以上五十萬元以下、停止營業一個月以上一年以下。	十萬元以上五十萬元以下、停止營業一個月以上一年以下。	十萬元以上五十萬元以下、停止營業一個月以上一年以下。
裁罰基準（罰鍰單位：新台幣）	第一次	罰鍰二十萬元。	罰鍰十八萬元。	罰鍰二十萬元。	罰鍰二十五萬元。	
	第二次	停止營業四個月。	停止營業三個月。	停止營業四個月。	停止營業四個月。	
	第三次	停止營業六個月。	停止營業六個月。	停止營業六個月。	停止營業六個月。	
	第四次	停止營業一年。	停止營業一年。	停止營業一年。	停止營業一年。	
備註			如未備傳（受）訊系統、不斷電系統、容錯系統等設備。		如未備防彈裝置、自動報警系統、防盜、防搶裝置等設備。	目前尚無經中央主管機關依經營項目所核定應有之設備。

二		三		
(一)未投保責任保險。	(二)中途退保。	(一)僱用保全人員未送審查。	(二)保全人員經審查不合格而仍僱用。	(三)保全人員先行僱用後，未送查核。
第十六條第一項第二款、第二項前段。		第十六條第一項第三款、第二項前段。		
十萬元以上五十萬元以下、停止營業一個月以上一年以下。	十萬元以上五十萬元以下、停止營業一個月以上一年以下。	十萬元以上五十萬元以下、停止營業一個月以上一年以下。	十萬元以上五十萬元以下、停止營業一個月以上一年以下。	十萬元以上五十萬元以下、停止營業一個月以上一年以下。
罰鍰十八萬元。	罰鍰十五萬元。	罰鍰十五萬元。	罰鍰十八萬元。	罰鍰十五萬元。
停止營業三個月。	停止營業三個月。	停止營業三個月。	停止營業三個月。	停止營業三個月。
停止營業六個月。	停止營業六個月。	停止營業六個月。	停止營業六個月。	停止營業六個月。
停止營業一年。	停止營業一年。	停止營業一年。	停止營業一年。	停止營業一年。
如係疏於注意，致逾投保期限，第一次得視情節減輕。		違反本點規定僱用之保全人員人數一人者，處罰鍰十五萬元，每增加一人，罰鍰酌加一萬，至高不得逾越法定上限五十萬元。	違反本點規定僱用之保全人員人數一人者，處罰鍰十八萬元，每增加一人，罰鍰酌加一萬，至高不得逾越法定上限五十萬元。	違反本點規定僱用之保全人員人數一人者，處罰鍰十五萬元，每增加一人，罰鍰酌加一萬，至高不得逾越法定上限五十萬元。

四	五	六	七
對僱用之保全人員未依規定施予職前專業訓練或在職訓練者。	有第十六條第一項各款情事之一，其情節重大者。	違反第四條之一規定，未依規定程序通報有關機關處理者。	違反第四條之二規定，未於開業之日起七日內報請當地主管機關備查者。
第十六條第一項第四款、第二項前段。	第十六條第二項後段。	第十七條第一項第一款、第三項。	第十七條第一項第二款、第三項。
十萬元以上五十萬元以下、停止營業一個月以上一年以下。	廢止許可	六萬元以上三十萬元以下、停止營業一個月以上一年以下。	六萬元以上三十萬元以下、停止營業一個月以上一年以下。
罰鍰十五萬元。	廢止許可	罰鍰十萬元。	罰鍰十萬元。
停止營業三個月。		停止營業二個月。	停止營業二個月。
停止營業六個月。		停止營業五個月。	停止營業五個月。

停止營業一年。			停止營業一年。		停止營業一年。
如訓練時數未達規定下限者，第一次得視情節減輕。	如一再違反本法第十六條第一項各款之規定或如僱用未依規定送請查核或經審查不合格而仍僱用之保全人員，致發生暴力圍事、違反「組織犯罪防制條例」等之情事，已嚴重影響社會治安者。				
八		九		十	十一
(一)充任保全業之董事、監察人或經理人，有公司法第三十條第二款至第六款之情事。	(二)未於期限內將保全業之董事、監察人或經理人之名冊報備查者。	(一)拒絕接受檢查。	(二)不提供資料。	僱用之保全人員侵害委任人之權益。	未訂立書面契約。
第十七條第一項第三款、第三項。		第十七條第一項第一款、第三項。		第十七條第二項第二款、第三項。	第十八條第一項第一款。
六萬元以上三十萬元以下、停止營業一個月以上一年以下。	六萬元以上三十萬元以下、停止營業一個月以上一年以下。	二十萬元以上一百萬元以下、停止營業一個月以上一年以下。	二十萬元以上一百萬元以下、停止營業一個月以上一年以下。	二十萬元以上一百萬元以下、停止營業一個月以上一年以下。	警告或九千元以上九萬元以下。
罰鍰十萬元。	罰鍰六萬元。	罰鍰三十萬元。	罰鍰二十萬元。	罰鍰五十萬元。	警告或罰鍰二萬元。
停止營業二個月。	停止營業一個月。	停止營業四個月。	停止營業四個月。	停止營業四個月。	罰鍰五萬元。
停止營業五個月。	停止營業四個月。	停止營業六個月。	停止營業六個月。	停止營業六個月。	罰鍰七萬元。
停止營業一年。	停止營業一年。	停止營業一年。	停止營業一年。	停止營業一年。	罰鍰九萬元。

十二	十三	
保全人員於執行保全業務時，未著定式服裝。	(一)未經許可經營保全業務。	(二)已撤銷許可而仍經營保全業務。
第十八條第一項第二款。	第十九條。	
警告或九千元以上九萬元以下。	勒令歇業，並得處三萬元以上三十萬元以下。	勒令歇業，並得處三萬元以上三十萬元以下。
警告或罰鍰一萬元。	應勒令歇業，並得處罰鍰十五萬元。	
罰鍰三萬元。		
罰鍰五萬元。		
罰鍰九萬元。		

✳附註：

一、保全業法處罰規定條文所列「罰鍰與限期改善」部分，其「罰鍰」之額度與「限期」之長短，由裁罰機關審酌個案具體情節（如該公司歷年之業務執行狀況、設備、契約等情形，及其所造成之危害或損害程度等），參酌前揭裁罰基準，經合目的性、比例性及義務性之裁量決定，秉於權責依法裁處。

二、裁罰機關於裁罰時仍應遵守「平等」、「比例」、「行政自我約束」、「禁止恣意」、「禁止不當連結」等一般法律原則；並踐行行政程序法所定之法定程序，如應給予處分相對人陳述意見之機會等。

三、本基準表係就一般情況而言，如有其他特殊情況（如故意或過失之輕重、影響社會治安或侵害委任人權益之程度等），亦得視情節加重或減輕，並請詳加敘明理由。惟故意純屬行為人內在主觀之「知」與「欲」，而過失則屬客觀注意義務之違反，須衡酌各種外在客觀情狀加以綜合判斷。

四、裁罰機關所裁處之罰鍰或停止營業仍不得逾越各法條所定之上下限，第五次之後均以最高罰處罰。

五、第一次違反者依本基準表處以罰鍰，第二次（含以上）違反者，須經限期改善，而逾期不改善或再次違反者，得依本基準表處以停止營業。惟停止營業係屬對行為人極為不利之一種管制罰，從權利保障以觀，科處行為人管制罰時，應考量有無違反憲法比例原則、不利處分對行為人之行為及權利所生影響、違反行政義務所造成公共利益之危害或損害、應受責難之程度等，以符合法律精神與要求。

附錄七 駐衛保全服務定型化契約範本

本範本於90年6月28日台（90）內警字第9088220號公告。

依據：保全業法第十二條、保全業法施行細則第十條、消費者保護法第十七條。

駐衛保全服務定型化契約範本

本契約於中華民國　　年　　月　　日

經甲方攜回審閱（契約審閱期間至少七日）

乙方簽章：

甲方簽章：

駐衛保全定型化契約範本暨說明

一、消費者得要求在契約簽訂前，將契約攜回詳細審視，並應有七日以上之契約審閱期。

    (一)消費者保護法施行細則第十一條第一、二項規定，業者與消費者簽約前，應提供三十日以內合理期間，供消費者審問全部條款內容，否則該條款不構成契約內容，惟消費者仍得主張該等條款有效。駐衛保全契約之審閱，七日應屬合理之期限。

    (二)駐衛保全業者宜準備簽收簿，供消費者索取契約範本時，請其簽收，以備需要時，證明消費者曾行使契約審閱權。

二、本契約範本適用之對象：

    凡提供駐衛保企業務之企業經營者，均屬之。

三、本契約範本僅供業者及消費者參考。

    本契約雖為定型化契約之一種，惟消費者仍得針對個別狀況，與業者磋商，予以增刪修改，業者不得以本契約內容為主管機關所訂為由，主張無法修改。

四、駐衛保全業者如以廣告招攬業務，廣告內容雖未納入契約，駐衛保全業者仍應對其廣告內容負責。

    消費者保護法第二十二條規定，企業經營者應確保廣告內容之真實，其對消費者所負之義務，不得低於廣告之內容。故無論契約有無包括廣告揭示之內容，消費者均得要求駐衛保全業者履行廣告中之承諾。惟消費者在簽約前，應先確認廣告內容與契約內容及實際情況是否符合，如業者有此承諾，消費者應要求駐衛保全業者給予書面承諾，妥為保管，以免權益受損。

五、消費者與駐衛保全業者簽訂之契約內容，不以見諸於書面者為限。

    依民法第一百五十三條第一項規定，當事人互相表示意思一致者，無論其為明示或默示，契約即為成立。消費者保護法施行細則第九條更規定，該法所稱定型化契約條款，不限於書面契約之內容，其以放映字幕、張貼、牌示或其他方法表示者，亦屬之。消費者保護法第十三條第一項並規定，契約之一般條款未經記載於定型化契約中者，企業經營者應向消費者明示其內容；明示其內容有困難者，應以顯著之方式，公告其內容，並經消費者同意受其拘束，該條款即為契約之內容。故凡駐衛保全業者與消費者曾經溝通達成共識之內容，無論是否納入契約或作成書面，雙方應共同遵守。

六、消費者得要求駐衛保全業者交付書面契約所未包括之一般條款影本。

消費者保護法第十三條第二項規定，契約之一般條款未經記載於定型化契約中者，企業經營者經消費者請求，應給予契約之一般條款之影本或將該影本附為該契約之附件。消費者有此影本為據，較易於清楚雙方權利義務之範圍，而減少紛爭。

駐衛保全服務定型化契約範本

立契約書人（駐衛保全服務消費者）：　　　　　　　　　　　　　（以下簡稱甲方）

　　　　　（駐衛保全業者名稱）：　　　　　　　　　　　　　　（以下簡稱乙方）

　　甲乙雙方同意就駐衛保全服務契約事項依下列約定辦理：

第　1　條　對消費者之說明義務為維護雙方權益，乙方應向甲方解說本契約之主要條款及乙方因執行本契約保全業務所應負之賠償責任後，雙方始協議簽訂本契約。

第　2　條　駐衛保全服務之所屬標的物

　　　　一　標的物名稱：

　　　　二　地址：

　　　　三　範圍：

　　　　　　(一)公寓大廈

　　　　　　　　□公寓大廈之共用部分與約定共用部分

　　　　　　　　□其他＿＿＿＿＿＿＿＿

　　　　　　　　依「公寓大廈管理條例」規定之專有部分不在管理範圍。

　　　　　　(二)非公寓大廈

　　　　　　　　□公共區域（應說明其範圍）

　　　　　　　　□非公共區域（應說明其範圍），但下列區域不包括

　　　　　　　　　　1.＿＿＿＿＿＿＿＿

　　　　　　　　　　2.＿＿＿＿＿＿＿＿

　　　　　　　　　　3.＿＿＿＿＿＿＿＿

　　　　　　(三)其他標的物

　　　　　　前項所稱範圍如有疑義，視為全部區域。

第　3　條　駐衛保全義務

　　　　一　乙方應確保提供本契約所定之各種駐衛保全服務。

　　　　二　乙方就各項安全配合防範注意事項，須對甲方盡告知說明之義務。

三　乙方及其駐衛人員或使用人就所知悉之秘密事項，不得洩漏。

第　4　條　駐衛保全服務作業

一　乙方受甲方之要求或指示，執行門禁管制，並依甲方之要求予以登記。

二　乙方受甲方之要求或指示，執行管制車輛進出，必要時並予登記。

三　乙方應提供防盜之建議及防火、防災之應變處理建議。

四　不論於標的物範圍或專有部分或非公共區域內，若有意外事故或發現盜賊入侵或暴行發生，乙方應即報告警察、消防機關及甲方，並予監視，設法阻止或防止災害擴大。

五　應甲方之要求或指示執行標的物之防災、防盜、防火等下列安全措施及經共同協議事項，其具體服務項目包括：

　　□固定哨位

　　□巡邏哨

　　□監看閉路電視、盜警與火災系統，操作錄影、錄音與緊急廣播設備

　　□人員意外之預防與安全

　　□填報工作日誌、通知與其他報告

　　□交通指揮

　　□停車場管理

　　□鑰匙管制

　　□火災預防與管制

　　□緊急狀況處理與應變規劃

　　□標的物內通行管制

　　□物品進出管制

　　□其他約定項目

　　□駐衛區內人員意外之預防與安全

　　□＿＿＿＿＿

六　甲方要求或指示乙方所為之各項服務，須以不牴觸法令為限，如乙方認為甲方之要求或指示違反法令，須向甲方詳細解說相關法令。

七　乙方駐衛人員在標的物與執行公務之警察實施聯巡或會哨，甲方不得禁止或限制。

八　乙方於簽訂本契約前應提出企劃書，經雙方同意者，為本契約之附

件，其內容至少應包括：

(一)標的物基本資料、公共區域詳細範圍、警備（報）設施。

(二)保全工作職責、組織編制、人事費用、值勤設備需求。

(三)駐衛保全哨之勤務內容、作業重點、工作時間、執勤人數、保全人員配備。

(四)安全管制建議。

第 5 條　保全服務期間

本契約之保全服務期間自＿＿年＿＿月＿＿日＿＿時＿＿分開始，至＿＿年＿＿月＿＿日＿＿時＿＿分止，不因甲、乙雙方負責人之變更而失效。

第 6 條　保證金

本契約簽訂時，由甲方提供新台幣＿＿元（不得超過每月保全費用）作為保證金交付乙方。

前項保證金於本契約期滿或服務終止時，應由乙方於七日內原數無息退還甲方。

第 7 條　駐衛保全費用

在本契約有效期間內，甲方應按月給付乙方新台幣＿＿元（內含服務費＿＿元及營業稅＿＿元），當月之上述費用應於次月五日前，以下列方式之一給付之：

□由甲方以現金或即期支票自行繳入乙方所指定之郵政劃撥帳號或銀行之帳戶

□由乙方派員前來收取

□其他方式＿＿＿＿＿

前項營業稅之金額如經變更徵收率時，應依變更後之稅率計算。

第 8 條　保全作業空間及設備

一　甲方應無償提供適當之執勤處所、聯絡電話、桌、椅、燈等便利服務之用具。

二　甲方應提供適當警備（報）設施、法定消防設施供乙方使用，警備（報）設施包括：

□門禁系統

□電腦門禁與辨識系統

□盜警系統

□閉路電視與監視系統

□錄影、錄音設備

□緊急廣播系統

□對講機系統

□緊急押扣

□火警系統

□大樓自動化系統（HA）

□其他_____

三　執勤處所相關費用負擔如下：

1.甲方負擔

水電費

_____

_____

2.乙方負擔

膳食費

_____

_____

四　駐衛人員之服裝與執行勤務之所需裝備除第二款約定由甲方提供者外，由乙方自行提供。

第　9　條　駐衛保全人員紀律

一　駐衛人員應依企劃書之規定執行勤務。

二　甲方對駐衛人員執行勤務狀況有監督權，乙方對駐衛人員應善盡管理考核之責。

三　駐衛人員如有怠忽職守、不遵守勤務準則規定、違反本契約約定或其他不法情事，甲方應以書面通知乙方按情節輕重予以懲處或調換。

第　10　條　保險事宜

乙方應依保全業法第九條規定投保責任保險，乙方經甲方之請求，應給予該保險單影本。

第　11　條　賠償責任金額及程序

乙方或乙方駐衛人員未能善盡第三條、第四條所定之駐衛保全業務、洩漏應保守之秘密或其他侵害甲方、所屬區分所有權人或住戶權益之情

事，乙方應負損害賠償責任。

乙方依前項規定負損害賠償者，以損害賠償請求權人所受之財物損失為原則，並以金錢賠償為限。但損害賠償請求權人受原物尋獲通知後＿＿個月內，未主張取回原物者，原物歸乙方處理，不得異議。

前項損害賠償請求權人應於損害事故發生（發現）時起＿＿小時內報警處理，並於＿＿日內以書面向乙方提出警察機關受理案件證明文件及附客戶損失清單（記載損失財物名稱、數量、進價及總金額等）。

為辦理損害賠償事宜，損害賠償請求權人應提供有關帳冊、憑證及其他資料供查證。

第 12 條　乙方因前條第一項所負損害賠償責任，雙方同意依下列方式辦理：

一　甲方於損害發生後依第十一條第三項申報損失，在未超過新台幣＿＿元之範圍內，由乙方依據甲方申報損失之金額予以賠償。

二　甲方主張其損害逾前款金額者，於甲方舉證證明其損失財物之名稱、數量、進價及總金額後，由乙方按甲方之實際損害負賠償之責，其最高金額為新台幣＿＿元。但其損失財物為金錢、有價證券、珠寶或其他貴重物品者，其每件最高賠償金額新台幣＿＿元。

前項第二款之情形，甲方能證明乙方有故意或重大過失者，不受最高賠償金額之限制。

第 13 條　乙方就執行本契約所負損害賠償責任，如損害之發生或擴大，甲方或甲方人員或甲方住戶與有過失者，得減輕或免除賠償責任。

第 14 條　免責事由

一　因天災、地變、颱風、洪水、戰爭、暴動、火災、氣爆、保全人員不及防備而突然發生或人力無法控制之破壞、或其他人力不可抗拒之事由所造成之損失者。但因乙方過失所致者，不在此限。

二　甲方、所屬區分所有權人或住戶持有之設備或相關設施，因其本身固有瑕疵所致者。

三　因甲方或甲方人員之故意或過失所致者，或因甲方人員或標的物公寓大廈內之區分所有權人住戶或使用人違反保全管制規定所致者。

四　標的物公寓大廈專有專用部分或約定專用部分設施或財物被盜或失火所致之損害，或甲方於營業時間內標的物內設施或財物被盜、失火所致之損害。

五　乙方已合理建議甲方改善設施或改進保全管理措施，而甲方為未接

納所致之損害。

六　依第十九條第一款之駐衛人員或服務時間，乙方未能看管之標的物內設施或財物被盜或失火所致之損害。

七　甲方指揮調派乙方駐衛人員所致之損害。

八　標的物內設施設備之自然或人為損害。

九　停車場內車輛或車內財物被盜或破壞之損害。

十　甲方於本契約明文約定保全服務外，未經乙方書面同意，額外要求乙方駐衛人員提供服務所致之損害。

十一　乙方於案發當時立即捕獲主要暴徒竊犯送警法辦者。

十二　因甲方發生債務糾紛，乙方已盡防範義務並報警處理，仍無法阻止債權人強行搬走之財物損失。

十三　其他僅可因歸責於甲方、甲方人員或公寓大廈內區分所有權人、住戶、使用人者所致之損害。

十四　於第四條第四款之情形，乙方於意外事故或竊賊入侵或暴行發生時，已即時通報警察、消防機關及甲方，並予監視及為必要之處置者。

十五　甲方標的物未能通過建築公共安全檢查或消防安全檢查，而導致災害發生或擴大者。

第　15　條　甲方得隨時以書面通知乙方終止本契約，於通知到達乙方後十四日生效。但其契約期限一年以上（含一年）者，於通知到達乙方後六十日生效。甲方亦得支付上述預告期間之服務費，即時終止本契約。

契約履行未逾一年甲方無正當理由而終止本契約者，應賠償乙方新台幣____元（不得逾一年應收保全費用與終止前已收費用之差額）。但契約已履行逾一年以上者，不在此限。

第一項情形，乙方應將已收甲方終止生效日後未到期之駐衛保全費用，連同保證金，與前項之損害賠償金額結算互抵後，其餘額應於終止日起十日內返還，相關器材、設備並應點交。

甲方因乙方違反本契約之約定，經甲方通知乙方改正而未於三日內改正者，得以書面終止契約時，於通知到達乙方後生效。乙方應於終止日起十日內返還已收甲方未到期之服務費用及保證金。甲方如受有損害，並得依本契約請求損害賠償。

第　16　條　有下列情事之一者，乙方得以書面通知甲方終止契約：

一 因天災、地變、颱風、洪水、空襲、爆炸、戰爭等不可抗力之事由，致乙方不能對甲方繼續提供防護服務者。

二 甲方積欠第六條應繳之費用，經乙方以書面通知催收仍未於七日內繳費，而無正當理由者，乙方得隨時以書面通知甲方終止本契約，停止服務。

三 乙方有其他正當事由者。

乙方依前項第一、二款終止契約時，於通知到達甲方後生效。依前項第三款終止契約時，於通知到達甲方後十四日生效，但其契約期限一年以上者，於通知到達甲方後六十日生效。

乙方依前兩項終止契約時，得收取到終止日之保全費用。就已收甲方終止生效日後未到期之保全費用及保證金，則應於終止日起十日內返還，相關器材、設備並應點交。

第 17 條 本契約期滿一個月前，甲乙雙方未以書面通知他方不續約者，本契約繼續有效，自動延長一年，以後亦同。

第 18 條 有下列情形之一者，保全費用得經雙方書面同意作適當調整：

一 自乙方開始服務日起，每逾一年，遇有物價重大變動者。

二 因勤務內容更易、人員增減者。

第 19 條 其他協議事項

一 本契約後附之駐衛人員及編組服務時間，構成本契約之一部分。

二

三

第 20 條 就本契約所生之任何爭議事項，如經涉訟，雙方合意以＿＿＿＿＿地方法院為第一審管轄法院。

第 21 條 本契約如有未盡事宜，依有關法令及誠信與平等互惠原則公平解決之。本契約條款如有疑義時，應為有利於甲方之解釋。

甲方於本契約終止後，自終止之日起算兩年內，不得留用乙方前所派駐之任何駐衛人員，如有違反時，甲方應依留用時間之久暫，以本契約所定保全費收費標準，依比例賠償乙方。

第 22 條 本契約書壹式貳份，由甲乙雙方簽名蓋章後生效，並各執壹份正本，以資信守。

立契約書者：

甲方： 公寓大廈管理委員會　　　　　　　甲方：　　　　　　公司

主任委員（負責人）：　　　　　　　　負責人：

住址：　　　　　　　　　　　　　　　　住址：

電話：　　　　　　　　　　　　　　　　電話：

身分證號碼：　　　　　　　　　　　　　統一編號：

（統一編號）

乙方名稱：　　　　　　　　　　　　　　保全股份有限公司

負責人：

住址：

電話：

統一編號：

中　　　華　　　民　　　國　　　年　　　月　　　日

附錄八　系統保全服務定型化契約範本

本範本於89年1月17日台（89）內警字第8981055號公告。

依據：保全業法第十二條、保全業法施行細則第十條、消費者保護法第十七條。

系統保全服務定型化契約範本

本契約於中華民國　　年　　月　　日

經甲方攜回審閱（契約審閱期間至少七日）

乙方簽章：

甲方簽章：

注意事項：

一、為確保增進消費者之交易安全，並維護消費者實質之契約自由，請於簽訂「系統保全服務定型化契約範本」時，審慎研議後始簽訂。

二、有關本契約範本第十條第一款所稱之「必要資料」，係指甲方僅於安裝保全系統必要範圍內，始有提供資料之義務。

系統保全服務定型化契約範本

立契約書人（系統保全服務消費者）：　　　　　　（以下簡稱甲方）

　　　　　（系統保全業者名稱）：　　　　　　（以下簡稱乙方）

甲乙雙方同意就系統保全服務契約事項依下列約定辦理：

第　1　條　對消費者之說明義務

為維護雙方權益，乙方應向甲方解說本契約之主要條款、乙方因執行本契約保全業務所應負之賠償責任後，雙方始協議簽訂本契約。

第　2　條　保全服務期間

本契約之保全服務期間為　　年　　個月。

本契約之保全系統與器材之裝置施工期間為　　日，自　　年　　月　　日開始施工。

第一項保全服務期間，自乙方之書面「保全服務通報」所訂防護服務開始日起算。

第　3　條　保全服務之標的物及範圍

一　標的物名稱：

二　地址：

三　範圍：如附圖紅線標示內區域。

第　4　條　保全義務

一　乙方應確保提供本契約所訂之各種保全服務。

二　乙方就各項安全配合防範注意事項，須對甲方盡告知說明之義務。

三　乙方及其保全人員或使用人就所知悉之秘密事項，不得洩漏。

第　5　條　保全服務作業

一　乙方提供　☐專　　線　保全系統（以下簡稱本系統）所需之器材設
　　　　　　　☐電話線　備，並負責設計完成安裝。

二　本系統之功能為乙方在防護時間內，運用電腦或其他設備監視本系統之反應，於偵知有人或異物等侵入防護區域時，及時發出異常或警示信號，並立即派員前往的物現場查勘。如確屬有人或異物等入侵，即一面監視現場，一面通報警察機關與甲方會同處理。

三　為維護標的物安全，履行防護服務之義務，乙方應執行下列事項：

(一)每＿＿個月至少於通知甲方後，依約定時間派員檢查標的物安全狀況＿＿次，並提供有關建議。

(二)每＿＿個月至少派遣巡邏車輛巡視標的物環境＿＿次，並提供有關建議。

(三)乙方應對甲方之保全系統運作，自裝設開通日起算，至少每＿＿個月於會同甲方後做定期檢修測試與保養，以維護運作正常。

第　6　條　傳訊方式

由甲方費用均由甲方負責，作為本系統由標的物連接乙方管制中心間之自動傳遞警訊之路線。

第　7　條　防護時間

一　本系統之防護時間如附表（時間之約定宜具有彈性）。

二　乙方對甲方標的物之防護時間以甲方設定時間為準。防護時間開始時甲方將本系統予以「設定」，將防護責任移交乙方，至防護時間結束時，「解除」本系統之設定，由甲方將防護責任收回自行負責。

三　甲方如有特殊情事須延長或縮短防護時間，或須將本系統予以連續設定或不設定，應於事前通知乙方。

四　□甲方未於約定之起訖時間將本系統予以設定或解除，而有延後設定或提前解除之情事，其延後設定時間超過＿＿小時（不得超過二小時），提前解除時間超過三十分鐘者，乙方應向甲方查詢。

　　□甲方未於約定之起訖時間將本系統予以設定或解除，乙方不負責向甲方查詢。

第　8　條　保全系統與器材之歸屬及修復事宜

一　保全系統與器材由乙方提供者，其所有權歸屬乙方。但另有約定者，不在此限。

二　非經乙方許可，甲方不得任意拆卸或改變在標的物內裝置器材之位置。因房屋修繕等原因須移動器材者，甲方應於＿＿日前通知乙方，乙方辦理完成後，甲方應給付經雙方約定之拆遷與改裝費用。

三　本系統器材之損壞失靈，由乙方免費修理。但因可歸責於甲方之事由所致者，其所需費用由甲方負擔。

四　本契約服務期間屆滿或終止後，甲方允許乙方進入標的物內拆回保

全器材,無正當理由,甲方不得拒絕。但無法通知甲方或甲方所在、行蹤不明者,甲方同意由乙方會同當地之村(里、鄰)長、警察或自治團體人員進入甲方標的物內,拆回屬於乙方之保全器材。

第 9 條 緊急處置

為便利乙方履行本契約所定之保全義務,甲方授與必要之權限,並將標的物有關房門鑰匙密封,交由乙方保管,乙方不得複製該鑰匙。

於防護時間內,乙方於防護區域內有事故發生時,除即為緊急處置外,並即通報警方及甲方會同處理。

甲方未將標的物有關房門鑰匙,交由乙方保管者,於防護時間內,乙方於防護區域內有事故發生時,應即通知甲方緊急聯絡人及警方到場共同進入查看標的物,其情況緊迫者,乙方得採取必要方法進入標的物並為緊急處置。

前兩項情形,乙方應於事後將處理狀況以書面通知甲方。

第 10 條 協力義務

一 為乙方設計與安裝保全器材之需要範圍內,甲方應依乙方之請求提供必要資料。

二 甲方應協調大樓管理人員或駐衛人員,遇有緊急情況,大樓管理人員或駐衛人員必須於接到乙方通知在保全人員到達時立即開門,以便保全人員進入作緊急處理。

三 凡裝有緊急通報器者,如須試驗機器性能,甲方應先通知乙方,並須在約定時間內試驗。如因誤觸緊急通報器,而致乙方出動勤務時,甲方應按乙方出勤狀況酌付出勤費____元(最高額不得超過新台幣伍佰元)。但甲方無過失者,乙方不得收取任何費用。

四 甲方於設定本系統前,應確實檢查標的物內是否暗藏人員。

五 甲方知悉或發現停電、停話或修理電話等通知或徵狀時,應即通知乙方。

六 本系統無法設定時,甲方應速與乙方聯絡,乙方應即派員前往檢修。

七 甲方或甲方緊急聯絡人接獲乙方緊急電話通知後,應立即趕往標的物現場,確認狀況及會同清查有無財物損失。

八 甲方如須遲延離開標的物時,應儘速通知乙方。

九 甲方指定之緊急聯絡人、電話號碼及標的物門鎖,有所變更時,應

儘速通知乙方。

第 11 條 損害賠償

乙方就本契約防護時間以內,因本系統設計錯誤、器材或設備失靈、人員失誤或洩漏秘密,或其他違反本契約之義務,致甲方遭受損失者,乙方應負賠償責任。

乙方依前項規定負損害賠償者,以甲方因被盜所受之財物損失為原則,並以金錢賠償為限。但原物尋獲時,甲方得退還所受之賠償金,取回原物。

甲方應於損害事故發生(發現)時起____小時內報警處理,並於____日內以書面向乙方提出警察機關受理案件證明文件及附客戶損失清單(記載損失財物名稱、數量、進價及總金額等)。

為辦理損害賠償事宜,甲方應提供有關帳冊、憑證及其他資料。

第 12 條 請求方式

乙方因前條第一項所負損害賠償責任,雙方同意依下列方式辦理:

一 甲方於損害發生後依第十一條第三項申報損失,在未超過新台幣____元之範圍內,由乙方依據甲方申報損失之金額逕予賠償。

二 甲方主張其損害逾前款金額者,於甲方舉證證明其損失財物之名稱、數量、進價及總金額後,由乙方按甲方之實際損害負賠償之責,其最高賠償金額為新台幣____元。但其損失財物為金錢、有價證券、珠寶或其他貴重物品者,其賠償標準如下:

(一)金錢放入裝有金庫偵測器之金庫(保險櫃)者,最高賠償新台幣____元,其未放入裝有金庫偵測器之金庫(保險櫃)者,最高賠償新台幣____元。

(二)有價證券、珠寶或其他貴重物品每件價值在新台幣____元以上者,放入裝有金庫偵測器之金庫(保險櫃)者,最高賠償新台幣____元,其未放入裝有金庫偵測器之金庫(保險櫃)者,最高賠償新台幣____元。

前項第二款之情形,甲方能證明乙方有故意或重大過失者,不受最高賠償金額之限制。

第 13 條 投保責任險

乙方應就執行本契約所負損害賠償責任,向財政部核准之保險公司投保責任保險,保險證明單影本並作為乙方應交付甲方文件之一。

第　14　條　免責事由

有下列情事之一者，乙方不負賠償責任：

一　因天災、地變、颱風、洪水、戰爭、暴動、交通管制或其他人力不可抗拒之事由所造成之損失者。但因乙方過失所致者，不在此限。

二　在防護區域外或防護時間以外，所發生之損失。

三　乙方於案發當時立即捕獲主要暴徒竊犯送警法辦者。

四　甲方將部分區域解除防護（旁路），而非因系統設計錯誤，並能證明與損害之發生有因果關係，並經乙方告知不得解除。

五　甲方未經乙方同意，自行改裝、拆遷、破壞本系統上之有關器材、線路，造成本系統未能依原設計偵測或傳訊。

六　甲方改變標的物所屬門窗、牆壁，而未通知乙方配合變更設計或更換器材。但乙方知悉甲方變更之情事而未提供建議者，不在此限。

七　因甲方發生債務糾紛，乙方已盡防範義務並報警處理，仍無法阻止債權人強行搬走之財物損失。

第　15　條　過失相抵

乙方就執行本契約所負損害賠償責任，如損害之發生或擴大，有下列情事之一，乙方得減輕或免除賠償責任：

一　甲方或其代理人或使用人與有過失者。

二　甲方未交鑰匙給乙方，致乙方保全人員於事故發生時，雖已及時趕至現場，但無法及時進入檢查捕賊者。

第　16　條　電訊不能傳遞之處理

因電力公司或第三人之施工、停電等外力因素，致保全系統電訊不能傳遞，於設專線之情形，乙方應即通知甲方；於使用電話線之情形，於定測之時間＿＿＿內發現電訊不能傳遞者，應於發現時即通知甲方。

乙方未依前項通知甲方，對因此所生損害，應負損害賠償責任。

乙方通知甲方後，甲方未採取必要之協力義務，而乙方已盡必要防範義務，因此所生損害乙方免責。

因電訊不能傳遞或其他情形，無法通知甲方時，或於定測時間前發生之損害，乙方就此已盡必要防範義務，對甲方因此所受損害，每一事故乙方賠償新台幣＿＿＿元，但同一事故賠償不超過新台幣＿＿＿元。

第　17　條　保證金

本契約簽訂時，由甲方提供新台幣＿＿＿元（不得超過每月保全費用之兩

倍）作為保證金，交付乙方。

前項保證金於本契約期滿服務終止時，應由乙方於（七日）內拆回本系統之全部器材同時，原數無息退還甲方。

第 18 條　保全費用

自乙方「保全服務通報」所訂之防護開始日起，在本契約有效期間內，甲方應按月給付乙方新台幣＿＿＿元（內含服務費＿＿＿元、專線月租金＿＿＿＿元及營業稅＿＿＿元），付款方式以＿＿＿個月為一期，

□於每期開始前＿＿＿日內

□於每期屆滿前＿＿＿日內　，以下列方式之一給付：

□由甲方以現金或即期支票自行繳入乙方所指定之郵政劃撥帳號或銀行之帳戶

□由乙方派員前來收取

□其他方式＿＿＿＿＿

第 19 條　保全費用之調整

有下列情形之一者，保全費用得經雙方書面同意作適當調整：

一　自乙方開始服務日起，每逾一年，遇有物價重大變動者。

二　因擴大、縮小保全防護範圍者。

第 20 條　施工費用

本系統第一次設計、器材及施工之費用，由甲方負擔。

甲方嗣後如有必要變更原設計時，施工費用亦由甲方負擔。

前二項所需費用及契約終止後之拆除費用，應由乙方開列明細表，經甲方同意後，由乙方施工。

乙方應於約定之期限內完成施工，甲方並應配合辦理。

第 21 條　續約

本契約期滿一個月前，□甲乙雙方未以書面通知他方不續約者　，
　　　　　　　　　　　　□乙方應通知甲方契約期滿，並獲得乙方書面同意
本契約繼續有效，自動延長一年，以後亦同。

第 22 條　暫停服務

在本契約存續期間內，甲方得以書面通知乙方暫停服務，於通知到達時生效。乙方不得收取暫停服務期間之服務費。但專線費用仍由甲方負擔，乙方應代甲方繳交。

暫停服務期間累計超過　　　　日者，乙方得終止本契約。

本契約曾因故暫停服務，應於恢復服務期間，按暫停日數延長本契約之執行，以抵補中斷之時日。

第　23　條　甲方終止契約

甲方得隨時以書面通知乙方終止本契約，於通知到達乙方後十四日生效。但其契約期限一年以上者，於通知到達乙方後三十日生效。甲方亦得支付上述預告期間之服務費，即時終止本契約。

甲方無正當理由而終止本契約者，應賠償乙方新台幣＿＿＿＿元（不得逾一年應收保全費用與終止前已收費用之差額）。但契約已履行逾一年以上者，不在此限。

第一項情形，乙方應將已收甲方終止生效日後未到期之保全費用，連同保證金，於終止日起算十日內返還，拆除器材之費用由甲方負擔。

甲方因乙方違反本契約之約定，以書面終止契約時，於通知到達乙方後生效。乙方應於終止日起十日內返還已收甲方未到期之服務費用及保證金，並自行負擔拆除器材之費用。甲方如受有損害，並得依本契約請求損害賠償。

第　24　條　乙方終止契約

有下列情事之一者，乙方得以書面通知甲方終止契約：

一　因可歸責於甲方之事由，致損壞乙方之器材者；或甲方有其他違約事由者。

二　因天災、地變、颱風、洪水、空襲、爆炸、戰爭等不可抗力之事由，致乙方不能對甲方繼續提供防護服務者。

三　甲方積欠第十八條應繳之費用，經乙方以書面通知催收仍未於七日內繳費，而無正當理由者，乙方得隨時以書面通知甲方終止本契約，停止服務，並拆回所裝置之器材。

四　乙方有其他正當事由者。

乙方依前項第一至三款終止契約時，於通知到達甲方後生效。依前項第四款終止契約時，於通知到達甲方後十四日生效。但其契約期限一年以上者，於通知到達甲方後三十日生效。

乙方依前兩項終止契約時，應於終止日起十日內返還已收甲方終止生效日後未到期之保全費用及保證金，並於終止日起七日內拆回本系統之全部器材，自行負擔拆除器材之費用，甲方不得拒絕乙方拆回本系統之全部器材。

因可歸責於甲方之事由，致損壞乙方器材而終止契約者，乙方得以甲方之保證金抵償損害，如有不足並得另行求償。

第 25 條 其他協議事項

一 本契約書後附之裝置器材數量表、保全系統設計圖、保全系統開通時由乙方送交甲方之「保全服務通報」及其他相關附件或協議書，均構成本契約之一部分。

二 本契約有關之通知如因可歸責於甲方之事由而無法送達時，即以緊急聯絡人為代收人。

第 26 條 訴訟管轄

就本契約所生之任何爭議事項，如經涉訟，雙方合意以＿＿＿＿地方法院為第一審管轄法院。

第 27 條 其他約定

本契約如有未盡事宜，依有關法令及誠信與平等互惠原則公平解決之。本契約條款如有疑義時，應為有利於甲方之解釋。

第 28 條 契約份數

本契約書壹式貳份，由甲乙雙方簽名蓋章後生效，並各執壹份正本，以資信守。

立契約書者：

甲方：

營利事業統一編號：

住址：

負責人：

負責人身分證號碼：

乙方名稱：

營利事業統一編號：

住址：

負責人：

負責人身分證號碼：

附錄九　住宅防竊安全檢測表修正版

一、關於住戶基本資料；

二、關於檢測日期、人員、承辦分局、警勤區；

三、評分說明：本檢測旨在評估居住場所遭竊可能性。分成兩大部分，第一部分每題填選
是或否，只要其中一個問項填答是，原則上居住場所不會遭竊；第二部分每題也是
填答是否，填答是的話，每題給兩分，填答否不給分；第三部分每題有三個選項，
填答第一選項者給兩分，填答第二選項者給一分，填答第三選項者給0分，皆未填答
者給0分，分數愈高表示居住場所不可能被竊。

四、內容

第一部分

是否

□□1.上班上學期間會有人在家嗎？

□□2.所住的社區保全人員會依規定登記訪客嗎？

□□3.所住大廈或大樓管理員會依規定登記訪客嗎？

□□4.居住場所有裝設電子保全設備嗎？

第二部分

是否

□□1.所居住社區的重要路口有裝設監視攝影機嗎？

□□2.所居住大廈或大樓有裝設監視攝影機嗎？

□□3.居住場所有裝設不鏽鋼實心鐵窗嗎？

□□4.居住場所有裝設警民連線系統嗎？

□□5.居住場所有裝設無法被任意拆掉線路的警報器嗎？

□□6.居住場所有管理員嗎？

□□7.所居住的社區有保全人員看守嗎？

□□8.居住場所有看門狗嗎？

□□9.居住的電梯大廈、公寓大樓或透天厝的屋頂無法跟別棟連通嗎？

□□10.所居住的電梯大廈或公寓大樓，有住戶未裝鐵窗嗎？

□□11.所居住的電梯大廈、公寓大樓或透天厝不容易攀爬嗎？

□□12.住宅或建築物傳統式的冷氣台有加裝鐵窗嗎？

□□13.所居住的電梯大廈、公寓大樓的公共大門或透天厝的庭院大門是刷卡進入的嗎？

□□14.住宅住在封閉式的小型社區內嗎？

第三部分

(一)關於被發現與檢舉部分

1.上班上學期間有人在家嗎？□經常有；□偶而有；□沒有。

2.當陌生人在居住場所前逗留時，鄰居會懷疑並加以盤問或注意陌生人動靜嗎？□經常會；□偶而會；□不會。

3.住在同一棟大廈或大樓或封閉式小社區的居民發現有陌生人進來時，他們會盤問或注意陌生人動靜嗎？□經常會；□偶而會；□不會。

4.住宅住在電梯大廈的：□低樓層；□中樓層；□高樓層。

5.居住場所內養：□大型或兇猛狗；□中型狗；□小型狗。

6.白天家中無人時，會刻意讓室內發出聲響嗎？□經常會；□偶而會；□不會。

7.傍晚或晚上無人在家時，會故意打開室內的燈光嗎？□經常會；□偶而會；□不會。

(二)關於接近可能性

8.如果是獨棟四周有圍牆的居住場所，當有人要攀爬圍牆進入時：□容易引起懷疑；□可能引起懷疑；□不會引起懷疑。

9.如果是獨棟四周有空地的居住場所，當有人要接近、踏入或攀爬時：□容易引起懷疑；□可能引起懷疑；□不會引起懷疑。

10.居住的大廈、大樓的公共大門：□隨時關著；□偶而開著；□經常開著。

(三)關於侵入可能性

11.居住場所前門是：□鋼門；□鋁門；□木門。

12.居住場所後門是：□鋼門；□鋁門；□木門。

13.居住場所頂層樓梯門是：□鋼門；□鋁門；□木門。

14.居住場所前門門鎖是：□五段鎖；□三段鎖；□一段鎖。

15.居住場所後門門鎖是：□多段鎖；□一段鎖；□喇叭鎖。

16.居住場所頂層樓梯門是：□多段鎖；□一段鎖；□喇叭鎖。

17.居住場所裝設：□一公分厚度以上實心鐵窗；□不足一公分厚度實心鐵窗；□鋁窗。

18.居住場所鐵窗所留的逃生孔：□上鎖關著；□偶而上鎖關著；□沒有上鎖開著。

(四)關於目標價值

19.居住場所外觀與形式比左鄰右舍：□顯然貧窮；□差不多；□顯然富裕。

資料來源：莊忠進，侵入竊盜犯目標選擇之研究，中央警察大學犯罪防治研究所博士論文，2005年12月，361-363頁。此版本係對台北市警察局之住宅竊盜安全檢測報告表加以研究修正之結果，經作者同意引用。

參考書目

〔中文部分〕

內政部警政署刑事警察局編印（民92） 台閩刑案統計，內政部警政署刑事警察局。

王化榛（民93） 我國保全業之經營管理現況與挑戰，第一屆保全業與治安國際學術研討會，台北：內政部警政署刑事警察局主辦。

王志誠（民93） 協助建立全民治安防護網——保全業的治安角色，文載於刑事雙月刊第3期，內政部警政署刑事警察局印行。

王英任（2003）：人臉遮蔽之即時辨識系統設計與製作。中央大學電機工程所碩士論文。

王家駿等譯（民90） 性侵害再犯之防治，台北：五南圖書出版公司。

王振生（民92） 保全業經營管理及未來展望，保全人員訓練計畫講習教材，內政部警政署刑事警察局編印，2003年8月，12頁以下。

王振興（2003）：多標的汽機車車牌辨識系統之研究。元智大學資料管理研究所碩士論文。

王朝煌（2006）：打造電子圍牆學者警界多搖頭？中國時報民意論壇。

王曉明（民93） 美國保全證照制度之現況，文載於第一屆保全業與治安國際學術研討會，9月16日至17日，內政部警政署刑事警察局主辦。

王曉明（民95），安全管理理論架構之探討，中央警察大學行政系、行管系暨政治大學公行系95年學術研討會論文集，23頁。

江兆文（2003）：多重特徵車輛辨識系統之研究。長庚大學機械工程研究所碩士論文。

艾鵬（2005）：監視錄影系統在犯罪防制效果之研究——以警察人員、鄰里長為例。中央警察大學犯罪防治研究所碩士論文。

行政院（2005）：台灣健康社區六星計畫推動方案。94年4月14日，行政院院台文字第0940014390號函核定。

何明洲（民93） 犯罪偵查實務，中央警察大學出版社。

吳睿哲（2002）：利用貝氏方法於車牌辨識。中興大學應用數學系碩士論文。

呂育生（民86）　交通警察實務概論。

李正裕（2002）：車牌辨識系統之研究。靜宜大學資訊管理學系碩士論文。

李振昌（民91）　企業安全管理完全手冊（上、下），台北：紐奧良（原著書名：Introdution to Security, by Robert J. Fischer, Gion Green, 1998）。

李國彥（2003）：車牌辨識系統之研究。大同大學通訊工程研究所碩士論文。

李湧清（2005）：閉路攝影機在犯罪防制效果之實證分析。行政院國家科學委員會專題研究計畫，NSC93-2414-H-015-012-SSS。

李湧清（民80）　私人警衛及其相關問題之思考，警學叢刊，12月，22卷2期，62頁。

李震山、鄭善印、許春金等合著（民94）第四編第一章李永然、施盈志，論社區之門禁管制是否屬於「保全」實務。保全業與治安法治建構與犯罪抗制，台北：五南圖書出版公司。

李憲正（民89）　新竹科學工業園區私人警衛模式之實證研究，中央警察大學行政警察研究所，18-19頁。

周煌智（民88）　性犯罪者的神經心理學危險因子，行政院國科會專題研究計畫NSC 87-2418-H-282-002-Q13。

林坤村（2005）：警察與民眾對閉路監錄系統重視度與滿意度之研究──以嘉義市路口監錄系統為例。中正大學犯罪防治研究所碩士論文。

林明傑（民90）　性罪犯之再犯預防：一個整合司法處遇及臨床處遇之預防策略，中華民國犯罪學學會會刊，2卷4期。

林明傑、曾姿雅（民93）　性侵害犯罪問題與防治對策，文載於楊士隆主編「暴力犯罪：原因、型態與對策」，台北：五南圖書出版公司印行。

林耿毅（民87）　ISO 9002營造手冊，台北：科技圖書股份有限公司。

邱中岳（民97）　觀光飯店安全管理，2008年保全實務與犯罪防治學術研討會，吳鳳學術學院保全管理系，20頁。

邱文鴻（2003）：自動人頭偵測與追蹤系統：使用一般化Hough轉換。成功大學資訊工程學系碩士論文。

邱瑩青（2003）：動態彩色影像之車牌辨識。淡江大學資訊工程學系碩士論文。

邱豐光（民93）　保全業之古早史，文載於刑事雙月刊第3期，內政部警政署刑事警察局印行。

施桑白（民93）　我國保全業評鑑制度之規劃研究，文載於第一屆保全業與治安國際學術研討會，內政部警政署刑事警察局主辦。

袁凱群（2005）：限制區域非法進入者之偵測。中央大學資訊工程研究所碩士論文。

高永昆（民92）　保全業經營管理及未來展望，保全人員訓練計畫講習教材，內政部警政署刑事警察局編印，8月，103及117頁以下。

高永昆、李永然（民90）　社區商場及大樓之保全與管理，台北：永然文化出版股份有限公司。

高永昆、李永然、劉智圜（民90）　公寓大廈管理服務人之管理與保全實務，台北：永然文化出版股份有限公司。

張玉璿（民81）　都市及區域規劃，中國土木水利工程學會出版。

張政祺（2002）：利用雙攝影機即時監視系統作人員偵測及特寫之研究。銘傳大學資訊管理研究所碩士論文。

張勝仁（2002）：一個可增強車牌字元辨識效能的多重辨識器設計。中原大學電子工程研究所碩士論文。

許春金（民79）　論都會地區的犯罪預防，台北市少年犯罪防治工作研討，5月18、19日。

許春金（民81）　私人企業尋求保全保護決定因素之探討，國科會委託研究。

許春金（民90）　論犯罪預防多元化——民間犯罪預防（警衛）之興起，文載於犯罪防治學報，中央警察大學印行。

許春金（民93）　犯罪預防與私人保全，台北：瑞興書局。

許春金、侯崇文（民81）　私人企業尋求保全保護決定因素之探討，國科會專題研究計畫。

許春金等（民73）　防竊手冊，財團法人吳尊賢文教基金會印行。

許春金等（民88）　台灣地區性侵害犯罪狀況與型態之調查研究，內政部性侵害防治委員會委託研究。

許瑞山（民93）　我國保全業教育訓練之規劃，文載於第一屆保全業與治安國際學術研討會，內政部警政署刑事警察局主辦。

許福生（民83）　強姦犯強制矯治處分之探討，警學叢刊，24卷3期，中央警官學校印行。

郭志裕（民83）　保全人員教育與訓練之研究，警學叢刊，25卷1期，中央警察大學印行。

郭志裕（民87）　保全業之理論與實務，台北：正信，2版。

郭志裕（民93a）　崛起中的特殊產業——保全業的發展，文載於刑事雙月刊第3

期，內政部警政署刑事警察局印行。

郭志裕（民93b）　從私人保全犯罪預防觀點論國際機場安全檢查委託私人執行之可行性研究，發表於第一屆保全業與治安國際學術研討會，台北。

陳佳宜（2002）：人體追蹤系統之研究。私立淡江大學電機工程所碩士論文。

陳宜中（2005）：「老大哥-主流民意-你的指紋：自由主義與晚近人權爭議」論壇發言稿。殷海光基金會、台灣社會研究季刊、台灣大學社會科學院主辦，2005/06/05，於台灣大學社會科學院國際會議廳。

陳明竺（民82）　都市設計，台北：創興出版社有限公司。

陳建霖（2004）：在常態環境下臉部擷取之研究。南台科技大學電子工程系碩士論文。

陳昭介（2003）：門禁監控系統之影像追蹤。中央大學電機工程研究所碩士論文。

陳維耿（民93）　保全業管理法制之研究，中央警察大學警政研究所碩士論文。

焦興鎧（民89）　工作場所暴力問題之預防及處理，勞工行政，152期，中華民國89年12月15日，26-32頁。

程行健（民94）　金融機構強盜犯生活歷程與犯罪模式之研究，中正大學犯罪防治研究所碩士論文。

黃文雄（2005）：「老大哥-主流民意-你的指紋：自由主義與晚近人權爭議」論壇發言稿。殷海光基金會、台灣社會研究季刊、台灣大學社會科學院主辦，2005/06/05，於台灣大學社會科學院國際會議廳。

黃正龍（2003）：動態車輛之車牌辨識系統。中正大學電機工程研究所碩士論文。

黃軍義（民84）　強姦犯罪之訪談研究，法務部印行。

黃軍義（民86）　強姦犯罪成因及相關問題之研究，法務部印行。

黃泰祥（2004）：具備人臉追蹤與辨識功能的一個智慧型數位監視系統。中原大學電子工程學系碩士論文。

黃敏峰（2002）：人臉追蹤法應用於監控系統之研究。成功大學電機工程學系碩士論文。

黃富源、范國勇、張平吾（民92）　犯罪學概論，台北：三民。

黃富源、黃徵男（民88）　性侵害加害人之特質與犯罪手法之研究，內政部性侵害防治委員會專題研究計畫。

黃富源譯（民74）　以環境設計防治犯罪，新知譯粹，1卷2期，74年6月10日，係清水賢三、高野松男原著「都市之犯罪防止」，文刊於伊藤滋編「都市之犯罪」，日本東京經濟新報社發行，1982年10月12月，206-213頁。

楊士隆（2004），犯罪心理學。台北：五南。

楊士隆（2006），錄影監視系統對治安維護與人權影響之整合型研究——監視系統對犯罪預防之影響，行政院國家科學委員會專題研究計畫。

楊士隆（民84）　運用環境設計預防犯罪之探討，警學叢刊，25卷4期，中央警官學校印行。

楊士隆（民86）　認知行為療法在強姦犯矯治上之應用，犯罪矯正期刊，創刊號，中華民國犯罪矯正協會出版。

楊士隆（民95）　錄影監視系統對治安維護與人權影響之整合型研究——監視系統對犯罪預防之影響，行政院國科會專題研究計畫。

楊士隆、何明洲（2004）：竊盜犯罪防治：理論與實務。台北：五南。

楊士隆、何明洲（民93）　竊盜犯罪防治——理論與實務，台北：五南圖書出版公司。

楊士隆、何明洲、傅美惠（2005）：保全概論。台北：五南。

楊士隆、吳芝儀等（民89）　認知行為處遇法在犯罪矯正上之應用，法務部人員訓練所印行。

楊士隆、林健陽（民92）　犯罪矯治：問題與對策，台北：五南圖書出版公司。

楊士隆、鄭添成、陳英明（民92）　性犯罪者之處遇與矯治制度，月旦法學雜誌，5月號第96期，元照出版有限公司。

楊士隆、鄭瑞隆（民88）　台灣地區強姦犯罪之成因與處遇對策之研究，行政院國家科學委員會專題研究計畫。

楊士隆、鄭瑞隆（民91）　台灣地區性侵害犯罪成因之實證調查研究，犯罪學期刊，9期，中華民國犯罪學學會印行。

楊士隆主編（民101）　校園犯罪與安全維護。台北：五南圖書出版公司。

楊士隆等（民93）　性侵害犯罪再犯率及危險因子之研究，內政部性侵害委員會委託研究。

楊志明、陳永煌、劉紹興（民86）　職業及工作場所相關之暴力事件，中華職業醫學雜誌4卷1期，31-36頁。

楊新乾（民91）　智慧型大樓中央監控系統，台北：科技圖書股份有限公司。

詹慶璇（民79）　建築光環境，台北：淑馨出版社。

蔡中志（民81）　台灣區金融機構搶劫事件與安全防範措施之探討，警學叢刊，22卷4期。

蔡中志（民82）　郵政機構被劫實證與防治措施之研究，中央警官學校出版社印

行。

蔡允棟（民91）　組織承諾與工作滿意：台北高雄兩院轄市基層警察人員和保全人員之比較研究，國科會專題研究計畫（計畫編號：NSC 89-2414-H-194028）。

蔡德輝、楊士隆（2006）：犯罪學。台北：五南。

蔡德輝、楊士隆（民101）　犯罪學（修訂新版），台北：五南圖書出版公司。

蔡德輝、楊士隆、鄭瑞隆（民89）　約會強暴與熟識者強暴之研究，內政部性侵害防治委員會專題研究計畫。

鄭伯南（2002）：模糊推論在保全系統中自動偵測與辨識入侵者之應用。大同大學資訊工程研究所碩士論文。

鄧煌發（民83）　工商場所之犯罪預防，文載於犯罪預防，中央警察大學印行。

鄧煌發、李修安（民101）　犯罪預防，中央警察大學印行。

賴啟忠（民93）　保全業維護治安的功能，文載於刑事雙月刊第3期，內政部警政署刑事警察局印行。

羅燦煐（民84）　解構迷思，奪回黑暗：性暴力之現況與防治，台灣處境白皮書，台北：五南圖書出版公司。

新聞報導

中央社（2005/11/26）：台中市長候選人公辦政見會今晚登場。http://news.yam.com/cna/life/200511/20051126719913.html。

自由時報（2004/08/14）：英監視攝影機　遍佈全國。http://www.libertytimes.com.tw/2004/new/aug/14/today-int5.htm。

自由時報（2005/01/09）：設監視器　北縣三年砸近六億。http://www.libertytimes.com.tw/2005/new/jan/9/today-so3.htm。

〔英文部分〕

Allison, J. A. & L. S. Wrightsman (1993) *Rape: The Misunderstood Crime*. Newbury Park, CA: Sage.

Armitage, R. (2002). To CCTV or Not to CCTV? A Review of Current Researcn inio the Effectiveness of CCTV Systems in Reducing Crime. London: National Association for the Care and Resettlement of Offenders.

Armitage, R. Smyth, G. and Pease, K. (1999). Burnley CCTV Evaluation' in Painter, K. and Tilley, N. (1999). Surveillance of Public Space: CCTV, Street Lighting and Crime Prevention, Criminal Justice Press.

Australia Institute of Criminology (2006), Closed Circuit Television (CCTV): Recent Findings, AI Crime Reduction Matters, NO.42, 2 February.

Axt, David A. (2002) Is Private Security a Profession? *Security Management*. Vol. 46, Issue 8, Arlington.

Bancroft, J. (1983) *Human Sexuality and Its Problems*. Edinburgh: Churchill-Livingstone.

Baron, A. (1993) *Violence in the Workplace: A Prevention and Management Guide for Business*. San Jose, CA: Pathfinders Publishing of California.

Baron, L., M. Strals & D. Jaffee (1988) Legitimate Violence, Violent Attitudes, and Rape: A Test of the Cultural Spillover Theory, in P. A. Prentky V. L. Quinsey (eds.), *Human Sexual Aggression: Unrrent Perspectives*. N. Y. New York Acaedmy of Science.

Barr, R. & Pease K.(1990) Crime Placement, Displacement and Deflection. In M. Tonry & N. Morris (eds.) *Crime and Justice: A Review of Research*. Vol. 12, Chicago: University of Chicago Press.

Blair, C. D. & R. I. Lanyon (1981) Exhibitionism: An Etiology and Treatment. *Psychological Bulletin*, 89: 439-463.

Bland, T.S., & Stalcup, S.S. (1999) Accurate Applications. *Security Management*, 43(6), 38-39.

Blow, Richard (1993) *Stamped Out*. The New Republic, January 1994: 47.

Bradford, D. (1998) Police Officer Candidate Background Investigation: Law Enforcement Management's Most Effective Tool for Emplying the Most Qualified Candidate. *Public Personnel Management*, 27(4):423-445

Brandt, Gerald T. & Brenna, Joseph M. (1994) Workplace Time Bombs Can Be Defused. *Security Concepts*, March.

Brantingham, P. J. & P. L. Brantingham (1981) *Environmental Criminology*. Beverly Hills, Ca: Sage.

Brantingham, P. J. & Brantingham, P. L. (1981) *Enviromental Criminology*. Illinois: Waveland Press.

Brantingham, P. J. & P. L. Brantingham (1984) *Patterns in Crime*. New York: Macmillan.

Brown, B. (1995). CCTV in Town Centres: Three Case Studies (Police Research Group Crime Detection and Prevention Series Paper 68), HMSO.

Burgess, A. W. & L. L. Holmstrom (1985) The Rape Trauma Syndrome. *American Journal of Psychiatry*, 131: 981-999.

Cal/OSHA (1994) Cal/OSHA: Guidelines for Work Security. State of California Department of Industrial Relations Division of Occupation Safety and Health. San Francisco, CA: Author, 1-22.

Castillo, D. N. & E. L. Jenkins (1994) Industries and Occupations at High Risk for Work-Related Homicide. *Journal of Occupational Medicine*, 36: 125-132.

Challinger, D. (1991) Less Telephone Vandalism: How Did it Happen? *Sect Journal*, 2,111-119.

Clarke R. & Homel R. (1997) A Revised Classfication of Situation Crime Prevention Techniques. In *Crime Prevention and Crossroad*. (pp.4) Cincinnati: Anderson.

Clarke, R. V. (1980) Situation Crime Prevention: Theory and Practice. *British Journal of Criminology*, 20, 1980, 136-147.

Clarke, R.V. (1992) *Situational Crime Prevention Successful Case Studies*. New York: Herrow and Heston.

Clarke, R.V. (1995). Situational Crime Prevention. In M. Tonry and D.P. Farrington (Eds.), Building a Safer Society: Strategic Approaches to Crime Prevention: Vol. 19. Crime and Justice: A Review of Research (pp. 91-150). Chicago: University of Chicago Press.

Clarke, R.V. and Homel, R. (1997). A Revised Classification of Situational Crime Prevention Techniques. In S.P. Lab (Ed.), Crime Prevention at a Crossroads (pp.17-27). Cincinnati, OH: Anderson.

Clarke, R. & R. Homel (1997) A Revised Classification of Situation Crime Prevention Techniques. In Crime Prevention and Crossroads. Steven Lab (Cincinnati: Anderson), p. 4.

Clifford, M. (2004) *Indentifying and Exploring Security Essentials*. NJ: Pearson Education Inc.

Clifton, W. (1987) Convenience Store Robberies in Gainesville, Florida Paper presented at the annual meeting of the American Society of Criminology, Montreal, Quebec, November.

Cohen, M. L., R. Garafalo, R. Boucher & T. Seghorn (1971) The Psychology of Rapists, *Seminars in Psychiatry*, 3: 227-307.

Comer M.J. (1998) *Corporate Fraud*. UK: MPG.

Complete Workplace Violence Prevention Manual (1994) *Newport Beath*. CA: Workplace Violence Prevention Institute.

Crawford A., & Lister S. (2004) A Study of Visible Security Patrols in Residential Areas.

Critchely, T. A. (1967) A History of Police in England and Wales, 2d ed. Montclair, N. Y.: Patterson Smith.

Cumming, G. F. & McGrath, R. J. (2000) *External Supervision: How Can It Increase the Effectiveness of Relapse Prevention?* In R. laws, S. Hudson & T. Ward (Eds.) Remaking Relapse Prevention With Sex Offenders: A Sourcebook (236-253). Thousand Oaks, CA: Sage.

Cunningham W., J. J. Strauchs & C. W. Van Metel (1990) *The Hallcrest Report* II: *Private Security Trends 1970-2000*, p. 237 (Butterworth-Heinemann, 1990) (hereafter, Hallcrest Report II).

Cunningham, William, C. Strauchs, John J. & Van Meter, Clifford W. (1990) *The Hallcrest Report* II: *Private Security Trends 1970-2000*. Stoneham, MA: Butterworth Heinemann.

DeLucia R. C. & Doyle T. J. (1994) *Career Planning in Criminal Justice*. CO: Anderson.

Dingle, Jeff (1993) Back to the Basics. *Security Technology and Design*, November / December, p. 75.

Ditton, J. and Short, E. (1999). Yes It Works, No, It Does'nt: Comparing the Effects of Open-street CCTV in Two Adjacent Scottish Town Centres., In K. Painter and N. Tilley (eds.), Surveillance of Public Space: CCTV, Street Lighting and Crime Prevention, Monsey, NY: Criminal Justice Press.

Doebel, P. A. (1994) Review of Campus Security Programs. *CJ the American*, Volume 7. Number 1, February-March.

Ellis, A. (1979) Sex Offender, in Hans Toch (eds). *Psychology of Crime and Criminal Justice*. Waveland Press Inc.

Epps, Kevin (1996) Sex Offenders, in Hollin, C. R. (ed), *Working with Offenders: Psychological Practice in Offender Rehabilitation*. Chichester: Wiley.

Fennelly, Lawrence J. (1983) Handbook of Loss Prevention and Crime Prevention. Butterworth Publishers.

Finkelhor, D. & I. A. Lewis (1988) An Epidemiologic Approach to the Study of Child Molestation, in R. A. Prentky & V. L. Quinsey (eds), *Human Sexual Aggression: Current perspectives*. New York: New York Academy of Science.

Finkelhor, D. & S. Araji (1986) Explanations of Pedophilia: A Four Factor Model. *The*

Journal of Sex Research, 22: 145-161.

Fowler, F. M.E., McCalla & T. W. Mangione(1979) *Reducing Residential Crime and Fear*. The Hartford Neighborhood Crime Prevention Program. Washington, DC: National Institute of Law and Criminal Justice.

Fox, James Alan & Levin, Jack (1994) Firing Back: The Growing Threat of Workplace Homicide. Annals 536.

Furby, L., M. R. Weinrott and L. Blackshaw (1989) Sex Offender Recidivism: A Review. *Psychological Bulletin*, 105: 3-30.

Gabor, T. (1981) The Crime Displacement Hypothesis: An Empirical Examination. *Crime and Delinquency*, 26: 390-404.

Gardiner, Richard A. (1980) Design for Safe Neighborhoods: The Environmental Security Planning and Design Process. Washington D. C.: American Institute for Research.

Gill, M. and Spriggs, A. (2005). Assessing the Impact of CCTV. Home Office Research Study 292. London: Home Office.

Grahm, James P. (1992) Disgruntled Employees-Ticking Time Bombs? Security Management, November.

Grandmaison, R. and Tremblay, P. (1997). Évaluation des effets de la télé-surveillance sur la criminalité commise dans 13 stations du Métro de Montréal. Criminologie, 30, 93-110.

Griswood D. B. (1984) Crime Prevention and Commercial Burglary: A Time Series Analysis. *Journal of Criminal Justice*, 493-501.

Groth, A. N. (1979) *Men Who Rape: The Psychology of the Offender. New York: Plenum*.

Hall, J. Theft (1952) *Law and Society*, 2d ed. Indianapolis, IN: Bobbs-Merrill.

Harries, K. D. (1974) *The Geography of Crime and Justice*. New York: McGraw-Hill.

Harrington, Katherine L. & Eric J. Gai (1996) Research on Workplace Violence, Summary Report. In Workplace Violence: An Increasing Problem in Our Society, by Michael B. Wishes. Thesis presented to California Lutheran University, May.

Healy, R. J. (1968) *Design for Security*. New York: John Wiley and Sons.

Hess, Karen. M. & Wrobleski, Henry M. (1996) *Introduction to Private Security*. West Publishing Company.

Hess, K.M. & Wrobleski, H.M. (1996) *Private Security*. SP: West.

Hess, Karen M. & Henry M. Wrobleski (1996) *Introduction to Private Security*. Fourth Edition, West Publishing Company.

Home Office Policing and Reducing Crime Unit (2001). Invitation to Tender: Evaluation of CCTV Initiatives. Unpublished Document. London: Author.

IRIS Research litd (2005), Australia Council's CCTV Survey 2005. Wollonging: IRIS Research.

Jacobe, J. (1961) *The Death and Life of Great American Cities*. New York: Random House.

Jeffery, C. R. (1977) *Crime Prevention Through Environmental Design*. London: Sage Publications, Inc.

Jeffery, C. R. (1977). Crime Prevention Through Environmental Design. Beverly Hill, CA: Sage (2nd Edition).

Jeffery, C. R. (1971) *Crime Prevention Through Environmental Design*. Beverly Hills, CA: Sage.

Johnson, Brain R. (2005) *Principles of Security Management*. NJ: Pearson Education Inc.

Johnson, Dennis, L. (1994) A Team Approach to Threat Assessment. Security Management, September.

Johnson, Dennis L., Klehbauch, John B. & Kinney, Joseph A. (1994) Breaking the Cycle of Violence. *Security Management*, February.

Kaufer, Steven & Mattman, Jurg W. (2000) Workplace Violence: An Employer Guide. Workplace Violence Research Institute.

Kehoe, Edward P. (1994) The Security Officer's Handbook, Standard Operating Procedure.

Kelleher, M. D. (1994) Profiling the Lethal Employee. Westport, CT: Greenwood Publishing, 1996. Lopez v. Rouse Co., 37.

Kennedy, Daniel B. (1995) A Synopsis of Private Security in the United States. *Security Journal*, 6, 101-105, Elsevier.

Krott, Rob (1994) Reaching the Breaking Point: Workplace Avengers. *Security September*.

Kushmuk, J. & Whittemore S. (1981) A Re-evaluation of Crime Prevention through Environmental Design in Portland, Oregon: Executive summary.Washington, DC: Government Printing Office.

Lab, S. P. (1992) Crime Prevention: Approaches. Practices and Evalutions. Second Edition, Cincinnati Anderson.

Lavrakas, P. J., Nornoy & J. Wagener (1978) CPTED Commercial Demonstration Evaluation Report (mimeo). Wanston, IL: Westinghouse Electric Corporation.

Mangan, Terence J. and Shanahan, Michael G. (1990) Pulic Law Enforcement / Private

Security: A New Partnership ? FBI Law Enforcement Bulletin, January.

McClure, Lynne F. (1996) Risky Business: Managing Employee Violence in the Workplace. Binghamton, NY: Haworth.

McClure, Lynne F. (1999) Origins and Incidence of Workplace Violence in North America. In Thomas P. Gullotta and Sandra J. McElhaney (eds.) *Violence in Home and Communities*. National Mental Health Association Sage Publications.

McDowall, David and Loftin (1983).

McMurry, Kelly (1995) Workplace Violence: Can IT Be Prevented? Trial 31: 12.

Moffatt (1983) Crime Prevention Through Environmental Design: Management Perspective. *Canadian Journal of Criminology* 25 (No.1): 19-31.

National Advisory Committee on Criminal Justice Standards and Goals (1976) *Report of the Task Force on Private Security*. Waskington, DC:U. S. Government Printing Office.

Nemeth, Charles P. (2000) Private Security and the Investigative Process, Second Edition, Butterworth.

Nemeth, Charles P. (2000) Private Security and the Investigative Process, Second Edition. Butterworth and Heinemann.

Newman, O. (1972) *Defensible Space: Crime Prevention Through Urban Design*. New York: Macmillan.

Newman, O. (1972). Defensible Space: Crime Prevention Through Urban Design. New York: Macmaillan Publications. P.3-4.

Nieto, M. (1997). Public Video Surveillance: Is It an Effective Crime Prevention Tool? Sacramento: California Research Bureau, California State Library.

Nonte (1974)

Norris, C. and Armstrong, G. (1999). The Maximum Surveillance Society: The Rise of CCTV. Oxford: Berg.

O'Block, R. L. (1981) *Security and Crime Prevention*. London: Mosby.

Olinos, Ross A. (1994) Is the Workplace No Longer Safe? Security Concepts. April, 9.

Ortmeier, P. J. (2005) *Security Management*. NY: Pearson Education Inc.

Paulin, K. C. and Nemeth, Charleo P. (2005) *Private Security and Public Safety*. NJ: Pearson Education Inc.

Poyner, B. and B. Webb (1987) *Successful Crime Prevention Case Studies*. London: The Tavistock Institute of Human Relations.

Poyner, B. (1983) *Design Against Crime: Beyond Defensible Space*. London: Butterwork.

Poyner, Barry (1991) Situational Crime Prevention in Two Parking Facilities. *Security Journal* 2, 96-101.

Poyner, Barry. (1983). Design Against Crime: Beyond Defensible Space. London: Butterwork.

Prentky, Robert (1995) A Rationale for the Treatment of Sex Offenders: Pro Bono Publico. in J. McGuire (ed.), *What Works: Reducing Reoffending-Guidelines from Research and Practice*. John Wiley & Sons.

Pyle, Gerald F, et al. (1974) *The Spatial Dynamics of Crime*. Chicago: University of Chicago Department of Geography.

Reith, C. (1940) *Police Principles and the Problems of War*. London: Oxford University.

Reith, C. (1975) *Blind Eye of History*. Montclair, NY: Patterson, Smith.

Repetto, T. A. (1976) Crime Prevention and the Displacement Phenomenon. *Crime and Delinquency* 22, 166-177.

Richardson, Scott Workplace Homicides in Texan (1990-91) Compensation and Working Conditions, 45: 1-6.

Rubenstein et al. (1980) *The Link Between Crime and the Built Environment. The Current Slate of Knowledge*, Vol.1, Washington DC: American Institutes Research.

Runyan, Carol W., Ronda, C. Zakocs & Craig Zwerling (2000) Administrative and Behavioral Interventions for Workplace Violence Prevention. *American Journal of Preventive Medicine* 18, 116-127, Elsevier Science Inc.

Russell, D. E. H. (1984) *Sexual exploitation*. Beverly Hills, CA: Sage.

Scully, D. (1990) *Understanding Sexual Violence: a Study of Convicted Rapists*. Boston: Unwin Hyman.

Shaw, C. R. & Henry, D. M. (1969) Juvenile Delinquency and Urban Areas. Second Edition Chicago; University of Chicago Press.

Shering, Clifford D. & Stenning, Philip C. (1983) Private Security: Implication for Social Control. *Social Problem*, Vol. 30, No. 5, June, p.496.

Short, E. and Ditton, J. (1996). Does Closed Circuit Television Prevent Crime? An Evaluation of the Use of CCTV Surveillance in Aidrie Town Centre, Scottish Office Central Research Unit.

Siegel, Larry J. (2006). Criminology, Ninth Edition, West Publishing Company.

Skinns, D. (1998). Crime Reduction, Diffusion and Displacement: Evaluating the Effectiveness of CCTV. IN Norris, C., Moran, J. and Armstrong, G. (eds.) (1998). Surveillance, Closed Circuit Television and Social Control, Ashgate.

South, Nigel (1987) Law Proft and Private Persons: Private and Public Policing in English History. In Private Policing, by Clifford D. Shearing and Philip C. Stenning eds. *Beverly Hills*, CA: Sage Publications.

Squires, P. (1998). An Evaluation of Ilford Town Centre CCTV Scheme, Health and Social Policy Research Centre, University of Brighton.

Taylor, R. B. & Gottferdson, S. (1986) Environmental Design, Crime, an Prevention: An Examination of Community Dynamics. in Community and Crime, Edited by Albert J. Resii. Jr. & Michael Tonry. The University Chicago Press.

Tilley, N. (1993). Understanding Car Parks, Crime and CCTV: Evaluation Lessons from Safer Cities (Crime Prevention Unit Series Paper 42), HMSO.

Tilley, N. (1998). Evaluating the Effectiveness of CCTV Schemes. IN C. Norris, J. Moran and G. Armstrong (eds.), Surveillance, Closed Circuit Television and Social Control, Aldershot: Ashgate.

Waard, Jaap de (1996) The Private Security in the Netherlands: Developments and Future Perspectives. *Security Journal* 7: 227-234. Elsevier.

Warchol, Greg (1998) Workplace Violence, 1992-1996, Washington DC: Bureau of Justice Statistics.

Welsh Brandon and Farrington David (2004). Surveillance for Crime Prevention in Public Space: Results and Policy Choices in Britain and America, Criminology and Policy 3: 701-730.

Welsh, B.C. and Farrington, D.P. (2006). Crime Prevention Effects of CCTV: A Systematic Review

Wilkinson, Carol W. (2001) Violence Prevention at Work: A Business Perspective. *American Journal of Preventive Medicine* 20(2), Elsevier/science Inc.

Wilson, D. and Sutton, A. (2003). Open Street CCTV in Australia Trends and Issues in Crime and Criminal Justice, No. 271, Canberra: Australian Institute of Criminology.

Witkowski, Michael J. (l995) Workplace Violence: Problems and Prevention Suggested by Cal/OSHA Workplace Security Guidelines. *Security Journal* 6: 213-218.

Wolfgang, M. E. & F. Ferracuti (1967) *The Subculture of Violence*. London: Tavistock.

國家圖書館出版品預行編目資料

保全概論／楊士隆、何明洲、傅美惠著. —
二版. — 臺北市：五南, 2012.05
　　面；　公分. --

ISBN 978-957-11-6501-1（平裝）

1.保全業

575.8　　　　　　　　　100024858

4T51

保全概論

作　　　者 ─ 楊士隆(312)　何明洲(49.5)　傅美惠(276.4)

發 行 人 ─ 楊榮川

總 編 輯 ─ 王翠華

主　　編 ─ 劉靜芬

責任編輯 ─ 李奇蓁

封面設計 ─ 斐類設計工作室

出 版 者 ─ 五南圖書出版股份有限公司

地　　址：106台北市大安區和平東路二段339號4樓

電　　話：(02)2705-5066　傳　　真：(02)2706-6100

網　　址：http://www.wunan.com.tw

電子郵件：wunan@wunan.com.tw

劃撥帳號：01068953

戶　　名：五南圖書出版股份有限公司

台中市駐區辦公室/台中市中區中山路6號

電　　話：(04)2223-0891　傳　　真：(04)2223-3549

高雄市駐區辦公室/高雄市新興區中山一路290號

電　　話：(07)2358-702　傳　　真：(07)2350-236

法律顧問　元貞聯合法律事務所　張澤平律師

出版日期　2005年9月初版一刷
　　　　　2012年5月二版一刷

定　　價　新臺幣520元